Väter und Söhne

Zwölf biographische Porträts

Rowohlt

Veröffentlicht im
Rowohlt Taschenbuch Verlag GmbH,
Reinbek bei Hamburg, März 1998
Copyright © 1996 by
Rowohlt · Berlin Verlag GmbH, Berlin
Lektorat Thomas Karlauf und Katharina Raabe
Umschlaggestaltung Walter Hellmann
(Louis Carrogis de Carmontelle: «Leopold Mozart mit
Wolfgang und Nannerl beim Musizieren», 1763;
Archiv für Kunst und Geschichte, Berlin;
Franz von Lenbach: «Otto von Bismarck
und sein Sohn Herbert», um 1892;
Friedrichsruh, Schloß)
Gesamtherstellung Clausen & Bosse, Leck
Printed in Germany
ISBN 3 499 60431 0

Inhalt

Väterlicher Freund, «gehorsamster Sohn»

LEOPOLD UND WOLFGANG A. MOZART

von Volkmar Braunbehrens

Es gibt einige Konstanten der Mozart-Biographik, die unumstößlich scheinen, die mal zaghafter, mal kecker formuliert sich fortzeugend wiederholen, ohne auch nur auf ihre Wahrscheinlichkeit überprüft zu werden. Sie sind zum kaum hinterfragten Allgemeingut geworden, liebgewordene Vorstellungen, die dem unbegreiflichen musikalischen Genie eine menschlich-tragische Seite hinzugewinnen wollen, ohne die man sich künstlerisches Schöpfertum offenbar nicht vorzustellen vermag. Darüber hinaus erlauben sie Schuldzuweisungen an Mozarts Zeitgenossen und bestätigen zugleich uns Heutigen freundlicherweise, wir hätten, da wir ihn und seine Musik so grenzenlos lieben, an ihm gewiß nicht versagt. Zu diesen Konstanten gehört, daß Mozart in den letzten Wiener Jahren kaum noch aufgeführt, schließlich vergessen und im Armengrab verscharrt worden sei. Daran stimmt kein einziges Wort, aber es ist noch immer die landläufige Vorstellung von Mozarts angeblichem sozialem Abstieg am Ende seiner Wiener Jahre.

Ein weiteres ist das Urteil über Constanze Mozart, die erstmals in der Mozart-Biographie von Arthur Schurig (1913) in böswilliger Weise charakterisiert wurde: «Sie war durchaus keine verträgliche und gutmütige Natur, sondern ein herrisches, leidenschaftliches, lebensdurstiges, sinnliches Weib.» Schurig spricht von den «schlimmen, bösen, häßlichen, ordinären Elementen in ihr». Sie «hatte keinen rechten Respekt vor dem Kindskopf, als der er (Mozart) ihr alle Zeit erschien», und sie kann ihn «unmöglich geliebt haben». Sein Kerngedanke lautet, daß «Konstanze ... vom tiefsten, einsamen Innenleben Mozarts zu keiner Zeit ihres Lebens eine Ahnung hatte». Das läuft auf jene These von Mozart als dem großen Einsamen hinaus, die dann das Leitmotiv von Wolfgang Hildesheimers Mozart-Buch wurde, der damit Schurig konsequent fortschreibt. Freilich ist die Wortwahl moderner geworden, läßt Kenntnisse der Psychoanalyse anklingen, bemüht sich um einen reflektierend essayistischen Stil.

Selbst bei Norbert Elias, dem Altmeister der Soziologie (dessen *Mozart – Zur Soziologie eines Genies* allerdings aus dem Nachlaß ediert wurde), wird an dieser Argumentationskette weitergebastelt: «Er starb offenbar mit dem Gefühl des Scheiterns seiner sozialen Existenz, also – metaphorisch gesprochen – an der Sinnentleerung seines Lebens, dem totalen Verlust des Glaubens an die Möglichkeit, Erfüllung für das zu finden, was er sich in der Tiefe seines Herzens am meisten wünschte. Zwei Quellen seines Willens zum Weiterleben, aus denen sich das Bewußtsein seines eigenen Wertes und Sinnes speiste, waren dicht am Versiegen: die Liebe einer Frau, der er vertrauen konnte, für ihn selbst und die Liebe des Wiener Publikums für seine Musik. Beide hatte er eine Zeitlang genossen; beide rangierten mit am höchsten in der Hierarchie seiner Wünsche. Es spricht vieles dafür, daß er in den letzten Jahren seines Lebens mehr und mehr fühlte, beide seien ihm verloren. Das ist seine und unsere, der Menschheit, Tragödie.» Nur wird sie aus den überlieferten Mozart-Zeugnissen nicht offenbar.

Viele der großen Musiker-Biographien sind von Fachfremden und Außenseitern geschrieben worden, weil Musikhistoriker sich eher mit den musikalischen Werken beschäftigen. Erstaunlich bleibt doch, daß Fragestellungen wie die nach dem Verhältnis Mozarts zu seinem Vater, der immerhin sein einziger Lehrer, darüber hinaus ein hochbeachtlicher Musiker gewesen ist, ausgespart blieben – man möchte fast Berührungsängste mit dem Thema Leopold Mozart vermuten.

So blieb auch hier viel Raum für psychologische Deutungen, die freilich daran kranken, daß sie auf einem ‹Einfühlen› in den Wortlaut der Familienbriefe basieren, statt sich um ein historisches Verständnis dessen zu bemühen, was gemeint war. Sobald es um Familienbeziehungen geht, um Vater-Sohn-Konflikte, bei denen jeder vor dem Hintergrund eigener Erfahrungen oder Beobachtungen glaubt mitreden zu können, ist die Gefahr der Vulgärpsychologie groß und deshalb äußerste Distanz angebracht. Statt vorschnelle Deutungen zu geben, sollte man sich mit den Fragen beschäftigen, auch wenn Antworten zunächst ausbleiben.

«Niemand, der mir rathen konnte»

Leopold Mozart, der nur viereinhalb Jahre vor seinem Sohn gestorben ist, hat bis auf die Wiener Jahre (ab 1781) und das Jahr der tragischen Paris-Reise (1778) stets an dessen Seite gelebt. Unsere Kenntnisse von diesem Vater basieren auf den Briefen, die die Familie Mozart in einer Häufigkeit und Ausführlichkeit wechselte wie kaum eine zweite im 18. Jahrhundert (als, nebenbei, das Porto unvorstellbar teuer war – aber dieser Familie war es das wert). Doch geschrieben wurde natürlich nur, wenn ein Teil der Familie auf Reisen war oder als die ‹Kinder› nicht mehr in Salzburg lebten. Zeiten äußerst reger Korrespondenz – wöchentlich mindestens einmal, mit einer Fülle intimer Details und ausführlichem Klatsch und Tratsch – wechseln ab mit Zeiten, aus denen uns nichts überliefert ist, weil man zusammen in Salzburg lebte. Nur von den großen Reisen der gesamten Familie nach Wien und später durch ganz Europa gibt es außerdem noch die Reisebriefe Leopold Mozarts an Lorenz Hagenauer, den Salzburger Hauswirt und Freund (auch in Geldangelegenheiten). Dies alles ermöglicht eine Nahsicht auf die Familie Mozart, wie wir sie kaum sonst finden.

Und doch sind es nur zufällige Segmente, über deren Lückenhaftigkeit wir uns stets im klaren bleiben müssen. Denn von Leopold Mozarts Lebensjahren vor seines Sohnes Geburt, von seinen Anfängen, von seiner Tätigkeit als Komponist, als Orchestermusiker, als Lehrer wissen wir sehr wenig. Selbst von seinen Kompositionen ist mindestens ein Drittel verschollen, ein Werkverzeichnis erst in Ansätzen erstellt. So kann es nicht wundernehmen, daß es bis heute keine zureichende Biographie dieses bedeutenden Mannes gibt, der freilich von der Mozartforschung auch unbegreiflich vernachlässigt wurde. Denn er war mehr als nur der Vater eines genialen Sohnes. Und was er diesem Sohn war, konnte er nur sein, weil er mehr war.

Reduziert man das Interesse an Leopold Mozart auf die Rolle als Vater, versucht man allein aus dem innerfamiliären Dialog, wie er in Briefen überliefert ist, ein Charakterbild zu entwerfen, so muß die Perspektive verzeichnet bleiben, bis zur Unkenntlichkeit entstellt. Ein Musterbeispiel ist das Psychogramm, das Arthur Schurig anbietet, der damit wirkungsmächtig das Bild eines schrecklichen Vaters gemalt hat: «Er war kein komplizierter Mensch. Unverkennbar ist seine bis ins Kleinliche gehende Ordnungsliebe, seine Pedanterie, sein Starrsinn, seine leicht empfindliche Eitelkeit. Alles in allem erscheint er uns als das Musterbeispiel eines ehrbaren, selbstgefälligen Kleinbürgers. Die Satzungen der Konvenienz sind seine Richtschnur. In seiner Menschenbeurteilung ist er niemals von Vorurteilen frei. So gern er sich selbst überschätzt, ebenso gern übersieht er die Verdienste anderer. Hervorragend sind sein Familiensinn und seine Umsicht in den kleinen Dingen des alltäglichen Lebens. Ein aus alledem resultierendes eigentümlich strenges Pflichtgefühl gegen sich selbst wie gegen die Seinen ist das Leitmotiv der düsteren und, alles in allem beschränkten Lebensanschauung dieses Hypochonders. Er hatte nicht das geringste Lebensfreudige, Leichtlebige, Sonnige in sich. Herrisch gegen seine eigenen Untergebenen, und häufig schroff gegen seinesgleichen, war es ihm auf der anderen Seite das höchste Vergnügen, wenn hohe Herren ihn gnädig und freundlich behandelten. Sobald er Mißerfolge erlitt, sah er überall Gegner und Widersacher, selbst in Fällen, wo er die Schuld besser sich selbst hätte zuschieben sollen. Bei aller Sorglichkeit für die Seinen war er oft auch gegen sie nörglerisch, hart und rücksichtslos. Es wird wenige Söhne geben, die einen derartigen Vater von Herzen zu lieben imstande sind.» Andere haben milder formuliert (vor allem Erich Valentin), aber der Topos vom schrecklichen Vater schimmert überall durch, wenngleich stets (sogar bei Schurig) auch von der Zuneigung des Sohnes zu ihm gesprochen wird.

In jeder Weise ungewöhnlich ist schon der Werdegang Leopold Mozarts, der als Sohn eines Buchbinders 1719 in Augsburg geboren wurde. Daß er das dortige Jesuitengymnasium besuchen konnte und anschließend das Lyzeum, spricht für gesicherte Verhältnisse bei den Mozarts – oder sollte er Geistlicher werden? Als Sängerknabe bei den Benediktinern und den Augustinerchorherren trat er auch solistisch hervor, in den Schuldramen bei den Jesuiten übernahm er früh bereits tragende Rollen. Abgesehen von der gründlichen humanistischen Bildung bei hoch angesehenen Lehrern lernte er noch die Orgel «recht unvergleichlich schlagen». Als aber 1736 plötzlich sein Vater stirbt, muß er das Lyzeum (mit einem guten Abgangszeugnis) vorzeitig abbrechen, vielleicht im väterlichen Betrieb arbeiten, den die Mutter nun weiterführt. Kunsthandwerkliche Fähigkeiten stammen wohl aus dieser Zeit. Doch nach einem Jahr finden wir ihn an der Benediktineruniversität in Salzburg wieder mit «Studien der Weltweißheit und Rechtsgelahrtheit», also Philosophie (Rhetorik, Poetik, Logik) und Jura.

Von seiner Familie konnte er kaum Unterstützung erwarten, aber wer hat ihm dann dieses Studium finanziert? Oder ein Stipendium verschafft? Was waren seine Ziele? Schon hier muß es zu einer Entfremdung von seiner Familie gekommen sein. Hat er gegen deren Willen sein Studium aufgenommen? Später schreibt er, daß «ich niemand hatte, der mir rathen konnte, und ich von jugend auf niemand völlig mich anvertraute, bis ich nicht sichere Proben hatte». Das spricht für ein Einzelgängertum, früh auferlegte Selbstverantwortung. Merkwürdigerweise brechen nicht nur die Familienbeziehungen nach Augsburg weitgehend ab (mit Ausnahme zu einem Onkel, dem Vater von W. A. Mozarts «Bäsle»), sondern auch zum katholischen Teil von Augsburg, in dem Leopold Mozart doch groß geworden war. Oder hatte er in seiner Jugend schon Kontakte zu Protestanten angeknüpft, der Mehrheit in dieser konfessionsgeteilten Stadt, etwa über die hier besonders gepflegte evangelische Kirchenmusik? Das muß fast heimlich geschehen sein, denn Leopolds Vater war ein strenger Katholik, der sogar einer marianischen Bruderschaft angehörte. Bei späteren Besuchen der Mozarts in der Vaterstadt wurden fast ausschließlich Beziehungen zu protestantischen Familien gepflegt.

Leopold Mozart, zu Unrecht als herrischer Vater in die Mozartbiographien eingegangen, war ein Mann der Aufklärung, ein rebellischer Geist mit enzyklopädischen Interessen und ausgeprägtem pädagogischem Sinn. Auf dem P. A. Lorenzoni zugeschriebenen Ölbild (um 1765) ist er ohne Instrument abgebildet und stützt sich selbstbewußt auf seine Violinschule.

Auch wenn er sein Bürgerrecht in Augsburg beibehielt, Leopold Mozart wußte, was er von den Augsburgern zu halten hatte. «Abderiten» nennt er sie und nimmt von diesem Inbegriff für Spießbürger- und Philistertum wahrscheinlich nur wenige gute Bekannte aus. Andererseits war Salzburg, die Stadt, an die er von nun an bis an sein Lebensende gefesselt blieb, noch viel beschränkter und engherziger als die Freie Reichsstadt.

Schon die Universität konnte ihn nicht befriedigen. Das erste Jahr schloß er noch mittelmäßig ab; im Jahr darauf wurde er wegen Faulheit vor den Rektor zitiert und, da er nichts zu entgegnen wußte, von der Universität relegiert. Denkt man an den späteren intellektuellen Habitus von Leopold Mozart, so wird der dargebotene Stoff dem kritisch-wachen Geist nicht genügt haben. Hätte er vor allem eine sichere Karriere angestrebt, so wäre es ihm ein leichtes gewesen, sich anzupassen und die Mindestanforderungen zu absolvieren, schon seiner desolaten finanziellen Situation wegen.

Aber es wollte ihm nie gelingen, sich an geistige Beschränkungen oder verordnetes Mittelmaß zu halten. Sein rationalistisch geprägter Verstand war neben seinen vielfältigen Neigungen sein einziges Kapital, das er nie zu opfern bereit war. Sein in vielen späteren Briefen geäußerter Wahlspruch «aut Caesar aut nihil» (alles oder nichts) bedeutete für ihn, stets alles auf seine Klugheit und Überlegenheit zu setzen. Und in dieser Überzeugtheit von sich selbst konnte er sich gelegentlich in ziemliche Impertinenz hineinsteigern, wie man aus dem Verkehr mit dem von ihm gehaßten Erzbischof von Salzburg ersehen kann. In jüngeren Jahren gab es sogar eine Affäre, die ihm fast das Stockhaus eingetragen hätte, als er sich mit einer allzu frech formulierten Beschwerdeschrift an das Domkapitel wagte.

Unterwürfigkeit oder Kriechertum scheint er nicht gekannt zu haben, denn ein Stück Listigkeit, auch Auflehnung, jedenfalls Selbstgewißheit ist aus allen seinen Äußerungen herauszuhören, was ihn vor allem bei der Obrigkeit in Salzburg eher unbeliebt machte. Dominikus Hagenauer faßte dies in einer Tagebuchnotiz so zusammen: er war «ein Mann von vielen Witz und Klugheit, und würde auch ausser der Musick dem Staat gute Dienste zu leisten vermögend gewesen seyn..., hatte aber das Unglück hier immer verfolget zu werden, und war lang nicht so beliebt, wie in andern Ortens Europens». Er hatte also das Zeug zu einem höheren Staatsbeamten, Diplomaten (oder wie man heute sagen würde: zu einem Politiker).

Doch einstweilen war er ein gescheiterter Student, wenn auch mit weitgespannten Interessen. Später wird er sich mit Geschichte, Geographie, Physik und Naturwissenschaften beschäftigen, die politischen Ereignisse der Zeit lebhaft und mit Scharfsinn analysieren, wird erstaunlich viel auf all diesen Gebieten lesen, vor allem auch die ‹schöne Literatur› von Gottsched bis Wieland, der offenbar sein Lieblingsschriftsteller ist, wird mit Gellert korrespondieren, gar als Vermittler zwischen dem protestantischen Norden und dem katholischen Salzburg agieren, mit den literarischen und philosophischen Aufklärern zusammentreffen, ein gebildeter Mann von Welt, wie es nur wenige gab. Aus England wird er sich feinste optische Instrumente mitbringen, nicht etwa im Taschenformat, sondern von professionellem Zuschnitt, um die ihn mancher Forscher beneiden konnte.

Und die Musik, die doch sein eigentliches Metier werden sollte? Über den musikalischen Werdegang wissen wir so gut wie nichts. Mit dem Orgelspiel scheint er sich in Salzburg zu keiner Zeit abgegeben zu haben. Wann er die Violine erlernte, wer seine Lehrer waren, wann und warum er den Entschluß faßte, Musiker zu werden, zu komponieren anfing – all das ist unbekannt, er selbst hat darüber nie gesprochen. Eines ist sicher: Wer ihn nur als Musiker wahrnimmt, unterschlägt das Wesentliche seiner Persönlichkeit, die stets praktizierte Vielseitigkeit.

Als relegierter Student hätte er Salzburg binnen drei Tagen verlassen müssen, aber er findet einen Gönner im Domkapitel, Johann Baptist Graf Thurn-Valsassina, der ihn zu seinem Kammerdiener macht. Ihm widmet Leopold Mozart seine erste veröffentlichte Komposition, «Sonate Sei per Chiesa e da Camera a Tre, Due Violini e Basso», eigenhändig in Kupfer gestochen und in einer sehr selbstbewußten Aufmachung. Lakaientum war ihm ziemlich fremd, auch wenn er einstweilen eine solche Stelle innehat. Der Graf muß viel von ihm gehalten haben, denn höchst trickreich unterstützt er später auch sein Fortkommen in der Hofkapelle.

Man kann sich Leopold Mozart als Gelehrten vorstellen (verschiedenste Fachrichtungen kommen in Frage), als Staatsbeamten, Popularphilosophen und Schriftsteller (mit pädagogischer Ader), aber nicht als Instrumentalvirtuosen. Sicher hatte er eine lebhafte Neigung und Liebe zur Musik, aber sie ist nichts Ausschließliches. Das Vorrücken im Orchester, die erhoffte Stelle des Vizekapellmeisters sind ihm wohl nur als finanzielle Sicherheit wichtig, die Violine interessiert ihn vor allem als pädagogische Aufgabe; bezeichnenderweise ist kein einziges Violinkonzert von ihm bekannt, mit dem er sich selbst auf «seinem» Instrument hätte präsentieren können. Statt dessen sieht man ihn als Mitglied von Mizlers «Sozietät der musikalischen Wissenschaften» und Korrespondent für Friedrich Wilhelm Marpurgs Zeitschrift «Historisch-kritische Beyträge zur Aufnahme der Musik».

Dort hat er auch summarisch über seine Kompositionen berichtet: «Von des Hrn. Mozards in Handschriften bekannt gewordnen Compositionen sind hauptsächlich viele contrapunctische und andere Kirchensachen zu merken; ferner eine große Anzahl von Synfonien theils nur à 4. theils aber mit allen nur immer gewöhnlichen Instrumenten; ingleichen über dreissig grosse Serenaten, darinnen für verschiedne Instrumente Solos angebracht sind. Er hat ausserdem viele Concerte, sonderlich für die Flöttraversiere, Oboe, das Fagott, Waldhorn, die Trompete etc., unzählige Trios und Divertimenti für unterschiedliche Instrumente; auch zwölf Oratorien und eine Menge von theatralischen Sachen, sogar Pantomimen, und besonders gewisse Gelegenheits-Musiken verfertiget, als: eine Soldatenmusik mit Trompeten, Paucken, Trommeln und Pfeiffen, nebst den gewöhnlichen Instrumenten; eine türkische Musik; eine Musik mit einem stählernen Clavier; und endlich eine Schlittenfahrtsmusik mit fünf Schlittengeläuth; von Märschen, sogenannten Nachtstücken, und vielen hundert Menuetten, Opertänzen, und dergleichen kleinern Stücken nicht zu reden.» Daß hier seine Kirchenmusik nicht detaillierter angegeben wird, die zu seinen besten Kompositionen gehört, mag damit zusammenhängen, daß er sich in dieser Zeitschrift vor allem an einen norddeutsch-protestantischen Leserkreis wandte. Auch hat man den Eindruck, daß er sich vor allem als farbiger Instrumentator darstellen wollte.

Leopold Mozart. Porträt aus seiner Violinschule. Stich von Jacob Andreas Friedrich, 1756. Unter Anleitung seines Vaters erlernte Wolfgang A. Mozart bereits im frühen Alter das Geigenspiel. Er liebte das Instrument über alles und galt als ausgezeichneter Geiger. Mit 19 Jahren komponierte er seine fünf Violinkonzerte.

Leopold Mozarts Hauptwerk hat Marpurg ebenfalls angezeigt und dabei auf den besonderen pädagogischen und musiktheoretischen Rang aufmerksam gemacht: den *Versuch einer gründlichen Violinschule*, 1756 bei Johann Jacob Lotter in Augsburg erschienen und bis heute grundlegend für die ästhetischen Vorstellungen der Musikpraxis im 18. Jahrhundert. «Ein Werk von dieser Art hat man schon lange gewünschet, aber sich kaum getrauet, zu erwarten. Diejenigen, die den Bogen aufs geschickteste zu führen wissen, haben nicht allezeit die Feder in ihrer Gewalt, und den wenigen, die in beyden gleiche Fertigkeit haben, fehlet es öfters an gutem Willen, zu schreiben. Um wie viel mehrere Verbindlichkeit muß man dem Hrn. Verfasser des gegenwärtigen Werks haben? Der gründliche und geschickte Virtuose, der vernünftige und methodische Lehrmeister, der gelehrte Musicus, diese Eigenschaften, deren jede einzeln einen verdienten Mann macht, entwickeln sich allhier zusammen» (Marpurg).

Leopold Mozart ist ein typischer Vertreter der rationalistischen Aufklärung: umfassend gebildet, fast unbegrenzt interessiert, von der Vorstellung geprägt, alles mit dem rechten Gebrauch des Verstandes erfassen und durchdringen zu können, und begabt mit der Fähigkeit, seine Erkenntnisse anderen weitervermitteln zu können. Noch die Weitschweifigkeit seiner Neigungen, dieses Nichtbeschränkenkönnen und -wollen auf ein Fachgebiet, ist Zeugnis dieser aufgeklärten Denkweise und ihres enzyklopädischen Anspruchs, von der man gerne wüßte, wie sie ihm nahegebracht wurde. Die süddeutschen katholischen Traditionen können es jedenfalls kaum allein gewesen sein.

Während Leopold Mozarts Studentenzeit kam es in Salzburg zu einer Krise, die sich im sogenannten Sykophantenstreit zuspitzte. Gegenstand dieses Streites war das Aufeinanderprallen eines scholastischen, allein der Kirche verpflichteten und eines aufgeklärten, unabhängigen Wissenschaftsbegriffes, dessen Anhänger sich auf den katholischen Reformtheologen Ludovico Muratori beriefen. Leopold Mozarts Sympathien sind eindeutig: er besaß sogar Bücher Muratoris in seiner Bibliothek.

Sosehr sich Leopold Mozart als frommer und gottesfürchtiger Katholik verstand, gehörte seine Sympathie doch den katholischen

Reformbewegungen, und seine Briefe sind voll von Klagen über Mißbräuche innerhalb der Kirche. Das fängt an, «wie er die Pfaffen herum gefopt hat, wegen den geistlich werden», und geht bis zum Schimpfen über die «Bettschwesterey», die für ihn «das unfehlbare Zeichen vieler moralischer fehler ist, die solche abscheuliche, bosshafte Menschen durch die Scheinheiligkeit verdecken wollen». Ganz im josephinischen Geiste äußert er: «Es ist und bleibt doch immer gut, wenn man die Weiberklöster aufhebt», denn es ist «nichts als zwang, Gleisnerey, Verstellung, Scheinheiligkeit und unendlich viele Kinderey, und am Ende versteckte Bossheit.» Wenn Leopold Mozart von einem Juden in London berichtet, der seinen Glauben verlassen habe und den er nun bekehren möchte, so gilt dieser Missionseifer, wenn nicht auch Ironie dabei ist, sicher nicht der römischen Kirche, sondern dem katholischen Glauben; beides wußte er zu unterscheiden. Indifferent oder freigeistig war er gewiß nicht. Für ihn kollidierte das Projekt der Aufklärung so wenig wie für die meisten seines Zeitalters mit dem überlieferten Gottesglauben, aber auf Heuchelei im frommen Gewande reagierte er empfindlich. Für ein umfassendes Bild seiner Persönlichkeit bedürfte es allerdings einer gründlichen Studie über seine religiösen Prägungen und das erfahrungsbestimmte Weltbild.

Daß Gottes Ratschluß unerforschlich sei, daran hat er nie gezweifelt, und so hat er viele Messen lesen lassen als Dankopfer für überstandene Gefahren und Krankheiten, aber er war ebenso überzeugt von der Selbstverantwortung des Menschen, von einem Handeln nach bestem Wissen und kritisch überprüfter Erkenntnis, von einer Moral der Wahrhaftigkeit statt der Beschönigung, von der Fähigkeit und Notwendigkeit der Vorausplanung und Folgenabschätzung.

Dem eigenen Selbstverständnis nach war Leopold Mozart wohl in erster Linie Aufklärer und Pädagoge. Die Musik war nur sein Wirkungsfeld. Der Beruf des Musikers war willkürlich an ihn herangekommen, obschon er eine eminente Begabung für die Musik hatte. Sie wird, weil wir noch zu wenig von ihr wissen, vermutlich sogar unterschätzt. In dem großen Projekt, das Genie seines Sohnes Wolfgang auszubilden und zum Vorschein zu bringen, dem er etwa fünfzehn Jahre seines Lebens fast ausschließlich widmete, konnte er die pädagogische mit der spezifisch musikalischen Aufgabe in glücklicher Weise verbinden und sich selbst am Gelingen messen.

Auch Wunderkinder müssen lernen

Man hat Leopold Mozart oft vorgeworfen, seinen Sohn als «Wunderkind» mißbraucht, ihn in marktschreierischer Weise dem Publikum vorgeführt und zu albernen Kunststückchen veranlaßt zu haben (wie etwa zum Klavierspielen mit verdeckter Tastatur und ähnlichem). Wieder das Bild vom «schrecklichen Vater». Doch zunächst einmal erkannte er frühzeitig bei dem gerade Vierjährigen die staunenswerte musikalische Begabung, die nicht in der Fingerakrobatik bestand, mit der das Kind seine ersten Menuettchen zu spielen vermochte, sondern in der musikalischen Auffassungsgabe, dem Zurechtfinden in Tönen und Klängen, der Lernbegierde für Musik. Natürlich hatte es im Hause Mozart immer Musik gegeben. Schüler kamen ins Haus, es wurde geprobt, musiziert, komponiert, Mozarts viereinhalb Jahre ältere Schwester Maria Anna (Nannerl) bekam Klavierunterricht und wurde später selbst eine hochbegabte Musikerin. Wenn wir spätere Briefhinweise richtig deuten, so scheint Leopold Mozarts frühe Förderung und vermutlich auch die gesamte Ausbildung seines Sohnes von jedem «Drill» weit entfernt gewesen zu sein. Dafür spricht, daß er nicht mit einem systematischen Unterricht begann, mit einem logischen Aufbau der einzelnen Schritte zu einem Lehrgebäude der Musik und der musikalischen Praxis (wozu das Kind wohl auch noch zu jung gewesen wäre), sondern den Sohn gewähren und ausprobieren ließ und auf alle neugierigen Fragen bereitwillig einging. Er beobachtete die sich entwickelnde Musikalität, unterstützte sie, indem er sie ernst nahm und auch bewunderte, ließ ihr spielerischen Raum und half mit dem, was das Kind selbst von ihm forderte.

Das war nur möglich in einer entspannten und liebevollen familiären Atmosphäre. Der Vater war die unbestrittene Autorität, und seiner Weitsicht, Klugheit und Fürsorglichkeit vertrauten sich alle gerne an. Von Härte und Strenge war nichts zu spüren. Mochte Leopold Mozart auch als ein Mann von Distanz und vornehmem Ernst erscheinen (wie auf den bekannten Porträts), muß doch in der Familie ein ganz anderer Ton geherrscht haben. So überrascht die Unbefangenheit, Fröhlichkeit und manchmal sogar alberne Ausgelassenheit, die bis zu deftigen Formulierungen gehen konnte und gewiß nicht immer bürgerlicher Wohlanständigkeit entsprach. Sosehr die Mozarts auf ein korrektes, den höheren Gesellschaftsschichten, in denen sie sich oftmals bewegten, angepaßtes und durchaus Gleichrangigkeit beanspruchendes Benehmen achteten – im intimen Kreis der Familie herrschte eine von unbedingter Zuneigung geprägte derbe Offenheit. Niemand mußte befürchten, im Innern verletzt zu werden oder andere zu verletzen. Die Lust an Unanständigkeiten, wie sie später vor allem aus den Briefen Mozarts an das «Bäsle» in Augsburg bekannt und berüchtigt geworden sind, kam auch sonst vor, etwa bei den drastisch bemalten Schießscheiben für das Bölzlschießen, das der ganzen Familie großen Spaß machte. Einiges spricht dafür, daß diese Neigung durch Mozarts Mutter in die Familie kam.

Diese Differenz zwischen Innen und Außen, Haus und Öffentlichkeit, spielte offenbar eine große Rolle. Als die Eltern Mozarts heirateten, galten sie als das schönste Paar in Salzburg, und dies läßt vermuten, daß sie dementsprechend auftraten und sich zu kleiden wußten. Dabei muß ihnen gerade dieses ‹schöne› Auftreten ziemlich schwer gefallen sein, denn beide waren bitterarm. Sie konnten erst nach vielen Jahren heiraten, als Mozart endlich eine bezahlte Stelle an der Hofkapelle erhalten hatte. Er spricht sogar vom «Orden der geflickten Hosen» bei seiner Ehe und weist mit dieser Ironie darauf hin, wie sehr Schein und Sein auseinanderfielen. Die Eitelkeit fürs Äußere hat Mozart denn auch geerbt (sie ist, nebenbei, bei besonders Kleinwüchsigen, wie es die Mozarts alle waren, auch nicht überraschend). Nach außen suchten sie die Besonderheit, die sie für sich beanspruchten, auch durch Verhalten und Selbstdarstellung zu unterstreichen, in der Familie hingegen brauchte keiner eine besondere Rolle zu spielen, dafür war eine manchmal ungebremste Spontaneität möglich. Ob Leopold Mozart an ihr Anteil hatte, sie wohlwollend duldete oder nur ertrug, wird nicht deutlich. Jedenfalls verlor er nie auch nur ein kritisches Wort darüber – es sei denn, derlei Spontaneität gefährdete die Klugheit der Lebensplanung.

Ein Beispiel dafür, wie dieses familiäre Verhalten unvermutet auch an einem ‹fremden› Ort in einer außergewöhnlichen Situation durchschlug und die Grenzen verwischt wurden, mag hier angeführt werden: es war der Besuch bei der kaiserlichen Familie in Wien, als Mozart sechs Jahre alt war. «Wenn ich es erzehle, wird man es für eine fabl halten. genug! der Wolferl ist der Kayserin auf die Schooß gesprungen, sie um den Halß bekommen, und rechtschaffen abgeküsst.» Kindern verzeiht man jeden protokollarischen Verstoß, und Maria Theresia und der Kaiser werden es nicht übelgenommen haben. Aber erstaunlich ist, mit welcher Unbefangenheit der Vater, damals einfacher Geiger an der Salzburger Hofkapelle, hiervon berichtet und offenbar nichts Despektierliches an dieser Szene findet, weil sie vielleicht in irgendeiner Weise der Situation nicht völlig unangemessen schien. Dabei war dies zu einer Zeit, als der Ruhm vom Wunderkind gerade erst ein paar Wochen alt war.

Mozarts Spiel auf dem Cembalo erregte von Anfang an das größte Erstaunen. Ob er bei diesen Gelegenheiten auch etwas von seinen ersten eigenen Menuettchen gespielt hat, wissen wir nicht. Sie waren noch ganz ohne Anleitung entstanden, nach den Vorbildern jener kleinen Stücke seiner ersten pianistischen Erfahrung. Natürlich hat es später auch richtigen Unterricht gegeben, Übungen im Generalbaß, das Finden von Melodien zu einem vorgegebenen Baß; aus späteren Jahren wissen wir vom Umgang mit dem Standardlehrbuch der Zeit, dem *Gradus ad Parnassum* von Johann Joseph Fux, und selbstverständlich mußte Mozart auch Klavier üben, das bleibt den größten Begabungen nicht erspart. Aber der Fortschritt mußte nicht durch Zwang abgetrotzt werden, weil Mozart sich so leicht tat, daß das Spielerische die Oberhand behalten konnte. Und das musikalische Ausdrucksbedürfnis wuchs schneller als die Fähigkeit zur Artikulation. Die kleinen Finger konnten noch keine Noten schreiben, als Leopold Mozart bereits die ersten Kompositionen notierte. (Erst etwa ab dem achten Lebensjahr haben wir auch Mozarts Notenhandschrift.) Und bis in die Opern-partituren der Italienreisen (1771–1773) findet sich auch die Hand-schrift des Vaters in den Autographen (wobei seine Rolle als Schrei-ber, als korrigierender Lehrer oder nur die einer Supervision bis heute im einzelnen nicht erforscht ist).

Ungefähr ab dem achten Lebensjahr befaßte sich Mozart ständig mit Komposition, davor hatte er sich nur gelegentlich an einzelnen Stücken erprobt. Und sofort erschienen auch die ersten Werke gedruckt. Natürlich wäre das ohne den tätigen Vaterstolz nicht möglich gewesen. Aber Leopold Mozart hat dabei keineswegs die musikalischen Gedanken seines Sohnes in ein perfektes Gewand gekleidet oder gewissermaßen vollendet, was noch unbefangen, ungenau und ungefähr sich artikulierte, sondern man wird sagen müssen, daß diese ersten Werke genau das darstellen, was Mozart ausdrücken wollte. Natürlich sind darin Unbeholfenheiten und Formelhaftes, vor allem einfache Nachahmung bekannter Satz-modelle, aber es sind auch überraschende Wendungen zu finden, erste Spuren von musikalischer Intelligenz und individuellem Aus-druck. Leopold Mozart erweist sich hier nicht als Schulmeister oder Pedant, sondern als staunender Beobachter, der Mozart bei der Ausprägung seiner Eigenart hilft, aber nicht wegglättet oder poliert. Ihn dieses Eigene der musikalischen Sprache finden zu las-sen und darin zu unterstützen war das größte Verdienst von Leo-pold Mozarts Lehrmethode.

Die damals (und fast bis heute) herrschende Unterrichtsmethode war eine rein handwerkliche, indem man zunächst in systemati-scher Fortschreitung die Regeln des Satzes, der Harmonie, der Me-lodiebildung, des Kontrapunktes, der Instrumentation usf. zu ler-nen hatte und erst nach dem Abschluß dieser Lehre zum ersten Male selbst etwas entwerfen durfte, so etwas wie ein Gesellenstück. Leopold Mozart ging hier aber anscheinend genau umgekehrt vor, indem er Mozart ermöglichte, sich auszudrücken, bevor er alles Nötige gelernt hatte: er durfte lernen, indem er für die musikali-schen Probleme, die sich in seinen Kompositionen stellten, die Lö-sungen erfahrungslos suchte, angeleitet und unterstützt von seinem weitsichtigen Vater und Lehrer. Es war also eine Methode, die nicht auf der Autorität des Lehrers und der Nachahmung seines

Vorbildes basierte, sondern stark autodidaktische Momente enthielt.

Das gänzlich Ungewöhnliche von Mozarts Ausbildung war Leopold Mozart natürlich vollkommen bewußt. Denn Mozart durfte ja von Anfang an mit allen Entwicklungsschritten und Fortschritten seines Könnens sich der Öffentlichkeit zeigen, den ‹Kennern und Liebhabern›, zu denen die größten Musiker seiner Zeit zählten. Sich vor ihnen zu bewähren bedeutete viel, und die Jugend Mozarts ist davon wesentlich geprägt worden. Schließlich rührt daher auch sein Selbstbewußtsein, sein Stolz, das unerschütterliche Gefühl von Grandiosität, sich auf musikalischem Gebiet alles zuzutrauen. Mozart war eine Ausnahmeerscheinung, und der Vater sah es als seine Aufgabe an, dieses «Wunder» nicht im stillen und verborgenen sich entwickeln zu lassen – hätte es im Salzburger Kämmerlein sich überhaupt entfalten können, hätte es dort genügend Mittel und Anregungen gegeben? Man darf es wohl bezweifeln –, sondern dieses «Wunder der Welt zu verkündigen». Immer wieder schrieb er den Satz «Ich bin diese handlung dem allmächtigen Gott schuldig, sonst wäre ich die undanckbarste Creatur». Und voller Stolz fügt er hinzu: «und war es nicht eine grosse freude und ein grosser Sieg für mich, da ich ein voltairianer mit einem Erstaunen zu mir sagen hörte: *Nun habe ich einmahl in meinem Leben ein Wunder gesehen; daß ist das erste!*»

Wir sehen Mozart auch heute noch als ein Wunder an, wenngleich wir nicht mehr von einem Wunder Gottes sprechen würden. Wie soll man mit einer so außergewöhnlichen Begabung umgehen? Was wäre die verantwortungsvollste und umsichtigste Methode, einem solchen Kind Gerechtigkeit widerfahren zu lassen, seinem Talent zur richtigen Entfaltung zu verhelfen? Dafür kann es kein Patentrezept geben, zumal eine solche Existenz von Fallstricken umgeben, von Gefährdungen und Abstürzen bedroht ist. Leopold Mozart hat das denkbar Klügste getan: er versuchte, diesem Kind alles an Unterstützung und Hilfe zu geben, was er vermochte – und es war viel, weil er selbst ein Musiker von Rang war –, und hat zugleich genau beobachtet, was er ihm zumuten konnte. In allen Lebenszeugnissen gibt es nicht eine Stelle, die den Verdacht erregen könnte, Mozart wäre zu einem Auftritt, den er selbst nicht wollte (aus welchen Gründen auch immer), gezwungen oder gedrängt worden. Nicht eine Komposition, zu der ihn sein Vater genötigt oder die Mozart nicht aus eigenem Antrieb geschrieben hätte. Die ganze Überfülle kam allein aus ihm selbst.

Über seine Verantwortung war Leopold Mozart sich vollkommen im klaren, er bezeugt es immer wieder, aber er wußte auch, daß mehr dazu gehört als nur die musikalische Ausbildung. Mozart hat seine ganze Jugendzeit im Licht der Öffentlichkeit verbracht und war zugleich völlig abgeschottet von Gleichaltrigen und Spielkameraden. Das war der Preis für die frühzeitige Herausbildung zu einem Ausnahmemusiker. Mozart war allerdings so stark mit Musik beschäftigt, daß er diesen normalen Umgang wohl auch nicht entbehrt hat, jedenfalls gibt es nicht die leiseste Klage darüber. Alle Spielbedürfnisse wurden in der Familiengeselligkeit befriedigt, alles Schulwissen und das, was man Bildung nennt, erfuhr er allein von seinem Vater.

Die ausgedehnten Reisen des Sechs- bis Elfjährigen werden stets als eine große Strapaze dargestellt, die die Gesundheit des Kindes ruinieren mußte, ein Hetzen von Ort zu Ort mit immer neuen Vorführungen und Konzerten. Doch wird man hier relativieren und eher staunen müssen über die Fürsorglichkeit und Umsicht des Vaters. Das Reisen war im Zeitalter der Postkutsche mit ihren harten Sitzen recht ungemütlich. Aber die Mozarts, die ja die längste Zeit mit der ganzen Familie und mit bis zu zwei Bedienten reisten, hatten sich eigens eine bequeme und gut gefederte Kutsche angeschafft, weil sie «zur Erhaltung unserer gesundheit nobl oder cavaglierment reisen» wollten, und hatten «auch keinen anderen Umgang als Noblessen oder andere distingirte Personen». Die Aufenthalte an den einzelnen Orten betrugen oft viele Wochen oder Monate (in London blieben sie über ein Jahr) und bedeuteten ein ganz normales Familienleben (wenn auch im Gasthof) mit Unterricht, Klavierüben (auf einem eigens mitgeführten Reiseclavichord) und Ausflügen. Während der dreieinhalbjährigen Europareise verbrachten sie etwa siebzig Reisetage in der Kutsche, aber kaum einmal mehr als zwei, drei Tage hintereinander.

Es blieb also sehr viel Zeit, und sie wurde genutzt für den Unterricht, in dem Mozart schreiben, lesen, rechnen lernte, dann auch

*Wolfgang A. Mozart, 1770. Ölbild von Saverio dalla Rosa kurz vor dem vier-
zehnten Geburtstag. Die aufgeschlagenen Noten sind das «Molto Allegro» KV 72 a,
das nur auf diesem Gemälde überliefert ist, zweifellos aber eine Komposition
W. A. Mozarts.*

Sprachen: Latein, Französisch, Italienisch. Andere ‹Fächer› kamen hinzu, angeregt durch den Reisealltag mit seinen Beobachtungen, Fragen, Gesprächen: Geographie zum Beispiel, Naturkunde, Literatur, Geschichte. Mozarts Privatunterricht ist so vermutlich sehr viel effizienter und nützlicher gewesen, als es die Schulbildung dieser Zeit sein konnte. Die Fülle der Eindrücke tat ihr übriges.

Da Leopold Mozart nicht nur sehr sorgfältig über die Gesundheit der Kinder wachte, sondern auch alle Krankheiten genauestens beschrieb, kann man nur erstaunt sein, wie robust sie waren. Erkältungen waren selten, die Kinderkrankheiten problemlos überstanden, und so stellten nur die Epidemien wie die ‹Blattern› eine ernste Gefahr dar. Solchen Krankheiten war man damals hilflos ausgesetzt, sie trugen wesentlich zur großen Kindersterblichkeit bei. Mozart war so gesund, wie es damaligen Lebensverhältnissen entsprach, und genoß die beste Pflege des auch medizinisch bewanderten Vaters.

Auch über die Zahl der Konzerte macht man sich oft falsche Vorstellungen. Meist waren es Besuche in kleineren Gesellschaften, bei denen die Kinder musizierten, im Durchschnitt etwa einmal die Woche. Wirkliche Konzerte oder Auftritte, bei denen sie sich vor einer größeren Öffentlichkeit zu bewähren hatten, kamen im Durchschnitt einmal im Monat zustande, gleichwohl waren sie nicht vergleichbar mit dem Streß heutiger Konzerte, wo junge Pianisten einsam auf der Bühne einen Bösendorfer bearbeiten müssen, während im Saal unten eine tausendköpfige Menge auf den ersten Patzer wartet. Es waren kleine Auditorien und vermutlich zwanglose Auftritte ohne die heutzutage üblichen Rituale.

Leopold Mozart trat als Musiker völlig zurück. Natürlich beteiligte er sich am öffentlichen Musizieren mit den Kindern, aber nirgends hören wir davon, daß er selbst solistisch hervorgetreten wäre, nicht einmal als Komponist stellte er sich vor, obschon er mindestens bis Anfang der siebziger Jahre noch selbst komponierte. Da wir kein Werkverzeichnis von ihm haben, erst recht keine Werkchronologie, ist es bis heute nicht deutlich, wie er selbst die gewaltigen musikalischen Eindrücke dieser Reise verarbeitet hat. In Paris oder London machten die Mozarts ganz neue Erfahrungen, etwa als sie den leidenschaftlichen und ungestümen Klavierstil eines Johann Schobert kennenlernten oder mit dem eleganten italienischen Stil eines Johann Christian Bach konfrontiert wurden. Man darf nicht vergessen, daß Leopold Mozart und sein Sohn diese musikalischen Neuigkeiten gemeinsam entdeckten. Auch Leopold Mozart mußte als Lehrer seines Sohnes noch einiges lernen. Etwa während der Italienreisen, als Mozart große Opern zu komponieren hatte – ein Gebiet, auf dem sein Vater selbst keinerlei eigene Erfahrungen mitbrachte. So war der Vater als Lehrer zugleich ein Kommilitone, Gesprächspartner, Mentor und Freund.

Zu Beginn dieser Reisen hatte Leopold Mozart den lang ersehnten Titel eines Vizekapellmeisters erhalten. Aber es war kaum mehr als der Titel mit seiner sozialen Absicherung. Zwischen 1763 und 1777 widmete er sich fast ausschließlich der Ausbildung und dem Management seines Sohnes, er war die Hälfte der Zeit auf Reisen und zeigte damit deutlich genug, wo seine Prioritäten lagen. In diesen fünfzehn Jahren hat er seine eigene weitere Karriere der des Sohnes geopfert. Auch hierin bewährte sich Leopold Mozarts Wahlspruch «aut Caesar aut nihil», denn bei einem sechsjährigen Kind, mochte seine Begabung auch noch so ungewöhnlich sein, läßt sich keineswegs absehen, wie es sich weiterentwickeln und ob es seine Chancen nutzen wird. Es war ein Abenteuer mit hohem Risiko, ein Versprechen auf die Zukunft, dessen Einlösung nicht vom pädagogischen Geschick allein abhing, und es bedeutete einen neuerlichen Bruch im Leben des vielseitigen Vaters. Leopold Mozart hat sich um die Kapellmeisterstelle, als sie frei wurde, wohl erst gar nicht beworben. Dies hängt nicht nur mit dem belasteten Verhältnis zum Salzburger Erzbischof als Dienstherrn, sondern auch mit einer insgesamt mißglückten Integration der Mozarts in Salzburg nach der Europareise zusammen. Sie kamen reich an Ehrungen, Geschenken und Welterfahrung in die provinzielle Residenz zurück und empfanden deren bedrückende geistige Enge und Abgeschiedenheit nun besonders schmerzlich. Hier war keine Zukunft für sie. Von nun an ging es nur darum, wie man einen Absprung schaffen könnte.

1777, als Mozart einundzwanzig Jahre alt war, setzten sie alles auf eine Karte und planten eine Reise, deren Ziel ein neues Engagement anderswo war. Das neuerliche Urlaubsgesuch rief allerdings solchen Ärger beim Erzbischof hervor, daß Leopold Mozart nicht mitreisen konnte, wollte er seine Stelle und damit die soziale Sicherung der Familie nicht aufgeben. Es war das erste Mal, daß er sich von seinem Sohn trennen mußte. Dieser hatte sich bisher ausschließlich der Musik widmen können, sich um Aufträge oder Engagements nicht kümmern müssen. Leopold Mozart fungierte nicht nur als Vater, Lehrer und musikalischer Gesprächspartner, sondern auch als höchst effizienter Agent, Finanzverwalter und Reisemarschall. Mozart hatte also mit organisatorischen, geschäftlichen und vertraglichen Dingen nie etwas zu tun gehabt und brauchte sich dafür wohl auch nicht zu interessieren. Und nun, auf der Reise nach Westen (bis Paris), sollte er mit einem Male für alles selbst verantwortlich sein. Er hatte die Aufgabe, ein Engagement zu finden, das der ganzen Familie ein Nachkommen ermöglichen würde. Denn darum ging es immer: die Familie beieinanderzuhalten.

Leopold Mozart konnte einstweilen nur Mozarts Mutter mit auf diese Reise schicken. Sie war zwar eine wichtige emotionale Stütze, aber die «geschäftlichen» Dinge, auf die es ankam, mußte Mozart nun allein und ohne jede Erfahrung absolvieren. Man kann sich vorstellen, daß Leopold Mozart überaus nervös war und in Briefen (die bis zu einer Woche unterwegs waren) sein möglichstes tat, um die Reise zu dirigieren und immer wieder ihr eigentliches Ziel anzumahnen. Es sind gerade diese Briefe von der Paris-Reise, die das negative Urteil über Leopold Mozart als engstirnigen Pedanten, übertrieben strengen und hartherzigen Vater geprägt haben.

Aber wenn man die Perspektive einmal wendet, sieht einiges doch etwas anders aus. Die Reise sollte und mußte sich gewissermaßen selbst finanzieren. Aber bereits in München und Augsburg hielt sich Mozart viel zu lange auf, obschon dort kaum etwas heraussprang. Statt dessen setzte er sich allerlei windige Projekte in den Kopf, die nur zeigen, wie wenig Erfahrung er besaß. In München etwa hatte er die Idee, eine Gruppe von Bewunderern sollte eine monatliche Summe aufbringen, die ihm ein unabhängiges und freies Schaffen ermöglichen würde. In Mannheim verliebte er sich in Aloysia Weber und glaubte sogleich mit ihr und ihrer Familie Tourneen und Reisen bis nach Italien planen zu müssen. Da es den

Webers finanziell nicht sehr gut ging, fühlte Mozart sich zum Helfen berufen, statt an seine eigene Situation zu denken, «ich habe diese bedruckte familie so lieb», schrieb er seinem Vater, «daß ich nichts mehr wünsche, als daß ich sie glücklich machen könnte; und vielleicht kann ich es auch. mein rath ist daß sie nach Italien gehen sollten», und er fügt hinzu: «und der gedancke, einer armen familie, ohne sich schaden zu thun, aufzuhelfen, vergnügt mich in der ganzen seele.» Auch eine «Vacans-reise» mit den Webers nach Kirchheim-Bollanden teilt er seinem Vater mit, also Ferientage, bei denen er gleich noch die Hälfte der Kosten der Familie Weber bezahlte, während Leopold Mozart aus Salzburg schrieb, er wisse nicht, wie er die Schneiderrechnung bezahlen solle.

Man kann zwar Mozart in seiner verliebten Großzügigkeit verstehen, wird aber Leopold Mozarts harsche Reaktion kaum als übertrieben ansehen können. «Dieser Brief hat mich um so mehr niedergeschlagen», schrieb er zurück, «als ich mir vernünftige Hofnung machte, daß dich einige dir schon begegnete Umstände, und meine hier mündlich und dir schriftlich gemachte Erinnerungen hätten überzeugen sollen, daß man, um sein Glück so wohl, als auch sein auch nur gemeines fortkommen in der Welt zu suchen, und unter der so verschiedenen Art, guter, böser, glücklicher und unglücklicher Menschen endlich das gesuchte Ziehl zu erreichen, sein gutes Herz mit der grösten Zurückhaltung verwahren, nichts ohne die gröste Überlegung unternehmen, und sich von Entusiastischen Einbildungen und ohngefähren blinden Einfällen niemals hinreisen lassen müsse... Unsere Salzb: Bedrückungen sind dir vollkommen bekannt, – du weist mein schlechtes Auskommen, und endlich warum ich dir mein versprechen gehalten, dich weiter gehen zu lassen, und alle meine Drangsahlen. Die Absicht deiner Reise waren 2 Ursachen: oder einen beständigen guten dienst zu suchen; oder, wenn dieses misslingt, sich an einen grossen Platz zu begeben, wo grosse Verdienste sind. Beydes gieng auf die Absicht deinen Eltern beyzustehen, und deiner lieben Schwester fortzuhelfen, vor allem aber dir Ruhm und Ehre in der Welt zu machen, welches auch theils in deiner Kindheit schon geschehen, theils in deinen Jünglings-Jahren, und itzt nur ganz alleine auf dich ankommt in eines der grösten Ansehen, die iemals ein Tonkünstler erreicht hat, dich nach und nach zu erheben.» Das heißt nichts anderes und wohl zu Recht, daß Leopold Mozart das ganze Projekt, das er mit der Ausbildung seines Sohnes übernommen hatte und dem er seine eigene Lebensplanung völlig unterworfen hatte, gefährdet sah. Seine Forderung war: *«Fort mit Dir nach Paris!* und das bald, setze dich grossen Leuten an die Seite – aut Caesar aut nihil, der einzige Gedancke Paris zu sehen, hätte dich vor allen fliegenden Einfällen bewahren sollen. *Von Paris aus geht der Rhum und Name eines Mannes von grossem Talente durch die ganze Welt, da behandelt der Adl Leute von Genie mit der grössten Herablassung, Hochschätzung und Höflichkeit, – da siehet man eine schöne Lebensarth, die ganz erstaunlich absticht gegen die Grobheit unserer Teutschen Cavalliers und Damen.»*

Der Ratschlag war nicht prinzipiell falsch – auch wenn die Paris-Reise mit einem Fiasko endete, weil Mozart größte Schwierigkeiten hatte, sich mit den dortigen Verhältnissen zu arrangieren. Ohne die Hilfe seines Vaters war er der Situation nicht gewachsen. Als dann auch noch seine ihn begleitende Mutter plötzlich starb, spürte Mozart sein ganzes Scheitern.

Leopold Mozart setzte alle Hebel in Bewegung, um irgendeine Auffangposition zu finden, schrieb zahlreiche Briefe bis nach Italien, doch blieb am Ende nichts als die Rückkehr nach Salzburg, in diese stets verhaßte Stadt. Immerhin sollte Mozart dort als Hoforganist zu erträglichen Bedingungen wieder eingestellt werden. Es war ein Zukreuzekriechen in der Hoffnung, von hier aus den Weg nach München oder Italien leichter zu finden. Leopold Mozart, der immer noch dachte, daß sein Sohn auch für ihn selbst einen Weg finden würde, um Salzburg den Rücken zu kehren, schrieb über künftige Mißhelligkeiten mit dem Erzbischof: «folglich lassen wir uns keineswegs verdruss machen, sonst sind wir weg.» Und zur persönlichen Situation Mozarts fügte er an: «Was die Mdss.le Weber anbetrifft so darfst du gar nicht glauben, als hätte ich etwas gegen diese Bekanntschaft. alle junge Leute müssen am Narrnseil lauffen. du kannst, wie itzt, deinen Briefwechsel fortsetzen, ich werde dich gar nicht darum fragen, noch weniger etwas zu lesen verlangen.» Ja, er bietet Mozart sogar an, daß Aloysia Weber mit ihrem Vater nach Salzburg kommen und bei ihnen wohnen könne.

Die Familie Mozart, von Johann Nepomuk della Croce 1780 gemalt. Mozarts Mutter war zwei Jahre zuvor gestorben. Ihr Porträt hängt an der Wand und vervollständigt so das Familienbild.

Werbung um einen väterlichen Freund

Allen Ermahnungen und Vorhaltungen Leopold Mozarts während der Weltreise hatte sich sein Sohn mehr oder weniger gefügt, nicht des Familienfriedens wegen, sondern aus Einsicht in die väterliche Vernunft und Fürsorglichkeit. Er hatte immer wieder seine spontanen und in ihren Folgen nicht bedachten Projekte und Reiseplanungen vorgebracht und sich dann eines Besseren belehren lassen. Zum Konflikt, dem Widerspruch oder der Auflehnung gegen den Vater kam es nie, nicht einmal zum heimlichen Groll des Sohnes gegen die übermächtige väterliche Autorität. Und die deprimierende Heimkehr nach Salzburg hatte Leopold Mozart ihm in jeder Weise erträglicher zu machen versucht. Die beiden folgenden letzten Jahre Mozarts in Salzburg sind eine Zeit der Sammlung, Konzentration und Selbstprüfung seines Könnens, in der er die ersten

31

Meisterwerke seines reifen Stils vorlegte: die Krönungsmesse ist dabei, die Posthornserenade, die C-Dur-Sinfonie (KV 338), das Konzert für zwei Klaviere und die Konzertante Sinfonie (KV 364), die er vielleicht zusammen mit seinem Vater spielte, schließlich «Idomeneo», der langersehnte Opernauftrag aus München, für den Mozart fast drei Monate allein in München lebte. Der Briefwechsel mit seinem Vater aus dieser Zeit ist eine intensive Auseinandersetzung um die Arbeit an der Oper, ein äußerst fruchtbarer Gedankenaustausch, Zeugnis eines freundschaftlichen Verhältnisses. Mozart wird diese Zeit später als die glücklichste seines ganzen Lebens bezeichnen. Und wieder schreibt er an den Vater: «wenn ich meinen Zweck erreiche – daß Ich hier ansehnlich ankommen kann – so müssen sie den augenblick von salzburg weg.» Mozart hat eine weitere Oper fast fertig in der Tasche, «Zaide», unter den Augen seines Vaters entstanden und vermutlich schon für das Wiener «National-Singspiel» geplant. Mozart sitzt in den Startlöchern, auch wenn Leopold Mozart skeptisch ist, ob es diesmal gelingen kann.

Der Fortgang ist bekannt und oft beschrieben: Mozart wird nach der «Idomeneo»-Premiere überraschend vom Salzburger Erzbischof nach Wien beordert, um dort im Gefolge aufzutreten. Die ersten Konzerterfolge lassen ihm Wien in rosigem Licht erscheinen, und er provoziert den Bruch mit dem Erzbischof, der in drastischer Weise, jedoch ohne förmliche Dienstentlassung erfolgt. Mozart agiert ohne Rückversicherung beim Vater, indem er nun selbst nach dem Prinzip «aut Caesar aut nihil» (alles oder nichts) handelt. Leopold Mozart ist entsetzt, weil er diesen Schritt für unüberlegt und übereilt ansieht und die weiteren Aussichten in Wien höchst skeptisch beurteilt, womit er zunächst auch recht behalten wird. Als er merkt, daß noch andere Motive dahinterstecken, weil Mozart sich in Constanze Weber verliebt hat und sie sogar heiraten möchte, kommt es zum ernsthaften Dissens.

Für Leopold Mozart ist es die Wiederholung einer Situation die drei Jahre zuvor in Mannheim entstanden war, nur läßt sich Mozart diesmal nicht mehr mahnen und dirigieren. Auch jetzt hat er weder eine Anstellung noch einen Auftrag oder konkrete Aussichten in Wien, wieder ist eine «Weberische» im Spiel, aber auch diesmal versucht Leopold Mozart eine Auffangposition in Salzburg zu schaffen und beim Erzbischof die Wogen zu glätten, muß aber erleben, daß er auf die Entscheidungen seines Sohnes keinen Einfluß mehr hat.

Es handelt sich also im Grunde genommen um einen ganz alltäglichen Vater-Sohn-Konflikt: die objektiv notwendige, aber subjektiv belastende Abnabelung vom Elternhaus, das Erwachsenwerden und der Beginn autonomen Handelns, die eigene Familiengründung und ausschließliche Selbstverantwortung, was der Vater als schmerzlichen Verlust seines Einflusses, der Geringschätzung und des Verzichtes auf seinen gutgemeinten Rat empfindet, die Trennung von einer bis dahin geglückten Symbiose.

Ein anderes kommt hinzu und verschärft diesen Konflikt gewaltig. Leopold Mozart findet sich plötzlich allein gelassen in dem ungeliebten Salzburg, er sieht die alte Familienverabredung aufgekündigt, zusammenbleiben zu wollen, zumal auch Mozarts Schwester, Maria Anna, noch unversorgt ist und von mühsamen Klavierstunden lebt. Leopold Mozart muß diese Situation als beschämende Niederlage seiner so oft bewährten Weitsicht und vernünftigen Planung erleben, denn er hatte in den letzten Jahren keinerlei Alternativen bedacht für seine eigene Alterssicherung. Gewiß, er hatte fünfzehn Jahre der Ausbildung seines Sohnes geopfert und damit seiner eigenen Karriere eine Grenze gesetzt, aber spätestens mit der Westreise (1777) war diese Ausbildung abgeschlossen. Dennoch hatte er weiterhin alles auf seinen Sohn gesetzt und keinerlei andere Perspektiven auch nur in Erwägung gezogen. Daß er seinen Sohn vielleicht irgendwann in eigene Verantwortung entlassen müsse, daß dieser eine eigene Familie gründen könne, war ihm nicht einmal als Möglichkeit in den Sinn gekommen. Der alte naive Vatertraum von den Kindern als Verfügungsmasse für das eigene Alter war geplatzt. Ausgerechnet ihm, dem großen Pädagogen, war entfallen, daß Erziehung ihr Ziel immer darin hat, entbehrlich zu werden. Gescheitert oder nicht, sein Projekt ‹Mozart› war ans Ende gekommen.

Wie sehr Mozart seinem Vater noch immer vertraute, zeigte sich in der «Idomeneo»-Zeit. Aber er wollte ihn nur noch als väterlichen Freund, nicht mehr als den Dirigenten seines Lebens. Darum warb Mozart weiterhin, aus Wien überschrieb er einen Brief sogar mit der Anrede «Mon très cher amy!». Aber Leopold Mozart konnte oder wollte dies nicht verstehen. Er klebte an einer Aufgabe, die längst beendet war, eine andere stellte er sich nicht. Für einen beruflichen Neuanfang aus eigener Kraft war er zu alt. So kann es nicht wundernehmen, daß er sich im Stich gelassen sah und in Verbitterung verfiel.

Ausgerechnet in dieser Situation trat nun auch ein ernsthafter Bewerber um die Hand von Mozarts Schwester auf, Franz d'Ippold, Hofkriegsrat in Salzburg. Obwohl er durchaus auf Gegenliebe stieß, war seine berufliche Stellung für eine Heirat nicht ausreichend, und für Leopold Mozart mag dies eine weitere Bedrohung gewesen sein. Mozart schaltete sich von Wien aus ein und versprach, seiner Schwester zu helfen: «für dich und d'yppold wird schwerrlich – Ja ich glaube gewis – in Salzburg *nichts* daraus werden. – könnte denn d'yppold *hier* nichts für sich zuwege bringen? – er für sich selbst wird auch wenigstens nicht *ganz* leer seyn [...] wäre das ausgemacht – so könnt ihr euch sicher heyrathen – denn glaube mir – du würdest dir hier geld genug verdienen – zum beyspiell – in privat accademien zu spiellen – und mit denn lectionen – man würde dich recht darum bitten – und gut bezahlen. – da müsste aber mein vatter quittiren und auch mit – dann könnten wir wieder recht vergnügt zusammen leben [...] denn ich möchte daß der Mann in ruhe kömme, und sich nicht Plagen und scherren sollte – auf diese art könnte es aber seyn – denn durch das einkommen deines Manns, durch dein eigenes, und durch das meinige können wir schon auskömmen, und ihm ruhe und ein vergnügtes leben verschafen.»

Für Leopold Mozart war dies sicher wieder einmal eines dieser Luftschloß-Projekte seines Sohnes, und es dürfte ihn noch mehr in Rage gebracht haben. In der Tat war Mozart in diesem ersten Jahr in Wien so arm wie niemals wieder in seinem Leben, von seiner Unterstützung konnte also gar keine Rede sein, und sein Vater ahnte das, obschon Mozart ihm die wahre Situation verschwieg, sogar Geld zur Schuldentilgung schickte, um einen besseren Eindruck zu machen. Leopold Mozart hatte in Salzburg wenigstens «das Sichere» seines Einkommens als Vizekapellmeister. Daß aber auch noch seine Tochter ihn verlassen sollte, das war zuviel für ihn. So opferte sich Maria Anna mit ihrem Verzicht auf d'Ippold und führte weiterhin den väterlichen Haushalt. Es ist gut möglich, daß Maria Anna ihren Bruder mitverantwortlich machte für das gescheiterte Heiratsprojekt (und Leopold Mozart mag sie darin bestärkt haben), denn von nun an ist auch eine deutliche, nie wieder aufgehobene Entfremdung zu seiner Schwester zu spüren. Er hatte sich vom Elternhaus emanzipiert – auf Kosten der Zurückgebliebenen, so mochte man es im Tanzmeisterhaus in Salzburg sehen.

Mozart hatte inzwischen das Libretto zur «Entführung aus dem Serail» bekommen, doch bis zur Premiere am 16. Juli 1782 und damit auch bis zur Entlohnung verging noch ein ganzes, sehr mühsames Jahr. Ohne dieses Honorar war auch an eine Hochzeit mit Constanze Weber nicht zu denken. Als er dann aber seinen Vater um die Heiratsbewilligung bat, verzögerte sie dieser so lange, bis sie erst einen Tag nach der Hochzeit eintraf. Wie tief der Familienfrieden gestört war, geht (da die Briefe Leopold Mozarts aus dieser Zeit nicht erhalten sind) aus einem Brief Mozarts hervor: «Ich habe heute ihr schreiben vom 26:ten erhalten, aber ein so gleichgültiges, kaltes schreiben, welches ich in der that auf die ihnen überschriebene Nachricht wegen der guten aufnahme meiner oper niemalen vermuthen konnte. – ich glaubte /:nach meiner empfindung zu schliessen:/ sie würden vor begierde kaum das Pacquet eröfnen können, um nur geschwind das Werk ihres Sohnes besehen zu können, welches in Wienn /:nicht Platterdings gefallen:/ sondern so lärm macht, maß mann gar nichts anders hören will, und das theater allzeit von Menschen wimmelt. [...] – Allein – sie hatten nicht soviel Zeit – – – die ganze Welt behauptet daß ich durch mein grossprechen, kritisiren, die Profeßori von der Musick, und auch andere leute zu feinde habe! – was für eine Welt? – vermuthlich die Salzburger Welt; denn wer hier ist – der wird genug das gegentheil davon sehen und hören; – und das soll meine antwort darauf seyn.» Daß Leopold Mozart die ihm übersandte Partitur der «Entführung» nicht cinmal angesehen habe – aus Zeitmangel (glauben kann man es nicht, aber er hat es seinem Sohn so geschrieben) –, war allerdings ein Höhepunkt im familiären Schlagabtausch, und er zeigt deutlich, daß er Mozart selbst treffen sollte.

Entfremdung

Aus der ganzen Wiener Zeit Mozarts ist kein einziger Brief seines Vaters an ihn erhalten. Man kann also nur aus Mozarts Antworten andeutungsweise erschließen, was Leopold Mozart geschrieben hat. Über Constanze Mozart scheint kein einziges böses Wort gefallen zu sein. Da in Salzburg niemand sie kannte, enthielt man sich auch jeden Urteils. Es ging bei allen Vorbehalten gegen Mozarts Ehe auch nie um ihre Person, sondern allein um die kaum hinnehmbare Tatsache selbst und die begleitenden Umstände. Was nach und nach über die Schwiegermutter bekannt wurde, war mehr als bedenklich. Offenbar neigte sie zum Alkohol, war eine streitsüchtige und unleidliche Frau. Einen ganz ungewöhnlichen Heiratskontrakt hatte Mozart unterschreiben müssen: Für den Fall, daß die Ehe nicht zustande käme, verlangte die Schwiegermutter eine hohe jährliche Pension. Dabei hatte Mozart kaum das Geld, einen eigenen Haushalt zu gründen. Weitere Irritationen gab es wahrlich genug, und Sorgen waren nicht ganz unberechtigt. Zu allen grundsätzlichen Einwänden kam noch hinzu, daß der längst fällige Besuch des jungen Paares in Salzburg immer wieder verschoben wurde – von Mozart selbst. Erst nach einem Jahr durften Vater und Schwester Constanze Mozart kennenlernen. Daß dieser Besuch nicht besonders herzlich ausfiel, ist nicht weiter verwunderlich, aber an Constanze Mozart lag es gewiß nicht. Auch Mozart hat nach diesem einzigen Besuch in Salzburg ein fast nur noch sohnespflichtiges Verhältnis zu seinem Vater. Die Zahl seiner Briefe, bisher wöchentlich, nimmt spürbar ab, schließlich vergehen manchmal Monate zwischen äußerst kurzen Nachrichten. Das Verhältnis zu seiner Schwester friert bald völlig ein.

Eine einzige Bemerkung Leopold Mozarts in einem Brief an die Baronin Waldstätten hat sich über Constanze Mozart erhalten und zeigt sowohl die Befürchtungen wie die Beruhigung: «Daß seine Frau aus der Weber:Art schlägt, ist mir herzlich lieb, sonst würde er unglücklich sein; Euer Gnaden Versichern mich, daß sie eine gute Person ist, und das ist mir genug!» Aber in einem weiteren Brief an dieselbe Adressatin formuliert er auch eine bündige Kritik an Mozarts Charaktereigenschaften und damit das Scheitern aller Erziehungsbemühungen des Vaters: «ja, ich würde ganz beruhiget sein, wenn ich nur nicht bei meinem Sohne einen HauptFehler entdeckte, und dieser ist, daß er garzu *gedultig* oder *schläferig*, zu *bequem*, vielleicht manchmal zu *stoltz*, und wie sie dieses alles zusammen taufen wollen, womit der Mensch *ohnthätig* wird: oder er ist zu *ungedultig*, zu *hitzig* und kann nichts abwarten. Es sind zween einander entgegen stehende Sätze, die in ihm herschen – zu viel oder zu wenig und keine Mittelstrasse. Wenn er keinen Mangel hat, dann ist er alsogleich zufrieden und wird *bequem* und *ohnthätig*. Muß er sich in die activetet setzen, dann fühlt er sich, und *will alsogleich sein Glück machen*. Nichts soll ihm im Wege stehen: und, leyder, werden eben nur den geschicktesten Leuten, den besondern genies die meisten Hindernisse in den Weeg gelegt.» Und in einer Nachschrift fügte er hinzu: «Mein Sohn schrieb mir vormals, daß er, sobald er sich verheyrathen werde, nicht bey der Mutter wohnen wolle. Ich hoffe er werde dieses Haus auch wirklich verlassen haben. Ist es nicht geschehen, so ist es sein und seiner Frau Unglück.» All das war klug und wohl nicht ganz unrichtig beobachtet, aber es ist auch die Resignation zu spüren, keinen Einfluß mehr zu haben und Mozart mit seinem so gänzlich anderen Temperament nun allein sich zurechtfinden lassen zu müssen. Immerhin blieb Leopold Mozart die Genugtuung, bei seinem Besuch in Wien (1785) Mozart auf einem Höhepunkt des Erfolges, auch in finanzieller Hinsicht, anzutreffen.

Mozart mag sich bewußt gewesen sein, daß dieser Besuch sein letzter Versuch sein würde, seinen Vater von der Richtigkeit seiner Entscheidungen zu überzeugen und das alte freundschaftliche Verhältnis jenseits aller Vater-Autorität wiederherzustellen. Das Besuchsprogramm ist geradezu ein Feuerwerk hochbedeutender Ereignisse: Noch am Ankunftstag erlebt Leopold Mozart die erste Aufführung des d-Moll-Klavierkonzertes, am Tage darauf kann er drei der Haydn gewidmeten Quartette in Anwesenheit von Haydn mitspielen, der bei dieser Gelegenheit sagt: «ich sage ihnen vor gott, als ein ehrlicher Mann, ihr Sohn ist der größte Componist, den ich von Person und den Nahmen nach kenne: er hat geschmack, und über das die größte Compositionswissenschaft.»

Einen Tag später spielt Mozart in Anwesenheit des Kaisers, und so geht es alle Tage fort. Essenseinladungen kommen hinzu, bei denen Leopold Mozart nur staunen kann über die luxuriöse Speisenfolge. In die Freimaurerloge wird er aufgenommen und im Schnelldurchgang bis zum Meister befördert. Allein neunzehn Konzerte, an denen Mozart mitwirkt, kann er in diesen zehn Wochen seines Besuches erleben, Opernabende kommen hinzu, Ausflüge, Besuche bei Schauspielern, Musikern, reichen Freunden. Leopold Mozart kommt überhaupt nicht zur Ruhe. Auch dies notiert er: «Ich glaube, daß mein Sohn, wenn er keine Schulden zu bezahlen hat, itzt 2000 fl. in die bank legen kann: das Geld ist sicher da, die Hauswirthschaft ist, was Essen und Trinken betrifft, im höchsten Grad ökonomisch.» Nach heutigem Geld dürfte der genannte Betrag etwa 100000,– DM entsprechen, doch der skeptische Zusatz über mögliche Schulden wird nicht unterlassen. Aber einen wirklichen Einblick in Mozarts Verhältnisse hat sein Vater wohl nicht bekommen. Und auch der innige freundschaftliche Austausch über musikalische Projekte und Probleme wird sich nie wieder herstellen.

Mozarts Schwester hat nun endlich auch heiraten können – einen kinderreichen Witwer und nicht den Mann ihrer ersten Wahl. Ihr eigenes erstes Kind überließ sie schon im Säuglingsalter Leopold Mozart zur Pflege, der bei sich außerdem noch drei Musikschüler zur Kost hatte. Als Mozart jedoch im Herbst 1786 anfragte, ob er seine beiden Kinder für einige Zeit in Pflege geben könne, da er plane, nach England zu reisen (woraus allerdings nichts wurde), bekam er eine unmißverständliche Absage. Leopold Mozart schrieb dazu an seine Tochter: «Daß ich einen sehr *nachdrücklichen Brief* schreiben musste, kannst dir leicht vorstellen (...) das wäre freilich nicht übl, – Sie könnten ruhig reisen, – könnten sterben – – könnten in Engelland bleiben, – – da könnte ich ihnen mit den Kindern nachlauffen etc: oder der Bezahlung für die Kinder die er mir für Menscher und Kinder anträgt etc: – Basta! meine Entschuldigung ist kräftig und Lehrreich, wenn ers benüzen will.» Der Vater traut seinem Sohn inzwischen allerhand Böses zu. Von einem Minimum an Vertrauen und Familiensolidarität ist nichts mehr zu spüren.

Ein halbes Jahr später war Leopold Mozart tot, plötzlich nach kurzer Krankheit gestorben. Nur wenige Jahre später, am 5. Dezember 1791, war auch das weiterhin an Höhen und Tiefen, Erfolgen und Mißerfolgen, Armut und Reichtum so wechselvolle Leben Wolfgang A. Mozarts ebenso plötzlich zu Ende. Die Mozarts, insbesondere Vater und Sohn, waren eine Familie, die sich gegenseitig alles an Liebe, Zuwendung, Aufopferung gegeben haben, was nur möglich war, und die dann doch, vielleicht gerade deswegen, ihre unlösbaren Konflikte durchleben und durchleiden mußten. Wo es um Gefühle und Enttäuschungen geht, versagt häufig die so oft bewährte Klugheit.

Abgründige Spiegelungen

Johann Wolfgang und August von Goethe

von Lothar Müller

Einer hartnäckigen Legende zufolge hat August von Goethe in seinem Leben nur einen einzigen Vers gemacht, der in Rom entstanden sein soll: «Hier steh' ich auf dem Kapitol und weiß nicht, was ich sagen soll.» Zielsicher ist der Sohn mit dieser unbeholfenen Reimerei als Figur des grotesk-komischen Kontrasts zum Genie des Vaters pointiert. Er demonstriert seine Unfähigkeit zum Poetischen gerade dort, wo selbst die unempfindlichste Natur Anlaß hätte, die ihr gesetzten Schranken in der Begeisterung zu überschreiten – im Blick auf das vor seinen Augen daliegende Rom. Seine Sprachlosigkeit ist das aus Dumpfheit geborene Gegenstück zum Verstummen poetischerer Naturen, denen der Anblick des Schönen die Sprache verschlägt. Sie bezeugt, daß diesem Romreisenden auch unter günstigen Bedingungen nicht zu helfen war. Wo der Vater zum Klassiker reift, erweist sich der ans Triviale gefesselte Sohn als hoffnungsloser Fall.

Augusts angeblicher Kapitol-Vers entstammt dem im 19. Jahrhundert zusammengetragenen Zitatenschatz des deutschen Bildungsbürgertums. Das Gelächter über Goethes Sohn als Witzfigur und dummen August tat der Verehrung für den Vater so lange keinen Abbruch, wie es im Dienste augenzwinkernder Kontrastierung verblieb. Wer näher nachfragte, wie denn aus dem Universalgenie der Deutschen ein solcher Sprößling hervorgehen konnte, ließ sich leicht auf das Erbteil der Mutter verweisen. Die Goethe-Verehrer, die über den zum Kretin stilisierten August lachten, wußten in der Regel auch allerlei Anekdoten über den «Bettschatz» des Dichters zu erzählen. War Goethes Sohn nicht vor allem der Sohn der allzu lebenslustig dem Trinken und Tanzen ergebenen, herzhaft ungebildeten Christiane Vulpius? Waren nicht beide als derb-komische Figuren von beschränkten Geistesgaben und ungehemmter Sinnlichkeit jenseits der produktiven Kernzonen des Genies anzusiedeln?

Mit der polemisch gegen das Harmonie-Ideal des Goethe-Kultes gerichteten Entdeckung des «pathologischen» Goethe seit dem späten 19. Jahrhundert begann das Gelächter über den Sohn zu verstummen. Aus dem dummen trat der leidende August hervor. Im Jahr 1898 erschien die Schrift des Arztes, Psychiaters und Hysterie-Forschers Paul Julius Möbius *Über das Pathologische bei Goethe*. Sie wandte resolut die Lehre Cesare Lombrosos über das Genie als Produkt von «Entartung» auf den Olympier Goethe an. Zwar exemplifizierte Möbius seine Diagnose der inneren Affinität Goethes zu Wahnsinn, Geisteskrankheit und Perversion vor allem an den Figuren des poetischen Werks vom *Werther* bis zu den *Wanderjahren*. Doch gewann sein Befund im Blick auf Goethe als Vater die größte Schärfe: «In Goethes Nachkommenschaft erreichte das Pathologische eine furchtbare Höhe. Es sieht aus, als hätten sich die Dämonen des Glücks, das Goethe über das gewöhnliche Menschenglück hinaus genossen hatte, durch das Unglück seiner Nachkommen mit Zinsen zurückzahlen lassen.» Goethes Sohn – «schwerkrank und unglücklich» – ist seit Möbius der Kronzeuge für die These, daß das Genie seines Vaters sich als ruinöse Katastrophe für die ihm Nahestehenden entfaltete. In der großen Goethe-Studie des Psychoanalytikers Kurt Eissler, in der die von Möbius über Otto Weininger bis zu Gottfried Benn fortgeschriebene Entthronung des harmonischen zugunsten des pathologischen Goethe ihren monumentalen Abschluß fand, erscheint der Sohn als unvermeidliches Opfer, das die Kunst vom Leben forderte, damit die Werke des Vaters entstehen konnten.

Die Opfertheorie ist eine Theorie des destruktiven Genies. Mit dem ihm eigenen Scharfblick nicht nur für das Abgründige im Verhältnis von Vätern und Söhnen, sondern zugleich für die verwirrenden Wechselspiele zwischen Kunst und Leben hat Thomas Mann sie in seinem Roman *Lotte in Weimar* (1939) zugleich aufgegriffen, verschärft und revidiert. Die als Komödie maskierte Handlung spielt im Herbst des Jahres 1816, in der Zeit zwischen dem

Tod Christianes und der Heirat August von Goethes mit Ottilie von Pogwisch. Gerüchte und Geschichten über den unbeherrscht-lasziven Charakter und ausschweifenden Lebenswandel des damals sechsundzwanzigjährigen August bilden den Hintergrund seines Auftritts als Abgesandter des Vaters, der die berühmte Lotte von einst zugleich in Empfang zu nehmen und auf Distanz zu halten hat. Wie ein mythischer Bann liegt über August das Schicksal, zunächst und vor allem der Sohn Goethes und dem «tödlichen Vergleich» mit dem Vater ausgesetzt zu sein. Doch ist er, statt nur Opfer zu sein, zugleich der Schlüssel zur Deutung des Vaters. Er ist dessen zum Gegenbild verzerrtes, erschreckend ähnliches Ebenbild. Thomas Mann hat diese Pointe seiner umformulierten Opfertheorie in eine Konstellation des Doppelgängertums und der Entsprechung der notorischen Klatschbase Adele Schopenhauer in den Mund gelegt. Dadurch wird zwar ihre Ernsthaftigkeit eingeschränkt, nicht aber ihr Reiz gemindert: «Nur *ein* Diesbezügliches lassen Sie mich auszusprechen versuchen, worüber ich oft gegrübelt habe – nicht mit dem besten Gewissen übrigens, vielmehr unter Zweifeln, ob es mir oder überhaupt jemandem anstehe, solchen Gedanken nachzuhängen. Ich meinte nämlich zu sehen, daß gewisse Eigenschaften, die sich beim Sohn höchst unglücklich und zerstörerisch hervortun, schon bei dem großen Vater sich vorgebildet finden, ob es gleich schwer ist, sie als die nämlichen wiederzuerkennen, und ob auch Ehrfurcht und Pietät von solchem Wiedererkennen abschrecken möchten. Denn in dem väterlichen Falle halten sie sich in einer noch glücklichen, fruchtbaren und liebenswürdigen Schwebe und gereichen der Welt zur Freude, da sie als Sohneserbe auf eine grobe, geistverlassene und unheilvolle Weise sich manifestieren und in ihrer sittlichen Anstößigkeit offen und unverschämt zutage treten.»

Thomas Mann beläßt es nicht bei der Annäherung der Charaktere von Vater und Sohn. Er bringt als Beleg für das Mißtrauen gegen den Olympier die *Wahlverwandtschaften* und damit die Kunst als Symptom und Medium des Pathologischen ins Spiel. Zwar weist seine Adele Schopenhauer die Kritik der Philister an der Unmoral des Romans als «plump und bigott» zurück. Doch gilt er ihr als geläutert-esoterischer Ausdruck ebenjenes «sittlich Fragwürdigen», das in Augusts Eskapaden roh und in exoterisch-skandalöser Gestalt zum Ausdruck kommt. «Ach, ich weiß wohl, wie absurd, wie lästerlich es scheinen muß, in Augustens Zügellosigkeit und Wüstlingsleben eine andere, unerfreulich gewordene Erscheinungsform von Anlagen zu sehen, aus denen ein Geschenk an die Menschheit wie jenes Romanwerk kam.»

Der Abstand zwischen Vater und Sohn, der in der eingangs zitierten Anekdote das Gelächter über den dummen August so unproblematisch machte, ist in diesem Satz fast aufgehoben. An die Stelle des Kretins, der ‹im Schatten des Titanen› verdorrt und eine verkrüppelte Existenz führt, tritt der Sohn als abgründiger Spiegel des Vaters, der dessen pathologische Züge zur Kenntlichkeit verzerrt. Ein sehr altes Element der Wahrnehmung Goethes in seiner Rolle als Vater bleibt dabei freilich unberührt: die Vorstellung einer strikt asymmetrischen Struktur der Beziehung zwischen dem Genie und seinem unpoetischen Sohn. Mit der Strenge eines unabänderlichen Gesetzes scheint im Verhältnis zwischen beiden der Grundsatz zu herrschen, daß zwar für den Sohn der Vater die alles überstrahlende Bedeutung eines schicksalhaften Fixsterns hatte, für den Vater aber der Sohn nur einer von vielen Trabanten war. Die Schwester Cornelia und Charlotte von Stein, der unglückliche Freund der Sturm-und-Drang-Zeit Jakob Michael Reinhold Lenz und Johann Heinrich Merck, Friedrich Schiller oder auch der Herzog Carl August sind in allen Biographien hinsichtlich ihrer Bedeutung für Innenleben und Selbstdeutung Goethes dem Sohn weit übergeordnet. Meist bringt er es nicht einmal zur Randfigur im Leben seines Vaters. Erst bei näherer Betrachtung ändert sich das Bild.

Der Erzeuger und sein Geschöpf

August Goethe, von dem zunächst durchaus unklar war, welchen Nachnamen er tragen würde, wurde am 25. Dezember 1789 als erstes Kind seiner Eltern Johann Wolfgang von Goethe und Christiane Vulpius geboren. Er unterlag den Gesetzen, denen zufolge uneheliche Geburten als solche angezeigt werden mußten und mit einem Bußgeld geahndet wurden. Am 27. Dezember schrieb Goethe einen Brief an den eng mit ihm zusammenarbeitenden und ihm persönlich gewogenen Geheimrat Christian Gottlob Voigt. Darin ist vom Sohn nur sehr indirekt durch die Anspielung auf die Taufe als «eine in eben diesem Moment vollbrachte heilige Handlung» die Rede. Sein Hauptinhalt ist Goethes Dank an den einflußreichen Beamten für einen angedeuteten Freundschaftsdienst, in dem man die diskrete Regelung der Anmeldung des unehelichen Kindes wird vermuten dürfen. Der Herzog Carl August, auf den der Name des als Julius August Walther getauften Kindes verwies, hatte zwar seit Beginn von Goethes Beziehung zu Christiane Vulpius im Juli 1788 das Paar gegen die Anfeindungen aus der Weimarer Gesellschaft wie aus dem Umkreis seines Hofes in Schutz genommen, war aber der Einladung zur Taufe wohlweislich nicht nachgekommen. So vermied er den demonstrativen Akt, als der ein Auftritt als «Gevatter» des Kindes empfunden worden wäre. Der Herzog, der am 18. Januar 1790 nach Berlin gereist war, um an den politischen Verhandlungen über den zwischen Preußen und dem mit Rußland verbündeten Österreich drohenden Krieg teilzunehmen, war auch der Adressat des ersten Briefes, in dem Goethe als Vater von seinem Sohn spricht. Er ist sechs Wochen nach der Geburt am 6. Februar 1790 geschrieben. Die zwischen Nachrichten vom Fortgang des Schloßbaus und allerlei Weimarer Neuigkeiten eher beiläufig eingefügte Stelle ist bemerkenswert. Sie lautet: «Mit Vergünstigung der Göttin Lucina hat man auch der Liebe wieder zu pflegen angefangen. Der kleine Pathe wird mager, die Frauen sagen aber: bey dieser Diät geschehe es so. Bis in die zwölfte Woche müsse man Geduld haben.

Gestern ist das erste Eroticon in diesem Jahre zu Papier gekommen.»

Die Liebe, die Sorge des noch unerfahrenen Vaters um das Kind der Liebe und die erotische Literatur sind in diesen Zeilen auf engem Raum einander zugesellt. Der Herzog ist darin erst in zweiter Linie als Landesherr angesprochen, dem gegenüber sich der hohe Staatsbeamte zu seinem von vielen für kompromittierend gehaltenen Sohn bekennt. In erster Linie schreibt hier ein Jünger der Liebeskunst an den anderen. Der Ton ist durch eine Männerfreundschaft gedeckt, über deren latent homosexuellen Charakter viel geschrieben worden ist, die aber seit der Rückkehr Goethes aus Italien stark vom Austausch über die heterosexuelle Liebe geprägt ist. Der antikisierende, genauer: latinisierende Stil, in dem Goethe triumphierend vom Ende der durchs Wochenbett erzwungenen Enthaltsamkeit spricht, kommt nicht von ungefähr. Über seine «erotisch-philosophischen» Träume und die Fortschritte seiner Arbeit an den *Römischen Elegien* hatte er dem Herzog seit dem Herbst 1789 berichtet. Die «Göttin Lucina» verweist auf die Quellenstudien, die Goethe um 1789/90 für die Arbeit an seinen erotischen Gedichten betrieb. Daß die römische Juno in ihrer Eigenschaft als Wächterin über Geburt und Wochenbett diesen Beinamen trug, konnte er dem Buch *De civitate Dei* des Aurelius Augustinus entnehmen. Goethe beschäftigte sich darin vor allem mit denjenigen Passagen, in denen sich der große Philosoph des spätantiken Christentums in satirisch-parodistischer Absicht über die römischen Götter mokiert. Augustinus ging es dabei um die Demonstration der Überlegenheit des Monotheismus über die polytheistische Göttervielfalt. Goethe ging an dieser Intention vorbei und las den auf ein verlorenes Buch des römischen Historikers Varro zurückgehenden Text als Quellenwerk zur «Erfindungsgabe der Alten in religiösen Dingen, die den gesamten Vorgang der Zeugung mehreren Göttern und Göttinnen zuteilen und den einzelnen bestimmte, möglichst genau unterschiedene Aufgaben zuordnen». Gegen ebendiese rituelle Heiligung und Weihung jeden einzelnen Schrittes von der Anbahnung über den Vollzug des Liebesaktes bis zur Niederkunft hatte Augustinus entrüstet seinen Spott ausgegossen: «Was füllt man das Schlafgemach mit einem Schwarm von Gottheiten an, wo doch selbst die Brautführer sich zurückziehen?»

In einem in lateinischer Sprache verfaßten, an den Herzog Carl August adressierten Kommentar zu den einschlägigen Stellen aus dem *Gottesstaat* hat Goethe im launigen Stil eines obszönen Philologen gegen Augustinus die Liebesgötter der Antike aus der Verbannung zurückgeholt und zu seinen Weimarer Hausgöttern gemacht. Daß er sowohl sein Arbeitszimmer wie sein Schlafgemach mit ihnen bevölkerte, brachte er dabei ausdrücklich mit seiner Rückkehr aus Italien ins nördliche, den Genüssen des Lebens weniger zugetane Thüringen in Verbindung. Auf das Glück der Reise seien lange, grausame Nächte gefolgt, bis er beschlossen habe, sein Leben anders zu gestalten und das Studium der menschlichen und göttlichen Dinge, das er von frühauf betrieben habe, nunmehr als praktische Erforschung der zugleich göttlichen und menschlichen Sphäre der Zeugung und Schöpfung zu betreiben. Ein «Exemplum», ein lehrreiches Beispiel sei vonnöten gewesen und habe sich glücklich ergeben: «Es hat nicht an Gelegenheit gefehlt, und ich habe sie ergriffen und mich mehrere Nächte mit der Schöpfung des Menschen abgemüht.»

Über die Zäsur, die die Italienische Reise im Leben Goethes bedeutete, ist viel geschrieben worden. Als Modell geglückter Selbstfindung und Wiedergeburt aus einer Krise des drohenden Selbstverlustes heraus hat Goethe selbst sie in seiner retrospektiv verfaßten Reisebeschreibung kanonisiert. Daß er sinnlicher aus dem Süden zurückgekehrt sei, haben schon die Weimarer Zeitgenossen – nicht selten befremdet – registriert und kommentiert. Die psychoanalytische Lesart deutet die italienische Wiedergeburt als Überwindung einer schweren, bis ins vierzigste Jahr reichenden Sexualhemmung. Christiane Vulpius als «Antityp» zu Charlotte von Stein ist immer wieder als nördliche Komplementärfigur zur römischen Faustina apostrophiert worden. Man wird dem kaum widersprechen können. Verwunderlich bleibt freilich, wie ausschließlich den meisten Interpreten die Entdeckung des Erotischen als Entdeckung des Sinnengenusses erscheint. Denn charakteristisch für Goethes nachitalienische Selbstdeutung im Zeichen des antiken Eros ist gerade die Akzentuierung des Zeugungsaktes im Liebesakt. In ihrem Zeichen kann man von Goethes Sohn sagen, er sei eine Frucht der italienischen Reise seines Vaters. Fruchtbarkeit und Fortpflanzung als Grundphänomene der Natur sind von der *Metamorphose der Pflanzen* über die *Römischen Elegien* bis zu den *Venetianischen Epigrammen* dominante Themen in den Schriften Goethes, die im Umkreis der Geburt Augusts entstanden sind. Wenn er in seinem antiaugustinischen Kommentar zu Augustinus das Loblied auf die Liebesgötter singt, so impliziert dies, «daß Amor, den die Römer auch Cupido, die Griechen aber Eros nennen, die erste Quelle und Ursache der Fortpflanzungen und des Lebens ist». Als «opus divinum», als göttliches Werk feiert Goethe die Fortpflanzung in offenkundigem Stolz darauf, selbst eine «Generatio» und «Creatio» ins Werk gesetzt zu haben. Man wird zwar nicht behaupten können, daß Goethe sich deshalb so obsessiv die Mythologie des antiken Fruchtbarkeitskultes aneignete, weil er Vater wurde. Wohl aber kann man sagen, daß er den eben geborenen Sohn in die symbolische Ordnung einfügte, der er den Entwurf seines nachitalienischen Lebens und Dichtens unterstellte. Goethe hat den Hinweis auf Augustinus als Quelle zur antiken Götterlehre den Anmerkungen zu einer im 17. Jahrhundert erschienenen Ausgabe der *Carmina Priapeia* entnommen. Diese anonyme Sammlung von knapp hundert lateinischen epigrammatischen Gedichten aus der augusteischen Zeit ist dem Fruchtbarkeitsgott Priapus gewidmet, einem Gott kleinasiatischen Ursprungs, dessen bildliche Darstellungen stets um ein übergroßes, zeugungsbereites männliches Glied zentriert sind. Goethe, der aus Italien Priapus-Darstellungen für seine Kunstsammlung mitgebracht hatte und in Weimar intensiv Catull, Tibull, Properz und Martial studierte, machte den antiken Fruchtbarkeits- und Gartengott zu einer Zentralfigur seiner lyrischen «Erotica». Die *Römischen Elegien*, die ursprünglich den Titel «Erotica Romana» führten, entstanden von Mitte 1789 bis Anfang 1790 in zeitlicher Parallelität zur Schwangerschaft von Christiane Vulpius sowie zur Geburt und den ersten Lebensmonaten des Sohnes. Der Gott Priapus wird darin vor allem in denjenigen Elegien beschworen, die als allzu rückhaltlose Hymnen phallischer Fruchtbarkeit keinen Eingang in die Druckfassung der *Horen* fanden. Man kann diese «priapische» Seite in Goethes nachitalienischer Lyrik auch ihre weimarisch-thüringische im Unterschied zur römischen Seite nennen. Der in Rom das Schreiben und das Lieben, den Rhythmus des Bettes und den der Hexameter miteinander verschränkende Liebhaber der Elegien ist stets der Reisende aus dem Norden, der im Süden die Formen der Antike und die in sie eingeschlossene erotische Kultur entdeckt. Ihm gesellt sich in den priapischen Gedichten der Gärtner nicht nur deshalb zu, weil der Garten in der erotischen Dichtung der Antike eines der Symbole für das weibliche Geschlechtsorgan ist. Vielmehr machen sie den Gärtner, der auf heimischem Boden sowohl poetische wie leibhaftige Früchte zieht, zur eigenständigen Komplementärfigur des Reisen-

Stich nach Raffaels «Madonna della Sedia». Das Original befand sich im Palazzo Pitti in Florenz. Während Goethe auf seiner Italienreise lediglich einen Blick auf Dom und Baptisterium geworfen hat, widmete August von Goethe den Kunstschätzen in Florenz sehr viel mehr Aufmerksamkeit.

den. War der zum Entdecker des Liebesgenusses stilisierte Reisende der Erinnerung an Rom zugeordnet, so sind der Gärtner und sein Gartengott dem Prospekt des nachitalienischen Lebens im thüringischen Weimar eingeschrieben.

Goethes zweite, eher aus äußeren als inneren Gründen angetretene Reise nach Italien fällt in das Frühjahr 1790. Die Herzogin Anna Amalia wollte auf ihrer Rückreise von Rom nach Deutschland ein Stück weit abgeholt werden. Goethe kam dem Wunsch

Christiane Vulpius mit ihrem kleinen Sohn August, 1792. Johann Heinrich Meyer, der Kunstberater Goethes, hat den dreijährigen Knaben dem kleinen Christus nachempfunden.

nach und reiste ihr bis Venedig entgegen. Am 31. März kam er dort an. In den Briefen, die er nach Weimar schrieb, dominiert ein ostentatives Mißvergnügen, von dem nicht ganz klar wird, ob es zum Teil gespielt ist, über den Versuch der Anknüpfung an die Glücksperiode der ersten Reise nach Italien. Seit je gilt diese Reise als mißglücktes Unternehmen. Literarisch trug sie jedoch in den *Venetianischen Epigrammen* reichliche Früchte. In den erotischen, resolut obszönen Epigrammen wird auch hier Priapus angerufen und zugleich die Schwierigkeit beklagt, im Deutschen als Dichter Äquivalente für den phallischen Wortschatz der Griechen und Römer zu finden. Die Spannung zwischen ihren nach Norden zurückweisenden und den italienischen Elementen ist eines der Grundmotive der Sammlung. Der Zyklus von Epigrammen um die Gauklerin Bettine, der in virtuoser Verschränkung von Kunst- und Liebesgenuß an die Faustina-Erinnerungen der römischen Elegien anknüpft, rivalisiert als Episode aus dem modernen Venedig mit den antiken römischen Vorbildern. Hier wie in den Epigrammen über die als «Lacerten», also Eidechsen bezeichneten venezianischen Virtuosinnen der Liebe sind die Dirnen dem Süden zugeordnet, denen die im Norden zurückgelassene, durchgängig in der Erinnerung anwesende Geliebte als «Weib» gegenübergestellt ist. Gegen zwei Gefährdungen schützen die *Venetianischen Epigramme* symbolisch die nördliche Geliebte. Weder soll sie den Geliebten als Reisenden an den Süden verlieren, noch soll der Geliebte als Dichter sie an die Kunst verlieren. Ohne Neid sieht der Reisende der Epigramme die auslaufenden Schiffe den Hafen von Venedig mit geblähten Segeln südwärts verlassen. Und der erotische Dichter fleht die Musen an, daß ihm im Wechselspiel von Lieben und Schreiben nicht endgültig das Gedicht an die Stelle der Geliebten treten möge:

Traurig Midas war dein Geschick!, in bebenden Händen
Fühltest du hungriger Greis schwere verwandelte Kost.
Lustiger geht mirs auf ähnliche Weise denn was ich berühre
Wird mir unter der Hand gleich ein behendes Gedicht.
Gern ertrag ich dieß Schicksal ihr Musen! nur daß ihr mein
          Liebchen
Drück ich sie fest an die Brust mir nicht zum Mährchen
          verkehrt.

Man hat Goethe gelegentlich zum klassizistischen Midas stilisiert und seine formbewußte erotische Lyrik der nachitalienischen Zeit als Verrat des Körpers an die Schrift gedeutet. Doch ist sie eher ein Schauplatz des Versuchs, den Gesetzen der Kunst und denen des Lebens zugleich Rechnung zu tragen. Ihre autobiographische ist daher von ihrer poetisch-symbolischen Dimension kaum zu trennen. An den Herzog Carl August schreibt Goethe am 3. April, wenige Tage nach der Ankunft in Venedig: «Übrigens muß ich im Vertrauen gestehen, daß meiner Liebe für Italien durch diese Reise ein tödlicher Stoß versetzt wird. Nicht daß mirs in irgend einem Sinne übel gegangen wäre, wie wollt es auch? aber die erste Blüte der Neigung und Neugierde ist abgefallen und ich bin doch auf oder ab ein wenig Schmelsungischer geworden. Dazu kommt meine Neigung zu dem zurückgelaßnen Erotio und zu dem kleinen Geschöpf in den Windeln, die ich Ihnen beyde, wie alles das meinige, bestens empfehle.»

Die in den *Venetianischen Epigrammen* wie den *Römischen Elegien* enthaltene Spannung von Süden und Norden begegnet hier in prosaischer Form. Man meint, aus der Berufung auf den notorisch unzufriedenen, unterschiedslos an allem etwas aussetzenden Reisenden Smelsungus aus Laurence Sternes *Sentimental Journey* die Inszenierung eines vorsätzlichen Abschieds von Italien herauszuhören. Vielleicht darf man darin das Projekt der Ablösung des in Italien entdeckten Erotischen von der Reiseform als untergründiges Hauptthema des venezianischen Aufenthaltes sehen. Immerhin kleidet Goethe in diesem Brief die Weimarer Geliebte nicht nur in jenes Latein, in dem er mit dem Herzog von Mann zu Mann über die Liebe zu sprechen pflegte. Er apostrophiert sie zudem ganz im Sinne des Midas-Epigramms als lebendiges Gegenstück zu seinen erotischen Gedichten. Die grammatische Spielform «Erotion» für «Eroticon» war ihm aus seiner Lukian-Lektüre geläufig. August, das «Geschöpf» in den Windeln ist im Sinne dieser Übertragung nicht weniger ein Eroticon als Christiane. Er steht für das Gelingen des Zeugungsaktes im Liebesakt, den Goethe im Zuge seiner Verlagerung der römisch-lateinischen Liebeskultur ins nördlich-moderne Thüringen mit einer aus der Antike geschöpften Privatmythologie umgibt.

Durch das Projekt der Ablösung der Liebeskunst und ihrer Sprache vom Medium der Reise wird in den *Venetianischen Epigrammen* wie in den Briefen Goethes aus Venedig die Polarität von Gärtner und Reisendem zur Opposition. Die Sorge um den Sohn ist in den Briefen des reisenden Vaters unüberhörbar. Bei Caroline Herder bedankt er sich Anfang Mai für die Nachricht, «daß mein Kleiner wieder besser ist; er war 14 Tage sehr übel. Es hat mich sehr beunruhigt, ich bin daran noch nicht gewöhnt.» Den Sohn hatte Goethe bei der Abreise ausdrücklich der Obhut der Herders empfohlen. Goethe wußte freilich um die Skepsis, die gerade Herder und seine Frau seiner Begeisterung für die Ruinen der Antike und vor allem seiner Entwicklung zum Anwalt der reinen Formen entgegenbrachten. Er wußte auch, daß damit der Verdacht moralisch-sittlicher Unzuverlässigkeit verbunden war. So mochte es kein Zufall sein, daß er Caroline Herder im selben Brief versicherte, seine Gesinnungen seien «häuslicher», als sie vermuten dürfte. Und er zitierte zum Beweis aus den *Venetianischen Epigrammen* jene Verse, in denen der Italienreisende zugunsten des Gärtners verabschiedet wird. Freilich ist darin das Bekenntnis zum bürgerlichen Hausstand durchaus doppelbödig formuliert. Denn innerhalb der im Umkreis der Verse herrschenden erotischen Metaphorik ist der Garten- und Fruchtbarkeitsgott nicht weit, dessen Schutz Goethe seine und die Zukunft seiner Weimarer «Erotica» empfahl:

Weit und schön ist die Welt, doch o! wie dank' ich dem Himmel,
Daß ein Gärtchen beschränkt zierlich mir eigen gehört.
Bringet mich wieder nach Hause! Was hat ein Gärtner zu reisen?
Ehre bringt's ihm und Glück, wenn er sein Gärtchen besorgt.

Der Sammler und die Seinigen

Den Epochenbegriff benutzte Goethe nicht nur zur Markierung welthistorischer Zäsuren, sondern zugleich als Instrument der autobiographischen Selbstdeutung. Von prägenden Lektüreerfahrungen etwa sagte er gern, sie hätten in seinem Leben ‹Epoche gemacht›. An Friedrich Schiller schrieb er am Vorabend des 14. Juli 1796 in einem Brief, in dem er sich für sein Fernbleiben bei der Taufe von dessen eben geborenem Sohn Ernst entschuldigt: «Heute erlebe ich auch eine eigne Epoche, mein Ehstand ist eben 8 Jahre und die französische Revolution 7 Jahre alt.» Man muß bei Goethes nicht nur politisch frivoler Parallelisierung seiner entscheidenden Begegnung mit Christiane Vulpius und dem Sturm auf die Bastille die Weimarer Invektiven gegen diese uneheliche Verbindung als unmittelbaren Kontext hinzudenken. Die Reklamierung des Begriffs «Ehstand» für die im allgemeinen Bewußtsein als Konkubinat geltende Nicht-Ehe und die durch den Revolutionsvergleich akzentuierte Bekräftigung des Unumkehrbar-Unrevidierbaren der Verbindung entsprechen einander. Gegen die immer wieder zirkulierenden Gerüchte, er sei seiner ungeistigen Geliebten überdrüssig und werde das skandalöse, allenfalls als Provisorium begreifbare Verhältnis über kurz oder lang beenden, setzte Goethe im Begriff des «Ehstands» das Bekenntnis nicht nur zur Langfristigkeit der Verbindung, sondern auch – ganz im Sinne der *Venetianischen Epigramme* – zu ihrem Anspruch auf Nachkommenschaft.

Warum schreyt das Volck und rennt so? Es will sich ernähren
Kinder zeugen und die nähren so gut es vermag.
Mercke dir Reisender das und thue zu Hause desgleichen
Weiter bringt es kein Mensch, stellt er sich wie er auch will.

Zum nachitalienischen Lebensentwurf Goethes gehörte der Vorsatz, daß August nicht die einzige Frucht des «Ehstands» bleiben sollte. Doch erwies sich die Mythologie des Gartengotts als machtlos gegenüber der Kette von Fehlgeburten und Kindstoden, die über fast dreizehn Jahre hinweg auf die Geburt des Sohnes folgten. Ein zweiter Sohn kam im Oktober 1791 tot zur Welt. Augusts Schwester Karoline lebte nur vom 21. November bis 3. Dezember 1793. Der Ende Oktober 1795 geborene Karl starb bereits am 16. November 1795. Die Schwester Kathinka überlebte ihre am 16. Dezember 1802 erfolgte Geburt nur um drei Tage. Über das Normalmaß der Kindersterblichkeit im späten 18. Jahrhundert ging diese Todesfolge deutlich hinaus.

Daß Goethe seine Anwesenheit bei den Geburten möglichst zu vermeiden suchte, muß man nicht als Beleg für ein eher oberflächliches Interesse an den «Pfuiteufelchen» deuten. Ebensogut läßt sich aus den Briefen im Umkreis der Schwangerschaften, Niederkünfte und schnellen Tode eine zwar lakonische, doch eher beunruhigte als unberührte Resignation herauslesen. Für den Sohn August bedeutete der Tod aller Geschwister, daß er «der Einzige» wurde. In seinem Stammbuch läßt sich nachlesen, welche Bedeutung ihm in den Augen der Zeitgenossen dadurch zuwuchs. Fichtes Stammbucheintrag gibt ihr die prägnanteste Formulierung: «Die Nation hat große Anforderungen an Sie, einziger Sohn des Einzigen in unserm Zeitalter.» Thomas Manns Adele Schopenhauer liefert zu dieser fatalen Seite des Stammbuchs den Kommentar: «Aber wie sollte man sich die Wirkung vorstellen, welche auf dieses Gemüt die bündige Sentenz übte, mit der ein französischer Employé das Stammbuch versah: ‹Selten zählen die Söhne eines großen Mannes in der Nachwelt›?»

Zu den Bedingungen, unter denen die Kindheit Augusts stand, gehörte zum einen sein Status als Sproß einer unehelichen Verbindung, zum anderen die häufige Abwesenheit des Vaters aufgrund des Zuwachses an administrativen Aufgaben und der Kultivierung immer weiter gespannter wissenschaftlicher Interessen. Goethe verbrachte oft ganze Wochen und Monate in Jena, das er nicht nur von Amts wegen besuchen mußte, sondern offenkundig als produktives Refugium fern der Familie benötigte. Es gibt daher in den Jahren ab 1797 einen kleinen Briefwechsel Goethes mit seinem Kinde über Kinderspiele und Insekten, Schmetterlinge und immer wieder Erdbeeren und andere Früchte, für die der Sohn sich beim Vater bedankt. Im Jahre 1795 nahm Goethe seinen Sohn mit nach Ilmenau, führte ihn dort in die Bergwerkswelt ein und freute sich in Briefen an Christiane über den Eifer, mit dem August die neue Welt erkundete. Der eigene Sohn trat auf dieser Reise erstmals an die Stelle Fritz von Steins, den Goethe bisher wie einen eigenen Sohn behandelt und häufig in Amtsgeschäften nach Ilmenau mitgenommen hatte.

Im gespannten Verhältnis zwischen Goethe und Charlotte von Stein spielte August trotz dieser im Hause von Stein aufmerksam registrierten Zäsur die Rolle eines Mittlers und Bindeglieds. Ungeachtet ihrer Verachtung der Mutter nahm Frau von Stein das nachitalienische Kind des voritalienischen Freundes, das zufällig am gleichen Tag Geburtstag hatte wie sie selbst, häufig zu sich. So auch während der lebensgefährlichen Erkrankung Goethes im Jahre 1801, deren entstellende Wirkung auf seine Gesichtszüge Stadtgespräch war: «Mit seinem Auge soll es auch besser gehen. Nur ist er sehr traurig und soll drei Stunden geweint haben. Besonders weint er, wenn er den August sieht. Der hat indessen seine Zuflucht zu mir genommen. Der arme Jung dauert mich; er war entsetzlich betrübt; aber er ist schon gewohnt, seine Leiden zu vertrinken. Neulich hat er in einem Klub von der Klasse seiner Mutter siebzehn Gläser Champagnerwein getrunken, und ich hatte alle Mühe, ihn bei mir vom Wein abzuhalten.» Dieser Brief über den Elfjährigen ist einer der Ursprünge von Augusts Ruf als Trinker und zugleich ein Locus classicus der Rückführung dieser ruinösen Anlage auf das Erbteil der Mutter.

Ende April 1801 richtete Goethe, von der Krankheit gerade genesen, an den Herzog ein Gesuch, mit dem er auf die Erschütterung seiner Physis durch die juristische Stabilisierung seiner Lebensform reagierte: «Ich habe einen natürlichen Sohn, August, dessen Wohlfahrt ich auch in Ansehung seiner bürgerlichen Existenz auf die Zukunft gern sichern möchte. In dieser Betrachtung halte ich mich sogar verpflichtet, Ew p hierdurch unterthänigst zu bitten, denselben propter natales mit einem Legitimations-Decret zu begnadigen.» Die Erfüllung des Gesuchs ließ nicht lange auf sich warten. Doch war mit der juristischen nicht die gesellschaftliche Anerkennung des natürlichen Sohnes verbunden. Am 29. Januar 1802 fand der Maskenball zum Geburtstag der Herzogin statt. August wurde dabei als geflügelter Amor im Triumph umhergetragen und überreichte am Ende der Herzogin die Stanzen seines Vaters. Sophie von Schardt schrieb über diese nicht nur von Charlotte von Stein als skandalös empfundene Szene an deren Sohn Friedrich von Stein: «Die Leute sagen, das sei unrecht gewesen, ein Kind der Liebe hätte nicht dürfen als Amor unter honetten Leuten erscheinen.» Auch nach der formellen Legitimierung verglichen Shakespeare-Leser Goethes Sohn gern mit Edmund, dem Bastard Gloucesters aus dem *Lear*. Doch stand dem bösen Weimarer Getuschel der Respekt gegenüber, den man dem Vater offiziell überall entgegenbrachte. Als Johann Wolfgang und August Goethe im Sommer 1801 auf der Reise nach Pyrmont in Göttingen Station machten, brachten die Studenten dem berühmten Dichter auf offener Straße ihre Vivats aus. Hier zeigte sich zudem, daß die Präsenz des Vaters in den verschiedensten literarischen und wissenschaftlichen Milieus schon dem jungen August dort die zwanglose Integration ermöglichte. Als Exkursionen zum Göttinger Hainberg sein mineralogisches Interesse weckten, war einer der bedeutendsten zeitgenössischen Naturforscher, Johann Friedrich Blumenbach, zur Stelle und förderte zielstrebig die Neigung des Jungen. Der Grundstein für eine der wichtigsten Konstanten in Augusts Leben, die Kultivierung der Mineralogie und des Sammelns überhaupt, war damit früh gelegt. Auch nach der Rückkehr nach Weimar korrespondierte der Heranwachsende eigenständig mit Blumenbach. Noch im Februar 1815 schickte August an den Göttinger Mentor einen in einem Grabhügel zwischen Ilm und Saale gefundenen Schädel für Blumenbachs berühmte Schädelsammlung und erstattete über das Wachstum seiner mineralogischen Sammlungen Bericht.

Die Reise nach Göttingen und Pyrmont zeigt in ihrer Verschränkung von Gelehrten- und Badereise die beiden Seiten Goethes um 1800. Auf der einen Seite wuchs ihm durch seine Amtsgeschäfte wie seine literarischen und wissenschaftlichen Arbeiten ein ungeheurer Reichtum an Beziehungen und Anregungen zu. Auf der anderen Seite begann die Epoche der Kuren und periodischen Reisen in die böhmischen Bäder als Antwort auf die physischen Erschütterungen durch schwere Krankheiten, von denen einige hätten tödlich enden können. Goethe war bei der Geburt seines Sohnes ein Mann von vierzig Jahren. Er war sechzehn Jahre älter als Christiane Vulpius. Die Kommentare vieler Zeitgenossen über seine Vaterschaft sind spätestens seit der Krankheit des Jahres 1801 auffällig oft mit Bemerkungen über sein Altern und den Verlust seiner einst robusten Konstitution verbunden. Durchaus nicht als heiter-souveräne Großmacht des Geistes, sondern als alternder, kränkelnder Mann von fünfzig Jahren und mehr trat dem heranwachsenden August sein Vater gegenüber. Als im Mai 1805 Schiller starb und Goethe wieder einmal krank daniederlag, fürchtete man in Weimar, beide Herren der deutschen Literatur zu verlieren. Augusts Briefe enthielten nicht selten Bouilletins über den Gesundheitszustand Goethes: «Der Vater befindet sich jetzt wieder recht wohl, ob er gleich am 21. dieses Monats den sechsten Anfall von den ihn sehr quälenden Krämpfen hatte. Dieser Anfall war aber sehr schwach, und ging schon den andern Tag wieder aus.»

Die politischen Erschütterungen des Jahres 1806, in dem im Zusammenhang mit den Schlachten von Jena und Auerstädt und den Einquartierungen in Weimar auch Goethes Haus in die Turbulenzen der napoleonischen Kriege geriet, zeigen Goethes Neigung, auf politische wie auf physische Erschütterungen seiner Existenz mit der Festigung seiner Lebensordnung zu reagieren. Nachdem Christiane Vulpius ihm durch energisches Handeln im Umgang mit den einquartierten französischen Soldaten das Schlimmste erspart hatte, machte er sie im November 1806 rasch und mit geringstmöglichem formellem Aufwand zu seiner rechtmäßigen Ehefrau. Als er dem Herzog, dessen Geliebte Karoline Jagemann am 25. Dezember einen Sohn geboren hatte, Ende Dezember brieflich seinen Schritt mitteilte, bezog er die Legitimierung der Geliebten in eigentümlicher Weise eher auf die Zukunft Augusts als auf die der Eheleute selbst. «Da man der bösen Tage sich oft erinnert; so ist es eine Erheiterung auch der guten zu gedencken und mancherley Epochen zu vergleichen, so fiel mir auf daß heute vor siebzehn Jahren mein August mich mit seiner Ankunft erfreute. Er läßt sich noch immer gut an und ich konnte mir Ew. Durchl. Einwilligung aus der Ferne versprechen, als ich, in den unsichersten Augenblicken, durch ein gesetzliches Band, ihm Vater und Mutter gab, wie er es lange verdient hatte. Wenn alle Bande sich auflösen wird man zu den häuslichen zurückgewiesen, und überhaupt mag man jetzt nur gerne nach innen sehen.»

Schutzhaft für den Einzigen

Am 4. April 1808 verließ August Goethe Weimar, um über Frankfurt, wo er mehrere Wochen bei der Großmutter verbrachte, nach Heidelberg zu reisen und dort das Studium der Jurisprudenz aufzunehmen. Seinem Vater scheint diese Abreise als Zäsur von nicht ganz abwägbarer Bedeutung nahegegangen zu sein. Am 16. Mai 1808 deutet Christiane Goethe in einem Brief an den Sohn seine

Reaktion auf die Trennung an: «Er hat Dich sehr lieb; das habe ich erst recht gesehen, wie Du weg warst. Die erste Zeit hat er fast nichts gegessen.»

Anders als zu Zeiten des jungen Goethe, dem während seiner Lehrjahre das Reichskammergericht in Wetzlar als verstaubte Trutzburg des Anachronismus erschien, stand um 1810 Augusts Studienfach im Zentrum der aktuellen politischen Debatten. Nahezu zwei Drittel der Heidelberger Studenten des Jahres 1808 studierten Jurisprudenz oder Kameralwissenschaft an der Rechtsfakultät. Der Jurist Anton Friedrich Justus Thibaut, den Goethe als Lehrer seines Sohnes ausgesucht hatte, kämpfte nach 1814 im Kodifikationsstreit als Antipode Friedrich Carl von Savignys um eine deutsche Verfassung nach französischem Vorbild. August von Goethe scheint freilich dem Heidelberger Studentenleben mit seinen Schlag- und Trinkritualen ebensoviel abgewonnen zu haben wie den Vorlesungen des brillanten Zivil- und Staatsrechtlers. Er machte Reisen am Neckar und Rhein entlang bis in die Vogesen und schrieb in seinen Briefen nach Weimar vom Heidelberger Schloß und seinen Mondnächten im Stil der Ruinenromantik. Schon Ende September 1809 kehrte er nach Weimar zurück und setzte sein Studium in Jena fort. Er ist nicht zurückbeordert worden. Eher hat er selbst seinen Fortgang aus Heidelberg betrieben und den Plan des Vaters, ihm in Göttingen, an der modernsten Universität Deutschlands eine weitere Station zu erlauben, nicht energisch als Chance zur Ausdehnung seiner akademischen Lehrjahre genutzt.

Um das Amt im Staatsdienst, in das er schon wenig später scheinbar wie von selbst hineinwuchs, hat August Goethe sich nicht selbst beworben. Sein Vater stellte Anfang Oktober 1810 ein Gesuch an den Herzog, in dem er für seinen Sohn um die Stelle eines Kammerassessors bat. Goethe strich in diesem Schreiben nicht nur die akademischen Qualifikationen Augusts heraus, obwohl dieser keinen formellen Studienabschluß vorweisen konnte. Er argumentierte zugleich und vor allem mit der prekären Stellung Augusts an der Universität in Jena. Daraus vor allem resultiere sein «gewissermaßen voreiliger Wunsch», den Sohn trotz des noch fehlenden Abschlusses schon jetzt dem Studentendasein zu entziehen.

Denn mit Rücksicht auf seinen Vater, den für die Belange der Jenaer Universität zuständigen Geheimen Rat, müsse er sich aller Teilnahme am Leben der studentischen Verbindungen und Landsmannschaften enthalten und sich «gegen alle Parteyen» erklären. «Sobald er aus der Reihe der Studenten herausgehoben ist, hat er keine Anfechtung weiter und kann seine Winterabende in Gesellschaft von Professoren, fürstlichen Dienern, Kaufleuten und andern im Leben schon eingeweihten Männern zubringen, manches erfahren und sich zu manchem bilden.»

Der Herzog beschied das Ersuchen Goethes unverzüglich positiv. Schon am 21. Oktober 1810 nahm August zum erstenmal in Uniform an einem Essen bei Hofe teil. Mit der festen Aussicht auf das Amt des Kammerassessors setzte er seine Studien in Jena noch einige Zeit fort. Sie beschränkten sich nicht auf die Jurisprudenz. Mit Blick auf die Zuständigkeit des Vaters für die Jenaer Institute insgesamt befaßte sich August auch mit der Chemie, mit Landwirtschaft und Kameralistik. Hinsichtlich der Soziologie des Lebenslaufes war mit dem formellen Beginn einer Laufbahn im Staatsdienst die entscheidende Weichenstellung in Augusts Biographie vollzogen. Er hat sich ihr nicht widersetzt. Als müsse er dem denkbaren Einwand vorbeugen, ein junger Mann wie sein Sohn solle sich zunächst in der Welt umsehen, ehe er sich im Schein der Abendlampe mit den Honoratioren seiner Heimatstadt zusammenfinde, hatte Goethe im Schreiben an den Herzog den äußeren Begründungen seines Gesuchs eine innere, aus Augusts Charakter entwickelte hinzugefügt: «Nach außen, in die Fremde bemerckt man kein Streben, keine Richtung an ihm, so daß er sich sehr bald mit dem vorliegenden Innern bekannt machen und im Gegenwärtigen und Einzelnen brauchbar und nützlich seyn wird.»

Im Rückblick erscheint Goethes umsichtige Beförderung einer Weimarer Karriere seines Sohnes als ebenso zielstrebiger wie erfolgreicher Versuch, August den dominanten politischen und ästhetischen Tendenzen seiner Generation zugunsten der Bindung an die klassizistische Kunst- und Literaturpolitik zu entziehen. Statt in den Zirkeln der Heidelberger Romantik Abstand zu Weimar zu gewinnen und die Bekanntschaft mit Achim von Arnim zu kultivieren, suchte der Student August Goethe die Nähe des notfalls

August von Goethe, gemalt von Ehregott Grünler, 1828, zwei Jahre vor Antritt «seiner» Italienischen Reise, auf der ihn Eckermann begleitete. Sie sollte nicht nur der Gemütsaufheiterung dienen, sondern auch zur Materialbeschaffung für den Vater genutzt werden.

auch epigonalen Klassizismus im Hause von Johann Heinrich Voß. In Jena mied er das umtriebig-rebellische Klima der Fechtböden, Debattierclubs und Burschenschaften, um baldmöglichst an der Seite des Vaters in die Beamtenschaft Weimars einzutreten. Vor allem aber stand er während der Befreiungskriege abseits der Aufbruchsbegeisterung der allerorts sich bildenden Freiwilligenverbände. Hier besiegelte der vermiedene Konflikt mit dem Vater die Randständigkeit Augusts innerhalb seiner Generation. Als der Herzog Carl August am 22. November 1813 den Aufruf «An die Freiwilligen» erließ, hatte sich auch August gegen den Willen seines Vaters in die Listen eingeschrieben. Goethe intervenierte daraufhin sofort beim Geheimrat Christian Gottlob Voigt. Als Grund für die Unabkömmlichkeit Augusts warf er dabei in einem Schreiben vom 30. Dezember 1813 nicht weniger in die Waagschale als – zumindest rhetorisch – seine eigene Existenz: «Bestünde mein Verhältnis zu Riemern noch oder wäre mir das zu John geraten, so möchte sich mein Sohn, wie so viele andre, auch einmal versuchen. Aber in dieser Zeit (die pekuniarischen Unstatten gar nicht gerechnet) einen Fremden in das Innerste meiner Korrespondenz, meiner Arbeiten, meiner Verhältnisse einzulassen würde meine Lage unerträglich, ja ich darf wohl sagen, mein Dasein unmöglich machen. Dieses jedoch bloß zu Ihrer freundschaftlichen Teilnahme vertraulich gesprochen.»

Die Angelegenheit wurde auf diskrete Weise erledigt. August blieb in den Listen der Freiwilligen, wurde aber mit Billigung des Herzogs als Begleiter des Kammerrats Rühlmann nach Frankfurt geschickt, um dort Angelegenheiten der Truppenverpflegung zu regeln. August fügte sich diesem Arrangement und nahm am Feldzug der Freiwilligen nicht teil. Die Kommentare der Weimarer Gesellschaft und darüber hinaus waren nicht sehr freundlich, galt doch das Haus Goethes insgesamt zu Recht nicht als Hort des antifranzösischen Patriotismus. Als August auf Befehl des Erbprinzen bei der Begrüßung der heimkehrenden Freiwilligen im Mai 1814 in Uniform auftrat, kam es zu einem Eklat, in dessen Verlauf er von einem Rittmeister zum Duell gefordert wurde. Auch hier griff der Vater diskret, aber energisch ein und ließ den Streithandel unter Mithilfe Christian Gottlob Voigts und des

Staatsministers von Gersdorff stillschweigend beilegen. Karl von Holtei, der in späteren Jahren einer der wenigen engeren Freunde August von Goethes wurde, datiert auf die Affäre während der Befreiungskriege den endgültigen Übergang der Weinliebhaberei Augusts in krankhafte Sucht. Zugleich deutet er den nach den Befreiungskriegen exzessiv ausgeweiteten, bis ans Lebensende betriebenen Napoleonkult des Freundes als Versuch, «die Schmach zu verbergen, die des Vaters verletzende Fürsorge ihm bereitet hatte. Deshalb hingen seine Wände voll von allen Abbildungen des Kaisers zu Fuß und zu Pferde, von Abbildungen seiner Hüte und Waffen. Deshalb war jedes Petschaft, jedes Flakon, jede Bronze ein Napoleon.»

Die Entschiedenheit, mit der Goethe sowohl gegen die Teilnahme seines Sohnes am Feldzug der Freiwilligen wie gegen das Zustandekommen des drohenden Duells intervenierte und intrigierte, läßt sich leicht als Konsequenz des Egoismus deuten, mit dem er August in das eigene Leben einzubinden suchte. Doch sollte man gegenüber der Sorge um den Adlatus und Mitarbeiter die schlichte Angst um den «Einzigen» nicht zu gering veranschlagen. Immerhin lagen im Herbst 1813 zwei Fälle, in denen Goethe mit auffälliger Betroffenheit auf den Tod von Söhnen reagierte, die vor ihren Vätern starben, noch nicht lange zurück. In der Nacht zum 14. November 1812 hatte sich in Berlin der Sohn Karl Friedrich Zelters erschossen. Ebenso ostentativ wie formlos ging Goethe nach Erhalt der Todesnachricht in seinem Antwortbrief an Zelter zum persönlichen «Du» über, das er sowohl gesprächsweise wie in seiner Korrespondenz äußerst selten zu benutzen pflegte. Zeitlich und auch von den Umständen her näher lag der Tod des einzigen Sohnes seines Kollegen Christian Gottlob Voigt. Dieser war im April 1813 von den Franzosen aufgrund eines unzutreffenden Spionagevorwurfs auf dem Petersberg bei Erfurt festgesetzt worden. Er kam zwar auf Intervention der Herzogin Luise während der Anwesenheit Napoleons in Weimar frei, starb aber am 19. Mai 1813 an einer Typhuserkrankung, die er sich während der Festungshaft zugezogen hatte. Voigt war über Goethes erst Monate später verfaßten Kondolenzbrief durchaus enttäuscht. «Vom Tod und von Nachfolge der Toten mag er nichts hören.» Wie oft in vergleichbaren Fällen sind jedoch auch hier Schweigen und Einsilbigkeit Goethes nicht unbedingt Indizien für Ungerührtheit.

Im Schreiben Voigts an Goethe vom Sommer 1813, das noch vor der Freiwilligenaffäre abgefaßt ist, fällt das entscheidende Stichwort: «Daß Ihr Herr Sohn die Maserkrankheit so glücklich zurücklegte, befreiet mich einer trüben Sorge. Ich war furchtsam geworden für die Einzigen – Ich gehe in kein weiteres Detail – es gibt der Berührungspunkte zwischen uns zu viele.» Zu den stillschweigend befolgten Grundgesetzen Goethes muß es gehört haben, allen auch nur von Ferne sich andeutenden Gefahren für den einzigen Sohn unbedingt und mit allen Mitteln entgegenzutreten.

Der Archivar und das Chaos

Der 11. Juni 1826 war der fünfzigste Jahrestag der Ernennung Goethes zum Geheimen Legationsrat, durch die der Herzog Carl August ihn endgültig an Weimar band. Goethes Tagebuch hält fest, daß im Hause des Datums gedacht wurde: «Die Kinder brachten einen Kranz und das alte Decret vom 11. Juni 1776.» August fügte zur Feier des Tages dem Dokument ein Gelegenheitsgedicht bei, in dem er als Historiograph des Vaters und seiner Verdienste auftritt.

> Die Jubelfeier hat man schon
> Dir längstens angemuthet
> Doch heut erlaube daß der Sohn
> Sich selber etwas sputet
>
> Als allgetreuer Archivar
> Hat er das aufgehoben
> Was schon so manches liebe Jahr
> Schien unbedacht verschoben.
>
> Ein schön Decret mit eigner Hand
> Hat's unser Fürst gezeichnet
> Und so dem guten lieben Land
> Was Großes zugeeignet.

Nach seiner Rückkehr aus Italien wurde Goethe neben Christian Gottlob Voigt zuständig für das Kultuswesen des Herzogtums. Nach dem Wiener Kongreß, der für das nunmehrige Großherzogtum Sachsen-Weimar-Eisenach sowohl Landzuwachs wie eine Neuorganisation der Verwaltung mit sich brachte, wurde August Goethe im Zuge der vielen Titelvergaben zum «Kammerrat» befördert. Zielstrebig und erfolgreich arbeitete sein Vater darauf hin, daß er ihm offiziell als Mitarbeiter für die «Großherzoglich Sächsische Oberaufsicht über alle unmittelbare Anstalten für Wissenschaft und Kunst in Weimar und Jena» zugeordnet wurde. Im amtlichen Briefwechsel Goethes ist August häufig «der Assistent», der Minister Voigt nennt ihn den «fleißigen und ordnungsliebenden Sekretär».

Goethe verstärkte seit dem Beginn von Augusts Berufslaufbahn die Einbindung des Sohnes in seine eigenen weitgespannten Tätigkeiten. Im Jahr 1815 betrieb er Augusts Aufnahme in die Freimaurerloge. Während des Theaterkonflikts im Jahre 1816 ließ er ihn in die Intendanz eintreten. Die Grenzen zwischen den Funktionen Augusts als «treuer Archivar» seines Vaters, der ein unbezahlter Kollege etwa des Schreibers John oder des Bibliothekssekretärs Kräuter war, und seinen Aufgaben als weimarischer Staatsbeamter verliefen zeit seines Berufslebens fließend und waren kaum je exakt zu definieren. So, wie er sich in die Jenaer Sammlungen, z. B. das anatomische Kabinett, einzuarbeiten hatte, so war er zugleich im Haus am Frauenplan als eine Art Kustos der Sammlungen des Vaters tätig. Bruchlos ging die seit der Kindheit kultivierte Leidenschaft für die Mineralogie in diese Funktion ein. Karl von Holtei, stets bemüht, gegenüber den Weimarer Klischees vom haltlosen Trunkenbold und Wüstling die Verdienste des Freundes herauszustreichen, porträtiert August als einen Menschen von geradezu zwanghafter Ordnungsliebe. Zu den Konsequenzen aus Augusts vollständiger Integration in die Lebens- und Arbeitsverhältnisse seines Vaters gehörte, daß er häufig als dessen Repräsentant und Stellvertreter auftrat. Zum erstenmal geschah das anläßlich der Regelung von Goethes Frankfurter Vermögensverhältnissen im Jahre 1811. Hier hatte sich der junge Jurist als Sachwalter nicht nur der Interessen des Vaters, sondern auch seiner eigenen Zukunft zu bewähren.

Die pragmatisch wichtigste Stellvertreterrolle Augusts war seine

Verhandlungsführung mit den Verlegern über die geplante «Vollständige Ausgabe letzter Hand». Sie war durch ein 1823 auf Antrag Goethes vom Deutschen Bund erlassenes Sonderprivileg gegen illegale Nachdrucke geschützt und nicht zuletzt dadurch ein ökonomisches Großprojekt. August von Goethe agierte gegenüber Cotta, dem traditionellen Verleger des «klassischen» Goethe als ein mit allen Vollmachten ausgestatteter Literaturagent seines Vaters. So, wie die erste Ausgabe von Goethes «Schriften» in den Jahren 1789/90 zur Zeit von Augusts Geburt vonstatten ging, so waren seine letzten Lebensjahre nicht unwesentlich von der Mitarbeit an der seit 1825 erscheinenden Gesamtausgabe geprägt. Der symbolisch bedeutsamste Akt, bei dem August Stellvertreterdienste für seinen Vater übernahm, war die im September 1826 stattfindende feierliche Überführung von Schillers Schädel in die Großherzogliche Bibliothek. August las dabei im Namen Goethes, der kurzfristig absagte, dessen vorbereitete Rede vor. Für den anwesenden Sohn Schillers, Ernst von Schiller, war der Festredner zugleich der Literaturagent, dem mit Mißtrauen zu begegnen war. Denn auch bei den Verhandlungen mit der Familie Schiller über die Edition des Briefwechsels der beiden Klassiker vertrat Goethes Sohn die Interessen seines Hauses. August war nicht nur Mitarbeiter des Geheimrats und Staatsbeamten von Goethe, sondern zugleich ein eifriger Leser von dessen Werken. Häufig fungierte er als Überbringer von Neuerscheinungen im Weimarer Bekanntenkreis. Der zur Kultur der Gebildeten gehörende literarische Dilettantismus, der sich keinen Anlaß zur Abfassung eines Gelegenheitsgedichts entgehen ließ, war ihm geläufig. In seinem Nachlaß finden sich zahlreiche Gedichte. Manche sind in Reinschrift zu Zyklen zusammengefaßt. Viele, nicht nur die zahlreichen Huldigungen zum Geburtstag, sind «dem Vater geweiht». Als August im Frühjahr 1817 daranging, Vorbereitungen zur Hochzeit mit Ottilie von Pogwisch zu treffen, erbat er den Segen des Vaters in deutschen Hexametern. Die Verse wollen von ferne nach Telemach klingen, der Odysseus rühmt. Sie verweisen aber zugleich auf Goethes großes, der bürgerlichen Familienwelt abgerungenes Versepos *Hermann und Dorothea*, das insgeheim nicht ganz so idyllisch ist, wie es sein Ruf erwarten läßt. Generationskonflikt und Gattenwahl sind darin eng aufeinander bezogen. Augusts Gedicht gibt sich demgegenüber unmißverständlich als Versprechen, die eigene Familiengründung als Beitrag zur patriarchalischen Idylle zu betreiben, deren Zentralgestalt der Vater ist und bleiben wird.

Wahrlich ein Loos ein herrliches solch einen Führer
Durch das Leben zu haben von früher Kindheit bis dahin
Wo das Leben sich scheidet zu ernster Thaten Vollendung.
Denn Du gabst mir ja alles im Laufe der rinnenden Jahre
Und nun soll auch noch jetzt der Segen des Vaters mich freun.
Niemals kann ich genug mit reichen Worten dir danken
Aber es zeigen die Thaten den Dank in fernste Zeiten.
Sorglich wollen wir stets das theure Leben behüten
Und dich fröhlichen Sinns immer erheiternd umgehn
Wenn Du im Kreise der Deinen und froher Gäste Umgebung
Sitzest auf Deinem Thron im hochgewölbeten Saale.

Ottilie von Pogwisch war eine glühende Anhängerin der Freiwilligen, die in den Befreiungskriegen kämpften. Um 1813 dürfte August von Goethe sie kennengelernt haben. Das war der Zeitraum, in dem sie sich eine kleine Privatlegende um einen verwundeten preußischen Soldaten bastelte, den sie im Gebüsch gefunden und gemeinsam mit Adele Schopenhauer gerettet haben wollte. Die positivistische Goethe-Philologie hat die Gebüsch-Legende zu Beginn dieses Jahrhunderts zerpflückt. Den Soldaten aber gab es wirklich, und Ottilie schwärmte für ihn. Die eher zweideutige Figur, die August während der Befreiungskriege machte, wird auf die komplizierte, im Pendelrhythmus von Anziehung und Abstoßung sich entwickelnde Beziehung zwischen den beiden nicht eben entspannend gewirkt haben. Daß August erst nach einigen Jahren einen Heiratsantrag stellte, hatte allseits bekannte Gründe. Zu Lebzeiten Christiane von Goethes, der Mesalliance des Dichters, hätte Ottilies Familie die Einwilligung zu einer Eheschließung wohl kaum gegeben. Voraussetzung für die erfolgreiche Werbung Augusts war der Tod seiner Mutter im Sommer 1816. Nach der Hochzeit im Juni 1817 bezog das Paar die umgebauten Mansardenräume im Obergeschoß des Hauses am Frauenplan. Die endgültige Einfügung des Sohnes in die Welt des Vaters war damit unter Dach und Fach. Bald umfaßte die patriarchalische Idylle drei Generationen. Von Augusts Söhnen Walter Wolfgang, der im Jahr 1818, und Wolfgang Max, der im Jahr 1820 geboren wurde, wußte nicht nur Karl von Holtei zu berichten, sie seien fast mehr die Enkel ihres Großvaters als die Söhne ihres Vaters.

In den Gedichtentwürfen im Nachlaß August von Goethes finden sich zahlreiche Anläufe, in die Rolle einer seiner dramatischen Lieblingsfiguren, des Shakespeareschen Sir John Falstaff, zu schlüpfen. Die Neigung zu übermäßigem Weinkonsum war eine der Konstanten in seinem Leben. Die zweite war die Neigung Ottilies, immer wieder Affären mit irgendeinem der zahlreichen Engländer zu beginnen, die in den 1820er Jahren das Weimar Goethes besuchten. In seinem als Biographie getarnten Roman *Marbot* hat Wolfgang Hildesheimer den Helden ins Haus am Frauenplan und in die Arme Ottilies von Goethe geführt. Der literarische Dilettantismus, in dem August von Goethe seiner Gattin Ottilie zumindest ebenbürtig war, war die dritte Konstante in seinem Leben. Der Sohn betrieb dabei häufig seine Selbstverwandlung in eine der literarischen Figuren des Vaters, am eindrucksvollsten in einer im Nachlaß erhaltenen Walpurgisnacht-Paraphrase, hinter der sich die Szenen seiner Ehe ahnen lassen. Von der Geliebten zurückgestoßen, wirft er sich darin den roten Mantel um und wird zum Herrn der bösen Geister, der voll unbändiger Lust das von seiner Macht gelenkte wilde Treiben und den Tanz der entfesselten Dämonen an sich vorbeiziehen sieht.

> Der Himmel schwand, die Hölle tritt nun in die Schranken
> Denn der Dämonen Schar bewegt von wilden Trieben
> Sie machten selbst den festen Sinn mir schwanken
> Am Ende schien das früh're zarte Lieben
> Und gräßlich kreisten in mir die Gedanken.
> Nur frecher Stolz er war in mir zurückgeblieben,
> Den roten Mantel mußt ich um die Schulter werfen
> Wild schlug das Herz es bebten alle Nerven.

Bekannter Tanz erscholl auf mein Gebieten
Und jeder eilt nach seiner Schönen schnell
Bewegung kommt selbst in die noch so Müden
Der dunkle Raum erschien auf einmal hell.
An Freundes Hand seh ich wie Purpurblüten
Das Ganze leuchten teuflisch grell
Und so gewahr' ich Werke der Dämonen
Sie durften keins, auch nicht das Liebste schonen.

Ottilie von Goethe war als Redakteurin der von 1829 bis 1831 erscheinenden, nur in wenigen Exemplaren gedruckten Zeitschrift *Chaos* nicht übermäßig wählerisch. Sie verwaltete das Zentralorgan des literarischen Dilettantismus im Weimarer Goethekreis mit ebensoviel Elastizität wie Sorgfalt. August scheint ihr seinen im Sommer 1825 entstandenen Walpurgisnachtstraum dennoch nicht anvertraut zu haben. Doch gab er ihr zur Zeit des sich zuspitzenden chronischen Mansardenunglücks, der Scheidungswünsche und Fluchtphantasien des Jahres 1829 ein Gedicht ohne Titel, das in die 27. Ausgabe der Zeitschrift Eingang fand:

Ich will nicht mehr am Gängelbande
Wie sonst geleitet seyn,
Und lieber an des Abgrunds Rande
Von jeder Fessel mich befrein.

Und ist auch sichrer Sturz bereitet,
Ich weiche nicht vom schmalsten Pfad,
Um Rechtthun mancher wird beneidet,
Und wohl ist dieß die schönste That.

Zerrissnes Herz ist nimmer herzustellen,
Sein Untergang ist sichres Loos,
Es gleicht von Sturm gepeitschten Wellen
Und sinkt zuletzt in Thetis Schooß.

D'rum stürme fort in deinem Schlagen,
Bis auch der letzte Schlag verschwand,

Ich geh' entgegen bess'ren Tagen,
Gelös't ist hier nun jedes Band!

Das selbständige Gehen gehört zu den wichtigsten Bildern im Umkreis des Begriffs der Freiheit. Kant exemplifiziert in seiner Abhandlung *Was ist Aufklärung* die Kritik der «Vormünder» und den Begriff der Unmündigkeit in Bildern eingeschränkter Bewegungsfreiheit. «Nachdem sie ihr Hausvieh zuerst dumm gemacht haben und sorgfältig verhüteten, daß diese ruhigen Geschöpfe ja keinen Schritt außer dem Gängelwagen, darin sie sie einsperrten, wagen durften, so zeigen sie ihnen nachher die Gefahr, die ihnen droht, wenn sie es versuchen, allein zu gehen.» Augusts Gedicht läßt sich zum einen mit Kant als Projekt des Ausgangs aus der selbstverschuldeten Unmündigkeit lesen. Es gibt sich zum anderen unter Heranziehung von Benjamin Hederichs *Gründlichem mythologischem Lexikon*, einem der wichtigsten Standardwerke in Goethes Bibliothek, als Dokument einer eigentümlichen Selbstmythologisierung des Sohnes zu erkennen. Thetis, die Mutter des Achill, war jene Meeresnymphe, auf die Zeus ein Auge geworfen hatte, die er jedoch mied, nachdem er erfahren hatte, sie solle einen Sohn gebären, der stärker sein werde als sein Vater. Das Ich in Augusts Gedicht behauptet nicht von sich, dieser Sohn zu sein. Es sinkt als Schiffbrüchiger in den Schoß der Meeresnymphe zurück. Aber immerhin zitiert es den alten Mythos als trotzigen Hinweis darauf, was es womöglich hätte werden können. Ein unbescheideneres Bild als dieses in die Vision eines Untergangs hineingezeichnete wird man in keiner Gedichtzeile August von Goethes finden.

Es ist reizvoll, sich die Miene Ottilie von Goethes vorzustellen, als sie Augusts Gedicht seine Stelle im *Chaos* zuwies. Nicht zum erstenmal hatte sie dabei die Gelegenheit, poetische Texte des Vaters und des Sohnes Goethe in einem Heft zusammenzubringen. Näher aber als in dieser Ausgabe haben die beiden als Autoren nie nebeneinander gestanden. Sechs Distichen Goethes sind dem wenn nicht bedeutenden, so doch aufschlußreichen Gedicht Augusts vorangesetzt. Während dieser unter dem eingeführten Pseudonym «Adoro» firmiert, ist Goethes Verfasserschaft anonymisiert, freilich dadurch für den Leserkreis des *Chaos* der Kenntlichkeit kaum entzogen. Man war geübt in der Enträtselung von Autorschaften. Fast alle Distichen lassen sich als Heiterkeitsgebote an einen Mißvergnügten lesen, vor allem aber die beiden folgenden:

Selbst erfinden ist schön; doch glücklich von Andern
                                                    Gefundenes
Fröhlich erkannt und geschätzt, nennst du das weniger dein?

Wer ist der glücklichste Mensch? Der fremdes Verdienst zu
                                                    empfinden
Weiß und am fremden Genuß sich wie am eignen zu freu'n.

Blumen vom Lago Maggiore

Wie überhaupt die Bewegung, etwa das Reiten, galt im 18. Jahrhundert auch das Reisen als Heilmittel für die kranke Seele. August von Goethe hat in den späten 1820er Jahren seinem Freund Karl von Holtei gegenüber immer wieder von seinem Wunsch nach einer großen Reise gesprochen, mit der er seiner mißlichen Ehesituation zu entgehen und fern von Weimar sein verdüstertes Gemüt aufzuhellen hoffte. Daß seine Reisepläne bis zum Frühjahr 1830 keine Verwirklichung fanden, führt Holtei auf das Veto des Vaters zurück. Man wird vermuten dürfen, daß er den Sohn während der redaktionellen Arbeiten am Briefwechsel mit Schiller, dessen letzter Band 1829 erschien, vor allem aber bei der Fertigstellung der Gesamtausgabe zur Hand haben wollte. Erst als deren redaktioneller Abschluß unmittelbar bevorstand, scheint er den Sohn freigegeben und energisch das Reiseprojekt unterstützt zu haben. Zwischen den Zeilen lassen Goethes Tagebücher des Februar 1830 erkennen, daß er zunächst mit Ottilie die Notwendigkeit einer Entfernung Augusts aus Weimar erörterte. Im März machte Johann Karl Wilhelm Zahn von Berlin aus auf der Durchreise nach Italien in Weimar Station und legte Goethe sein reich illustriertes Werk *Die schönsten Ornamente und merkwürdigsten Gemählde aus Pompeji, Herculaneum und Stabiä* vor. Während Zahns Besuch nahm der

Plan Gestalt an. Am 16. März notiert Goethe: «Verabredung wegen einer Reise meines Sohns.» Mit dem als Reisebegleiter vorgesehenen Eckermann besprach er am Tag darauf die Modalitäten der Reise. Als ihr Bildungsziel im Hinblick auf den Sohn formulierte er ausdrücklich die Bändigung der zerstörerischen Energien seines Inneren und fügte hinzu, daß auch ihm selbst ein beträchtliches Maß an Selbstbeherrschung aufgegeben sei. «Die Hauptsache ist, daß man lerne, sich zu beherrschen. Wollte ich mich ungehindert gehen lassen, so läge es wohl in mir, mich selbst und meine Umgebung zugrunde zu richten.» Man sprach dann noch über die Wechselwirkung zwischen Körper und Geist, aufgrund deren man von der Erfahrung Italiens und seiner Schönheiten die Genesung des problematischen Reisenden erhoffte.

Am 20. April 1830 legte August seinem Vater die Abschlußbilanz seiner finanziellen Verhältnisse bei Reiseantritt vor. Am 22. April brach er, begleitet von Eckermann, in Richtung Schweiz auf. Es reiste nicht nur der an Körper und Gemüt kranke Sohn, sondern auch und vor allem – der Leser und Mitarbeiter seines Vaters. Zu den innerhalb des Voranschreitens der Gesamtausgabe fertiggestellten Werken gehörte neben der zweiten Fassung der *Wanderjahre* (1829) auch der dritte Band der *Italienischen Reise* mit dem «Zweiten Römischen Aufenthalt» (1829). Vom Publikum war er eher kühl als verspätete, nahezu anachronistische klassizistische Programmschrift aufgenommen worden. Im Zuge der Überarbeitung und Fertigstellung der Reisebeschreibung hatte Goethe noch einmal alle einschlägigen Bücher, Kupferstiche und Bilder aus seiner Kunstsammlung und der Bibliothek zusammengestellt und das Haus am Frauenplan zu einem Museum der Kunstschätze Italiens aus Antike und Renaissance gemacht. Dies und die Reisebeschreibung selbst als Musterbuch hatte August bei seinem Aufbruch vor Augen. Um schneller nach Mailand zu gelangen, wich er von der durch Goethe bestimmten Reiseroute ab, die einen Besuch in Genf bei Soret, dem Übersetzer der *Metamorphose der Pflanzen* ins Französische, vorsah. Er rechtfertigte sich in einem Brief aus Lausanne gegenüber dem Vater mit einem Satz, der Zentralmotive aus dessen *Italienischer Reise* zum Programm der eigenen Unternehmung erhebt: «Ich will leben, fahren und sehen.»

71

Daß für August von Goethe anders als für den Vater nicht der Brenner und Verona, sondern die oberitalienischen Seen und Mailand die ersten Reisestationen waren, trug den engen kulturellen Beziehungen Rechnung, die sich seit dem Besuch des Herzogs Carl August in Mailand im Sommer 1817 entwickelt hatten. Der Herzog hatte damals aus dem Nachlaß des Malers und Sekretärs der Brera-Galerie, Giuseppe Bossi, eine Mappe mit Durchzeichnungen von Leonardos «Abendmahl» erworben und nach Weimar geschickt, die zur Grundlage für Goethes Leonardo-Aufsatz wurden. Auch die Weimarer Beziehungen zum Mailänder Münzdirektor Gaetano Cattaneo gingen auf diesen Besuch zurück. Seit 1822 beschäftigte sich Goethe kontinuierlich mit dem literarischen Werk des in Mailand lebenden Alessandro Manzoni. Zudem hatte sich Mailand im frühen 19. Jahrhundert zu einem bedeutenden Zentrum des Kunsthandels entwickelt. Der Kanzler von Müller hatte erst kürzlich, im Sommer 1829, Mailand besucht und war als Emissär Goethes bei Manzoni gewesen. Die Reise August von Goethes war vor diesem Hintergrund nicht nur die eines Kranken, der Heilung suchte, sondern zugleich die des Kustos der Sammlungen seines Vaters am Frauenplan, des Münzkenners und Mineralogen. Kunst, Landschaft, Natur, Geschichte und Volksleben Italiens waren ihm durch das Vorbild des Vaters als Gegenstände der aufmerksamen Wahrnehmung und Beschreibung aufgegeben. In Solothurn studierte August bei einem Mineralienhändler Versteinerungen von Schildkröten. Seinen Besuch in Mailand unternahm er als Kunst- und Ankaufsreise mit ständiger Rücksicht auf das Profil der Weimarer Bestände. Seine Medaillenkäufe bei einem Mailänder Antiquar schickte er umgehend dem Vater zu und erhielt postwendend einen begeistert-anerkennenden Brief über ihre Qualität und die günstige Kaufsumme. Wenn er beim Besuch der Bildergalerie der Brera sein Mißfallen darüber notierte, daß die Bilder nicht nach Schulen aufgehängt seien, so gab er sich damit als Kunstliebhaber auf dem Niveau seiner Zeit zu erkennen. Mit Cattaneo besuchte er die Münzsammlung. In der Abgußsammlung sah er Kopien der von Lord Elgin nach London gebrachten Parthenon-Figuren, deretwegen der Vater einst nach England hatte reisen wollen, sowie alte Bekannte aus dem klassizistischen Kanon. Ebensosehr wie «der farnesische Herkules, unsere Juno, der Fechter» interessierte ihn Canovas kolossale Napoleon-Statue: «dieser Anblick war ein wahrer Genuß für mich.» Im ästhetischen Urteil ist hier das politische Bekenntnis zu seinem Idol enthalten. Mehr noch als seinem Vater gelten August von Goethe die Jahre der französischen Besetzung zwischen 1797 und 1814 als «die große Zeit» der Lombardei.

Eckermann schrieb am 13. Mai 1830 aus Mailand an Goethe, «daß der Zustand Ihres Herrn Sohnes sich täglich ins bessere gewendet hat so daß er jetzt fast ein vollkommen gesunder Mensch ist». Der einzige Schatten, der auf den Mailänder Aufenthalt fiel, war der Tod des Sohnes von Heinrich Mylius, des deutsch-italienischen Bankiers, der gute Beziehungen zu Goethe und zum Weimarer Hof unterhielt und August als freundlicher Gastgeber mit der Lombardei und ihrer Hauptstadt bekannt machte.

Ebenso wie der Anschlagszettel für ein großes Feuerwerk in der Mailänder Arena und die Ansichten vom Lago Maggiore und Lago di Como, die er «zu besserer Verständigung bei gemütlicher Erzählung» den erworbenen Medaillen beifügte, werden in Weimar noch heute die getrockneten Maiblumen aufbewahrt, die August dem Vater von einem Ausflug zu den oberitalienischen Seen schickte. Das Verschicken und Überreichen getrockneter Blumen und Blätter gehörte zu den Ritualen der Weimarer literarischen Geselligkeit. Der Kanzler von Müller hatte am 28. August 1829 von der Villa Pliniana am Comer See aus an Goethe zu dessen Geburtstag ein selbst verfaßtes Gedicht geschickt und seinem Brief ein Lorbeerblatt beigelegt, das auf die Dichterwürde des Gefeierten anspielen sollte. Mit Augusts an den Vater geschickten Blumen hat es eine ähnliche Bewandtnis. Sie finden sich in zwei kleinen, sorgfältig mit Angaben zu Herkunftsort und Datum beschrifteten Umschlägen. Stiefmütterchen und Streifenfarn, die er am 19. Mai in der Nähe der Villa Pliniana gepflückt hat, gingen gewiß nicht eines botanischen Interesses wegen nach Weimar. Sie sind ebenso eine private Geste wie Ehrenpreis, Veronica und Berglorbeer, die an den zwei Tage später unternommenen Ausflug zum Lago Maggiore erinnern. Worauf die Geste anspielt, bedurfte keiner umständlichen Erläuterung. Der Vater würde verstehen, daß der Sohn den Blumengruß als treuer Leser seiner Werke schickte, wenn er auf dem Umschlag den Fundort «Isola Madre» mit der Beischrift präzisiert fand: «An der Statue des heil. Borromäus gepflückt.»

Goethes *Wanderjahre* waren neben Jean Pauls *Titan* im Deutschland des frühen 19. Jahrhunderts der wichtigste poetische Text, in dem die oberitalienische Seenlandschaft ihre literarische Nobilitierung erfuhr. Doch hatte Goethe auf seiner Rückreise von Italien nur den Comer See, nicht aber den Lago Maggiore mit eigenen Augen gesehen und die Landschaft, in der er die Herkunft Mignons ansiedelte, vor allem nach Kunstwerken beschrieben. Seine Schilderung der Borromäischen Inseln im Lago Maggiore, als deren schönste die Isola Madre galt, war im Blick auf die großen Aquarelle des Sees von Georg Melchior Kraus entstanden, die er seit 1796 kannte. Augusts getrocknete Blumen waren nicht nur die Reverenz eines Lesers der *Wanderjahre* an ihren Autor. Sie waren zugleich Belegstücke dafür, daß der Sohn in natura die Landschaft genossen hatte, die der Vater nur aus der Landschaftsmalerei kannte. Vielleicht waren sie August auch deshalb so wichtig, daß er auf dem nach Weimar geschickten Umschlag ausdrücklich vermerkte: «Bis zu meiner Rückkehr gut aufzubewahren.»

Reisepost und Fieberkurve

Es gibt kein ausführlicheres schriftliches Dokument der Beziehungen zwischen Goethe und seinem Sohn als ihren Briefwechsel während Augusts Reise nach Italien. Wie Christiane ihren Mann redete der Sohn den Vater darin stets mit «Sie» an, während er selbst vom Vater geduzt wurde. Von Beginn der Reise an waren den Briefen die jeweils seit der letzten Station entstandenen Tagebücher beigefügt. Die lückenlose Verschriftlichung der Reise war das Medium, in dem das Gelingen oder Mißlingen ihres Hauptzwecks – der körperlichen und seelischen Gesundung des Reisenden – zur Darstellung kommen mußte.

Fast triumphierend halten Goethes Tagebucheinträge und Briefe den Eingang der Reisebriefe und Tagebücher aus Italien fest: «Augusts Tagebuch aus Mayland lebhaft und gut.» Beim Mittagstisch wird im Haus am Frauenplan daraus vorgelesen und der positive Eindruck anschließend an August vermittelt. Häufig läßt Goethe Briefe des Sohnes über die Familie hinaus in Weimar kursieren. Mehrfach berichtet er in Briefen an Zelter und andere Freunde stolz davon, daß sich der Sohn in Italien als «realistischer Reisender» bewähre. In den Antworten an August, die stets postwendend die eingegangenen Berichte kommentieren, geizt er – vor allem im Zusammenhang mit dem Mailänder Münzkauf – nicht mit Lob über die Einsichten und Kenntnisse des Sohnes in Kunstdingen. Vor allem aber registriert er mit Befriedigung, «daß ein inneres Behagen sich bey dir hervorthut». August wiederum trägt den Erwartungen und Ermahnungen des Vaters, mit dem Tagebuchschreiben nur ja nicht nachzulassen, ausführlich Rechnung. So fügt er den Berichten aus Venedig, wo er im Juni Station macht, eine eigens verfaßte Überblicksdarstellung «Etwas über Venedig im allgemeinen» an.

Von Orten, die in Goethes *Italienischer Reise* eher kursorisch gewürdigt werden, berichtet er besonders ausführlich und detailreich. Das gilt vor allem für Florenz, wo er sich sehr viel länger aufhält und sehr viel ausführlicher in den Kunstsammlungen umtut als der Vater. Anläßlich seines Besuches in der Academia delle belle Arti und des Eindrucks, den dort die Statue des Rossebändigers auf ihn macht, würdigt er den Vater als Bildungsinstanz, der er die Fähigkeit zur Wahrnehmung des Schönen verdankt. Im Haus am Frauenplan aufgewachsen zu sein, so deutet er an, ist die ideale Vorschule einer italienischen Reise. «Alles was ich bis jetzt gesehen erschien mir wie nichts und es wurde mir cannibalisch wohl in der Nähe dieses herrlichen Kunstwerks und ich kam mir ordentlich vornehm vor, daß ich die Erlaubnis hatte demselben meine Visite zu machen. Wie glücklich fühlte ich mich in diesem Augenblick, und wie dankte ich Gott, daß ich durch die von Ihnen erhaltene glückliche Natur und Bildung im Stande war dies Große zu fassen und zu erkennen.»

In Florenz feiert der Sohn am 28. August, den er im Tagebuch durch Unterstreichung und Schriftgröße hervorhebt, den Geburtstag des Vaters. Schon seit Ende Juli, als er sich in Genua im Streit von Eckermann getrennt hat, reist er allein. Sein wichtigster, wenngleich imaginärer Reisebegleiter ist der Weimarer Adressat seiner Briefe und Tagebücher. Schon früh gibt ihm dieser einen ökonomischen Freibrief, wenn denn der Zweck der Reise einige Ausgaben verlangt: «Du mußt dir immer sagen: deine Absicht sey, eine große Welt in dich aufzunehmen und jede in dir verknüpfte Beschränktheit aufzulösen.»

In Genua, wo er sich nach einem Kutschunfall auskuriert, trifft August mit Charles Sterling, dem Sohn des englischen Konsuls, zusammen, einem der Liebhaber seiner Frau. Beide schicken Beiträge für das *Chaos* nach Weimar, die dort einträchtig nebeneinander abgedruckt werden. Von Livorno aus fährt August Anfang September mit einem Dampfschiff nach Neapel. Sein Vater steht in der Modernisierung seiner Schreibtechniken der Modernisierung der Verkehrsmittel nicht nach. Er hat sich zeigen lassen, wie man Autogramme lithographiert, und schickt einige Belege an den Sohn, damit dieser sie bei seiner Ankunft in Rom, wo gewiß Nachfrage danach besteht, verteilen kann. Dem Goethe-Kult, der nicht erst nach dem Tod des Dichters einsetzte, begegnet August in Italien mehrfach. Als er mit Zahn von Neapel aus die Ausgrabungen in Pompeji besichtigt, wird gerade eines der freigelegten Häuser als «Casa Goethe» seinem Vater geweiht.

Von Beginn an ist auf Goethes Seite der bevorstehende Abschluß seiner «Ausgabe letzter Hand» ein Dauerthema des Briefwechsels mit dem Sohn. Ostentativ setzt er deren Fertigstellung zum Fortgang der Reise des Sohnes in Richtung Rom in Parallele. Im Idealfall müßten sich die Parallelen in Weimar an dem Tag schneiden, an dem der genesene August aus Rom zurückkehrt und zugleich die Gesamtausgabe vollständig im Druck vorliegt. «Die Aushängebogen der letzten Lieferung kommen denn auch nach und nach, die Octavausgabe rückt zu und so wirst du wohl den Abschluß bey deiner Rückkehr vorfinden. Möge diese für mich wichtige Epoche mit deiner völligen Wiederherstellung zusammentreffen.»

Es sind, genau besehen, ein Epochenende und ein Epochenanfang, die Goethe sich hier zusammenwünscht. Mit der Ausgabe seiner Werke kommt das Projekt der Selbsthistorisierung an sein Ende, das Goethe schon seit den ersten Bänden von *Dichtung und Wahrheit* betreibt. Mit der erhofften italienischen Wiedergeburt Augusts begänne eine neue Lebensepoche gemeinsam mit dem

Sohn, nachdem das Werk der Kunst getan ist. In seinem letzten Brief an August zieht Goethe noch einmal die Parallele zwischen dem Abschluß der «Gesammelten Werke» und dem Ende der Reise des Sohnes: «Und so kommst du denn eben zum Schluß, wo wir beide ein Facit ziehen und eine neue Ära beginnen können, wozu uns die guten Geister Einsicht und Kräfte verleihen mögen.»

Nicht zuletzt aus der Hoffnung, daß die italienische Reise im Leben seines Sohnes ebenso ‹Epoche machen› werde wie in seinem eigenen, erklärt sich die Erwartungsspannung, mit der Goethe die Annäherung Augusts an den Scheitelpunkt der Reise begleitet. Immer wieder entwirft er Szenarien der Ankunft des Sohnes in Rom und schreibt fast ungeduldig, «daß es mir sehr angenehm seyn wird, in deinen Tagebüchern deinen Einzug in die Porta del Popolo zu vernehmen». In Rom muß sich die Macht des vom Vater kanonisierten Modells der Italienreise als Wiedergeburt bewähren. «Wer in Rom eingetreten ist, dem kann man nichts sagen. Wenn er fühlt, daß er neu geboren ward, so ist ers werth und mag denn auch bey einem längeren Aufenthalt in allem Guten fortwachsen.»

Am 16. Oktober 1830 trifft August nach einer merkwürdig hastigen Fahrt von Neapel aus in Rom ein. Noch am Ankunftstag schreibt er den fälligen Brief nach Weimar. Er enthält zunächst die begeisterte Schilderung der ersten Eindrücke von der Kuppel des Petersdoms und vom Colosseum: «Ich setzte die Mütze ab und dankte Gott *hier* zu sein.» Es folgen im Sinne des Vaters formulierte Vorsätze für den römischen Aufenthalt. Sie enden in einem seltsamen Satz, in dem man ein römisches Echo des Weimarer Gedichtes über das Gängelband zu hören meint: «Deswegen verfolge ich meine Zwecke, Italien zu sehen und kennen zu lernen, ich hoffe es gelingt mir und ist für meine ganze künftige Existenz sehr wichtig. Menschenkenntnisse und höhere Kunst- und Naturbildung sind etwas Großes. Es ist das erste Mal, im 40. Jahre, daß ich zum Gefühle der Selbständigkeit gekommen, und unter fremden Menschen!»

August akzentuiert den Erfahrungszuwachs, indem er die ersten Zeilen der Odyssee und damit das Urbild des weitgereisten Mannes zitiert. Die prompte Antwort des Vaters hat den Sohn nicht mehr erreicht. Sie formuliert den prosaischen Kern des poetischen

August von Goethe, 1830. Zeichnung von Moritz Steinke. Das Porträt zeigt einen eigenwilligen, verschlossenen Menschen, in dessen energischen, markanten Gesichtszügen der Vater zu erkennen ist.

Prospekts der italienischen Wiedergeburt: «Da du so vieler Menschen Städte gesehen und Sitte gelernt hast, so ist zu hoffen, daß dir auch die Art, wie sich auf dem Frauenplane zu Weimar mit guten Menschen leben läßt, werde klar geworden seyn.»

Tod in Rom, Blutsturz in Weimar

August von Goethe hat seine Ankunft in Rom um kaum mehr als zehn Tage überlebt. Er starb in der Nacht vom 26. auf den 27. Oktober 1830 in seinem Quartier an der Via di Porta Pinciana. Die aufgrund der Plötzlichkeit des Todes durchgeführte Sektion ergab, daß ein Gehirnschlag infolge einer nicht zum Ausbruch gelangten Pockenkrankheit womöglich die Ursache war. Der Befund einer abnormen Verformung der Leber wurde schon im Bericht Kestners an den Kanzler von Müller zum Beleg für die Deutung, daß August von Goethe ein Opfer seiner Trunksucht geworden war. Er wurde am 29. Oktober 1830 an der Cestius-Pyramide nahe der Porta S. Paolo beigesetzt. Dort befand sich seit der Mitte des 18. Jahrhunderts der Begräbnisplatz der Protestanten. Goethe hat den Ort während seines Rom-Aufenthaltes im Jahre 1788 besucht. Die in frühaugusteischer Zeit, etwa 20 v. Chr., für den Prätor und Volkstribunen Gaius Cestius errichtete Pyramide war im späten 18. und frühen 19. Jahrhundert ein häufig gewähltes Bildmotiv. Zu den bildkünstlerischen Versuchen, die Goethe selbst von seiner Italienreise nach Weimar zurückbrachte, gehört eine dem beliebten Motiv der Nachtansicht folgende Zeichnung der Cestius-Pyramide.

Der Geschäftsträger der hannoverschen Gesandtschaft, August Kestner, meldete die Todesnachricht nicht direkt dem Vater, sondern dem Kanzler von Müller, der sie mündlich übermitteln sollte. Kestner, der Sohn Charlotte Buffs, der Freundin Goethes aus der Zeit des *Werther*, hatte August in Rom in Empfang genommen und in den Kreis der dortigen Künstler eingeführt. Er eröffnete sein Schreiben an den Kanzler mit dem Satz: «Sobald Sie diesen Brief eröffnet haben, lassen Sie Ihr erstes Geschäft sein, sich aller Zeitungen oder sonstiger mit dieser Post in Weimar angekommenen Nachrichten zu bemächtigen, welche dem herrlichsten Greise, dem Geheimen Rat von Goethe, beunruhigende Nachrichten aus Rom bringen könnten.»

Kestners Vorsichtsmaßregeln im Umgang mit der Todesnachricht nehmen das dominante Verhaltensmodell der Weimarer Umgebung Goethes vorweg. In den meisten Briefen der Zeitgenossen ist weniger vom Sohn die Rede, dessen Tod kaum Bedauern erregte, als von der Sorge um die Gesundheit des Vaters, die durch die Nachricht aus Rom womöglich selbst einen tödlichen Stoß erhalten könnte. Am 10. November vermerkt Goethes Tagebuch den Besuch des Kanzlers von Müller und des Arztes Vogel, um «mir mit möglichster Schonung das in der Nacht vom 26. bis 27. Oktober erfolgte Ableben meines Sohns in Rom zur Kenntnis zu bringen». Goethe untersagte alle förmlichen Kondolenzbesuche. In seinem Haus galt stillschweigend das Gebot, den Todesfall nicht zur Sprache zu bringen. Am 21. November 1830 schrieb er an Zelter: «‹Nemo ante obitum beatus› ist ein Wort, das in der Weltgeschichte figuriert, aber eigentlich nichts sagen will. Sollte es mit einiger Gründlichkeit ausgesprochen werden, so müßte es heißen: ‹Prüfungen erwarte bis zuletzt.› Dir hat es, mein Guter, nicht daran gefehlt, mir auch nicht, und es scheint, als wenn das Schicksal die Überzeugung habe, man sei nicht aus Nerven, Venen, Arterien und andern daher abgeleiteten Organen, sondern aus Draht zusammengeflochten.» Als Angriff auf seine eigene physische Existenz begreift Goethe in diesem Brief den Tod des Sohnes. Am Abend des 25. November befällt ihn ein heftiger Blutsturz, der ihn einige Tage lang in Lebensgefahr schweben läßt. In einem Brief an Zelter deutet er die Attacke als krisenhafte Konsequenz seiner Flucht in eine exzessive literarische Arbeit, «die mich ganz absorbieren sollte». In nur vierzehn Tagen sei die Überarbeitung und Fertigstellung des lange liegengebliebenen vierten Teiles von *Dichtung und Wahrheit* bis zur Druckreife gediehen, «und es möchte wohl kein Zweifel sein, daß der unterdrückte Schmerz und eine so gewaltsame Geistesanstrengung jene Explosion, wozu sich der Körper disponirt haben mochte, dürften verursacht haben».

Goethes Darstellung des Zusammenbruchs als Rebellion der

Physis gegen die Strategie willentlicher Verdrängung der Todesnachricht scheint kaum etwas hinzuzufügen zu sein. Doch war die
Flucht in die Arbeit seltsamerweise gerade nicht mit der Vermei-
dung aller Themen verbunden, die an den Sohn hätten erinnern
können. In den Tagen vor dem Blutsturz redigierte Goethe die Passagen über seine Schweizreise des Jahres 1775 mit dem Höhepunkt
der Wanderung auf den Gotthard als dem «Scheidepunkt» zwischen der verlockenden Reise nach Italien und der Rückkehr nach
Norden. Wie die eigene Einbildungskraft plädiert dabei vor allem
der Reisebegleiter für die Weiterreise nach Norditalien. «Die Wanderung durch diese Schluchten hinab muß herrlich sein und mühe-
los, und wann sich's dann bei Bellinzona öffnen mag, was würde
das für eine Lust sein!» Er stellt dem Erzähler-Ich die Borromäischen Inseln im Lago Maggiore vor Augen, spricht von Mailand,
wo ein guter Handelsfreund die notwendigen Kredite zur Weiterreise leicht bereitstellen wird, und drängt dazu, den Abstieg auf
die italienische Seite rasch in Angriff zu nehmen. Goethe stürzte
sich mithin nicht in irgendeine Arbeit, als er sich an die Endfas-
sung von *Dichtung und Wahrheit* machte. Im Erzählen seiner eigenen einstigen Annäherung an Italien von der Schweiz aus gelangte
er schreibend und redigierend in die Nähe der Reiseroute des Sohnes. Konnte dieser die Borromäischen Inseln nicht besuchen, ohne
sogleich ihr Bild in den *Wanderjahren* des Vaters heraufzurufen, so
wird Goethe kaum an die Textstelle gelangt sein, an der sich die
Aussicht auf «die Inseln des großen Sees» öffnet, ohne des Sohnes
– und womöglich seiner getrockneten Blumen – zu gedenken.
Zur Verwandlung der Redaktionsarbeit in ein Spiegelkabinett der
Erinnerungen mag im übrigen beigetragen haben, daß am Ende
von *Dichtung und Wahrheit* die als Verlockung ausgemalte, aber
nicht angetretene Italienreise in ihren innerfamiliären Tradi-
tionszusammenhang gerückt wird. Der Vater, der selbst eine
Reise nach Italien unternommen und eine Reisebeschreibung ver-
faßt hatte, erweist sich als die treibende Kraft, die den Sohn drängt,
in Richtung Mailand und Lombardei aufzubrechen. Fast scheint es,
als sei eine Italienreise im Hause Goethe Familienpflicht. Zwar
wendet sich auf den letzten Seiten – eher durch Zufall – das Blatt
gegen die Italienreise. Doch erscheint sie dadurch nicht weniger als

Glied einer genealogischen Kette, die es fortzusetzen gilt. In die Passage, in der am Ende von *Dichtung und Wahrheit* der Sohn die Reise zumindest in der Sphäre der Einbildungskraft antritt, läßt sich unschwer die Konstellation hineinlesen, in der eine Generation später August von Goethe in Richtung Mailand aufbrach: «Mein Vater hatte mir einen gar hübschen Reiseplan aufgesetzt und mir eine kleine Bibliothek mitgegeben, durch die ich mich vorbereiten und an Ort und Stelle leiten könnte. Jene herrlichen Gegenstände, die ich von Jugend auf durch Erzählung und Nachbildung aller Art kennen gelernt, sammelten sich vor meiner Seele, und ich kannte nichts Erwünschteres, als mich ihnen zu nähern...»

Epitaph und Elegie

Aus der Lektüre von Goethes Briefen und Tagebuchnotizen im Winter 1830 und Frühjahr 1831 läßt sich in Umrissen ein Bild des Alltags im Haus am Frauenplan gewinnen. Eine feste Größe darin ist Ottilie von Goethe in Witwenkleidung, die ihrem Schwiegervater aus dem Konversationslexikon vorliest. Über den Toten wird nicht gesprochen, an der Interpretation seines Todes aber gleichwohl gearbeitet. Im Brief an Zelter vom 23. Februar 1831 faßt Goethe den Verlauf der Reise des Sohnes noch einmal zusammen und läßt den Tod als ihr folgerichtiges Ende erscheinen. Der erste Satz bekräftigt das gescheiterte Modell der Wiedergeburt, unter dessen vom Vater beglaubigten Gesetz August die Reise antrat: «Mein Sohn reiste, um zu genesen...»

Erinnern wir uns an dieser Stelle noch einmal an den eingangs erwähnten Witz über Augusts mangelnde Anlage zur Poesie. Sein Schauplatz war das Kapitol in Rom. Die Gebildeteren unter den Verächtern des Goethe-Sohnes mochten bei dieser Pointe an die Römische Elegie des Vaters denken, die dem kapitolinischen Hügel gewidmet ist. Der Dichter ruft darin den Jupiter Xenius an, ihm Gastrecht zu gewähren:

Bist du der wirtliche Gott? O so verstoße den Gastfreund
Nicht von Deinem Olymp wieder zur Erde hinab.
«Dichter! wo versteigst du dich hin?» – Vergib mir, der hohe
Capitolinische Berg ist dir ein zweiter Olymp.
Dulde mich Jupiter hier und Hermes führe mich später,
Cestius Denkmal vorbei, leise zum Orcus hinab.

Es gibt einen Bericht des Sekretärs Kräuter über die Szene, in der
Kanzler von Müller versuchte, dem Vater die Nachricht vom Tod
des Sohnes schonend zu verstehen zu geben. Goethe habe zunächst
die vorsichtige Annäherung an das Thema scheinbar nicht begriffen, dann aber den Sprecher plötzlich unterbrochen: «Nun, so
sprechen Sie es nur kurz aus, daß mein Sohn am Fuß der Pyramide
des Cestius seine irdische Laufbahn beendigt hat.» Die im Moment
des Begreifens der Nachricht vorgenommene Übersetzung des
Begriffs «Tod» in das Bild der Cestius-Pyramide mag ihm von
Kräuter des anekdotischen Effektes wegen in den Mund gelegt
worden sein. Unzweifelhaft ist jedoch, daß Goethe in seinen Briefen mehrfach den Tod Augusts als merkwürdige Koinzidenz zu
seinem eigenen Leben und Dichten gedeutet und dabei stets auf die
Cestius-Pyramide als das zentrale Todessymbol der *Römischen Elegien* Bezug genommen hat. Im erwähnten Brief an Zelter schreibt
er über Augusts kurzen römischen Aufenthalt: «Eine Schnellfahrt
nach Rom konnte die schon sehr aufgeregte Natur nicht besänftigen; die ehren- und liebevolle Aufnahme der dortigen deutschen
Männer und bedeutender Künstler scheint er auch nur mit einer
fieberhaften Hast genossen zu haben. Nach wenigen Tagen schlug
er den Weg ein, um an der Pyramide des Cestius auszuruhen, an der
Stelle, wohin sein Vater, vor seiner Geburt, sich dichterisch zu seh-
nen geneigt war.»
Indem Goethe den Tod des Sohnes so nah an seine *Römischen
Elegien* heranrückt, in deren Entstehungszeit Augusts Geburt fiel,
nimmt er dem plötzlichen Ende der Reise in Rom den Charakter
eines zufällig kontingenten Ereignisses und verwandelt es in ein
Element der symbolischen Ordnung des eigenen Lebens. Die
Grabstätte an der Cestius-Pyramide wird zum «römischen Aufent-
halt» des Sohnes, dessen Italienreise die des Vaters sowohl wieder-

holt wie mit ihrem Gegenbild konfrontiert. Wie wichtig Goethe diese Verwandlung des scheinbar Zufälligen in ein «bedeutendes» Zeichen der schicksalhaften Verknüpfung zwischen der Dichtung des Vaters und dem Leben des Sohnes war, zeigt sein Brief an Kestner vom 9. Juni 1831. Hier wird die Elegie zum poetischen Wegweiser, den der Vater für sich selbst errichtet hat, dem aber der Sohn wie von einer höheren Macht gelenkt folgt. «Da der Vater, wie jene Elegie bezeugt, jenen Weg zu nehmen gewünscht, so ist es doch ganz eigen, daß der Sohn denselben eingeschlagen, und der Vorfall verdiente wohl ein Merkzeichen.» Das ist eine erhellende Formulierung. Sie bezeugt Goethes Strategie der möglichst vollkommenen Einkapselung des toten Sohnes in das eigene Leben und Werk. Aus dem Opfer eines plötzlichen «Schlagflusses», der Kestners Brief zufolge eine Ader im Gehirn «zersprengte», wird ein Wanderer, der selbst seine Schritte in Richtung auf die Cestius-Pyramide lenkt, um dort für immer Ruhe zu finden. Nicht der tote August selbst, sondern der merkwürdige Vorfall der Spiegelung seines eigenen Gedichts im Schicksal des Sohnes soll Goethes Formulierung zufolge ein Denkmal erhalten. Fast klingt es so, als habe August durch seinen Tod in Rom der Schrift des Vaters zwar schmerzlich, aber folgerichtig Genüge getan.

Anfang Juli 1831 setzte Kestner Goethe über den Stand der Vorarbeiten zur Errichtung eines Monuments für August auf dem Friedhof an der Cestius-Pyramide in Kenntnis. Der dänische Bildhauer Bertel Thorvaldsen, der auch das Grabmal für den Sohn von Heinrich Mylius in dessen Villa am Comer See gestaltete, hatte sich bereit erklärt, ein von ihm unentgeltlich gefertigtes Relief Augusts in eine Grabstele einzufügen. Goethe erklärte sich in seinem Antwortschreiben mit den Entwürfen für das Monument einverstanden und fügte eine für die Stele gedachte Inschrift bei, «welcher ich der dortigen Kenner Beifall gleichfalls wünsche». Die Inschrift lautet: «Goethe Filius Patri antevertens obiit anno XL» (Goethes Sohn, seinem Vater vorangehend, starb in seinem 40. Lebensjahr). Der Tote hat in dieser vom Vater formulierten Grabinschrift keinen eigenen Namen. Er verschwindet in der Eigenschaft, Sohn zu sein. Es scheint, als gebe es den Sohn nur durch die und in der Schrift des Vaters. Doch hat Goethe seinem Sohn noch ein anderes

Denkmal zugedacht. Es sollte aus dessen eigener Schrift, aus den Briefen und Aufzeichnungen entstehen, die August aus Italien nach Weimar geschickt hat. In seinem letzten, nach Erhalt der Todesnachricht nicht mehr abgeschickten Brief an den Sohn hatte Goethe aus der Londoner *Literary Gazette* folgende Ankündigung zitiert: «Goethe, Father and Son. – The Son of the great German poet, Goethe, the Chamberlain Goethe, has just drawn up a diary of his journey through Italy, which Goethe the father is about to publish.» Er fügte als Nachsatz hinzu: «Vorstehendes, aus einer eng lischen Zeitung genommen, wollen wir auf sich bewenden lassen.» Doch ermahnte er den Sohn ausdrücklich, seine Tagebücher zu redigieren und etwaige Lücken zu füllen. Nach Augusts Tod kam Goethe am Ende jenes Briefes an Zelter, der sein abschließendes Kommuniqué zum unglücklichen Reiseverlauf enthält, auf die Ankündigung des englischen Blattes zurück: «Vielleicht gibt es Gelegenheit in künftigen Tagen, aus seinen Reiseblättern das Gedächtnis dieses jungen Manns Freunden und Wohlwollenden aufzufrischen und zu empfehlen. Und so, über Gräber, vorwärts!»

Der Sohn und die Dämonen

Karoline von Wolzogen berichtet am 16. März 1831 in einem Brief an Ernst von Schiller von ihrem vergeblichen Versuch, Goethe durch anerkennende Bemerkungen über die poetischen Anlagen seines Sohnes aufzuheitern. Er habe daran wenig Freude finden können und nur bemerkt: «Das ist nun so gekommen wie ein Pistolenschuß.» Der Vergleich mit einem plötzlichen Pistolenschuß, der unerwartet alle Hoffnungen zerstört, will zu der eigentümlichen Erwartungsspannung nicht recht passen, mit der Goethe die Reise seines Sohnes verfolgte. Der wie ein Bühnenbild künftigen Familienglücks aufgespannte Prospekt geglückter Wiedergeburt wurde nicht erst durch die Todesnachricht zerrissen. Die Krise, die fast den Tod des Vaters dem des Sohnes hätte folgen lassen, ging weniger aus dem unerwarteten Schock als vielmehr aus dem Schrecken über das Eintreffen des untergründig Erwarteten hervor.

Früh schon setzte sich diese Deutung im Umkreis Goethes durch. Johanna Schopenhauer kolportierte am Aschermittwoch 1831 in einem Brief an Karl von Holtei, der Vater habe den Kanzler Müller bei der Überbringung der Todesnachricht nicht ausreden lassen, sondern mit dem Satz unterbrochen: «Als er fortging, gab ich ihn schon verloren.» Das dürfte nicht weniger eine pointenhaft-anekdotische Zuspitzung sein als der prompte Bezug auf die Cestius-Pyramide in der konkurrierenden Version. Gleichwohl formuliert der Satz exakt ein untergründiges Leitmotiv der Äußerungen, mit denen Goethe die Reise seines Sohnes und schließlich seinen Tod kommentierte. In der aufmerksamen Spannung, mit der der Vater von Beginn an die Reise des Sohnes begleitete, lag der Umschlag der Wiedergeburtsmythologie in Bilder des Unglücks und Todes stets nahe. In einem Brief nach Oberitalien empfiehlt Goethe am 14. Mai 1830 den Sohn «allen guten Dämonen». Mit Blick auf das ersehnte Eintreffen Augusts in Rom schickt der Vater dem Reisenden Anfang Oktober die Bewilligung seines Gesuches, mit dem Augusts Urlaub von seinem Amt bis zum Jahresende verlängert wurde. Goethe hoffte, den Sohn mit diesem Schriftstück als einer Art Begrüßungsgeschenk in Rom erfreuen zu können, «wenn dir leidige Dämonen nicht neue hindernde Prüfungen zugedacht haben». Goethe spielt mit dieser Einschränkung auf den Unfall an, der August unmittelbar nach der Trennung von Eckermann in der Nähe von La Spezia zustieß. Als seine Kutsche umstürzte, brach er sich das Schlüsselbein. Während August selbst in seinen Briefen trotz des Wundfiebers und der Schmerzen beim Verbinden sehr darum bemüht ist, die Haltung zu wahren und durch launige Kommentare seine Gelassenheit zu demonstrieren, nimmt der Vater in Weimar die Unfallnachricht überaus ernst. Er schreibt dem Sohn am 19. August 1830 einen seiner in den letzten Jahren nicht eben zahlreichen eigenhändigen Briefe: «Um dir einen Brief nach Florenz zu senden ergreife ich selbst die Feder, da ich noch zaudere von dem Unfall andre zu benachrichtigen. Es ist die ängstlichste Beschäftigung der Einbildungskraft sich dahin versetzen zu wollen wo sie Hilfe nöthig findet, wenn sie sich zugleich von ihrer völligen Ohnmacht zu überzeugen hat.»

Reiseunfälle galten Goethe seit je als ein besonderes Wirkungsfeld der Dämonen. Er neigte dazu, sie bei anderen wie bei sich selbst als ernst zu nehmende Warnzeichen und Winke des Schicksals aufzufassen. Mehr als einmal brach er eine Reise ab, wenn sie mit einem Kutschunfall begann. Als die Nachricht vom Mißgeschick des Sohnes aus Italien eintrifft, ist er äußerst besorgt, daß sie in Weimar allzu schnell zum Stadtgespräch werden könnte. Seine Bemühungen um Geheimhaltung des Unfalls entspringen der Sorge um sich selbst. Sie haben erkennbar damit zu tun, daß das stets als kritisch reflektierte Datum des eigenen Geburtstages am 28. August sich näherte. Fast triumphierend berichtet Goethe dem Sohn, dessen ostentative Gelassenheit mit der Rücksicht auf die Empfindlichkeit des Vaters zu tun haben mochte, vom Erfolg seiner Geheimhaltungsbemühungen: «Du kannst dir leicht denken welchen Antheil wir an deinem Unfall genommen, wir secretirten ihn, aber von Mylius wurde an den Canzler berichtet. Doch weil wir schwiegen, ging es als ein Geheimniß herum und kam ich ohne Rede und Widerrede über meinen Geburtstag hinaus.» Daß man das ‹Geheimnis› wußte, nahm Goethe in Kauf. Seine Energie verwandte er darauf, daß es an seinem Geburtstag nicht zur Sprache gebracht würde. In nuce ist hier das Muster der Bannung des allseits Gewußten ins Schweigen greifbar, das mit dem Eintreffen der Nachricht vom Tode des Sohnes zu einem Element der Hausordnung des Vaters wurde.

Aus psychoanalytischer Sicht gilt August Goethe als exemplarischer Fall eines von seinem Vater zwar unbewußt, aber dennoch zielstrebig zugrunde gerichteten Sohnes. In Kurt Eisslers Goethe-Studie ist dieser Befund in dem Satz zusammengefaßt, «daß trotz Goethes unzweifelhaft herzlicher Zuneigung, Sorge und Fürsorge nicht von seiner unbewußten Aggression abgesehen werden kann, die tatsächlich in dem frühen, tragischen Sturz des jungen Mannes ihr Ziel erreichte». Der Nachteil dieser Diagnose ist, daß sie zugunsten einer allzu klaren Täter-Opfer-Konstellation die eigentümlich reflexive Struktur der Beziehung Goethes zu seinem Sohn unterschlägt. Es ist daher abschließend noch einmal auf die Arbeit an der Fertigstellung des vierten Bandes von *Dichtung und Wahrheit* zurückzukommen, in die sich Goethe nach dem Eintreffen der Todesnachricht vergrub. In diesem Band ist das zweite dominante Thema neben der nicht angetretenen Italienreise von 1775 als lebensgeschichtlicher Zäsur die Reflexion über die Kategorie des Dämonischen. Aus den wohlwollenden oder leidigen Dämonen der antiken Götterwelt wird darin eine gestaltlose, schicksalhaft wirkende Großmacht, die nicht mehr nur auf dieses oder jenes glückliche oder unglückliche Ereignis, sondern auf das Leben der Menschen insgesamt Einfluß nimmt. Es seien «nicht immer die vorzüglichsten Menschen, weder an Geist noch an Talenten, selten durch Herzensgüte sich empfehlend», an denen das Dämonische hervortrete. Goethe scheint seinen Sohn als von dieser seltsamen Macht gezeichnet wahrgenommen zu haben. Das Zugleich von Zufall und Vorsehung jedenfalls, als das er den Tod in Rom deutete, steht im Zentrum der Bestimmung des Dämonischen, die er in *Dichtung und Wahrheit* entfaltet: «Er glaubte in der Natur, der belebten und unbelebten, der beseelten und unbeseelten, etwas zu entdecken, das sich nur in Widersprüchen manifestierte und deshalb unter keinen Begriff, noch viel weniger unter ein Wort gefaßt werden könnte. Es war nicht göttlich, denn es schien unvernünftig, nicht menschlich, denn es hatte keinen Verstand, nicht teuflisch, denn es war wohltätig, nicht englisch, denn es ließ oft Schadenfreude merken. Es glich dem Zufall, denn es bewies keine Folge, es ähnelte der Vorsehung, denn es deutete auf Zusammenhang. Alles, was uns begrenzt, schien für dasselbe durchdringbar, es schien mit den notwendigen Elementen unseres Daseins willkürlich zu schalten, es zog die Zeit zusammen und dehnte den Raum aus. Nur im Unmöglichen schien es sich zu gefallen und das Mögliche mit Verachtung von sich zu stoßen. Dieses Wesen, das zwischen alle übrigen hineinzutreten, sie zu sondern, sie zu verbinden schien, nannte ich dämonisch, nach dem Beispiel der Alten und derer, die etwas Ähnliches gewahrt hatten. Ich suchte mich vor diesem furchtbaren Wesen zu retten, indem ich mich, nach meiner Gewohnheit, hinter ein Bild flüchtete.»

Ein Gedankenstrich – zwischen Vater und Sohn

Abraham Mendelssohn Bartholdy

von Detlev Claussen

Wenig hat die Nachwelt von ihm im Gedächtnis behalten. «Erst war ich der Sohn meines Vaters, nun bin ich der Vater meines Sohnes», soll er gesagt haben. Die Namen von Vater und Sohn werden noch heute genannt. Mit ihnen verbinden sich – unter nach Zeitgeist wechselnder Hinzufügung der Attribute jüdisch und deutsch – Aufklärungsphilosophie und Musikkultur im 18. und frühen 19. Jahrhundert. Aber von dem, der in der Generationenkette seinen berühmten Vater mit seinem noch berühmteren Sohn verbindet, weiß man wenig: Abraham Mendelssohn Bartholdy (1776–1835). Zu Unrecht. Fast möchte man sagen: Wer über Abraham Mendelssohn Bartholdy nichts weiß, kann auch von Moses Mendelssohn (1729–1786) und Felix Mendelssohn Bartholdy (1809–1847) nicht viel verstehen.

Schon zu Lebzeiten mußte Abraham mit dem Ruhm von Vater und Sohn fertig werden. 1833 schrieb er von London aus in einem Brief an die in Berlin auf Neuigkeiten wartende Frau Lea: «Doch wirst Du gern noch lesen, wie vielfach geliebt und wahrhaft angesehen hier Felix ist. Ich fühle es am deutlichsten *par ricochet*, und der alte Horsley dachte mir heute ein großes Kompliment zu machen, als er mir sagte, er schätze mich glücklich, der Sohn und der Vater eines großen Mannes zu sein. ‹Wo bleibt die Katz?› dachte ich und wäre wahrscheinlich sehr böse geworden, wenn ich nicht selbst schon sehr oft darüber und über mich selbst mich mokiert hätte, daß ich zwischen Vater und Sohn gewissermaßen wie ein Gedankenstrich dastehe. –» Hinter dem Gedankenstrich scheint Abrahams Welt zu verschwinden, die weder die Welt seines Vaters war noch die seines Sohnes sein konnte. Deren Geschichten sind oft unter wechselnden Auspizien erzählt worden. Abrahams Welt dagegen muß man entdecken; über sie erfährt man nur etwas auf Umwegen aus den Lebensgeschichten seiner prominenten Verwandten.

Seinem Enkel Sebastian Hensel, Sohn von Abrahams Tochter Fanny und dem Maler Wilhelm Hensel, muß man recht geben, wenn er über den Großvater schreibt: «... es war nichts Epigonenhaftes in ihm.» Sebastian Hensels 1879 erstmals veröffentlichtem Buch *Die Familie Mendelssohn 1729–1847. Nach Briefen und Tagebüchern* verdankt die Nachwelt das meiste Wissen über Abraham Mendelssohn Bartholdy, der die lebendige Klammer der Familiengeschichte zwischen Geburtsdatum von Moses Mendelssohn und Todesdatum von Felix abgibt. Das Buch ist als Familienbuch konzipiert – mit sanfter Gewalt wird vom Großenkel Hensel aus den Mendelssohns eine deutsche Familie für die nach dem Deutsch-Französischen Krieg entstandene neue nationale Öffentlichkeit gemacht.

Schon das Datum des Erscheinungsjahres 1879 ist bewußt gewählt: 150. Wiederkehr des Geburtsjahres von Lessing und Mendelssohn, Säkularfeier des Erscheinens von Lessings *Nathan*, mit dessen Titelfigur der deutsche Durchschnittsbürger den aufgeklärten Juden Mendelssohn identifizierte. Die wechselvolle Geschichte seit der Französischen Revolution, der Zusammenbruch des Heiligen Römischen Reiches Deutscher Nation und die damit einhergehende schmachvolle Behandlung der Juden in Deutschland sollten nicht allzu genau in Hensels Familienbuch thematisiert werden. Kaum zu glauben, aber wahr: Erst mit der Gründung des zweiten Deutschen Reiches 1871 war es überall in Deutschland zur rechtlichen Gleichstellung der Juden gekommen. Schon acht Jahre darauf, 1879 eben, wurde vom preußisch-deutschen Staatshistoriker Treitschke der Berliner Antisemitismusstreit vom Zaun gebrochen. Dieser chauvinistischen antiemanzipatorischen Zeittendenz versucht Hensel mit beharrlichem Liberalismus entgegenzutreten.

Aus der nach 1871 modisch gewordenen deutsch-nationalen Perspektive fällt gerade auf die Lebenszeit von Abraham Mendelssohn Bartholdy ein Schatten, weil es in ihr um mehr ging als um deutsche Kultur und nationale Einheit: um Emanzipation und Freiheit –

Die Mendelssohns

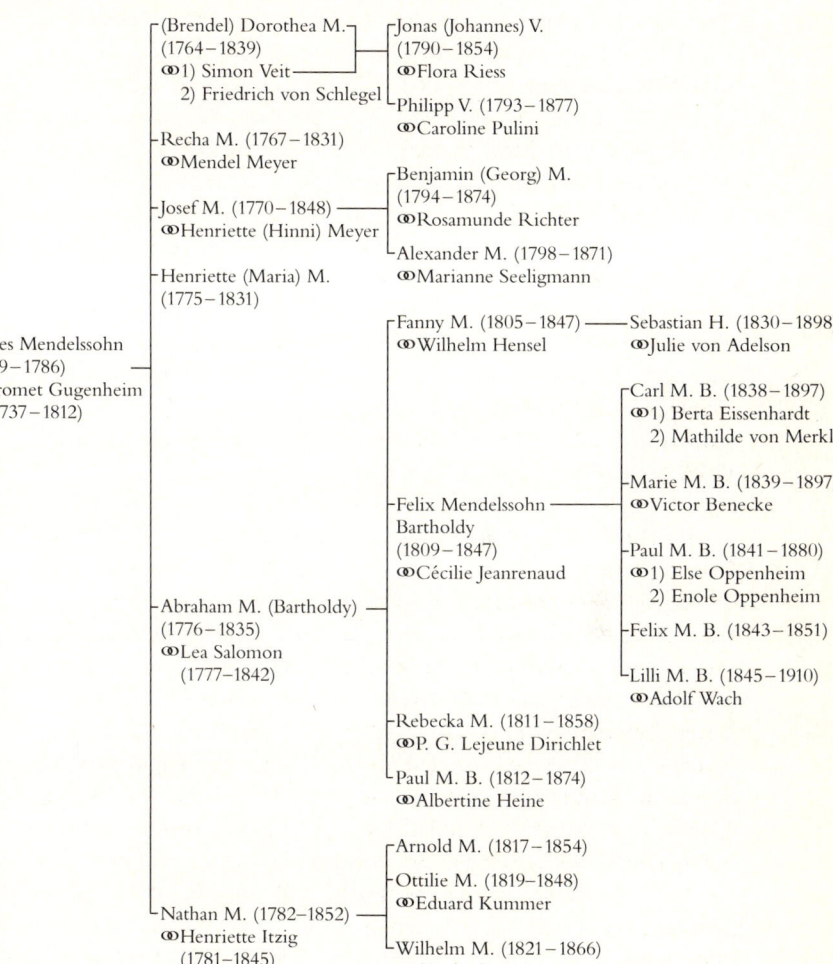

oses Mendelssohn (1729–1786)
Fromet Gugenheim (1737–1812)

(Brendel) Dorothea M. (1764–1839)
1) Simon Veit
2) Friedrich von Schlegel

Jonas (Johannes) V. (1790–1854)
Flora Riess

Philipp V. (1793–1877)
Caroline Pulini

Recha M. (1767–1831)
Mendel Meyer

Josef M. (1770–1848)
Henriette (Hinni) Meyer

Benjamin (Georg) M. (1794–1874)
Rosamunde Richter

Alexander M. (1798–1871)
Marianne Seeligmann

Henriette (Maria) M. (1775–1831)

Abraham M. (Bartholdy) (1776–1835)
Lea Salomon (1777–1842)

Fanny M. (1805–1847)
Wilhelm Hensel

Sebastian H. (1830–1898)
Julie von Adelson

Felix Mendelssohn Bartholdy (1809–1847)
Cécilie Jeanrenaud

Carl M. B. (1838–1897)
1) Berta Eissenhardt
2) Mathilde von Merkl

Marie M. B. (1839–1897)
Victor Benecke

Paul M. B. (1841–1880)
1) Else Oppenheim
2) Enole Oppenheim

Felix M. B. (1843–1851)

Lilli M. B. (1845–1910)
Adolf Wach

Rebecka M. (1811–1858)
P. G. Lejeune Dirichlet

Paul M. B. (1812–1874)
Albertine Heine

Nathan M. (1782–1852)
Henriette Itzig (1781–1845)

Arnold M. (1817–1854)

Ottilie M. (1819–1848)
Eduard Kummer

Wilhelm M. (1821–1866)
Aimée Cauer

Begriffe, die in dieser Generation nicht nur kollektiv, sondern auch individuell verstanden wurden. Erziehungs- und Ausbildungszeit Abraham Mendelssohn Bartholdys bleiben in Sebastian Hensels Familienchronik merkwürdig unerhellt; doch wer aufmerksam liest, kommt auf manche Spuren, die einen an anderen Stellen nachsuchen lassen. Die schöne Formulierung vom «Gedankenstrich» hat uns Hensel überliefert. Sie paßt zu dem eingangs kolportierten Aperçu über Vater und Sohn, das sich aber erst erklärt, wenn man den Zusammenhang kennt. Bei einem nicht genau datierten Besuch im Petersburger Hause des Barons Stieglitz sagte Abraham zu Maximilian Heine: «Sie haben gut getan, daß Sie nach Rußland gegangen sind. Sie haben sich hier einen eigenen Namen erworben. In Deutschland wären Sie, bei allen Ihren eigenen Verdiensten, immer nur der Neffe von Salomon Heine oder der Bruder von Heinrich Heine geblieben. So ist es mir gegangen. Als ich jung war, hieß ich der Sohn von Moses Mendelssohn, und als ich alt geworden, der Vater von Felix Mendelssohn.»

Unauflöslich ist der Name Moses Mendelssohn mit jüdischer Aufklärung und Emanzipation der Juden verbunden. Vergessen aber ist längst – und war es schon am Ende des 19. Jahrhunderts: In der Person Mendelssohns überschneiden sich zwar Aufklärung und Emanzipation, aber in der gesellschaftlichen Realität fallen sie um Epochen auseinander. Mendelssohns Lebenszeit gehört in das später zu Unrecht als «tintenklecksendes Säkulum» verhöhnte Jahrhundert *vor* der Französischen Revolution, in der nahezu das gesamte aufklärerische Europa eine Reform der alten Welt erwartete. Das politische Programm hieß noch nicht Emanzipation, sondern «bürgerliche Verbesserung der Juden». Unter diesem Titel veröffentlichte der hohe preußische Beamte Christian K. Wilhelm von Dohm (1751–1820) auf Anregung von Mendelssohn 1781 eine epochemachende Schrift. Im Zug der Zeit lag die Gründung von Aufklärungsgesellschaften und Schulen neuen Typs. In Berlin trafen sich die aufgeklärten Geister seit 1783 in der einflußreichen «Mittwochsgesellschaft», deren Ehrenmitglied Moses Mendelssohn hieß und in der er auch mit Dohm zusammentraf. Mendelssohn, der den Ausbruch der Französischen Revolution nicht mehr erlebte, argumentierte und publizierte in der Erwartung von vernünftigen Reformen, die durch beharrliche aufklärerische Arbeit unter den Christen, aber auch innerhalb der jüdischen Gemeinden vorbereitet werden müßten.

Mendelssohn mußte als Einzelgänger seinen Weg antreten, seine außerordentliche Bildung konnte er nur autodidaktisch erwerben. Aus Dessau folgte er auf eigene Faust als Vierzehnjähriger seinem rabbinischen Lehrer David Fränkel nach Berlin; er schien ihm der einzige Mensch in Dessau gewesen, der seinen Wissensdurst befriedigen konnte. Der junge Mendelssohn nahm das traditionelle jüdische Ideal des Lernens ernst; aber gerade deshalb erlebte er die geistige Krise, in der sich das westliche Judentum im 18. Jahrhundert befand, hautnah. Die Juden lebten nicht außerhalb der Welt, obwohl die christliche Herrschaft sie immer noch hinter Mauern einzusperren versuchte. Messianische Bewegungen wie die von Sabbatai Zwi hatten im 17. Jahrhundert auf die Verbürgerlichung des westlichen Europa und die katastrophalen Verfolgungen der Juden in Polen-Litauen und der Ukraine reagiert. Volksreligiosität und theokratische Organisation der jüdischen Gemeinden traten auseinander. Die jüdische Welt erlebte innere Differenzierungen, und das Bedürfnis nach weltlichem Wissen entwickelte sich immer stärker; denn die jüdischen Gemeinden wuchsen über die von ihren christlichen Herrschern gezogenen engen Grenzen hinaus.

Der vierzehnjährige Moses Dessau, der sich später erst programmatisch statt «ben Mendel» Mendelssohn nannte, kam 1743 in Berlin keineswegs in einen Hort der Aufklärung. Er mußte die restriktive Verfassung der Stadt und der Gemeinde am eigenen Leibe spüren. Der preußische König Friedrich II., der sich gern mit dem Nimbus des Aufklärers umgab, erließ 1750 ein «revidiertes General-Judenreglement», das die unterdrückten Juden nun einer systematischen Einteilung in sechs Klassen unterwarf. Der Staat reglementierte die Gesellschaft – die Atmosphäre des Zwanges, in der Mendelssohn seine Aktivitäten entfaltete, spricht aus der nüchternen Schilderung der Verhältnisse im friderizianischen Preußen, die Heinz Mosche Graupe gegeben hat: «Die oberste Klasse bildeten die General-Privilegierten, die allerreichsten Juden. Ihre Rechte wurden wieder durch ein besonders erteiltes persönliches Privileg

geregelt. Sie hatten die gleichen Rechte wie die christlichen Kaufleute, durften sich überall niederlassen, Grundbesitz erwerben und
ihr Privileg auf all ihre Kinder vererben. Zu dieser Klasse gehörten aber nur sehr wenige Familien. Sie waren im wesentlichen
wohl mit den früheren Hoffaktoren identisch. – Auch die zweite
Klasse, die der ordentlichen Schutzjuden, besaß ein landesherr-
liches Privileg. Aber sie durfte sich nur an dem Orte niederlassen,
der in diesem Privileg bezeichnet war, und dieses Recht nur auf
zwei Kinder vererben. Die Ansetzung des ersten Kindes war außerdem nur bei Nachweis eines Vermögens von 1000 Talern
möglich, die des zweiten Kindes erforderte schon 10000 Taler. –
Zu der dritten Klasse gehörten die außerordentlichen Schutzjuden. Deren Privileg war nicht vererbbar. Zu ihnen gehörten
z. B. Ärzte, Zahnärzte, Maler, Künstler, also die mehr oder weniger freien Berufe. Diese drei ersten Klassen hatten gemeinsam für
die Judensteuern und Abgaben aufzukommen. – Wollte übrigens
ein Schutzjude auswandern, so wurden ihm große Schwierigkeiten gemacht, sowohl vom Staat, und nicht nur in Preußen, wie
auch von seiner Gemeinde; denn mit ihm verlor sie einen wichtigen Steuerzahler. Er hatte deshalb besondere Abzugsgelder zu
zahlen und wurde oft auch verpflichtet, von seinem neuen Wohnsitz aus einige Jahre lang die Lasten seines alten Wohnortes mitzu-
tragen. – Die vierte Klasse umfaßte die öffentlichen Bediensteten,
wie die Rabbiner, Gemeindebeamten etc. Sie durften keinen Handel und kein Gewerbe betreiben und ihre Konzession galt nur für
die Zeit, die sie im Amte waren. – Die fünfte Klasse waren die
sogenannten ‹geduldeten› Juden, die sich aus den übrigen Kindern
der Schutzjuden – nach derem ersten und zweiten Kind –, aus den
Kindern der außerordentlichen Schutzjuden, der freien Berufe
und der Gemeindebeamten zusammensetzten. All diese Nachkommen hatten kein Recht, sich zu verheiraten. Sie durften keinen eigenen Handel und kein Gewerbe betreiben, sondern gehörten zum Haushalt der väterlichen Familie. – Die sechste Klasse
umfaßte die Privat-Dienstboten, die sich ebenfalls nicht verheiraten durften und nur so lange geduldet waren, wie sie im Dienste
standen. Als Privat-Dienstboten galten übrigens auch die kauf-
männischen und Büro-Angestellten der Schutzjuden. Auch Moses

Moses Mendelssohn, gemalt von Johann Christoph Frisch, 1786. Der «deutsche Sokrates», Idealtypus vorurteilsfreier bürgerlicher Aufklärung, war für Generationen ein Vorbild: Emanzipation durch geistige Arbeit.

Mendelssohn gehörte zu diesen, bis er 1762 das Recht eines außerordentlichen Schutzjuden erhielt.»

Zunächst einmal, 1743, als Moses nach Berlin kam, besaß er gar keinen Status. Von den Betteljuden, die ganz außerhalb dieses preußischen Reglements standen, unterschied er sich nur durch die bescheidene Protektion, die er als eifriger Schüler von einigen Förderern erhielt. Wissen, religiöses wie weltliches, bot ihm die einzige Lebenschance. Der Autodidakt suchte die Gesellschaft, die er erreichen konnte. Er fand sie bei jüdischen Gelehrten wie Dr. Abraham Kisch (1725–1803), Aaron Salomon Gumperz (1723–1768?) und Israel Samocz (ca. 1700–1772). Bei diesen Ärzten und Privatgelehrten, die selber ihr Wissen mehr oder weniger nur heimlich – mißtrauisch beobachtet von Staat und Gemeindeautoritäten – weitergeben konnten, empfing der junge Mendelssohn rudimentäre Unterweisung in fremden Sprachen und Naturwissenschaften. In dieser Gesellschaft erwarb er ein Wissen, das ihm 1750 eine Anstellung als Hauslehrer bei einem jüdischen Seidenfabrikanten namens Isaak Bernhard verschaffte. Als dessen Kinder groß geworden waren, hätte Mendelssohn Berlin verlassen müssen, wenn Bernhard ihn nicht ab 1754 als Buchhalter angestellt hätte. Mit verändertem Status gelang es ihm nun, Kontakte über den Kreis der jüdischen Gelehrten hinaus mit jungen aufklärerischen Intellektuellen aufzunehmen.

1754 wurde Mendelssohn mit dem talentierten gleichaltrigen Publizisten Gotthold Ephraim Lessing und dem später einflußreichen Verleger und Vielschreiber Friedrich Nicolai (1733–1811) bekannt. Nur Nicolai gelang es dauerhaft, sich auf dem gerade entstehenden deutschen Markt für geistige Produkte zu ernähren. Lessing scheiterte mit schwerem ökonomischem Verlust bei einer Zeitschriftengründung und nahm endlich 1770 eine feste Stelle als Bibliothekar in Wolfenbüttel an. Mendelssohn begann eine Doppelexistenz als Kaufmann und Schriftsteller. Als Intellektueller konnte er nur publizieren, wenn er die deutsche Sprache benutzte. Der junge Journalist Lessing erkannte die Kraft und Frische dieses Autors, der sich mit seinem Schreiben aus der staatlichen Enge und der gesellschaftlichen Isolation zu befreien versuchte. Mendelssohn suchte die Gesellschaft: Gespräche, Briefe, Diskussion und gelehrige Disputation bevorzugte er, um seine Gedanken mitzuteilen. Mendelssohns Begriffsbestimmung von Aufklärung kann sich durchaus mit Kants berühmter Beantwortung der Preisfrage «Was ist Aufklärung?» messen. 1784 bestimmte Mendelssohn «Aufklärung, Kultur, Bildung» mit einer Art soziologischem Blick als «Modifikationen geselligen Lebens».

Die bewußte Gründung einer Familie und die Führung eines bürgerlichen «Hauses» ergaben sich aus dieser gesellschaftlichen Konzeption von Aufklärung. Eine, die es wissen mußte, die erste berühmte Salonière Berlins, Henriette Herz (1764–1847), erinnerte sich noch 1828, als man sich schon in Abraham Mendelssohn Bartholdys Leipziger Straße Nr. 3 zu den berühmten «Sonntagsmusiken» mit Fanny und Felix als Solisten traf, an die Zeit, als man noch zu Moses Mendelssohn ging. Nicolai, obwohl er die Mittel dazu besaß, gelang es nach Henriette Herz' Erinnerung nicht, eine vergleichbare Geselligkeit zu organisieren: «Nur von einem Gelehrten Berlins läßt sich sagen, daß er ein Haus machte, wenn man es nämlich als Kennzeichen eines solchen betrachtet, daß Freund und Eingeführte auch uneingeladen guten Empfanges sicher sind, und dieser eine gehörte seinem äußeren Berufe nach dem Kaufmannsstande an. Es war Moses Mendelssohn. Das Haus dieses trefflichen Mannes, dessen Einkünfte als Disponent in einer Seidenwarenhandlung im Verein mit dem Ertrage seiner schriftstellerischen Arbeit immer noch wenig bedeutend waren und welchem die Sorge für sechs Kinder oblag, war dennoch ein offenes. Selten berührte ein fremder Gelehrter Berlin, ohne sich bei ihm einführen zu lassen. Seine und der seinigen Freunde kamen ungeladen, daher auch die geistreichen Freundinnen der Töchter des Hauses. Fehlten alte orthodoxe Juden ebenfalls nicht, gegen welche Mendelssohn sich stets als ein freundlich gesinnter Glaubensgenosse erwies, so waren es doch die intelligentesten der Stadt. Und Mendelssohn übte eine ausgedehnte Gastfreundschaft, ungeachtet die Familie sich ihrethalben große Beschränkungen auferlegen mußte, wobei dennoch die materiellen Genüsse, welche sein Haus den Gästen bot, die Grenzen strengster Mäßigkeit nicht überschreiten durften. Ich wußte, als genaue Freundin der Töchter, daß die würdige Hausfrau die Rosinen und Mandeln, damals ein Naschwerk *de rigueur*, in einem bestimmten Verhältnis je nach der Zahl der Gäste in die Präsentierteller hineinzählte, bevor sie in das Gesellschaftszimmer hineingebracht wurden. – Aber Mendelssohns Haus war immer nur eines und konnte nicht das geistige Bedürfnis vieler befriedigen.»

Mendelssohn wollte geradezu eigensinnig als einer der ersten Juden im 18. Jahrhundert ein normales bürgerliches Leben führen – das machte ihn wider Willen zu einer Ausnahmeerscheinung. Unter Mißbilligung des absolutistischen Staates schuf Mendelssohn sich eine gesellschaftliche Existenz – ein offenes Haus in einem geschlossenen System. In seiner Person verkörpern sich Hoffnungen von Juden auf ein Leben ohne Unterdrückung, in ihm inkorporieren sich ebenso die Hoffnungen eines schwachen Bürgertums auf einen gesellschaftlichen Aufstieg ohne radikale Veränderung. David Friedländer (1750–1834), eine der Schlüsselfiguren des sich entwickelnden Berliner jüdischen Bürgertums, formulierte als Augenzeuge, der beinahe genauso alt wurde wie Abraham Mendelssohn Bartholdy, das unauflösliche Dilemma des Hausvaters und Lehrers: «Dazu kam, daß er gern alles Aufsehen vermied; aber nach dem Ausdrucke des Talmuds, je mehr er der Berühmtheit aus dem Wege ging, je mehr folgte sie ihm auf dem Fuße wie sein Schatten...»

Schon Lessing hatte 1754 Mendelssohn in eine schwierige Situation gebracht, als er in einem Literaturstreit über den edlen Helden seines Stücks *Die Juden* (1749) behauptete, er kenne einen empirischen Juden, der seine als «ausgedacht» kritisierte Hauptfigur bei weitem übertreffe: «Seine Redlichkeit und sein philosophischer Geist läßt mich ihn im voraus als einen zweiten Spinoza betrachten, dem zur völligen Gleichheit mit dem erstern nichts als seine Irrtümer fehlen werden.» Das Stichwort «Spinoza» signalisiert ein gefährliches Fahrwasser; an dem Namen dieses jüdischen Philosophen (1632–1677), der von der Amsterdamer Gemeinde wegen Ketzerei mit dem Großen Bann belegt wurde und der nie daran dachte, einer christlichen Kirche beizutreten, haftete im 18. Jahrhundert der zweifelhafte Ruhm eines radikalen Atheisten. Im absolutistischen Staat, in dem Religion noch keineswegs als Privatsache galt, verband sich mit einem solchen Ruf der Verdacht auf Unbotmäßig-

Die bürgerliche Legende einer gemütlichen Aufklärung: Lavater versucht Mendelssohn zu überzeugen, Lessing wacht als Schiedsrichter, die Hausfrau serviert Erfrischungen in einem gepflegten Ambiente. Zu schön, um wahr zu sein: dieses gemalte Treffen hat nie stattgefunden – außer in harmonisierender Phantasie.

keit. Mendelssohn mußte diplomatisches und strategisches Geschick entwickeln, um seine Stellung und die seiner Familie in Staat und Gemeinde zu behaupten. Mendelssohn führte seit seinen ersten Publikationen ein Leben unter den Augen einer Öffentlichkeit, die ihn zum «deutschen Sokrates» stilisierte und gleichzeitig jeden seiner Schritte argwöhnisch beobachtete.

1769 brachte ihn der Züricher Theologe und Physiognom Lavater (1741 – 1801) in eine peinliche Lage, als er ihm seine Übersetzung des

Buches *Untersuchungen der Beweise für das Christentum* von Charles Bonnet widmete und ihn öffentlich aufforderte, dessen Argumentation für ein vernünftiges Christentum zu widerlegen oder selbst zum Christentum endlich überzutreten. Eine publizierte Argumentation gegen die herrschende Religion hätte dem Hausvater, der erst seit 1763 einen «Schutzbrief» – nur für seine Person und nicht für seine Familie – besaß, die sichere Ausweisung aus Preußen eingetragen. Ein Übertritt kam für Mendelssohn überhaupt nicht in Betracht. Am liebsten hätte der Philosoph, der mit seinem *Phaidon oder die Unsterblichkeit der Seele* 1767 zu einer Autorität auf dem deutschen Buchmarkt geworden war, geschwiegen. Der Konflikt mit Lavater bedrängte Mendelssohn so sehr, daß er schwer erkrankte. Nach monatelanger Überlegung schrieb er an Lavater einen meisterlichen Antwortbrief, in dem es heißt: «... Wenn unter meinen Zeitgenossen ein Konfuzius oder ein Solon lebte, so könnte ich, nach den Grundsätzen meiner Religion, den großen Mann lieben und bewundern, ohne auf den lächerlichen Gedanken zu kommen, einen Konfuzius oder Solon bekehren zu wollen. Bekehren? Wozu?»

Aus den Zeugnissen von Josef Mendelssohn (1770–1848), dem älteren Bruder Abrahams, geht hervor, daß der Vater sich von der bedrohlichen Krankheit aus der Zeit des Lavaterkonfliktes bis zu seinem Tode am 4. Januar 1786 nicht mehr richtig erholte. Die neu entstandene Öffentlichkeit bot keinen sicheren Schutz – nicht einmal für einen berühmten und hoch geehrten Mann. Der König mit dem Beinamen der Große verhielt sich kleinlich. Die Sorge um die Zukunft seiner Familie verließ Mendelssohn nicht. Von seinem Sohn Josef ist die Geschichte überliefert: «Einige Zeit vor seinem Tode fand ihn einer seiner Freunde unter dem Baume vor seinem Hause sitzen und fragte ihn: ‹Was haben Sie, lieber Mendelssohn? Sie sehen so besorgt aus!› – ‹Ja›, antwortete er, ‹ich bin es auch: ich denke daran, wie es meinen Kindern gehen wird nach meinem Tode, da ich ihnen nur wenig Vermögen hinterlasse.›» Wer das absolutistische Judenreglement vor Augen hatte, wußte, was das hieß. Erst ein Jahr nach seinem Tod, 1787, erhielt die Witwe Fromet für sich und die den Vater überlebenden sechs Kinder von König Friedrich Wilhelm II. ein existenzsicherndes Generalprivileg, das sie «wegen der bekannten Verdienste Ihres Mannes und

Vaters» vor Ausweisung bewahrte. Josef nutzte seine Chance: Nach einer Banklehre gründete er mit der Mitgift seiner Frau Hinni Meyer 1795 ein Wechsel- oder Bankgeschäft in der Spandauer Straße, 1799 nahm er Moses Friedländer, den zweiten Sohn des schon erwähnten David Friedländer auf, 1803 begründete er mit seinem sechs Jahre jüngeren Bruder Abraham das Bankhaus «J. & A. Mendelssohn», 1804 erweiterten sie sich nach Hamburg, 1811 kehrten sie nach Berlin zurück und konsolidierten eines der erfolgreichsten Berliner Privatbankhäuser, das schließlich unter dem Namen «Mendelssohn & Co.», bis es 1938 von den National-sozialisten aufgelöst wurde, in der Jägerstraße residierte. Nachträg-lich erscheint die Berufswahl «Bankier» als kluger Schachzug; aber weder Vater noch Söhne waren ursprünglich von den Berufsaus-sichten begeistert. An den früheren Hauslehrer schrieb der selbst-kritische Vater über seinen ältesten Sohn: «In Absicht auf seine künftige Lebensart haben wir noch nichts bestimmt. Ich bin immer noch ungewiß, wozu ich ihm raten soll. Seine Talente und guten Anlagen zu den gründlichen Wissenschaften lassen in diesem Fache etwas Vorzügliches von ihm erwarten. Als Jude kann er bloß Arz-neikunst treiben, und zu dieser hat er weder Lust noch Genie. Ihn der Handlung zu widmen, ist, wie mich dünkt, noch zu früh. Er mag also vor der Hand alles lernen, wozu er Lust und Trieb emp-findet. Zum Kaufmanne wird er dadurch wenigstens nicht verdor-ben. Er mache es allenfalls wie sein Vater es hat machen müssen: stümpere sich durch, bald als Gelehrter, bald als Kaufmann, ob er gleich Gefahr läuft, keines von beiden ganz zu werden...»

Aus diesen Worten spricht keine falsche Bescheidenheit, sondern die Erfahrung der engen Grenzen, die dem Fortkommen eines Ju-den im 18. Jahrhundert gesetzt waren. Wichtiger als das beschei-dene Vermögen, das Mendelssohn Frau und Kindern hinterlassen konnte, wurden Erziehung und Ausbildung, die nicht nur den älte-sten, Brendel und Joseph, sondern auch Abraham zugute kamen. Mendelssohn ist von unterschiedlichen Seiten wegen der Erzie-hung seiner Kinder postum gescholten worden – er sei schuld, daß sie vom Judentum abgefallen seien. Die Tochter Brendel habe er mit dem Bankier Simon Veit schlecht verheiratet, so daß es zu er-warten gewesen wäre, sie würde mit dem erstbesten, der sich dann in Friedrich Schlegel fand, durchbrennen. Der Historiker Heinrich Graetz wetterte zu gleicher Zeit, als Sebastian Hensels liebevolle Familienchronik erschien, in seiner monumentalen elfbändigen Geschichte der Juden gegen die angeblich zweideutige Atmosphäre der Berliner Salons an der Wende vom 18. zum 19. Jahrhundert. Genaueres Hinsehen vertragen diese schlichten Behauptungen allerdings schlecht. Die Kinder Mendelssohns wurden mit Herausforderungen konfrontiert, die sich von den Lebensumständen des Vaters erheblich unterschieden.

Die Französische Revolution 1789, der Zusammenbruch des friderizianischen Preußen 1806 und die nach dem antinapoleonischen Krieg 1815 einsetzende europäische Restauration bestimmten die Welt der Kinder, in der die Lebensauffassungen Mendelssohns in einem neuen Licht erschienen. Mendelssohn hatte keineswegs ein politisches Programm für die Emanzipation der Juden entwickelt, sondern er hatte unter den bedrückenden Umständen Preußens eine praktische Lebensform herausgebildet, die vielen nachahmenswert erschien. Henriette Herz, die schon als junges Mädchen mit Brendel (Dorothea) Mendelssohn eng befreundet war, kann als glaubwürdige Zeugin und genaue zeitgenössische Beobachterin gelten: «Mit Moses Mendelssohn war das Streben, sich deutsche Bildung und Gesittung anzueignen, in den Juden Berlins und namentlich in der jüngeren Generation erwacht. Die Männer wendeten sich, durch ihn angeregt, philosophischen Studien zu. Aus diesen Bestrebungen gingen allerdings sowohl philosophisch gebildete Männer, wie z. B. David Friedländer, als tüchtige Philosophen von Fach, wie Salomon Maimon, Bendavid und andere hervor. Da jedoch die Philosophie von ihren Jüngern wissenschaftliche Vorbildung, geistige Tiefe und bedeutende Opfer an Zeit fordert, die meisten damaligen Juden aber Kaufleute waren und ihren Handelsgeschäften mit Eifer oblagen, so ist es begreiflich, daß ein Teil bald von diesem Studium gänzlich abließ, ein anderer es doch sehr dilettantisch betrieb.»

Die Säkularisierung, die Verweltlichung der gesamten Lebensweise, hatte im 18. Jahrhundert auch die jüdische Welt erfaßt. Brotberuf und bürgerliche Bildung entfremdeten die aufgeklärte

Generation nach Moses Mendelssohn dem traditionellen Judentum. Ihr stellten sich Fragen, für die in den Schriften Mendelssohns keine Antwort zu finden war, weil sie außerhalb seines Erfahrungshorizontes lagen. Wie soll zum Beispiel ein Jude, der nicht mehr glaubt, in einer Gesellschaft leben, die nicht bereit ist, ihn als Bürger zu akzeptieren? Für diese Juden blieb nach dem Tod von Mendelssohn und Friedrich II. im Jahre 1786 nur noch die Arbeit an politischen Reformen. Unentwegt versuchten die aufgeklärten Juden in Preußen unter der Führung des Mendelssohnschülers David Friedländer (1750–1834) zu einer reformatorischen Gleichstellung der Juden im Staate zu kommen. Doch der Staat bewegte sich nicht; besonders seit die französische Nationalversammlung 1791 die Juden Frankreichs durch die Emanzipationsakte zu gleichberechtigten Bürgern gemacht hatte, war die Umgebung des preußischen Königs Friedrich Wilhelm II. vorsichtig geworden. Die aufgeklärten Juden Berlins gerieten zwischen alle Stühle; denn auch die Vertreter der traditionellen jüdischen Organisationen verfolgten sie mit Argwohn.

Am 29. Januar 1792 gründete die jüngere Generation der aufgeklärten Juden um Josef und Abraham Mendelssohn die «Gesellschaft der Freunde». Die Vorstellung, das Judentum zu reformieren, findet sich bei ihnen ebenso wie bei David Friedländer – aber auch der Wunsch, eine moderne Solidargemeinschaft mit geselligen Verkehrsformen zu bilden, läßt sich aus den Projekten der Gesellschaft ablesen. Sie überlebte die bewegten Zeiten von Revolution und Restauration und zog auch noch die nächste Generation von jüdischen Intellektuellen und Reformern um Gans, Zunz und Heine nach 1820 an. Junge Juden wie die Mendelssohns waren im letzten Drittel des 18. Jahrhunderts zu Pionieren der bürgerlichen Lebensform in Deutschland geworden – einem Land, das anders als das benachbarte Frankreich als Nation nicht existierte.

Bis zum Emanzipationsedikt 1812 verweigerte der preußische Staat den Juden auch in Berlin die soziale und politische Gleichberechtigung. 1799 verfaßte Friedländer im Namen «einiger Hausväter jüdischer Religion» ein «Sendschreiben an seine Hochwürden Oberkonsistorialrath und Probst Teller zu Berlin», in dem sie anboten, aufgeklärte «Christen» zu werden, wenn sie die der Vernunft widersprechenden Dogmen der christlichen Kirche nicht akzeptieren müßten. Noch Generationen später hat dieses Schreiben heftige Emotionen ausgelöst und den Unterzeichnern, zu denen auch die Mendelssohns zählten, sind die Historiker selten gerecht geworden. Teller, keineswegs ein christlicher Eiferer, sondern ein im Wortsinne vernünftiger Mann, hatte unter vernunftreligiösen Gesichtspunkten schon mit Moses Mendelssohn diskutiert. Folgender Versdialog gilt als authentisch:

Teller   *An Gott, den Vater, glaubt ihr schon,*
                So glaubt doch auch an seinen Sohn.
                Ihr pflegt doch sonst bei Vaters Leben
                Dem Sohne gern Kredit zu geben.
Mendelssohn *Wie könnten wir Kredit ihm geben,*
                Der Vater wird ja ewig leben!

Im Ernst knüpft das Sendschreiben von 1799 an die in diesen Versen witzig thematisierte Doppelstellung der aufgeklärten Juden Berlins als in der Geld- und Warenzirkulation tätigen Gruppe von Menschen an, die Gemeinsamkeiten mit ihrer christlichen Umgebung haben, aber sich gleichwohl von ihr unterscheiden. Für die auf Mendelssohn folgende Generation haben sich aber das Denken und die Welt verändert – nur Preußen nicht. An die Stelle der «natürlichen Religion» ist eine historisch-soziologische Auffassung der Religion getreten; als gemeinsam wird nicht mehr Gott, sondern das Moralgesetz gedacht: Hume (1711–1776), Adam Smith (1723–1790) und Kant (1724–1804) haben ihre Wirkung schon geübt. Ein Mann wie Schleiermacher (1768–1834), ein Altersgenosse von Abraham Mendelssohn Bartholdy, wehrte sich heftig gegen die «geweckten jüdischen Jünglinge», die zersetzend auf das Christentum wirken könnten. Auch Teller erkannte bald den weltlichen Kern des Sendschreibens – die Hausväter wollten nicht einen Glauben zugunsten eines anderen, als besser erkannten aufgeben, sondern sie wollten Bürger werden in einem Staat, der nur christliche Bürger kannte und anerkannte. Das Angebot des Sendschreibens isolierte seine Verfasser.

In einer Zeit, in der die politische Emanzipation der Juden in Preußen unmöglich schien, mußte jeder individuell sich um sein Fortkommen bemühen. Manche gingen wirklich fort: Abraham Mendelssohn fand seinen neuen Ort in Paris, der Hauptstadt der Revolution. Er lernte beim bekannten Bankhaus Fould & Co., zu dem sich auch Heine später seine Honorare überweisen ließ. Abraham schien keinen besonderen Ehrgeiz zum Bankier zu haben, sondern er hatte nur ein bürgerliches Einkommen als Kassierer gefunden, der sich seinen kulturellen Interessen widmen konnte. Seine Ideale schöpfte er aus dem Salonleben – weltliche Bildung und künstlerische Fähigkeiten machten für seine Generation das Ansehen einer Person aus. Aus dem Salon der Henriette Herz weiß man, daß sich der Geschmack schon am Ende der Lebenszeit seines Vaters weiterentwickelt hatte. Goethe hatte als Autor alle anderen verdrängt; Lessing empfand man inzwischen als trocken. Auch hatte sich die weltliche musikalische Bildung in jüdischen Kreisen erweitert. Abraham Mendelssohn hatte eine Gesangsausbildung bei Zelter, dem Leiter der Berliner Singakademie, erhalten, dessen Vorgänger es noch undenkbar gewesen war, einen Juden zum Gesangsunterricht anzunehmen.

Zelter ist noch heute bekannt durch seine Altersfreundschaft mit Goethe; die Freundschaft aber – das wissen nur wenige – stiftete sein Schüler Abraham. In einem herrlichen Brief aus dem Jahre 1797 schrieb der Einundzwanzigjährige von einer Reise nach Paris aus Frankfurt am Main an seinen Lehrer in Berlin:

«Meine im Anfang sehr traurige Stimmung in Frankfurt am Main hat auf einmal eine günstige und für mich sehr glückliche Wendung genommen; ich habe, wie Ihnen die Veit auch schon erzählt haben wird, einen Menschen gesehen, der mir eine Menschheit wert war, Goethe. Lassen Sie sich diese Geschichte etwas ausführlich erzählen, Sie glauben nicht, wie es mich freut, daran denken zu können. Ich gehe eines Abends mit Veit in das Theater, ennuyiert und verdrießlich; wir bleiben einen Augenblick auf dem Platz stehen, als mich Veit auf einmal anstieß und mir leise zuschrie, da ist Goethe! Da ich gar nicht mehr daran dachte, ihn in Frankfurt zu finden, so wußte ich gar nicht, was Veit wollte, und sah ihn nur immer an; indes kam Goethe bei uns vorbei, und sobald ich ihn nur im Auge bekam, erkannte ich ihn; er führte seine Mutter, eine alte geschminkte prätensionsvolle Frau, nach die Komödie. Wir gingen ihm nach, zum Glück läßt er seine Mutter allein hineingehen, und geht zurück; Veit redet ihn an, und ich bleibe in der Entfernung, er erlaubt ihm, den andern Tag zu ihm zu kommen und mich mitzubringen. Von dem Stück, das ich nun aufführen sah, weiß ich Ihnen nicht viel zu erzählen, ich dachte an meinen Besuch auf morgen, und zwar mit einer gemischten Empfindung, man hatte mir immer so viel von seinem Stolz und seiner Herabsetzung erzählt, dazu kam, daß ich ihn nur in der Ferne und daher nur seine steife Figur, die er mit vieler grandezza trägt, gesehen hatte; mir wurde ziemlich angst. Den andern Tag um 12 Uhr gingen wir zu ihm, er hatte uns erwartet; man führte uns in ein Zimmer, wo wir einige Minuten allein waren, alsdann trat er herein. Sind Sie ein Sohn von Mendelssohn? fragte er mich, und das war das erstemal, daß ich meinen Vater ohne Beiwort und so nennen hörte, wie ich es immer wünschte. Nachdem ich es bejaht hatte, wurde das Gespräch bald allgemein und interessant. Was soll ich zu Eurem Lobe sagen? oder vielmehr, was soll ich zuerst sagen? Man hatte gerade damals *Palmira* mit vieler Pracht in Frankfurt gegeben (was ich zu sehen versäumt), er sprach darüber mit uns mit einer Schonung, mit einem Blick aufs Ganze, und doch so feiner Einsicht des einzelnen, wie nur ein solcher Kenner sprechen kann. Man wundert sich, daß der Geschmack an Opern und Operetten auf unsern Theatern prädominiert? sagt er zuletzt, ich wundre mich nicht, in unsern Opern und Operetten ist doch wenigstens Kunst, und auch von der findet man nichts in unsern Schauspielen, das sind seine eigne Worte. Ich erzählte ihm darauf, daß ich Schillern von Ihnen Kompositionen zu dem neuen Almanach mitgebracht hätte, er frug mich, ob ich nicht wüßte, was Sie komponiert haben? und ich nannte ihm, um alle Indiskretion zu vermeiden, nur die, welche ich bei Schiller gesungen hatte. Ich sagte ihm darauf, daß eine Reise nach Jena eines von Ihren Lieblingsprojekten wäre, das Sie gewiß einmal ausführen würden. Ich wünschte, daß er es bald täte, sagte er! ich freue mich sehr, ihn zu sehen. Er schätzt Ihre Kompositionen sehr, und was Sie noch mehr freuen muß, er schließt davon auf Sie selbst, und ich *beneide Sie* sehr um Ihre Unterredungen mit ihm. *Reisen Sie nach*

Jena. Nach einer halbstündigen Unterredung, die mir wahrlich stärkend war, gingen wir fort. Am andern Tag war ich wieder in der Komödie, ich seh mich sogleich nach Goethe um und entdecke ihn in der dritten Loge vor mir. Veit war gerade zu Haus geblieben, am Ende des zweiten Akts gehe ich heraus, und habe das Glück, ihm auf dem Gang zu begegnen; er erkennt mich, erwidert mein Kompliment mit vieler Höflichkeit, und da ich sogleich vorgehen will, so redet er mich an, und ich sprach wieder eine halbe Stunde mit ihm. Das soll was sehr Seltenes bei ihm sein, und ein Beweis, daß ich ihm nicht mißfallen habe. Den hat die Natur zum großen Mann gezeichnet, und in seinem Auge steht alles da, was er jemals Gutes und Großes gemacht hat; wenn man ihm gegenüber steht und ihm scharf ins Auge sieht, so erweitert sich der Raum zwischen ihm unmerklich und ganz ungeheuer, man hört ihn kaum mehr sprechen, und weiß doch ganz genau, was er gesagt hat, ich kann Ihnen meine Empfindung nicht so deutlich machen, aber seine Augen sind göttlich, Sie werden sie sehen. Ich kam einigemal in Verlegenheit, denn ich sah ihn äußerst scharf und oft an, und er hat die Gewohnheit, jeden, den er zum erstenmal sieht, ganz genau und fast unverrückt mit *seinen Augen* anzusehen; daher wir uns oft begegneten. Der nur kann Goethe stolz finden, der gern alles zu sich herunterziehen will und die Mühe, sich ein wenig anzustrengen, und zu überdenken, was er spricht, scheut, mir machte es ein unendliches Vergnügen, mich in seiner Gegenwart gewissermaßen erhoben zu fühlen. Noch mag es manchem auffallen, daß Goethe sich nicht wie mancher andre empressiert, das Gespräch ununterbrochen, sei es auch mit den kleinsten Kleinigkeiten, fortzuführen; er schweigt manchmal fünf Minuten lang, und fängt nicht eher wieder zu reden an, bis er was Interessantes sagen kann.»

Der Brief aus dem Jahre 1797 gewährt einen unverfälschten Einblick in die Lebens- und Vorstellungswelt Abrahams. In Goethe erkennt der junge Mendelssohn die gelungene menschliche Emanzipation, an der auch sein berühmter Vater gearbeitet hat. Das Ohr Abrahams ist empfindlich: Er hört den Namen des Vaters «ohne Beiwort», «wie ich es immer wünschte». Der Mensch wird als Individuum wahrgenommen – nicht als Ausnahmejude. Wie kein zweiter seines Zeitalters hat Goethe sich einen Namen gemacht: Ihm ist es gelungen, bürgerliches Leben und künstlerische Existenz zu verbinden – als Geheimer Rath und als – um ein modernes Wort zu nehmen – Intellektueller. 1795 war der erste Band von *Wilhelm Meisters Lehrjahre* erschienen, der in den Berliner Salons wie eine Offenbarung gelesen wurde. Die schmerzhafte Desillusionierung der Hoffnung auf Emanzipation und der lebendige Widerspruch von bürgerlicher Daseinsweise und ästhetischem Ideal scheinen in Goethes Werk versöhnt. Der Brief Abrahams an seinen musikalischen Lehrer läßt sich als Variation auf die Sätze des Oheims aus *Wilhelm Meister* lesen, in denen das kulturelle Ich-Ideal verbindlich ausgedrückt wird: «Des Menschen größtes Verdienst bleibt wohl, wenn er die Umstände so viel als möglich bestimmt und sich so wenig als möglich von ihnen bestimmen läßt.»

Bildung und Ausbildung, Reisen und Auswanderung wurden zu Koordinaten von Abrahams Lehr- und Wanderjahren. Das Leben in Frankreich befreite ihn aus der gesellschaftlichen Enge Berlins, die keine politische, sondern nur eine kulturelle Emanzipation zuließ. Jüdische Frauen wurden zu Avantgardistinnen dieser Bestrebungen. Neben Henriette Herz und Rahel Levi, spätere Varnhagen, gehörte seine Schwester Brendel, spätere Dorothea – in seinem Brief «die Veit» genannt – zu den Pionierinnen weiblicher Gebildeter. Mendelssohn hatte für alle seine Kinder weltliche Bildung und individuelle Ausbildung vorgesehen; aber die gesellschaftliche Schranke, die sich individuell nicht überspringen ließ, hieß Beruf. Ein bürgerliches weibliches Berufsleben existierte nicht. Die Institution Ehe markierte die Schranken der Befreiung – nicht nur für die Frauen, auch für die Männer. Die Eltern gebildeter Mädchen waren ausgesprochen darauf bedacht, ihre Töchter in geordneten Verhältnissen zu wissen. Erfolg im Beruf wurde für sie zu einem entscheidenden Heiratskriterium für den Schwiegersohn: Für Henriette wählten die Eltern den wesentlich älteren Arzt und Philosophen Dr. Markus Herz, für Brendel suchte Mendelssohn den Bankier Simon Veit aus, und Rahel blieb zunächst zum Ärger ihrer Familie ehelos – Goethe nannte sie in Anlehnung an ein Kapitel seines *Wilhelm Meister* eine «Schöne Seele».

Die Existenz einer kunstgeweihten «schönen Seele» war aber

wiederum einem Manne verwehrt. Als Abraham mit dem Gedanken umging zu heiraten, fiel sein Blick auf Lea Salomon (1777–1842) aus wohlhabendem jüdischem Berliner Hause, eine Enkelin von Daniel Itzig. Anziehend wirkte auf ihn die Bildung seiner Braut, sie sprach Englisch und Französisch fließend, las den Homer – heimlich – im Original und galt als virtuose Bachinterpretin. Aus Abrahams Brief konnte man schon entnehmen, daß er sich keineswegs als bloßer Musikamateur verstand. Er stellte stolze und hohe Forderungen aus Paris: Lea sollte mit ihm in Paris, der Stadt mit den neuen Lebensverhältnissen, leben. Schließlich existierte in Preußen das alte Judenreglement immer noch. Die zukünftige Schwiegermutter lehnte aber einen «Kommis», also einen bloßen Bankangestellten, als Schwiegersohn ab. Abrahams Schwester Henriette (1775–1831), die auch in Paris lebte, griff vermittelnd mit ernsten Worten an ihren ein Jahr jüngeren Bruder ein: «Mir ist, als wäre ich zwanzig Jahre älter als Du, und als könnte ich Dir aus Erfahrung sagen, daß man gewöhnlich in Deinem Alter sehr leichtsinnig das Glück verkennt, wenn man es auch wirklich auf seinem Wege findet; man hofft dann immer, daß alles sich noch besser nach unseren Wünschen eignen soll – das Glück ist aber unterdessen schon fern und unerreichbar! – Ich hoffe, in Deinem nächsten Brief zu lesen, daß Du Lilla schon gesprochen hast, und je öfter Du sie sprichst, je mehr wirst Du gesehen haben, daß Du selten, vielleicht nie wieder eine Frau wie diese findest; ich billige es darum nicht, daß die Lebensweise in Berlin, die Dir mißfällt, einen solchen Einfluß auf den wichtigsten Entschluß haben soll. Ich habe mich nicht enthalten können, Dich einer jugendlichen Übereilung zu beschuldigen, wie ich diese Stelle in Deinem Briefe gelesen habe: ‹Je préférais manger du pain sec à Paris!› – Du pain sec ist freilich nicht zu verachten, besonders hier, wo es so weiß ist; ich fürchte aber immer, es könnte auf die Länge, wenn Du so für andere bloß arbeitest, ohne Mittel, Dich weiter zu bringen, bei allen Deinen Talenten und dem Eigensinn, den wir kennen, abhängend – du pain amer werden, und Gott behüte Dich, daß Du es je bereuen mögest, wenn Du jetzt refusierst.»

Abraham mußte in einen Kompromiß einwilligen. Die reichliche Mitgift erlaubte es ihm, sich mit seinem erfolgreichen Bruder

Joseph zum Bankhaus «J. & A. Mendelssohn» zu assoziieren, das 1804 in Hamburg seinen Sitz fand. Über die Umstände der Bank, die zu Zeiten von Kontinentalsperre und Napoleonischer Herrschaft große, aber auch gefährliche Möglichkeiten besaß, hat man bis heute wenig erfahren – nur, daß die Mendelssohns 1811 heimlich die Stadt in Richtung Berlin verließen. Über die privaten Verhältnisse weiß man mehr. Abraham und Lea hatten drei Kinder bekommen: Fanny (geb. 1805), Felix (1809) und Rebecka (1811). Man lebte – wie in Briefen aus späterer Zeit nachklingt – sehr glücklich auf dem Landsitz «Marten's Mühle». Mit dem Reformklima in Preußen – 1812 kam es zum Emanzipationsedikt – schienen sich kurzfristig die Lebenschancen für Juden in Berlin zu bessern. Doch mit der antifranzösischen Mobilisierung machte sich auch ein giftiger Chauvinismus breit, in dem sich traditioneller Judenhaß und neuer Antisemitismus vermischten. Die jüdischen Bankhäuser wurden als Kriegsgewinnler attackiert. Nach der endgültigen Niederlage Napoleons wurden auf dem Wiener Kongreß viele judenfeindliche Maßnahmen, die während der Revolutions- und Reformzeit aufgehoben worden waren, wieder eingeführt.

Seit dem gescheiterten Angebot David Friedländers 1799, einen Modus vivendi von aufgeklärten Juden und christlicher Staatsreligion zu finden, mußten sich die Juden, die anders als traditionell leben wollten, individuelle Wege überlegen. In einer bewegten Zeit, in der altbekannte Staaten zusammenbrachen, Vermögen gemacht und reiche Eigentümer ruiniert wurden, gab es keinen goldenen Weg, sich und die Seinen durchzubringen. An die Stelle eines möglichen Arrangements mit versteinerten Herrschaftsformen trat die Abhängigkeit von der Politik, die das bekannteste Individuum der Epoche, Napoleon, selbst als Schicksal begriff. Das Hin und Her von Revolution und Restauration, Reform und Gegenreform erschütterte jedes Vertrauen in einen kontinuierlichen Fortschritt, dem seinerseits durch ruhige aufklärerische Praxis nachzuhelfen war. Der Vater Mendelssohn war Religionsstreitigkeiten aus dem Wege gegangen; sie schienen ihm Erkenntnis und Kultur zu behindern. Er besaß jedoch einen scharfen Blick dafür, daß die christliche Religion dazu benutzt wurde, Juden zu unterdrücken. In der Epoche nach Mendelssohns Tod war der gesellschaftliche Zwang, unter dem die Juden in Preußen zu leiden hatten, nicht verschwunden; aber nach dem Wiener Kongreß gab es auch die Hoffnung auf eine europäische Aufhebung der antijüdischen Restriktionen nicht mehr.

Die Kinder Mendelssohns konnten sich nicht an die Lehren des Vaters halten; sie mußten eigene Wege finden. Dem Ältesten, Joseph, gelang es, die Existenz eines erfolgreichen Bankiers mit der eines aufgeklärten jüdischen Gelehrten zu verknüpfen. Brendel trennte sich von ihrem Mann, dem oft unterschätzten David Veit, lebte lange in einer skandalösen wilden Ehe mit Friedrich Schlegel, ehe sie zunächst zum Protestantismus übertrat, bevor das neue Paar gemeinsam zum Katholizismus überging. Ehemöglichkeit mit einem Christen und romantische Neuinterpretation des Katholizismus vermischten sich auf einzigartige Weise bei ihr. Bei Abraham lagen die Verhältnisse anders. Seine Schwester Dorothea hat in Briefen mehrfach sich abschätzig über seine Entwicklung geäußert. Sie nannte ihn «Abraham le citoyen» – anspielend auf seine politischen Hoffnungen, in Paris – und sei es bei *pain sec* – dem preußischen Bekenntnisdilemma zu entgehen. Mit der Rückkehr nach Preußen blieb Abraham nur die Hoffnung auf kulturelle Emanzipation in einer dezidiert christlichen Umgebung. 1816 ließ er seine Kinder taufen, 1822 reisten Lea und Abraham nach Frankfurt am Main, um fern von Berlin sich der Taufe zu unterziehen – wahrscheinlich aus Rücksicht auf die ältere jüdische Verwandtschaft. Zugleich erhielten sie die Erlaubnis, den Beinamen *Bartholdy* zu führen.

Den Namen Bartholdy hatte Abraham von seinem Schwager übernommen, der sich nach einem Stück Land, einer Meierei, nannte, die der Großvater Daniel Itzig als einer der ersten landbesitzenden Juden Preußens erworben hatte und die später in Abrahams Eigentum überging. Der Garten – und das scheint auch der Namenswechsel zu signalisieren – bedeutet ein Stück verwirklichter Utopie, deren emotionale Qualität erst deutlich wird, wenn man sich in Erinnerung ruft, daß die Juden im 18. Jahrhundert keinen Ort besaßen, an dem sie sich ungestört treffen konnten. Der Erwerb eines Gartens bedeutete die Möglichkeit, sich im Freien aufhalten zu können, ohne belästigt zu werden. Aus einem Brief

«Wo bleibt die Katz?»
Abraham Mendelssohn
Bartholdy in den Jahren
des Selbstzweifels, ge-
zeichnet vom Schwieger-
sohn.

«Jeden Morgen erhalte ich
vom Autor des Faust und des
Werther einen Kuß.» Felix
am 21. November 1821 an
den Vater, nachdem ihn sein
Lehrer Zelter in Weimar
dem alten Goethe vorgestellt
hatte.

Moses Mendelssohns hört man etwas von Erfahrungen seiner Kinder in der Öffentlichkeit, die sie sicher nicht vergaßen: «Ich ergehe mich zuweilen des Abends mit meiner Frau und meinen Kindern. Papa! fragt die Unschuld, was ruft uns jener Bursche dort nach? Warum werfen sie mit Steinen hinter uns her? Was haben wir ihnen denn getan? – Ja, lieber Papa! spricht ein anderes, sie verfolgen uns immer in den Straßen und schimpfen: Juden! Juden! Ist denn dieses so ein Schimpf bei den Leuten, ein Jude zu sein? Und was hindert dieses andere Leute?» Mendelssohn mietete sich einen Garten, in den er auch in unruhigen Zeiten Freunde wie Nicolai und Lessing einlud.

Der Name *Bartholdy* läßt sich als Chiffre entziffern für den Wunsch, eher die Umstände zu bestimmen, als sich von ihnen bestimmen zu lassen. Abrahams Schwager hatte mutig die Konsequenzen gezogen: In der Zeit der Koalitionskriege hatte er die Diplomaten- und Offizierslaufbahn eingeschlagen. Ohne Taufe wäre dies unmöglich gewesen. Nun versuchte er, seine nächsten Verwandten von diesem Schritt zu überzeugen. In der Familie blieb dieser Schritt keineswegs unumstritten. Seine Mutter verstieß ihn deshalb und wollte ihn nicht mehr sehen. Am Religionswechsel haftete noch der Fluch des Apostatentums, der Abtrünnigkeit und des Verrats – oft hatten sich in der Geschichte des europäischen Mittelalters aus den Konvertiten die schlimmsten Ankläger der Juden rekrutiert. Doch die Zeiten hatten sich geändert: Man findet in der Briefliteratur der ersten drei Jahrzehnte des 19. Jahrhunderts häufig bitterböse Bemerkungen zu Religionswechseln von Menschen, die bald darauf selber sich taufen ließen. Die schon erwähnte «Gesellschaft der Freunde», der Joseph und Abraham seit ihrer Gründung von 1795 an angehörten, versuchte diese Konflikte zu entschärfen, indem sie Religionszugehörigkeit strikt als Privatangelegenheit behandelte. Einer der einfühlsamsten Historiker dieser Epoche, Hanns Günther Reissner, nennt diese Welt eine «säkularisiert-jüdische Gesellschaft».

In Berlin nahm sie nach 1812 besondere Formen an. Die aufgeklärten Juden, die als kommerziell erfolgreiche Gruppe von den reformwilligen Beamten in den Staat integriert werden sollten, sahen ihre Emanzipation mit der allgemeinen bürgerlichen Emanzipation verknüpft. Sie begrüßten ohne Vorbehalte auch die soziale Verbürgerlichung der Juden. Die reformwilligen Kräfte formierten sich um den Kanzler Hardenberg, der noch 1817 in seiner Antrittsrede sagte, «daß wir so glücklich wären, die Resultate der Revolution zu genießen». Auf diese reformfreudige Einstellung bezog sich Eduard Gans, einer der Sprecher der jüngeren Generation gebildeter Juden, der sich ernsthaft um Abrahams Tochter Rebecka – allerdings erfolglos – bemühte. Im Sommer 1819 gingen von Würzburg die berühmten HEP-HEP-Unruhen aus, die sich bis Kopenhagen ausdehnten. Für die Juden wurde überall im nachrevolutionären Europa deutlich, wie prekär ihre Stellung nach der Niederlage Napoleons wieder geworden war. Die Gruppe um Gans, der sich auch Friedländer aus der älteren Generation anschloß, setzte auf eine Fortsetzung der Reformen im Staat, aber auch innerhalb der jüdischen Gemeinschaft. Doch die Reaktion setzte sich in Preußen durch – sie war weder an den Juden als Staatsbürgern im Sinne des Citoyen noch an jüdischen Intellektuellen in Staatsdienst und Öffentlichkeit interessiert.

Im Hause Mendelssohn Bartholdys sind diese Entwicklungen sicher mit Interesse verfolgt worden. Abraham war als Bankier mit dem Kanzler Hardenberg eng verbunden. Er erlebte, wie fortschrittliche Männer in der Umgebung Hardenbergs, zum Beispiel Varnhagen, kaltgestellt wurden. Der «Verein für Cultur und Wissenschaft der Juden» sollte als Assoziation die Aufgabe übernehmen, die der alte Mendelssohn dem einzelnen bildungsfähigen Juden aufgebürdet hatte. Mendelssohn wie der «Verein» stießen auf erbitterten Widerstand der traditionellen jüdischen Gemeindebeamten wie der staatlichen Bürokratie. Richtig erkannten die jungen Männer um Gans, daß der moderne Staat durch «bürgerliche Cultur bedingt» – aber sie mußten am eigenen Leib erfahren, daß der preußische Staat der Restauration eher die bürgerliche Kultur einschränkte als eine Säkularisierung und eine befürchtete Demokratisierung zuzulassen. Selbst die Öffentlichkeit war noch christlich dominiert – um wirksam zu werden, ließen sich dezidierte Fürsprecher der Juden wie Börne taufen. Gans hatte als Jude keine Chance, Professor in Berlin zu werden. Er ließ sich im Winter 1825 zu Paris taufen. Sein Freund Heine verspottete ihn als «Abtrünnigen»:

O, das tut das viele Lesen
Jener Schlegel, Haller, Burke –
Gestern noch ein Held gewesen,
Ist man heute schon ein Schurke

– und löste gleichzeitig selbst den «Taufzettel» als «Entréebillet zur europäischen Kultur».

Heine, der die Mendelssohns schon in seinen «Berliner Briefen» von 1822 erwähnt, hat oft über andere Täuflinge gespottet – nicht nur, weil dieser Schritt ihm selbst erheblich zu schaffen machte, sondern er auch zeitlebens an der Notwendigkeit der Taufe seine Zweifel hatte. 1844 heißt es in *Deutschland. Ein Wintermärchen*, als Kaiser Rotbart nach Moses Mendelssohn fragt:

> ... *auch Abraham,*
> *der Sohn ist gestorben, verdorben.*

> *Der Abraham hatte mit Lea erzeugt*
> *Ein Bübchen, Felix heißt er,*
> *Der brachte es weit im Christentum,*
> *Ist schon Kapellenmeister.*

Abraham und Lea war schnell deutlich geworden, daß ihre Kinder – vor allem Fanny und Felix – außergewöhnliche Begabungen besaßen, die sich nicht verheimlichen ließen. Zur Entwicklung dieser Fähigkeiten wurden weder Kosten noch Mühen gescheut: Eine Armada von Privatlehrern wurde engagiert; Goethes Freund Zelter übernahm die musikalische Ausbildung – Felix wurde sein Lieblingsschüler. 1821 stieg Abraham aus den Tagesgeschäften des Bankhauses aus. Mit dem Erwerb des Privatwohnsitzes in der Leipziger Straße Nr. 3, in dessen riesigem Garten Alexander von Humboldt als Freund des Hauses ein privates Observatorium einrichten durfte, schuf Abraham eine Umgebung für geselligen Verkehr, in der seine Kinder sich bestmöglich entfalten konnten. Die berühmten «Sonntagsmusiken», zu denen ein besonderes Publikum eintraf, wurden zu einer kulturellen Institution. Mit seinem

Haus machte sich Abraham Mendelssohn Bartholdy einen Namen: Nach den Worten seiner Schwester Henriette entstand in der Leipziger Straße Nr. 3 eine «paradiesische Künstlerwelt», in der sich abseits der Politik das zu verwirklichen schien, was in den Salons des ausgehenden 18. Jahrhunderts angestrebt worden war – ein humaner Umgang der Menschen untereinander.

Nicht ohne Stolz zählt der Enkel Sebastian Hensel auf, wen Abraham und Lea in der Leipziger Straße begrüßen durften und wer von seinem Vater gezeichnet wurde: «Daß die Künstlerwelt am reichhaltigsten vertreten ist, liegt in der Natur der Sache. Von den bedeutenderen Musikern wären zu nennen: C. M. v. Weber, Zelter, Paganini, Henselt, Gounod, Hiller, Ernst, Liszt, Clara Schumann, natürlich Felix in verschiedenen Bildern; die Malerei ist u. a. vertreten durch Cornelius, Ingres, Horace, Vernet, Magnus, Kopisch, Verboeckhoven, Kaulbach und Moritz von Schwind; das Theater durch die Milder, die Rachel, Seydelmann, die Novello, Lablache, die Grisi, die Pasta, die Ungher-Sabatier, die Schröder-Devrient. Die Literatur sendet als Repräsentanten La Motte Fouqué, Theodor Körner, Cl. Brentano, Bettina von Arnim, E. T. A. Hoffmann, Tieck, Varnhagen, H. Heine, Goethe, Steffens, die Austin, Paul Heyse; Thorwaldsen, Rauch und Riß repräsentieren die Bildhauer; Schinkel die Architekten; während von den Männern der Wissenschaft Hegel, Gans, Bunsen, Humboldt, Jakob Grimm, Lepsius, Böckh, Quetelet, Jacoby, Dirichlet, Ranke und Ehrenberg sich finden. Sie wurden fast alle abends, während Musik gemacht wurde oder die lebhafteste Unterhaltung im Gang war, gezeichnet, manchmal sogar, ohne daß sie es selber wußten.»

Abraham Mendelssohn Bartholdy gab seiner Familie eine Umgebung europäischer Kultur, die den beschränkten Rahmen des preußischen Restaurationsstaates sprengte. Konsequent zog es ihn immer wieder über die Grenzen hinaus, und er wollte auch seinen Kindern die Möglichkeit bieten, ihren Horizont zu erweitern. Er scheute weder Kosten noch Mühe – trotz des Widerstandes seiner reiseunlustigen Frau Lea –, unternahm mit der ganzen Familie eine Schweizreise, die sinnigerweise auch über Weimar führte. Er weckte vor allem in Felix und Fanny das Bedürfnis nach weiteren Bildungsreisen. Seine kluge Schwester Henriette kommentierte aus Paris: «Nun bist Du ja recht in Deinem Element, wie Abraham der Erste an der Spitze Deiner zahlreichen Familie durch das Land ziehend.» Die sich wiederholenden Besuche bei Goethe, die Begeisterung Goethes an den Kindern, vor allem seine Zuneigung zu Felix, mußte der ganzen Familie Mendelssohn als Erfüllung ihrer Wünsche nach kultureller Emanzipation erscheinen. Henriette schrieb es ihrem Bruder: «Was wir in unserer Jugend so oft träumten, wie erfreulich es sein müßte in Goethes Nähe zu leben, das ist nun an Felix in Erfüllung gegangen, sowie auch die jugendlichen und unaufhörlichen Baßtriller des Vaters zum außerordentlichen Talent des Sohnes gereift sind. Ich danke Gott dafür, daß er Euch das Glück gewährt, es zu erleben, was unsere arme Mutter nicht ahnte, wenn sie ungeduldig über Dein ewiges Singen, lieber Abraham... ausrief: ‹Wie mies ist mir vor *tout l'univers!*›»

Kaum zehn Jahre später ist dieser heitere Ton verflogen. Henriette schrieb besorgt-verwundert im Jahre 1830 an ihre ältere Schwester Dorothea Schlegel: «Es ist mit diesem unsern Bruder eine traurige Sache, er verbringt seine Tage in trüben, mürrischen Eigensinn, sich und seiner Familie zur Qual und zum Gram; um sich vor seiner eigenen Schwäche und Inkonsequenz zu retten flüchtet er sich in den übelsten Humor, und verschanzt sich darin gegen seine Frau und seine Kinder. Seine Geschwister sieht er gar nicht mehr –, und das ist nun ein Mann, dem jeder irdische Wunsch erfüllt ist.» Schwäche und Inkonsequenz – was kann damit gemeint sein? Lange Zeit quälten Abraham Zweifel, ob seine Politik des Entréebillets durch Konversion zur lutherischen Staatsreligion, die seinen sich mit den religiösen Inhalten des katholischen Glaubens identifizierenden Schwestern inkonsequent erscheinen sein mag, auch den gewünschten Erfolg haben würde. Aber auch seine Gattin Lea hat die jahrelangen Depressionen ihres Mannes festgehalten. Unmittelbar nach seinem Tod schrieb sie am 29. November 1835 Josephs Sohn Benny Mendelssohn: «In den Jahren übervoller Kraft und Gesundheit zuweilen sein und der Kinder Geschick nicht aus dem richtigen Gesichtspunkte auffassend, hatte sich gottlob zuletzt alles zu seiner großen Befriedigung gestaltet.»

1829 – wieder einmal schienen sich die Umstände dramatisch zu verändern. Im Vorfeld der Julirevolution, als man das Ende der europäischen Restauration erwartete, kamen seinem in Paris und London erfolgreichen Sohn Felix Bedenken gegen die private Religionspolitik des Vaters, der sich auf die restaurativen preußischen Verhältnisse nach 1815 eingestellt hatte. 1829 bereitete man in Deutschland Feiern zum hundertsten Geburtstag Moses Mendelssohns, des bekanntesten europäischen Juden der Aufklärung, vor, und es schien unmittelbarer noch als um 1770 eine Frage der Zeit zu sein, bis alle modernen Staaten den Juden die gesetzliche Gleichstellung gewähren würden. Felix ließ sich bei seinen internationalen Konzerten schlicht als Mendelssohn ankündigen. Doch der Vater intervenierte am 8. Juli 1829: «Du kannst und Du darfst nicht Felix Mendelssohn heißen. Felix Mendelssohn-Bartholdy ist zu lang und kann kein täglicher Gebrauchsname sein. Du mußt Dich also Felix Bartholdy nennen, weil der Name ein Kleid ist, und dieses der Zeit, dem Bedürfnis, dem Staate angemessen sein muß, wenn es nicht hinderlich oder lächerlich werden soll. Die Engländer, sonst so förmlich, altrechtgläubig und steif, ändern ihren Namen öfters im Leben, und es wird fast keiner unter dem Namen berühmt, den er in der Taufe erhalten. Und sie haben recht; ich wiederhole Dir, einen christlichen Mendelssohn gibt es so wenig wie einen jüdischen Confucius. Heißt Du Mendelssohn, bist Du eo ipso ein Jude, und das taugt nicht, schon weil es nicht wahr ist.»

Bis in die einzelnen Formulierungen Abrahams hinein spürt man den Schatten des Vaters. Das Beispiel des Konfuzius erinnert an die Antwort Mendelssohns an Lavater aus dem Jahre 1769. Noch einmal schilderte Abraham 1829 das Dilemma, in dem er sich 1816 fühlte: «... ich mußte für Euch wählen. Daß ich keinen innern Beruf fühlte, bei meiner Geringschätzung aller Formen überhaupt die jüdische als die veraltetste, verdorbenste, zweckwidrigste für Euch zu wählen, versteht sich von selbst. So erzog ich euch in der christlichen als der gereinigteren von der größten Zahl civilisirter Menschen angenommenen und bekannte mich auch zu derselben, weil ich für mich thun mußte, was ich für Euch als das bessere erkannte.» Im Vordergrund dieser Darstellung steht die Zweckmäßigkeitserwägung für die Kinder, denen der Vater eine andere Existenz als die des Kaufmanns oder Kaufmannsfrau ermöglichen wollte. Auch daran hat Abraham lange gezweifelt, ob es überhaupt möglich sei, im biedermeierlichen Deutschland als unabhängiger Künstler zu leben. Viele der weltlich gebildeten Juden wollten die zirkulativen Berufe verlassen, an denen noch der Zwang der Judenreglements hing.

Sein Schwager Bartholdy schien konsequent gehandelt zu haben, während Abraham noch nach der Taufe seiner Kinder 1816 zögerte, bis Lea und er 1822 selbst diesen Schritt vollzogen. Aus einem Brief des Schwagers lassen sich Abrahams Konflikte ablesen, die in dem dezidierten Brief an Felix 1829 geglättet wiederauftauchen: «Deine Argumente, an Deinem Glauben und Deinem Namen festzuhalten, überzeugen mich nicht. Solche Argumente sind heute nicht mehr stichhaltig ... Du sagst, Du seiest es dem Andenken Deines Vaters schuldig – glaubst Du denn, etwas Übles getan zu haben, Deinen Kindern diejenige Religion gegeben zu haben, die Du für sie für die bessere hältst? – Es ist geradezu eine Huldigung, die Du und wir alle den Bemühungen Deines Vaters um die wahre Aufklärung im allgemeinen zollen, und er hätte wie Du für Deine Kinder, vielleicht wie ich für meine Person gehandelt. – Man kann einer gedrückten, verfolgten Religion treu bleiben; man kann sie seinen Kindern als eine Anwartschaft auf ein sich das Leben hindurch verlängerndes Martyrium aufzwingen – solange man sie für die allein seligmachende hält. – Aber sowie man dies nicht mehr glaubt, ist es eine Barbarei! Ich würde Dir raten, daß Du den Namen Mendelssohn-Bartholdy zur Unterscheidung von den übrigen Mendelssohns annimmst, welches mir umso angenehmer sein wird, da es die Art ist, auch mein Andenken bei ihnen zu erhalten, und worüber ich mich herzlich freue. – So erreichst Du Deinen Zweck, ohne etwas Ungewöhnliches zu tun, denn in Frankreich und überall ist's Brauch, den Namen der Verwandten der Frau dem seinigen als Unterscheidung beizufügen.»

Unter den «Bemühungen des Vaters» läßt sich die innere Reform des Judentums gegen die rabbinische Orthodoxie verstehen, die Heinrich Heine 1834 mit der Reformation Luthers gegen den Papst verglichen hat: «Moses Mendelssohn verdient daher großes Lob, daß er diesen jüdischen Katholizismus, wenigstens in Deutschland, gestützt hat. Denn was überflüssig ist, ist schädlich. Die Tradition verwerfend, suchte er jedoch das mosaische Zeremonialgesetz als religiöse Verpflichtung aufrechtzuerhalten. War es Feigheit oder Klugheit?» Abraham Mendelssohns Taufe und Namenswechsel fällt genau auf den Zeitpunkt, als die aufgeklärten Berliner Juden die Reform des Judentums als gescheitert ansahen. Ein privater Brief vom 1. April 1823 aus Berlin von Heinrich Heine an Immanuel Wohlwill gibt einen genauen Einblick in diesen unlösbaren Konflikt: «Einige Hühneraugenoperateure (Friedländer & Co.) haben den Körper des Judentums von seinem fatalen Hautgeschwür durch Aderlaß zu heilen gesucht, und durch ihre Ungeschicklichkeit und spinnewebige Vernunftbandagen muß Israel verbluten... Wir haben nicht mehr die Kraft, einen Bart zu tragen, zu fasten, zu hassen und aus Haß zu dulden. Das ist das Motiv unserer Reformation.»

Heine hat den falschen Rationalismus schonungslos benannt, mit dem auch er sich über die demütigende Taufe in der Restaurationszeit hinwegtrösten wollte. Die Bemerkung Abrahams, er habe erst als Sohn Mendelssohns und später als Vater von Felix gegolten, gehört auch in diesen Zusammenhang. Angefügt hatte er gegenüber Maximilian Heine den dunklen, auf Adalbert von Chamissos Erzählung anspielenden Kommentar: «Das sind die wahren Peter Schlemihls, die keinen Schatten besitzen.» Mit der Taufe hatte er den angeborenen geschichtlichen Schatten des Judeseins als eine Art Wechsel auf ein zukünftiges gesellschaftliches Glück abschütteln wollen. 1829 – mit der öffentlichen Erinnerung an des Vaters hundertsten Geburtstag und dem gleichzeitigen internationalen Publikumserfolg seines Sohnes als eines «Mendelssohns» – wurde Abraham Mendelssohn Bartholdy schmerzhaft an den hohen Preis für das Entréebillet erinnert: Die angeborene Religion bedeutete doch mehr als eine bloße Form, sie war ein notwendiger Teil der eigenen Geschichte, der sich nicht auf Dauer – mit einem Modeausdruck von damals – «wegraisonieren» ließ.

Zum Schlemihlbild gehört auch die Vorstellung, daß Taten aus bester Absicht mißglücken. Auf dieser ersten Generation von Juden, die ein freieres Leben in einer säkularisierten Gesellschaft erstrebte, lastete der Schatten der Vergangenheit als Schuldgefühl, mit der Taufe die Solidargemeinschaft der Verfolgten verlassen zu haben. Würde ihre Hoffnung zumindest in ihren Kindern sich ver-

Felix Mendelssohn, gezeichnet von Johann Joseph Schmeller in Weimar, um 1830, ein Komponist, der, wie Nietzsche schrieb, «um seiner leichteren, reineren beglückteren Seele willen schnell verehrt und ebenso schnell vergessen wurde: als der schöne Zwischenfall der deutschen Musik».

wirklichen? Die religiösen Wertvorstellungen waren von bürgerlichen abgelöst worden. Künstlerische Emanzipation hieß im Hause Mendelssohn Bartholdy Emanzipation durch Arbeit. Felix' keineswegs unkritischer älterer Sängerfreund Eduard Devrient hat noch 1868 den Einfluß des Vaters auf den Sohn anerkannt: «Die Überzeugung, daß das Leben eine Verpflichtung zur Arbeit, zum Nützen und zum Streben sei – diese Überzeugung erbte Felix von seinem Vater.» Eine Abmachung zwischen Vater und Sohn scheint durch alle Briefe hindurch, nämlich daß der Künstler Felix sich durch seine Arbeit erhalten müsse. Es war einer der Gründe, warum der Vater seinem Sohn diese exzessiven Reisen durch Europa auferlegte.

In Paris und London gab es inzwischen einen Musikmarkt, auf dem sich der etwas ältere Giacomo Meyerbeer (1791–1864), Sohn der berühmten Berliner Salonière Amalie Beer, durchgesetzt hatte. Felix stellte das Vater-Sohn-Verhältnis auf eine harte Probe, als er dem Vater abschließend am 21. Februar 1832 definitiv mitteilte, er habe sich überlegt, «... was Du mir vor meiner Abreise als meine Zwecke hingestellt hast und festzuhalten befahlst: ich solle mir nämlich die verschiedenen Länder genau betrachten, um mir das auszusuchen, wo ich wohnen und wirken wolle ... Das Land ist Deutschland, darüber bin ich in mir jetzt ganz sicher geworden.» Das Deutschland des Vormärz hatte sich Felix gewählt; er spürte, es sei ein anderes Land als das vom Vater mit dem «Illiberalismus meines Liberalen», wie die Mutter schön sagte, abgelehnte Preußen. Felix sah ein in Politik und Kultur reformbedürftiges Land, das seine Arbeit brauchte. «Reformen», schrieb er am 23. 12. 1834 an seine Schwester Rebecka, «sind das, was ich in allen Dingen und in Kunst und in Politik und in Straßenpflaster und Gott weiß wo nicht, wünsche und liebe; denn eine Reform ist lediglich gegen *Mißbräuche* negativ und schafft nur das weg, was im Wege.» An diesem Projekt, künstlerisch etwas zu verwirklichen, was es bisher noch nicht gab – «alter Sinn in neuen Formen» –, konnte auch Abraham teilnehmen. Die Depression wich einer sympathetischen Anteilnahme.

Um so härter mußte den Sohn der frühe Tod des Vaters 1835 treffen, den er in bewegenden Briefen an Freunde beschrieben hat,

«...daß ich nicht weiß, wie ich mein Leben fortsetzen werde, und weil ich nicht bloß den Vater entbehren muß (ein Gefühl, das ich mir schon in der Kindheit als das Herbste dachte), sondern auch meinen einzigen ganzen Freund während der letzten Jahre und meinen Lehrer in der Kunst und im Leben.» Der Tod des Vaters erinnert auch an den von Moses Mendelssohn: «Gerade so soll mein Großvater gestorben sein: in demselben Alter, ohne Krankheit, heiteren und ruhigen Sinnes.» Der Schatten, den der Tod des Vaters ins Gefühlsleben seines Sohnes warf, zeigt, daß Abraham Mendelssohn Bartholdy irrte, wenn er sich als wahren Schlemihl sah.

Der ‹demokratische Kronprinz› zwischen Großvater und Enkel

Wilhelm I., Friedrich III. und Wilhelm II.

von Thomas Stamm-Kuhlmann

Söhne haben Väter – und Schwiegerväter. Die Geschichte des Hauses Hohenzollern in der zweiten Hälfte des 19. Jahrhunderts ist nicht allein die Geschichte dreier Generationen von Herrschern mit allen den Unerquicklichkeiten, die sich ergeben, wenn die älteste und die jüngste Generation zusammenwirken und der mittleren das Leben schwermachen. Es ist auch eine Geschichte, in der dem Schwiegervater eine tragende Rolle zufällt, weil dieser zum gewünschten Ersatzvater wird, der die Träume und das Verhalten der Akteure aus der Ferne maßgebend beeinflußt.

«Der Traum meines Lebens war, einen Sohn zu haben, der unserem geliebten Papa ähnelte, seelisch und geistig, sein richtiger Enkel und auch Dein Enkel sein würde. ... Aber man muß sich vor dem Fehler hüten, mit seinen Kindern zu hadern, weil sie nicht sind, wie man wünschte und hoffte.»

Dies schrieb die preußische Kronprinzessin Victoria 1887, im Alter von 47 Jahren, an ihre Mutter, die Queen Victoria von England. Der Sohn, ihr ältester, der nicht geworden war, wie er sollte, war der 1859 geborene Wilhelm, der spätere Kaiser Wilhelm II. Der geliebte Papa, dem man nachträumte, war Prinz Albert von Sachsen-Coburg-Gotha, der überaus gewandte, kluge, idealistische Prinzgemahl der Königin Victoria von Großbritannien und Abgott seiner Tochter. 1861, zwei Jahre nach der Geburt seines Enkels, war er viel zu früh am Typhus gestorben. Seine Gemahlin, die Queen Victoria, obwohl zum Zeitpunkt seines Todes erst 42 Jahre alt, hat während der folgenden 40 Jahre ihrer Regierungszeit um ihn getrauert.

Warum gehört Prinz Albert, der Abgott seiner Tochter, in ein

Kapitel über Väter und Söhne? Weil er auch zum Abgott seines Schwiegersohnes wurde, Friedrich Wilhelms, des Kronprinzen des Deutschen Reiches und von Preußen, der sich als Kaiser Friedrich III. nannte. Und weil er damit gleichzeitig den leiblichen Vater aus der Wunschwelt dieses Kronprinzen drängte, Wilhelm, den König von Preußen und ersten deutschen Kaiser, der aber, zum Unglück für seinen Sohn, nicht viel zu früh, sondern viel zu spät starb, als er bereits 91 und sein Sohn 57 Jahre alt war.

Jugend in stiller Zeit

Am 18. Oktober 1831 wurde der spätere Kaiser Friedrich III. als Sohn des Prinzen Wilhelm von Preußen und der Prinzessin Augusta von Sachsen-Weimar im Neuen Palais zu Potsdam geboren. Europa hatte gerade eine neuerliche Welle des revolutionären Erdbebens hinter sich, das alle legitimistischen Fürstenhäuser und also auch das Haus Hohenzollern in Schrecken versetzte. Der Prinz Wilhelm von Preußen, damals zweiter in der Thronfolge der Hohenzollern, sah Europa von einer universalen Auseinandersetzung beherrscht. Das Revolutionsjahr 1830 stellte in seinen Augen nur eine weitere Runde im Konflikt zwischen Volkssouveränität und Gottesgnadentum dar, in dem Preußen seiner Ansicht nach eindeutig Stellung beziehen mußte: «Mir scheint die Crisis gekommen zu sein», hatte er Anfang August 1830 angesichts des Sturzes der Bourbonendynastie vom französischen Thron geschrieben, «wo es sich entscheiden muß, ob die Legitimität oder die Revolution triumphieren soll. Die Legitimität wird triumphieren, wenn Europa einen einmütigen, allgemeinen Beschluß zur Züchtigung Frankreichs faßt. Die Revolution wird triumphieren, wenn Europa dem jetzigen Treiben in Frankreich ruhig gewähren läßt [sic], sie wird dadurch legalisiert und kein Thron dürfte mehr sicher stehen. ... Sollte eine solche revolutionäre Reaction aber wirklich durch ganz Europa sich erzeugen, nun so ist es immer besser, daß man seine Feinde kennenlernt und sie zu bezwingen sucht; da hoffe ich denn doch, daß ein Jeder bei sich zu Stande zu kommen wissen wird. Denn es ist allenthalben der Kampf aus demselben Princip gegen dasselbe Princip. Der Sieg steht bei Gott.»

Im Licht dieses Kampfes zweier Prinzipien hat der spätere Kaiser Wilhelm I. sein Leben lang die geschichtliche Erfahrung seines Jahrhunderts gedeutet, wenngleich der Verlauf vieler Jahre bei ihm manches mildern und abschleifen sollte. Doch hatte sich die europäische Diplomatie der Jahre 1830 und 1831 noch einmal als fähig erwiesen, den revolutionären Konflikt einzuhegen, und durch die Hinnahme begrenzter Verschiebungen in Frankreich und Belgien hatten die legitimistischen Mächte, mit Preußen an der Spitze, einen Europa umspannenden Krieg vermieden. So herrschte in den Kindheitsjahren des Prinzen Friedrich Wilhelm trügerische Stille. Die Regierung des Großvaters, Friedrich Wilhelms III., wurde 1840 von der des Onkels, Friedrich Wilhelms IV., abgelöst, und von dem neuen König erhoffte man sich manche Lockerung, manches Abweichen von dem in Enge erstarrten absolutistischen Regiment, das der verstorbene König geführt hatte.

Solange Friedrich Wilhelm III. lebte, hatten die preußischen Prinzen mit größter Ehrfurcht und fraglosem Respekt ihrem Familienoberhaupt gehorcht, und es gehörte zu den Gepflogenheiten einer monarchischen Familie, daß das Familienoberhaupt in der Erziehung auch der fernsten Familiensprosse und der jüngsten Enkel das letzte Wort besaß. So hatte auch Prinz Wilhelm für die Entscheidungen, die bei der Erziehung seines Sohnes zu treffen waren, um die Genehmigung des alten Königs nachsuchen müssen. In einem Brief an ihn vom 17. Oktober 1837 heißt es: «Wenn mit dem morgigen Tag mein Sohn sein 6. Jahr zurücklegt und dies öfters der Termin gewesen ist, an welchem die Prinzen Ihres Hauses aus den Händen der Bonnen in die der Gouverneure überzugehen pflegen, bisher dieses Überganges meines Sohnes jedoch noch nicht Erwähnung geschehen ist, so halte ich es für meine Pflicht, mich darüber heute noch gegen Sie auszusprechen ... Was ... die Wahl ... eines Gouverneurs betrifft, so ist sie unendlich schwer, wenn ich bedenke, welcher Zukunft mein Sohn vielleicht entgegen geht. Ich fühle die ganze Verantwortung nur zu schwer auf mir lasten, welche diese Wahl mit sich führt ... Mein Plan ist, einen älteren Offizier zu wählen als den eigentlichen Gouverneur, unter ihm aber

Die ganze Kurzlebigkeit des zweiten deutschen Kaiserreichs wird auf diesem Bild deutlich. Auf dem Schoß hält der erste Kaiser, Wilhelm I., seinen Urenkel Wilhelm, geboren 1882, der nie den Thron bestiegen hat und 1951 als aussichtsloser Prätendent in Hechingen gestorben ist. Links Friedrich III., rechts Wilhelm II.

einen jüngeren Offizier angestellt zu sehen, der zugleich von jenem älteren die Richtung erhält, den Kleinen aber hauptsächlich dann leiten soll, wenn jener ältere Offizier durch Familienverhältnisse oder sonstige Abhaltungen behindert ist, um ihn zu sein.»

Als der alte König daraufhin den «Wunsch» äußerte, «neben dem Obersten von Unruh als Gouverneur keinen zweiten jüngeren Offizier, sondern einen Zivil-Gouverneur anzustellen», hat der Prinz dies «natürlich nur als einen Befehl ansehen können . . . Es hat sich als ein ganz vorzügliches Subjekt der Sohn der jetzigen Bonne des Kleinen, Herr Godet in Neuchatel herausgestellt, den wir bereits seit längerer Zeit kennen, als er seine Studien hier machte [d. h. in Berlin]». Der kleine Prinz hat zu seinem Erzieher Godet eine große Zuneigung entwickelt.

Prinz Friedrich Wilhelm wuchs überwiegend in Babelsberg auf, in dem zwischen 1834 und 1849 von Karl Friedrich Schinkel in Etappen errichteten Sommersitz seiner Eltern. Hier konnte man, wenn man wollte, schon etwas vom Geist Englands spüren, dessen neugotische Mode und Vorliebe für Cottages die Muster für den Bau Babelsbergs geliefert hatten, das als Cottage begann und bis 1849 zur neugotischen Burg erweitert wurde. Von dem zivilisatorischen Einfluß Englands war auch die preußische Königsfamilie nicht unberührt geblieben, die ihren Briefwechsel gerne mit englischen Brocken anreicherte. In der englischen Verfassung, mit ihrer den Zeitläuften unterworfenen, aber doch überdeutlichen Gewaltenteilung und dem Einfluß des Parlaments, aber glaubten die Hohenzollern kein Vorbild sehen zu können.

Wir erfahren aus jenen Jugendjahren von keinerlei Krisen, vielmehr von einem reibungslosen Sich-Hineinfinden des Jungen in die Rollen, die das Herkommen dem heranwachsenden Prinzen zuweist: der Prinz lernte willig, ohne herausragende Begabung erkennen zu lassen. Er kam seinen Pflichten als Soldat gewissenhaft nach. Wie in den europäischen Fürstenhäusern üblich, ernannte man ihn im Alter von zehn Jahren zum Leutnant und ließ ihn den militärischen Dienst mitmachen. Damit erhielt er seine Uniform sogar später, als dies beispielsweise im Haus Habsburg die Regel war. Der Prinz scheint beliebt gewesen zu sein.

Der Eindruck eines gewissen Ungefestigtseins legt nahe, der

junge Prinz habe damals seine Identität noch nicht gefunden: weder hatte er sich bisher ganz nach dem Vorbild seines Vaters ausgerichtet, noch hatte er sich in einer der so häufigen Rebellionen des Jugendalters etwa gegen seinen Vater gewandt. In dieser noch ungeprägten Phase machte er die Bekanntschaft des Prinzen Albert.

Doch davor lag das ihn tief erschütternde Erlebnis der Revolution im März 1848. Die königliche Familie war im Stadtschloß von der empörten Menge belagert worden. Aus den Worten im Tagebuch des Prinzen Friedrich Wilhelm spricht der Abscheu, den er vor dem «Pöbel» empfand, ein Gefühl, das nicht nur Dynasten und Aristokraten beherrschte, sondern das von vielen Menschen bis zum Kleinbürgertum hinab geteilt wurde, deren Existenz gesichert war. Dieser geheimnisvolle «Pöbel» sei normalerweise nicht zu sehen und erscheine immer nur, wenn die etablierte Ordnung bedroht werde.

Am 18. März und in der folgenden Nacht tobten in Berlin die Kämpfe zwischen dem Militär und den Bürgern auf den Barrikaden. Am 19. hatte Friedrich Wilhelm IV. nachzugeben beschlossen. Der Platz vor dem Berliner Stadtschloß war von einer erregten Menschenmenge erfüllt. Der Prinz berichtet: «Tierisches Geheul und Gebrüll ertönte, und was sah ich? Der Platz war dichtgedrängt voll Menschen. An 30 Leichen, auf Bahren gestreckt, waren mit bloßgelegten Wunden und Laub geschmückt, in förmlichen Reihen vor dem Balkon aufgestellt. Scheußliche Proletariergestalten im ekligsten Aufwande, Waffen in der Hand, umstanden die Bahren, und heulend zeigten sie dem Könige bald die geballten Fäuste, bald drohend die hingestreckten Leichen. Aus den drei am Platze mündenden Straßen kamen andere im Trabe und trugen Leichen auf Brettern . . ., und drohten grinsend dem König, ebenfalls auf ihre Last deutend. Das Gebrüll hörte gar nicht auf, und man sah deutlich, daß die Wut dieser Menge aufs äußerste gestiegen war. – Eine weitere Beschreibung davon zu geben, vermag ich nicht, es war zu grauenhaft und schauerlich. Entsetzt, fast besinnungslos starrte ich zurück und sank auf einen Sessel . . .»

Von der Menge dazu aufgefordert, nahm der König vor den Toten die Mütze ab. Diese Geste ist als der Tiefpunkt seiner Demütigung durch die vorübergehend siegreiche Revolution gedeutet worden, obwohl sie den religiösen Überzeugungen dieses Königs entsprach.

Insgesamt war das Nachgeben Friedrich Wilhelms IV. gegenüber der Revolution nur erzwungen, und er sann stets darüber nach, wie er seine Zugeständnisse wieder rückgängig machen konnte. In vielen Fällen, mit Ausnahme der Tatsache, daß Preußen durch diese Revolution ein konstitutioneller Staat geworden ist, hatte Friedrich Wilhelm IV. bei der Liquidierung der Revolution Erfolg.

In den Märztagen mußten sich die Prinzen des königlichen Hauses jedoch erst einmal aus dem Berliner Stadtschloß herausstehlen. Man zog sich zunächst in die Garnisonsstadt Potsdam beziehungsweise in die Festung Spandau zurück, wo Prinz Friedrich Wilhelm «das Herz schlug», «wieder Soldaten zu sehen». Die Tatsache, daß die Aufrechterhaltung von Ruhe und Ordnung in Berlin vom Militär an eine Bürgerwehr übergegangen war, empfand auch er als Kränkung. Inkognito wurde er zur Pfaueninsel in der Havel gebracht, wo ihn die Eltern als Gäste des Hofgärtners erwarteten. Prinz Friedrich Wilhelm mußte seinem Vater eine Schere besorgen, damit dieser sich den charakteristischen Backenbart abnehmen konnte. Bei Nacht und Nebel setzte Prinz Wilhelm über und flüchtete nach England. Erst allmählich, unter taktisch geschickterem Einsatz militärischer Drohung, begann sich ab Dezember 1848 die Macht des Königs von Preußen wieder zu festigen. Dennoch verging der größte Teil des Jahres 1849 in der Auseinandersetzung mit der Revolution. Friedrich Wilhelm IV. weigerte sich, die von der deutschen Nationalversammlung in der Frankfurter Paulskirche verabschiedete Verfassung des Deutschen Reichs anzuerkennen, und die ihm von der Versammlung angebotene Kaiserkrone wies er zurück. Aus England zurückgekehrt, ging Prinz Wilhelm an der Spitze einer Bürgerkriegsarmee gegen die letzten Anhänger der Paulskirchenverfassung vor, die sich in Baden und der Pfalz verschanzt hatten. Während dieses Jahres 1849 befand sich sein Sohn, Prinz Friedrich Wilhelm, als Student an der Universität Bonn. Er wandelte dort, vermutlich, ohne dessen gewahr gewesen zu sein, schon auf den Spuren des Prinzen Albert.

Coburgs Träume für Europa

Prinz Albert hatte 1837 und 1838 insgesamt drei Semester an Preußens 1818 gegründeter Renommierhochschule verbracht. 1840 war
er mit der britischen Königin Victoria vermählt worden und
bemühte sich, nach dem Auftrag seines verehrten Lehrers Dr.
Christian Friedrich Stockmar, «der konstitutionelle Genius der
Königin» zu werden. Er wurde, wenn man den Worten Benjamin
Disraelis glauben darf, der wahre Souverän Englands und regierte,
wiewohl von Englands ungeschriebener Verfassung mit keinerlei
Stellung ausgestattet, während der folgenden 21 Jahre das König-
reich «mit einer Weisheit und Energie ... wie sie keiner unserer
Könige jemals gezeigt hat». Das Revolutionsjahr 1848 hatte das
britische Königspaar weit glimpflicher überstanden als die meisten
seiner kontinentalen Standesgenossen. Dem Prinzen Albert wurde
lediglich seine im Park des Buckingham-Palastes angelegte Kegel-
bahn durch den Mob verwüstet. Es lag nahe, die geringeren revolutionären Turbulenzen in England mit der konstitutionellen Re-
gierungsweise und der Wahlrechtsreform zu erklären, die 1832,
noch vor der Thronbesteigung der Königin Victoria, vom Parlament verabschiedet worden war.

Schon in der Rolle Alberts als britischer Prinzgemahl hatte sich
ein Auftrag aus der vorhergehenden Generation erfüllt: Albert ver-
wirklichte, was auch sein Onkel Leopold einst hatte erreichen wollen. Leopold von Sachsen-Coburg war nämlich bereits mit einer
britischen Thronfolgerin, und zwar mit Kronprinzessin Charlotte,
der Tochter Georgs IV., vermählt gewesen. Mit seinem Leibarzt
Stockmar, einer Gestalt wie aus einem der Hofromane Jean Pauls,
hatte Leopold große Pläne für die Zukunft geschmiedet. Da Charlotte schon vor ihrer Thronbesteigung im Kindbett gestorben war,
hatte Leopold, noch jung, England wieder verlassen. Ein Aspirant
auf der Suche nach einer Aufgabe, hatte er sich sodann vom Volk
der Belgier zu dessen erstem konstitutionellem König wählen lassen und übertrug nun seine einstigen Wünsche auf den Neffen. Sein
Instrument dabei wurde Stockmar, den er zu Alberts Mentor
machte.

Von Prinz Albert aber gelangten die Coburgischen Ideen zu Prinz Friedrich Wilhelm von Preußen, nicht zuletzt verstärkt durch des inzwischen geadelten Stockmars Sohn Ernst, der später Privatsekretär des preußischen Kronprinzen und seiner Gemahlin wurde.

1851 – das preußische Königshaus hatte die Revolution gerade überstanden, und in den meisten deutschen Staaten herrschte lähmend die Reaktion – reiste Prinz Wilhelm mit seiner Gemahlin und seinem Sohn nach England, um die Londoner Weltausstellung zu besuchen. Sie stellte einen Höhepunkt im Wirken des Prinzen Albert dar. Der zwanzigjährige Friedrich Wilhelm, laut Tagebuch der Queen «der junge Prinz, der so gut und liebenswürdig ist», sah anläßlich seiner Reise zur Weltausstellung das erstemal die zehnjährige Tochter der Queen, gleichfalls Victoria oder, familiär, Pussy genannt. Er brachte sogar ein Medaillon mit ihrem Bild nach Deutschland mit. Schon im September 1855 hielt er bei Prinz Albert und Königin Victoria um die Hand ihrer Tochter an.

Er dürfte nicht geahnt haben, daß er mit dieser Verbindung einen Wunschtraum Alberts und Stockmars erfüllte, die seit langem daran dachten, Preußen an die Seite Englands zu führen. 1845 hatte Albert auf einer Deutschlandreise den «Coburger Kreis» ins Leben gerufen, dem der spätere Reichsministerpräsident von 1848, Fürst Karl von Leiningen (ein Halbbruder der Queen), der regierende Herzog Ernst II. von Sachsen-Coburg-Gotha, Alberts Bruder, natürlich Stockmar, aber auch der preußische Gesandte in London, Christian Karl Josias Freiherr von Bunsen, angehörten.

Es war kennzeichnend für den Coburger Gedanken, daß man Preußen und seiner Rolle in Deutschland sehr wohlwollend gegenüberstand. Preußen wurde im Vergleich zu Österreich als die weitaus modernere der beiden deutschen Führungsmächte eingeschätzt. Nur mit den jeweiligen Inhabern des preußischen Throns hatte man seine Schwierigkeiten, da man in ihnen Verteidiger der überholten absolutistischen Ordnung erblickte. Wenn man also an der Idee eines englischen Zusammengehens mit einem unter Preußens Führung geeinigten Deutschland festhielt, wer konnte dann die Phantasie des Coburger Kreises mehr fesseln als der künftige König von Preußen, der in der Lage sein würde, sich von der autoritären Linie Friedrich Wilhelms IV. und seines Bruders, des Prinzen von Preußen, zu lösen? Wenn dann dieser künftige König von Preußen in England erschien und um die Hand der englischen Königstochter anhielt, was konnte sich besser in die Pläne Alberts und Stockmars fügen?

Ganz spontan war diese Brautwerbung freilich nicht. Prinz Friedrich Wilhelm dürfte auf Anregung seiner Mutter gehandelt haben, der weimarischen Prinzessin Augusta, die in der liberalen Luft des Weimarer Hofes unter Großherzog Carl August aufgewachsen war und ebenfalls zu den Träumen ihres Schwagers, des Königs von Preußen, von einer Steigerung der königlichen Macht Distanz hielt. Vielleicht hat sie sich in einer englischen Schwiegertochter eine Verbündete, auch gegenüber ihrem Gemahl, erhofft, mit dem sie bereits vor der Geburt ihres ältesten Sohnes über den zukünftigen Weg der preußischen Monarchie zwischen Liberalismus und Absolutismus in Meinungsverschiedenheiten geraten war.

Für Victoria, die Princess Royal, jedenfalls, die nach der am 25. Januar 1858 vollzogenen Trauung mit Friedrich Wilhelm an den Hof zu Berlin übersiedelte, bedeutete die Schwiegermutter Augusta eine Stütze. Das bezahlte sie freilich mit viel Hingabe und Selbstbeschränkung, wie sie in einem Brief an die Queen Victoria vom 20. Januar 1871 geschildert hat: «Ich bin nur zu froh, wenn sie mir erlaubt, in gutem Einvernehmen mit ihr zu sein. Niemand kennt ihre wirklich guten und großen Qualitäten besser als ich, oder ist glücklicher, sie in guter Laune zu sehen. ... Ich habe nicht die geringste bittere Empfindung gegen sie, obgleich sie mir viel Leiden verursacht hat... Ich bemitleide sie tief, weil ihr die Natur den Charakter und ein Temperament gegeben hat, die sie zum Unglücklich- und Unbefriedigtsein führen mußten, wo sie auch immer war.»

Die «Neue Ära»

Die auf die Trauung folgenden Jahre blieben für das junge Paar eine Zeit der Stille. 1858 übernahm Wilhelm, der Prinz von Preußen, für seinen Bruder, Friedrich Wilhelm IV., die Regentschaft. Damit verband sich zunächst die Hoffnung auf eine «Neue Ära». Der Prinz, der in seiner Jugend aus seiner Revolutionsfurcht keinen Hehl gemacht, in manchem sich aber auch immer wieder aufgeschlossener gezeigt hatte als beide Könige, sowohl sein Vater als auch sein Bruder, leitete jetzt, als Prinzregent, mit seinen Ministerberufungen eine deutliche Abkehr vom Kurs Friedrich Wilhelms IV. ein. Während dieser gewünscht hatte, seine Nachfolger sollten die unter dem Druck der Revolution erlassene preußische Verfassung gar nicht erst beschwören, da sich «zwischen unseren Herrgott im Himmel und dieses Land» kein «beschriebenes Blatt» eindrängen dürfe, leistete Prinzregent Wilhelm den Eid auf die Verfassung. Ein ehemaliger Burschenschaftler, der deshalb sogar im Gefängnis gesessen hatte, der Geschichtsprofessor Max Duncker, wurde als Pressechef der preußischen Regierung nach Berlin geholt. Er freundete sich mit Friedrich Wilhelm und Victoria an und wurde, zusammen mit Ernst von Stockmar, dem Sohn des Coburger Arztes, der engste Berater des Prinzen. Schon jetzt schien in Berlin die Coburgische Hoffnung in Erfüllung zu gehen, denn die Politik der Öffnung, die Heranziehung von Teilen des Bürgertums an den Thron, das Zusammengehen mit den Vorsichtigsten unter den Liberalen der 1848er Revolution entsprachen dem englischen Beispiel, wo im 18. und 19. Jahrhundert Revolutionen jeweils in letzter Minute durch ein Einlenken des Königtums und der herrschenden Oligarchie, durch eine Politik vorsichtiger Reformen, vermieden werden konnten. Sogar einzelne Formulierungen der Ansprache, mit der der Prinzregent an die Öffentlichkeit trat, hätten von Albert sein können. Wilhelm sagte: «In Deutschland muß Preußen moralische Eroberungen machen durch eine weise Gesetzgebung bei sich, durch Hebung aller sittlichen Elemente und durch Ergreifung von Einigungselementen, wie der Zollverband es ist… Die Welt muß wissen, daß Preußen überall das Recht zu schützen

Die deutsche Kronprinzenfamilie, im Jahre 1875 vor dem Teehäuschen beim Neuen Palais in Potsdam fotografiert: 1. Reihe, von links: Prinzessin Sophie, Kronprinzessin Victoria mit Margarete, Victoria und Charlotte; 2. Reihe: Prinz Waldemar, Heinrich, Wilhelm II. und Kronprinz Friedrich Wilhelm. Der 1864 geborene Prinz Sigismund war im Alter von zwei Jahren an Meningitis gestorben.

bereit ist.» Zum Vergleich Albert: «Englands Mission, Pflicht und Interesse ist es, sich an die Spitze der Verbreitung der Zivilisation und der Erreichung der Freiheit zu stellen. Es möge jedoch in der Weise vorgehen, daß es jede Bemühung eines Staates, in dieser Richtung fortzuschreiten, fördere und schütze, nicht aber irgendeinem Staate einen Fortschritt aufdränge, zu welchem er nicht selbst den Impuls gegeben hätte.»

Prinz Wilhelm machte sogar Ernst mit seinem Bestreben, das Recht zu schützen. Mit Hilfe des Deutschen Bundes zwangen seine Minister das reaktionäre Kurhessen, die Verfassung wiederherzustellen, die in dem Land als Nachwirkung der Revolution von 1830 erlassen worden war.

Doch zeigten sich bald die Grenzen, die zu überschreiten dem neuen Regenten von seinem Naturell her nicht gegeben war. So hatte das Ministerium der Neuen Ära einen Gesetzentwurf über die Ministerverantwortlichkeit ausgearbeitet. Die Regelung, daß für einzelne Regierungsakte der jeweils federführende Minister vor dem Parlament geradezustehen hat, ist in England die notwendige Ergänzung des Verfassungsgrundsatzes «The King can do no wrong». Wenn aber in Preußen eine Ministerverantwortlichkeit wie in England herbeigeführt werden sollte, dann war anzunehmen, daß auch die Gewalt des Monarchen im Lauf der Zeit ebenso beschnitten werden würde, wie dies in England, insbesondere in den ersten Jahrzehnten des 19. Jahrhunderts, bereits geschehen war. Der neue Kriegsminister Albrecht von Roon und die militärische Umgebung Wilhelms drängten den Prinzregenten daher, die Gesetzesvorlage wieder zurückzuziehen.

Niemand war besorgter um die Erhaltung der königlichen Machtvollkommenheit als Roon. Es gab jedoch jemanden in der königlichen Familie selbst, der sich ebenfalls über die Ministerverantwortlichkeit Gedanken gemacht hatte. Das war Victoria, die zwanzigjährige Gemahlin des Thronfolgers Friedrich Wilhelm. Sie hat im Dezember 1860 selbst ein Memorandum ausgearbeitet, das die Besorgnisse der preußischen Ultras wegen der Einführung der Ministerverantwortlichkeit zerstreuen sollte. Victoria oder «Vicky», wie sie inzwischen von ihren Eltern genannt wurde, hat ein Exemplar an ihren Vater geschickt.

Albert hielt seine älteste Tochter für kongenial. Sie faßte alle intellektuellen Gegenstände, seien sie literarischer, künstlerischer, wissenschaftlicher oder eben politischer Natur, so leicht auf wie er selbst. Bevor Vicky heiratete, hatte Albert ihr täglich Geschichtsunterricht erteilt. Er bedachte sie auch nach ihrer Übersiedlung auf den Kontinent weiterhin mit ausführlichen, belehrenden Briefen.

Die Konfliktzeit

Prinzregent Wilhelms Neue Ära versandete. Seine liberalisierenden Ansätze wurden bald überschattet von einem Anliegen, das ihm mehr als alles andere bedeutete: der Heeresreform. Während der Regierungszeit seines Bruders war Wilhelm der Connétable der preußischen Monarchie gewesen. Ihm war die Armee anvertraut, und diese Armee gedachte Wilhelm neu zu gliedern und vor allem zu vergrößern. Wieviel ihm dieses Vorhaben bedeutete, ließ sich daran ablesen, daß Wilhelm als Prinzregent den Obersten Albrecht von Roon, einen Offizier, der die Pläne zur Heeresreform ausgearbeitet hatte, zum Kriegsminister berufen hatte. Aus dieser Stellung heraus hatte Roon nicht nur den Umbau der Armee vorbereitet, sondern auch vielfachen verfassungspolitischen Einfluß im reaktionären Sinn auf den König ausgeübt.

Daß die Neue Ära nur oberflächliche Korrekturen gebracht hatte, während sich Wilhelms Verständnis von seinem königlichen Amt in der Substanz mit jenem seines Bruders deckte, wurde offenbar, als Friedrich Wilhelm IV. am 2. Januar 1861 gestorben war und Wilhelm nun selbst in alle Rechte und Würden des Königs eintrat. In feierlicher Zeremonie setzte er sich am 18. Oktober 1861 im Schloß zu Königsberg, dort wo sein Vorfahr 1701 das preußische Königtum begründet hatte, die Königskrone auf. Die Liberalen waren über diese Symbolik tief enttäuscht.

Der Chef des Militärkabinetts, Edwin von Manteuffel, und der Kriegsminister, Albrecht von Roon, wußten unterdessen in der Seele König Wilhelms die alte Angst vor dem Umsturz zu schüren. Wilhelm hatte bereits Jahre zuvor die Ansicht vertreten, daß eine dreijährige Dienstzeit der Rekruten wünschenswert sei, um den Soldaten jenen «blinden Gehorsam» einzuschärfen, der eine notwendige Voraussetzung war, wenn der König die Armee notfalls auch auf das eigene Volk schießen lassen wollte. Zwischen 1833 und 1856 aber hatte in Preußen nur eine zweijährige Wehrdienstzeit gegolten. Roon und Manteuffel bemühten sich, aus der durchaus diskussionswürdigen Frage nach der dreijährigen Dienstzeit einen Prinzipienpunkt zu machen, und zwar in provokatorischer Absicht. Sie waren bestrebt, über die Heeresreform einen Konflikt zu entzünden, der ihnen die Gelegenheit zu einer, notfalls gewaltsamen, Revision der nachrevolutionären Kompromisse gegeben hätte. Ein Entscheidungskampf zwischen adeliger Reaktion auf der einen Seite und Liberalismus auf der andern Seite schien sich in Preußen anzubahnen, während die königliche Familie bestrebt war, das königliche Amt von den Extremismen freizuhalten.

Die Parlamentarier im Haus der Abgeordneten nahmen 1862 den Konflikt, den Roon ihnen antragen wollte, an. Sie arbeiteten nun ihrerseits darauf hin, auf dem Weg über das Budgetrecht Kontrolle über das Militär zu gewinnen, das bisher außerhalb der preußischen Verfassung geblieben war. Wenn die Zahl der Regimenter vermehrt werden sollte, dann mußte dies, so argumentierten die Abgeordneten, eine Vermehrung der Ausgaben nach sich ziehen, und diese müßten von ihnen genehmigt werden. Die Militärpartei dagegen beharrte darauf, daß die Kompetenz der Heeresgliederung ein Ausfluß der persönlichen Kommandogewalt des Königs sei.

Die meisten aus der Neuen Ära übernommenen Minister neigten im März 1862 dazu, dem Abgeordnetenhaus nachzugeben. Roon hingegen warnte den König, daß damit die Bahn zu einer parlamentarischen Regierungsform beschritten sei. Schließlich entließ König Wilhelm am 17. März die Minister der Neuen Ära, mit Ausnahme Roons und des alle Prinzipienwechsel überstehenden Finanzexperten August von der Heydt. In diese Entscheidungen wurde der Kronprinz nur unvollkommen eingeweiht; als am 18. März 1862 das neue Ministerium gebildet wurde, erfuhr Friedrich Wilhelm erst am Abend durch ein königliches Billet davon.

Noch am Mittag hatten die Eltern ihm gegenüber dazu geschwiegen, heißt es im Tagebuch des Kronprinzen, «wiewohl es zu jener Mittagsstunde schon Stadtgespräch gewesen sein soll».

Während der Landtag vorzeitig aufgelöst wurde und die Wahlen am 6. Mai 1862 eine überwältigende liberale Mehrheit in das Abgeordnetenhaus brachten, wurde der Kronprinz in der Öffentlichkeit mehr und mehr mit dem jetzt verlassenen Kurs der «Neuen Ära» identifiziert. Schon im März 1862 vertraute er seinem Tagebuch an, daß er «unausgesetzt seitens einer gewissen wohlbekannten Partei» Verleumdungen und hämischen Angriffen ausgesetzt sei. Diese Partei bezeichnete er selbst als feudale Ultras; er sah sie in adeligen Persönlichkeiten und Mitgliedern des preußischen Herrenhauses, die jeder Heranziehung ihres Standes zu den Lasten der Gesamtheit widerstrebten und insbesondere im Herrenhaus lange Zeit die Aufhebung der Grundsteuerfreiheit für Rittergüter blockiert hatten. «Eine schwere Schuld trifft jene unseligen Junkertümler...», hatte der Kronprinz sich schon kurz nach dem Thronwechsel notiert, «wenn sie ihre beispiellosen Machinationen auch gegen Papas lautere edle Absichten loslassen.»

Der preußische Heereskonflikt wuchs sich nun zu einer hochbrisanten Verfassungskrise aus. Zu befürchten war schließlich, was die gemäßigten Liberalen dem Kronprinzen ausmalten: «Sollte Regierung bei festem, einfachem Widerstand beharren, ohne ein Entgegenkommen irgendwelcher Art zu zeigen, dann würde nicht einmal 1862er Budget angenommen und als natürliche Folge hiervon das Ministerium seine Entlassung einreichen. Natürlich nimmt S. M. diese nicht an, dann bleibt nur [eine erneute] Auflösung [des Landtags] übrig, und was dann für Wahlen nebst Konsequenzen – unberechenbar schlimm.»

Im September 1862 erklärte sich deshalb sogar der Kriegsminister Roon dem Abgeordnetenhaus gegenüber bereit, über eine zweijährige Dienstzeit mit sich reden zu lassen. Jetzt aber verweigerte sich der König: In zwei stürmischen Sitzungen mit dem Ministerkonseil erklärte er am 17. September, nicht auf die dreijährige Dienstzeit verzichten zu wollen. Für den König, so muß man vermuten, erlangte gerade jetzt, da er seine Machtstellung vom Parlament herausgefordert sah, die dreijährige Dienstzeit eine überragende Bedeutung, denn nur in drei Jahren, so glaubte er, ließ sich eine Truppe erziehen, die dem König in jeder inneren Auseinandersetzung treu ergeben sein würde.

Jetzt mußte auch der Kronprinz eingeschaltet werden, denn Wilhelm war so weit gegangen, daß er an Abdankung dachte, wenn sein Ministerium ihm nicht mehr folgen wollte. Nach dem Konseil rief der König seinen Sohn telegrafisch herbei.

Am Morgen des 19. September 1862 traf der Kronprinz mit seinem Vater in Babelsberg zusammen. «Papa ruhig, setzte mir auf Spaziergang zunächst die Situation auseinander, denn er habe mich kommen lassen, um mich vorzubereiten, daß er abdanken wolle, falls Minister auf Nachgeben in zweijährigem Dienst-Gesetzesprinzip beständen. Er sei seit 33 Jahren gegen eine kürzere Dienstzeit als 3 Jahre und könne jetzt sich selber sowohl wie auch der Welt gegenüber nicht eine so große Inkonsequenz begehen. Vor Gott und seinem Gewissen stünde dieser Entschluß fest; er sei gebunden durch Erklärung, daß jenes dreijährige Dienstprinzip nebst Armeeorganisation seine Überzeugung sei, mit der er stehe und falle.»

Ein wahrhaft geschichtlicher Augenblick. War nicht der König schon 65 Jahre alt, und gehörte er nicht als Bruder Friedrich Wilhelms IV. einer Generation an, deren Zeit ohnehin abgelaufen war?

In Österreich regierte damals der 1830 geborene Franz Joseph schon seit vierzehn Jahren als Kaiser; war da nicht die Zeit reif, um den 1831 geborenen Friedrich Wilhelm ebenfalls die Zügel ergreifen zu lassen?

Hören wir, wie der Kronprinz reagierte, als sich ihm die einzigartige Gelegenheit bot. Er griff nicht zu, ganz im Gegenteil. «Ich stellte ihm vor, welch unermeßliches Unheil solch ein unseliger Schritt mit sich bringe für Krone, Land und Dynastie, daß der König wegen Kammerbeschlüsse abdiziere, wodurch sehr gefährlicher Präzedenzfall für Zukunft in unruhigen Zeiten geboten werde. Fest auf einem Vorsatz beharren heiße nicht: starr festzuhalten und nicht weichen wollen, wenn es wie hier nur heiße: Nachgiebigkeit, um mächtigen Boden zu erlangen, von dem aus dem Abgeordnetenhaus der Bannstrahl zu schleudern sei und gleichzeitig dem Lande gezeigt werde, wie weit Entgegenkommen beabsichtigt, nun aber die loyalen Gesinnungen sich [von] der Unfähigkeit jener Abgeordneten überzeugen müßten.»

Warum handelte der Kronprinz so? Man kann es nur vermuten: Schuldgefühle, wenn er den Vater aus der angestammten Stellung verdrängte. Loyalität und Liebe zu den Eltern waren für ihn stets unangezweifelt gewesen. Der eher ideelle Einfluß des Prinzen Albert mag in diesem Augenblick von der Woge der Gefühle überdeckt worden sein. Aber auch Friedrich Wilhelms nach den Gefahren der Revolution eher noch gefestigte Bindung an die Armee mag eine Rolle gespielt haben. Das auch aus dem Tagebuch ersichtliche stark ausgeprägte Gefühl des Kronprinzen für den Rang seiner Person und seiner Dynastie mag darüber hinaus von der Aussicht, daß ein Hohenzoller durch sein Parlament zum Rücktritt gezwungen werden sollte, verletzt worden sein. Der liberale Volksbeglücker Friedrich Wilhelm wollte leutselig sein aus eigener Machtvollkommenheit, nicht, weil irgendein Kompromiß ihm Leutseligkeit abverlangte. Hierin war er seiner Mutter sehr ähnlich. Auch wird er, da keiner der Hohenzollernkönige bisher die achtzig Lebensjahre erreicht hatte, sich kaum ausgemalt haben, daß er, indem er die Krone ausschlug, sich zu weiteren sechsundzwanzig Jahren der Ohnmacht verurteilt hatte.

Zunächst war Friedrich Wilhelm nur erschüttert, weil sein Vater abdanken wollte, und scheint an seine Zukunft gar nicht gedacht zu haben. «Welch entsetzensvolle Lage für mich! 12 Uhr nach Berlin zu Schleinitz [dem Minister des königlichen Hauses], der mir beistehen will, Papa abzuhalten von diesem unseligen Schritt...» Ein Teil der Minister kündigte seinen Rücktritt an, ein Teil erklärte sich bereit, nach einer Ablehnung des Haushalts durch das Abgeordnetenhaus «auch ohne Budget... weiter regieren» zu wollen «ohne Nachgeben».

Auch am nächsten Tag besuchte der Kronprinz seinen Vater wieder in Babelsberg, und die Abdankungsabsicht schien fester zu sein denn je. Am 21. September aber befand sich der Kronprinz schon wieder weitab vom Schauplatz der Entwicklungen, beim Onkel seiner Kronprinzessin, dem Herzog Ernst II. von Sachsen-Coburg-Gotha in Schloß Reinhardsbrunn. Dieser, gleich seinem im Jahr zuvor verstorbenen Bruder Albert Anhänger eines parlamentarischen Regierungsstils, erklärte dem Kronprinzen sein eigenes Rezept. Wilhelm I. müsse wieder zum liberalen Kurs zurückkehren und sich an die Spitze der deutschen Einigungsbewegung stellen.

Die Lösung, die Wilhelm fand, war jedoch eine ganz andere. Seit längerem wartete der preußische Botschafter in Paris, Otto von Bismarck-Schönhausen, auf eine Entscheidung des Königs über seine weitere Verwendung, und er hatte just zu der Zeit, da sich der Budgetkonflikt zuspitzte, um die Erlaubnis nachgesucht, nach Berlin kommen zu dürfen. Bismarck hatte bisher als Exponent der Reaktion gegolten und war vom König für nicht ministrabel gehalten worden. Wenn aber eine Abdankung des Königs ausgeschlossen werden sollte, bot sich die Überlegung an, mit einem solchen Ultra als Minister den Kampf gegen das Parlament mit unnachgiebiger Härte zu führen. Mit Bismarcks Berufung wäre zwar, wie wenig später ein Publizist formulierte, «der schärfste und letzte Bolzen der Reaktion von Gottes Gnaden verschossen»; andererseits war nichts zu verlieren. Das Staatsministerium hatte sich überdies am 21. September zu einem Immediatbericht entschlossen, in welchem es seinerseits den König aufforderte durchzuhalten, und zwar aus grundsätzlichen Erwägungen: «Es wird in der Gegenwart und auch in Preußen der seit dem vorigen Jahrhunderte begonnene Kampf zwischen Königtum und Demokratie fortgesetzt. Es würde aber die Wege der Demokratie anbahnen, wenn in Preußen der König, zwar nicht von der Revolution auf den Straßen überwunden, aber im Kampf mit der Demokratie in der Landesvertretung den Thron verlassen und die ihm durch Gottes Gnade übertragene Krone aufgeben wollte.»

Dem Kronprinzen scheint der Gedanke an Bismarck nicht fremd gewesen zu sein, denn sobald er erfahren hatte, daß Bismarck in Berlin eingetroffen war, bestellte er ihn für den Nachmittag des 20. September zu sich. Er fragte ihn allerdings nur, wie Bismarck «die Situation ansähe», worauf dieser nur sehr zurückhaltend antwortete. Am 21. September suchte Kriegsminister von Roon beim König um eine Audienz für Bismarck nach. Die Antwort verriet, wie weit der König bereits vorausgedacht hatte. «Mit dem ist es auch nichts», sagte er, «er ist ja schon bei meinem Sohn gewesen.» Offensichtlich hatte der König unterstellt, daß Bismarck, seine Abdankung voraussetzend, sich gleich mit der aufgehenden Sonne habe gutstellen wollen. Bismarck hat allerdings in seinen Erinnerungen behauptet, erst vom König selbst in dessen Abdankungspläne eingeweiht worden zu sein, indem ihm der König den bereits fertigen Entwurf der entsprechenden Urkunde zeigte. Als ihm jedoch Bismarck versichert habe, daß er bereit sei, in das Ministerium einzutreten und die Politik des Königs auch gegen die Majorität des Landtags und deren Beschlüsse zu verfolgen, habe der König gesagt: «Dann ist es meine Pflicht, mit Ihnen die Weiterführung des Kampfes zu versuchen, und ich abdiziere nicht.»

Erst am 23. September aber erfuhr der beim Coburger Onkel weilende Kronprinz durch seinen Berater Max Duncker, «daß Bismarck-Schönhausen Ministerpräsident geworden sei!! Das hatte ich nach Sr. M. Äußerungen von Freitag nicht erwartet! Diese Ernennung wird erbitternd auf Abgeordnete wirken, man wird sofort Reaktion wittern, Mißtrauen muß allseitig erwachsen, und der arme Papa wird sich durch diesen unwahren Charakter manche harte Stunde einbrocken! ... Mußte es dahin kommen, nachdem im November 1858 die Regentschaft unter so herrlicher Aussicht eingesetzt ward?» Vor allem ein Mensch in der Umgebung des Königs würde an dieser Veränderung Anstoß nehmen: die Königin. «Arme Mama, wie bitter wird gerade dieses ihres Todfeindes Ernennung sie schmerzen!»

Damit waren die Fronten geschaffen, die bis zum Lebensende der Beteiligten bestehen sollten. Augusta hatte Bismarck seit den Tagen der Revolution abgelehnt, als dieser mit dem Prinzen Karl konspiriert hatte, dem jüngeren Bruder der beiden preußischen Könige, der als strenger Absolutist bekannt war und auch vom Kronprinzen abgelehnt wurde.

Die Danziger Rede

Schon in den ersten Wochen schien Bismarck seinem Ruf alle
Ehre zu machen. Er prägte das vielbeschriene Wort, daß die großen Fragen der Zeit «nicht mit Reden und Majoritätsbeschlüs-
sen» entschieden würden, sondern «durch Eisen und Blut». Am
22. Dezember 1862 suchte Bismarck den Kronprinzen auf, blieb
eineinhalb Stunden und suchte dem Thronfolger seine Politik zu
erklären. «Er diene dem König, seine Befehle befolgend, keiner
Partei angehörend, also auf Verlangen auch gern geneigt, liberale
Maßnahmen zu ergreifen. Letztere würden jedoch gegenwärtig
wenig fruchten, indem jegliche Konzession nur als Zeichen der
Nachgiebigkeitsgeneigtheit der Regierung angesehen würde, folglich nur Macht der Krone schwäche.» Damit nahm Bismarck faktisch zurück, was er gerade gesagt hatte. Der neue Ministerpräsident habe, so hielt der Kronprinz fest, ihm «recht mißfallen». Der
Kronprinz hielt sich von nun an weitgehend von Meinungsäuße-
rungen zurück, sei es, daß er Bismarck nicht in seine Seele blicken
lassen wollte, sei es, daß er Aufsehen vermeiden wollte. Im Tagebuch heißt es dazu: «Ich möchte ja nicht zu viel meine abweichende
Meinung zeigen oder äußern, damit nicht Situation verschlimmert
werde.» Diese Enthaltsamkeit wurde dem Kronprinzen böswillig
ausgelegt. Jedenfalls vermerkte er am 16. Januar 1863: «Potsdamer
Offiziere erfanden etwas Neues gegen mich in ihrem Haß gegen
den ‹demokratischen Kronprinzen›, nämlich, ich schliefe jetzt viel
im Ministerrate ein!!»

Man munkelte jetzt bereits von einer «Spaltung» zwischen dem
Kronprinzen und Seiner Majestät.

Die Mehrheit der Presse war oppositionell eingestellt. Am
30. März 1863 erklärte Bismarck gegenüber dem französischen
Botschafter, «der König wolle bald, wenn die Abgeordneten sich
noch mehr kompromittiert hätten, dies Abgeordnetenhaus ver-
tagen oder noch mehr, und dann Wahlgesetz sowie andere, namentlich Preßgesetze oktroyieren, um nach französischem Muster
die Presse ordentlich einzuschüchtern». Jetzt gab der Kronprinz,
zumindest dem Vater gegenüber, noch einmal seine Zurückhal-

tung auf: Da der König ihn nicht ins Vertrauen zog, schrieb er ihm am Abend des 31. Mai 1863 «einen ernsten Brief, dringend, beschwörend, sich nicht zu Auslegungen von Verfassungsparagraphen herbeizulassen, die etwaige Oktroyierungen scheinbar rechtfertigen, während Preußen, Deutschland und die Welt vom Bruch des Eides und der Verfassung sofort reden würden; er möge nicht den Ministern folgen, wenn sie ihm mit solchen Scheingründen kämen». Friedrich Wilhelm sah jetzt den Punkt herannahen, wo es zum Bruch kommen mußte. «Im Oktroyierungsfall werde ich nicht schweigen können, und ist der längst gefürchtete Augenblick da, wo ich dem lieben Papa werde müssen Herzeleid antun, und aus meiner bisherigen neutralen, negativen Haltung hervortreten. Gott verhüte dies!»

Die Warnung war vergeblich. Der Presseerlaß kam. Er wurde von der empörten Öffentlichkeit nur «Preßordonnanz» genannt, um an die berüchtigten Erlasse des französischen Königs Karls X. zu erinnern, die die Julirevolution 1830 ausgelöst hatten. Als der Kronprinz Danzig besuchte, entschuldigte sich beim anschließenden Empfang im Rathaus der Bürgermeister für die ausgebliebenen Begrüßungsfeierlichkeiten. Seit der Oktroyierung des Presseerlasses sei die Stimmung in der Stadt nun einmal gedrückt.

Der Bürgermeister von Winter, ein Freund des Kronprinzen, hatte diesem mit Bedacht eine Gelegenheit verschafft, sich zu erklären: «Ich erwiderte, indem ich meine Überraschung über diesen Schritt der Regierung schilderte, der, als ich bereits schon abwesend gewesen sei, geschehen wäre, und hätte ich an keiner Beratung, die in jenem Sinne gelautet, teilgenommen...»

Nach wie vor war der Kronprinz unglücklich, daß seine Gegnerschaft zu Bismarck ihn jetzt in eine Konfrontation mit dem Vater hineintrieb. «Ich habe mich also laut als Gegner Bismarcks und seiner unheilvollen Theorien bekannt und habe also der Welt bewiesen, daß ich sein System nicht angenommen oder gebilligt habe. Das Ministerium soll sich getroffen fühlen, das ist meine Absicht. Aber das Niederbeugende für mich ist, daß S. M. es auf sich beziehen, persönlich tief affiziert sein wird, und ich niemals ihm den Unterschied werde begreiflich machen können, vielmehr ein Bruch eintreten kann wahrscheinlicherweise, und er mich als einen

Opponenten gegen den König ansehen wird oder wenigstens man mich ihm als einen solchen darzustellen trachten wird. Gott mit uns!»

Die Äußerungen im Rathaus waren dazu bestimmt, den Weg in die Zeitungen zu nehmen, und sie fanden ihn auch. Der König schrieb an seinen Sohn: «Ich verweise Dir die Danziger Rede auf das entschiedenste. Ich verlange, daß Du sie rektifizierst, wenn sie unrichtig wiedergegeben sein sollte. Ich verpflichte Dich, keine einzige derartige Äußerung mehr zu tun.»

Daß Friedrich Wilhelm überhaupt hervorgetreten war, dafür hatte auch sein Rückhalt bei seiner Frau gesorgt. Victoria, die fast täglich an ihre Mutter schrieb, meldete soviel von den Machenschaften der «Feudalen», wie sie in Erfahrung bringen konnte, nach London und überließ es der Queen, gelegentlich für wohl angebrachte Indiskretionen in der britischen Presse zu sorgen. Sie erklärte ihrer Mutter die Motive, die hinter dem Schritt von «Fritz» standen: «Ein Jahr des Stillschweigens und der Selbstverleugnung hat Fritz keine anderen Früchte gebracht, als daß er für einen hilflosen Schwächling gehalten wird. Die Konservativen glauben, daß er in Dunckers Hand ist und daß dieser ihm jeden Schritt diktiert, den er tut. Die Liberalen dagegen sind überzeugt, daß er nicht mit ganzem Herzen zu ihnen gehört, und die wenigen, die anders denken, bilden sich ein, daß er nicht den Mut hat, es öffentlich zu bekennen. ... Gott sei Dank, daß ich in England geboren bin, wo die Menschen keine Sklaven und zu gut sind, um zu erlauben, daß mit ihnen oder anderen in einer derartigen Weise umgegangen wird.»

Den Verweis des Vaters beantwortete der Kronprinz geradeheraus. «Schon längst war ich es meinem Gewissen und meiner Stellung schuldig, mich offen zu der Meinung zu bekennen, deren Wahrheit ich von Tag zu Tag in meinem innersten Herzen deutlicher fühle. Immer aber beschwichtigte ich meine innerste Stimme mit der Hoffnung, Dein Ministerium würde vorsichtig sein und nichts tun, wodurch ich gezwungen würde, in Widerspruch zu Dir zu treten, was mich so über alles tief und bitter schmerzt. Nun aber ist es dahin gekommen, daß Dein Ministerium ... mich vollständig ignorierend ... Beschlüsse faßte, deren mögliche unheilvolle Folgen meine und meiner Kinder Zukunft in meinen Augen gefährdet.

Ein rauschender Bart kennzeichnete den späteren Kaiser Friedrich III. als einen Angehörigen der Nach-1848er-Generation. Wegen seiner stattlichen, hochgewachsenen Erscheinung wurde er noch 1887 als «Lohengrin» gepriesen. Fotografie aus der Zeit um 1880.

[sic] ...Ich bitte Dich überzeugt zu sein, daß ich mit demselben Mut für meine Überzeugung zu wagen und zu leiden verstehen werde, als Du, lieber Papa, es für die deinige getan; aus diesem Grunde kann ich nicht meine in Danzig gesprochenen Worte zurücknehmen. Gewiß aber werde ich von nun an, Deinem Befehl sowohl gemäß als auch meinem bereits vor Empfang desselben gefaßten Entschluß folgend, mich schweigend verhalten.»

Was der König hierauf zu erwidern hatte, fand der Kronprinz «gnädig», obwohl der König den Konflikt auf die Formel gebracht hatte: «Statt durch dein Verhalten zu den Anordnungen Deines Königs und Herren dazu beizutragen, die Erregtheit der Gemüter zu beruhigen und die Eintracht und den Frieden zwischen König und Volk wieder zu befestigen, steckst Du eine Fahne auf, die, wenn Du sie länger wehen lassen wolltest, die Nation auffordert, zwischen Vater und Sohn zu wählen!»

Nur zu erleichtert scheint Friedrich Wilhelm gewesen zu sein, daß er seine Pflicht getan hatte und dennoch die Auseinandersetzung mit dem Vater beigelegt schien. Doch schon am 3. September 1863 gerieten Vater und Sohn wieder aneinander. Der Kronprinz hatte Zweifel daran geäußert, daß sein Vater und Bismarck mit dem System wiederholter Landtagsauflösungen weiter würden regieren können. Das Tagebuch berichtet:

«S. M.: ‹Dieses hundsföttische konstitutionelle System› könne nicht mehr Bestand haben, denn es solle nur die königliche Autorität zerstören, um Republik mit Präsident wie in England einzuführen. Den ‹Kanaillen› der Opposition... müsse gezeigt werden, wer König von Preußen sei. Ich: könne keinen Segen von diesen Maßregeln erwarten und bäte deshalb, um nicht eine Opposition gegen S. M. führen zu müssen, um Entbindung von der Berechtigung des Beiwohnens der Staatsministeriums-Sitzungen; den Konseils dagegen beizuwohnen. S. M. wütend und zornerfüllt fuhr mich an: Nein! Gerade jetzt sei's meine Aufgabe, den Sitzungen beizuwohnen und von den Ministern zu hören, welche Maßregeln beraten würden, und nicht von andern, die mich einnähmen. Ich: würde aber dann beständig zu opponieren haben. S. M.: Ja, und wenn ich meine Ansicht geäußert, dann schweigen. Ich: Mein Widerspruch werde doch bekannt werden.»

Ende Oktober 1863 meldete Ernst von Stockmar dem Kronprinzenpaar, daß es eine feudale Partei am Hof gebe, die bestrebt sei, Friedrich Wilhelm von der Thronfolge auszuschließen und seinen Cousin, den Prinzen Friedrich Karl, Sohn des als reaktionär bekannten Prinzen Karl, an seine Stelle zu setzen. Stockmar wußte noch mehr zu berichten: «Glaubwürdig wird erzählt, daß höhere Militärs sich erlauben in Gegenwart des Königs kopfschüttelnd und achselzuckend ihr Bedauern zu äußern, daß er einen Nachfolger von solchen Gesinnungen habe.»

Nikolsburg und Versailles

An der grundsätzlichen Gegnerschaft Kronprinz Friedrich Wilhelms zu Bismarck änderte sich nichts. Um so größer war die Herausforderung für beide, die entstand, als der Gang der Ereignisse plötzlich den Kronprinzen und den Ministerpräsidenten zu vorübergehenden Alliierten in dem Ziel machte, den alten König zu Zugeständnissen zu bewegen.

Zwei Momente sind erinnerungswürdig. Sie sind beide durch die gesamtdeutschen Überzeugungen des Kronprinzen bestimmt. Friedrich Wilhelm war nicht nur ein glühender Anhänger des Coburgischen Gedankens einer Einigung Deutschlands mit parlamentarischen Regierungsformen, sondern auch ein schroffer Verächter des Partikularismus sowie aller Regierungen und Fürstenhäuser, die diesem anzuhängen schienen – Hannover und Bayern insbesondere. Bayerns Plan vom Jahre 1863, einen besonderen süddeutschen Zollverein zu stiften, kommentierte er mit den Worten: «Immer zu, ihr werdet's einmal mit mir zu tun kriegen.»

In dieser konsequenten gesamtdeutschen Gesinnung unterschied er sich von seinem Vater, der zwar davon überzeugt war, daß Preußen in Deutschland eine Führungsrolle zukam, der aber von Besorgnissen geplagt wurde, die deutsche Einigung könne Preußen dessen berauben, was man neudeutsch die «Identität» nennt. Bismarck hingegen, der «grundsatzlose Junker», wie ihn ein badischer Minister einmal genannt hatte, war bereit, den Weg der deutschen

Einigung konsequent zu beschreiten, wenn sich dies als opportun erwies.

Nach den überraschend schnell und vollständig errungenen Siegen im Krieg von 1866 gegen Österreich, in dem der Kronprinz den Nimbus des Schlachtensiegers von Königgrätz gewonnen hatte, war schnelle Anpassungsbereitschaft gefordert. «Man wird eigentlich an sich selber irre», schrieb Friedrich Wilhelm damals in sein Tagebuch, «aber was bleibt übrig nach solchen ungeheueren Ereignissen und deutschen Erfolgen.» Als das geschlagene Österreich die Bereitschaft erklärt hatte, seine «Machtstellung in Norddeutschland» völlig aufzugeben, sah der Kronprinz die Gelegenheit zu einem günstigen Frieden. «Der König», so notierte der Kronprinz am 24. Juli 1866, «will eventualiter Österreichisch-Schlesien... ich dagegen finde unsere Machtstellung in Deutschland inklusive Annexionen genügend, um nicht gleichgültige Ländereien Österreichs zu verlangen, die uns wenig nützen. Über diese Fragen gab es heftige Stunden, wobei fabelhafterweise ich Bismarck gegen des Königs Forderungen nach territorialen Abtretungen von seiten Österreichs unterstützte. Seine Majestät verlangte, daß man in Preußen sagen könne, daß wir Österreich auch ins Fleisch geschnitten und es am eignen Besitze gezüchtigt hätten. Solcher Fragen wegen aber etwa den blutigen Krieg wieder aufzunehmen, statt den so günstigen Frieden anzunehmen, kann ich nicht gutheißen.»

Auch Bismarck sah in einer Fortführung des Krieges und in der weiteren Demütigung Österreichs keinen Nutzen. «Seltsamer Gegensatz!» schrieb der Kronprinz über die Gespräche, die er im Schloß zu Nikolsburg in Böhmen mit seinem Vater führte. «Ich muß oft auf Bismarcks Seite treten, um dem wirklich Zeitgemäßen seiner Ansichten Seiner Majestät gegenüber Gewicht zu verschaffen. Die Zeit ist aber derartig, daß, um zum großen Ziele zu gelangen, Partei- oder Personalrücksichten zurücktreten müssen, wenn es gilt, dem Großen und Ganzen des Vaterlandes Nutzen, Heil und Stärke zu verschaffen.»

Die zweite Gelegenheit des Zusammenwirkens mit Bismarck ergab sich während des nächsten Krieges, der 1870/71 gegen Frankreich geführt wurde und nach allgemeiner Erwartung genutzt werden sollte, um in irgendeiner Weise eine Festlegung über die zukünftige Einheit Deutschlands, über den Zusammenschluß all der Staaten, die gemeinsam in den Krieg gegen Frankreich gezogen waren, zu treffen. Man hatte noch nicht die Vogesen durchquert und stand noch ganz am Anfang, als der Kronprinz dem Schriftsteller Gustav Freytag gegenüber die Frage aufwarf: «Und was soll mit Deutschland werden, welche Stellung soll der König von Preußen nach dem Kriege erhalten?» Freytag berichtet, er habe, um Nüchternheit bemüht, schlicht gesagt: «Die Preußen begehren für ihren König keine neuen Namen, nur die Macht.» Freytag fährt fort: «Da aber brach der Kronprinz stark heraus und sein Auge leuchtete: ‹Nein, er muß Kaiser werden.› Betroffen sah ich auf den Herrn, er hatte seinen Generalsmantel so umgelegt, daß er wie ein Königsmantel seine hohe Gestalt umfloß und um den Hals die goldene Kette des Hohenzollern geschlungen, die er doch sonst in der Ruhe des Lagers nicht zu tragen pflegte, und schritt gehoben auf dem Dorfanger dahin. Offenbar hatte er, erfüllt von der Bedeutung, die der Kaisergedanke für ihn hatte, auch sein Äußeres der Unterredung angepaßt.» In der Unterredung kam, wenn wir Freytag Glauben schenken können, der große Fürstenstolz Friedrich Wilhelms zum Ausdruck. Als ein Motiv, weshalb der König von Preußen den Kaisertitel erhalten müsse, nannte er den Wunsch, daß ein Hohenzoller nicht mehr protokollarisch hinter einem anderen Herrscher, und sei es der Kaiser von Rußland, zurückstehen dürfe.

Das geschah im August. Als das preußische Hauptquartier im Dezember in Versailles aufgeschlagen war, hatte Bismarck das Einigungswerk so, wie er es verstand, vorangetrieben. Am 10. Dezember 1870 beschloß der Norddeutsche Reichstag, in die Verfassung des entstehenden Föderativstaats die Termini «Kaiser» und «Reich» einzuführen. Der König von Preußen als Oberhaupt sollte den schlichten Titel «Bundespräsident» mit dem Kaisertitel vertauschen. In seiner gewohnten bedenkenlosen Art hatte Bismarck gerade so viel Mystik zugelassen, wie seiner Meinung nach erforderlich war, um das neue Verfassungswerk und das neue Reichsoberhaupt populär zu machen. Ausgerechnet derjenige, dem die neue Kaiserwürde zuallererst zukommen sollte, sträubte sich, nämlich König Wilhelm. Noch am Vortag der Proklamation, als der

Kaisertitel rechtlich längst festgeschrieben war, sagte König Wilhelm in äußerster Aufregung zu Bismarck und dem Kronprinzen: «Er könnte uns gar nicht schildern, in welcher verzweifelten Stimmung er sich befände, da er morgen von dem alten Preußen, an welchem er allein festhielte und fernerhin auch festhalten wollte, Abschied nehmen müßte. Hier unterbrachen Schluchzen und Weinen seine Worte.» Der Kronprinz berichtet weiter: «Nun redete ich ihm allen Ernstes gut zu, indem ich auf unsere Hausgeschichte hinwies und kurz schilderte, wie aus dem Burggrafentum die Kurwürde und aus dieser die Krone entstanden sei... Der König wies diese doch unleugbaren historischen Tatsachen förmlich zurück und rief in wallender Aufregung aus: ‹Mein Sohn ist mit ganzer Seele bei dem neuen Stande der Dinge, während ich mir nicht ein Haar breit daraus mache...›» Was Bismarck aus Pragmatismus wollte, war für den Kronprinzen eine Herzensangelegenheit. So ist der Text der Kaiserproklamation, die Bismarck schließlich in Versailles verlas, ebenso das Werk des Kronprinzen wie die Wahl des 18. Januar, des Krönungstages des ersten Hohenzollernkönigs, und die Verlegung des Schauplatzes in den Spiegelsaal des Schlosses von Versailles.

Mancher mochte denken, daß es dem alten König Wilhelm doch einerlei sein könne, welchen Titel er in Zukunft tragen sollte, da der erste Kaiser, der mit vollem Herzen der Monarch des ganzen deutschen Volkes wäre, ohnehin erst sein Sohn sein würde. Doch es kam anders. Die folgenden siebzehn Jahre des neuen Reichs wurden von Wilhelm I. geprägt, während der Kronprinz in nutzlosem Wartestand dahinwelkte. Wie vor Jahrzehnten, erfuhr er wichtige Entscheidungen seines Vaters oftmals nur aus der Zeitung. Nachdem er zu Anfang der achtziger Jahre die Fünfzig überschritten hatte, begann sich Resignation bei ihm einzustellen, zusammen mit der Ahnung, daß seine Zeit nicht mehr kommen würde. Gustav Freytag berichtet: «Er sah zuweilen zu vertraulichem Gespräch Mitglieder der freisinnigen Partei und sprach dann wohl seine Unzufriedenheit mit Maßnahmen der Regierung aus, aber die Zunahme der Ermattung in seinem Wesen wurde Solchen, die ihn in seiner Jugend gekannt hatten, zu bitterem Leid bemerkbar. Er begann an Geist und Leib zu altern, und schon lange bevor die furcht-

Die Kaiserproklamation zu Versailles am 18. Januar 1871. Gemälde von Anton von Werner, 1877. Links von Kaiser Wilhelm I. stehend Kronprinz Friedrich, rechts neben ihm Großherzog Friedrich I. von Baden. In weißer Uniform Bismarck, rechts von ihm Moltke.

bare Krankheit» – die ihn 1888 das Leben kosten sollte – «an ihm zu Tage kam, durfte man trauernd sagen, daß sein Lebensmuth nicht mehr der eines Mannes war, welcher demnächst für seine Nation die Kaiserkrone tragen sollte.» Wenn Friedrich Wilhelm von trüben Stimmungen besonders schwer geplagt wurde, sprach er davon, im Fall eines Thronwechsels dem Thron zu entsagen und seinem Sohn als dem Enkel Wilhelms I. direkt die Regierung zu übergeben. Dann wäre eine Generation in der Folge der Hohenzollernherrscher gänzlich ausgefallen.

Der verkrüppelte Prinz

An dieser Stelle vermischt sich die persönliche Tragik eines Fürsten mit dem Geschick seiner Nation. Denn der Enkel, dem jetzt so schnell die Regierung winkte, Friedrich Wilhelms und Victorias 1859 geborener Ältester, Wilhelm, der spätere Kaiser Wilhelm II., hatte bereits Charakterzüge und Gesinnungen erkennen lassen, die alle liberal Eingestellten mehr als besorgt machen mußten. Er befand sich dabei aber durchaus im Einklang mit dem Zeitgeist, der sich nicht zuletzt durch das jahrzehntelange Wirken Bismarcks von den Erinnerungen an die Absichten der Revolutionäre des Jahres 1848 abgewandt hatte und einen autoritären und aggressiven Stil zu zeigen begann.

Friedrich Wilhelm und Victoria hatten sich stets um ein Familienleben bemüht, wie sie es aus England kannten, aus ihren Erinnerungen an die Queen und Prinzgemahl Albert, an behagliches Landleben und bürgernahe Einfachheit in den Schlössern von Balmoral und Osborne. Kein Zweifel kann an der Innigkeit bestehen, mit der sich Victoria ihren Kindern und deren Erziehung widmete. Und doch war das Idyll von Anfang an getrübt.

Wilhelms Geburt war schwer gewesen, und als Folge hatte er einen lahmen linken Arm zurückbehalten, den er nicht in der Gewalt hatte und der im Verlauf des Wachstums immer mehr hinter dem rechten zurückblieb. Victoria, die sich von ihrem ältesten Sohn ein Ideal zurechtgemacht hatte, das die Eigenschaften des geliebten Vaters und des vergötterten Ehemannes vereinigen sollte, litt schwer daran. «Das einzige, was mir in diesen drei Jahren Kummer bereitet hat», so schrieb sie der Queen Victoria über Wilhelms erste Lebenszeit, «ist Wilhelms Arm – und er quält mich immer noch.» Der Arm verderbe ihr jede Freude und jeden Stolz, die sie über Wilhelm empfinden sollte. «Auch fällt der Arm so auf, wenn er herumrennt, ich kann Dir nicht sagen, wie groß mein Kummer ist; ... Der Gedanke, daß der Älteste etwas von einem Krüppel an sich hat (obwohl es, weiß der Himmel, viel besser ist, daß dies körperlich und nicht geistig ist), ist sehr schwer zu ertragen, und ich leide sehr darunter.»

Sosehr Victoria ihren Sohn liebte, so sehr war ihr Stolz als Königstochter gekränkt. Auch Friedrich Wilhelm war von ganzem Herzen Vater. Über den kleinen Wilhelm schrieb er: «Baby war sehr liebenswürdig, hat mich mehrmals angeredet auf seine Weise, auch meine Nasenspitze im Munde gehabt und an derselben gelutscht; fast komme ich erröthend auf den Gedanken, daß er dies für etwas ganz anderes gehalten...!» Die Eltern hätten wohl den Kummer über die Behinderung ihres Sohns verwinden können, zumal da er schon als Vierjähriger auf Ponys reiten konnte und es schließlich lernte, unter Gebrauch nur eines Arms sicher zu Pferd zu sitzen. Doch mußten Friedrich Wilhelm und Victoria sich nach und nach eingestehen, daß Wilhelm auch sonst nicht ihren Träumen entsprach. «Die hochgespannten Ziele, die [Victoria] kompensatorisch für ihn entwickelte, führten», so urteilt Wilhelms Biograph John C. G. Röhl, «nur noch zu weiteren Enttäuschungen über seine geistige Mittelmäßigkeit, seine geringe Konzentrationsfähigkeit und seine zwanghafte und gewaltsame Rastlosigkeit.»

So kann man statt von ungetrübter Liebe wohl nur von Ambivalenz in den Gefühlen der Eltern zu ihrem ältesten Sohn sprechen. Vor allem Victoria sparte nicht mit Tadel. So schrieb sie dem Fünfzehnjährigen, der zum Zweck der Erweckung demokratischer Gefühle in den regulären Unterricht eines altsprachlichen Gymnasiums in Kassel gesteckt worden war: «Ich bin so traurig darüber, daß Du in Mathematik so schlecht bist und so zurück im Vergleich zu den anderen Jungen! Ich fürchte, Du hältst Dich in *vielen* Sachen für sehr viel besser, als Du es in Wirklichkeit bist – und erst die Erfahrung wird dich lehren müssen, wie wenig Du *wirklich weißt* im Vergleich zu dem, was Du als Ziel vor Augen haben solltest. – Ich hoffe, Du wirst jetzt keine Anstrengungen scheuen, um die verlorene Zeit wieder einzuholen, und schwer arbeiten, um Dir das Wissen anzueignen, das offenbar noch so mangelhaft ist! Nur Deine *eigene* Anstrengung und Deine *eigene* Energie können Dir bei der Überwindung der Schwierigkeiten helfen, keiner kann es *für* Dich tun. Ich hoffe, daß Du uns hierin nicht enttäuschen wirst – und denke dabei immer daran, wie wichtig es ist, *bescheiden* zu sein, und daß *diejenigen* in der Welt am besten vorankommen, die eine *bescheidene* Meinung von sich selbst und von ihren Errungenschaften haben und nie müde werden, in jedem Bereich der Wissenschaft sich zu verbessern und mehr hinzuzulernen... Du hältst Dich für wunderbar begabt, Du glaubst, daß Du eine gute Hand und einen guten Stil schreibst, daß Du gut reitest, daß Du gute Manieren hast und gut zeichnest – während wir glauben, daß Du in allen diesen Dingen weit zurück bist im Vergleich zu dem, was Du leisten könntest.»

Die Schlußformel dieses Briefes war wohl kaum dazu angetan, den sicherlich durch diese Flut von Kritik tief verletzten Prinzen zu trösten und ihm Mut zu machen. «Ich hoffe immer noch», schrieb Victoria, «daß du mich eines Tages mit Stolz erfüllen wirst, wenn Du älter und klüger bist und alle Deine kleinen Fehler überwunden hast. Ist es nicht so, lieber Junge?»

Dieser Tag kam nie. Statt dessen häuften sich die Momente, da die Eltern glaubten, Anzeichen des Hochmuts an Prinz Wilhelm zu erkennen. In ihrem Briefwechsel untereinander beklagten sie sein überforsches Wesen, seinen Egoismus und seine Herzenskälte. Daran konnte auch ein Studienaufenthalt an der Universität Bonn nichts ändern, mit dem Wilhelm die Erfahrungen seines Großvaters Albert und seines Vaters Friedrich Wilhelm wiederholen sollte, statt dessen aber nur die Gesellschaft schneidiger Corpsstudenten genoß.

Victoria unterließ es nicht, ihm vorzuhalten, daß er mit seinen Bonner Leistungen weit hinter seinem Vater, der damals ein «wunderbarer Mann» gewesen sei, zurückstehe.

Kronprinz zwischen Großvater und Enkel

Unterdessen bekam der junge Wilhelm Gelegenheit, die gegenwärtige Ohnmacht seines Vaters kennenzulernen. Nachdem ein Attentäter auf den alten Kaiser geschossen und ihn verletzt hatte, war der Kronprinz 1878 für einige Wochen zur Stellvertretung berufen worden. Doch in Wahrheit behielt Bismarck die Zügel in der Hand, und von seinem Krankenzimmer aus fuhr der Kaiser selbst immer wieder dazwischen. Es kam zu einer Konfrontation zwischen dem Kronprinzen und Bismarck, weil der Reichskanzler dem Thronfolger die Regentschaft verweigerte und ihm nur die Stellvertretung zubilligte. Der Kronprinz später: «Ich fragte ihn: Wer hat hier zu befehlen? Haben Sie zu befehlen oder habe ich zu befehlen? ... Er weinte. Solche Krokodilstränen ... Er weinte aus Wut.»

Zwar hatte Bismarck bei diesem Anlaß dem Kronprinzen den zeremoniellen Gehorsam erwiesen, den er, der sich so gern als Vasall seines Königs stilisierte, schuldete. Das ließ aber dennoch keinen Zweifel daran zu, daß der Kronprinz machtlos war, wenn Bismarck und der Kaiser an einem Strang zogen. Daß diese Ohnmacht auch im häuslichen Bereich zu spüren war, veranschaulicht, wie wenig sich im Stil der Hohenzollern zwischen 1837, als Prinz Wilhelm (I.) nach den Befehlen seines Vaters Friedrich Wilhelm III. fragte, und 1879 geändert hatte. In diesem Jahr verlangte der Kaiser vom Kronprinzen ein ärztliches Attest, mit dem die Notwendigkeit einer Italienreise für den Enkel nachgewiesen werden sollte. Dazu schrieb Victoria: «Diese völlige Unfreiheit der Bewegung sowohl für uns als für die Kinder ist *sehr schwer* zu ertragen. – *Jedes* andere Eltern Paar v. 40 u. 50 Jahren entscheidet doch allein in seiner Familie.» Die gleichen Beschränkungen zeigten sich, als Victoria selbst in der Steiermark und in Norditalien einen Kuraufenthalt plante: auch hierzu mußte sie ihrem Schwiegervater ein ärztliches Attest vorlegen.

So waren Friedrich Wilhelm und Victoria abhängiger als die meisten einfachen Bürger ihres Alters. Nicht einmal über das Neue Palais zu Potsdam, das sie dreißig Jahre lang bewohnten, konnten sie frei verfügen, da es in die Vermögensmasse der Krone gehörte und folglich auch hier der alte Kaiser bei jeder Veränderung das letzte Wort besaß.

Nachdem Prinz Wilhelm zwanzig Jahre alt geworden war, begann er sich unaufhaltsam von seinen Eltern zu entfremden. Seine Mutter fand ihn rücksichtslos und gefühlskalt. Der Vater warf ihm vor, die Mutter zu vernachlässigen. Prinz Wilhelms Schwester Charlotte meldete 1882, zwischen dem Kronprinzen und Wilhelm seien «*entsetzliche* Scenen» deswegen vorgefallen. «Außer mir war

Als Achtzehnjähriger bestand der spätere Kaiser Wilhelm II. 1877 in Kassel das Abitur. Wenig später entstand diese Fotografie. Der Prinz beherrscht bereits die Kunst, die Verkrüppelung seines linken Armes nicht sichtbar werden zu lassen.

ich über Papa's Aussehen, er war vor Wuth faktisch krank!» Im Jahr darauf warf der Kronprinz seinem Sohn erneut Unhöflichkeit vor. Er fragte ihn rundheraus, wie er ein derartig rücksichtsloses Benehmen rechtfertigen wolle. Wilhelm antwortete, «daß er nicht glaube willkommen zu sein, zumal ich seit längerer Zeit ihm, besonders vor der Welt, zu erkennen gebe, ‹daß ich ihn nicht ausstehen könne›. Natürlich ärgerte mich diese wirklich frevelhafte Aeußerung, u. verlangte ich daher Beweise – die er mir schuldig blieb.»

In der Aussprache, die nun folgte, beklagte sich der Kronprinz vor allem darüber, daß Wilhelm unter Umgehung seiner Eltern sich stets direkt an den Großvater wende. Der Prinz rechtfertigte sich, daß er seinen Eltern keine Mitteilungen machen könne, da sie ihm von ihrer Seite stets nur scharfen Tadel einträgen. Auch Victoria würde stets heftig, wenn sie bei Wilhelm politische Ansichten feststellen könne, die von ihren eigenen abwichen.

Der Weg war frei zu einer grundsätzlichen Klärung der Standpunkte: «Nun setzte ich», schrieb der Kronprinz an Victoria, «ihm meine ganze Erziehung auseinander, die Période wo Papa liberal dachte, u. als Regent handelte, bis mit Bismarck's Eintritt der Umschwung eintrat, dem ich mich nicht unterordnen konnte.» Der Kronprinz kam zu dem Schluß, er müsse zu seinem Schmerz einsehen, «daß die hergebrachte unerquickliche Spannung zwischen Vater und Sohn in der Preuß. Familie nun auch bei uns sich einstelle.»

Hierin lag das eigentliche Problem. So, wie 1730 in dem Gegensatz zwischen König Friedrich Wilhelm I. und seinem Sohn, dem späteren Friedrich II., unterschiedliche Lebensstile und eine unterschiedliche Haltung zur Aufklärung zusammengestoßen waren, so prallten 1883 der Liberalismus des Kronprinzenpaares und der Neo-Absolutismus ihres Sohns aufeinander. Der Streit zwischen den älteren Hohenzollern hat immerhin ein Todesopfer gefordert, als Leutnant von Katte, der Freund Friedrichs II., wegen seiner Beihilfe zum Fluchtversuch des Königssohns enthauptet wurde. Wieviel Opfer der Familienzwist diesmal verlangte, sollte die Zukunft erweisen.

Wilhelm hatte es auf jeden Fall einfach. Er konnte seine Eltern ablehnen, indem er sich eng an seinen Großvater und dessen anti-

liberale Haltung anschloß. Der Generalstabsoffizier Graf Waldersee beobachtete: «Es scheint viel vom Großpapa in ihm zu sein.
Wenn seine Eltern sich das Ziel gesetzt hatten einen konstitutionellen König zu erziehen der sich gehorsam vor der Souveränität einer
Kammermajorität beugt, so haben sie Unglück gehabt. Es kommt
anscheinend das gerade Gegentheil heraus.»

Wilhelm, so meinten seine Eltern, habe Mangel an Tiefe und
Geist und lasse sich deshalb durch «das Oberflächliche, Banale,
Kleinliche der 1. Garde Reg[imen]t-Urtheile u. Ansichten» leiten.
Man müsse befürchten, daß er «ganz u. gar der Potsdamer Lieute-
nant» werde, «mit der bösen Beimischung des Chauvinisten der
alles Fremde verachtet u. verkennt, u. den Mund immer sehr voll
nimmt!» Gemeint waren jene jungen Potsdamer Offiziere, von denen das Satireblatt «Simplicissimus» kurz vor dem Ersten Weltkrieg schrieb, daß man sie militärisch am besten als Fesselballons
verwenden könne, so aufgeblasen seien sie. Der österreichische
Kronprinz Rudolf stellte 1883 fest, daß «Prinz Wilhelm trotz seiner
Jugend ein hartgesottener Junker und Reaktionär» geworden sei,
der für das Parlament nur die Bezeichnung «Saubude» übrig habe.
Zu der engen Anlehnung an den Großvater kam bald die Bewunderung für Bismarck, der in jeder Hinsicht die bête noire seiner Eltern
war. Bismarck sei der gefürchtetste und unberechenbarste Staatsmann in Europa, schrieb Victoria einmal dem Kronprinzen, «dem
Niemand in Europa über den Weg traut, sondern dem man *jedweden*
kühnen aber auch gefährlichen u. schädlichen Plan zutraut! List u.
Kniffe, schlauer als die Schlausten – so steht er da, aber ist *das
Deutschland,* ‹das Land des Rechtes u. des Lichtes›. Ich *hoffe nicht,*
sonst müßte man ganz u. gar u. auf ewig auswandern!»

Die Oppositionstendenz Wilhelms gegen seine Eltern wurde vor
allem durch Bismarcks Sohn Herbert genährt, der seit 1887 Staatssekretär des Auswärtigen Amtes war. Er schmeichelte dem Prinzen
hemmungslos, und der alte Kanzler hatte nichts dagegen einzu-
wenden.

Die Katastrophe tritt ein

Es schien, als ob es nach dem Tod Wilhelms I., der nicht mehr lange auf sich warten lassen konnte, zu einem Machtkampf kommen würde, bei dem das Kronprinzenpaar auf der einen, sein Sohn mit den Bismarcks auf der anderen Seite stehen würde. Das Ziel würde sein, alle liberalen Tendenzen, die von den Eltern ausgehen konnten, zu tilgen und so die Generation Friedrich Wilhelms und Victorias in ihrer Wirkung auf die Geschichte auszulöschen. Ideales Werkzeug dazu war Prinz Wilhelm, in den Worten des Geheimrats von Holstein aus dem Auswärtigen Amt inzwischen ein «passionierter Soldat, Feind der Demokraten und der Engländer. Er hält in allen Dingen zum Kaiser und hat die größte Bewunderung für den Reichskanzler.»

Kronprinz Friedrich Wilhelm war seit Februar 1887 wegen Heiserkeit und einer Geschwulst am linken Stimmband in ärztlicher Behandlung. Am 16. Mai äußerte Geheimrat Professor Ernst von Bergmann, ein Berliner Chirurg, die Überzeugung, daß es sich um Krebs des Kehlkopfs handele. Ein Ärztekonsilium, dem die Leibärzte des Kronprinzen wie des alten Kaisers gleichermaßen angehörten, neigte ebenfalls zu dieser Diagnose, riet jedoch dazu, vor der Entscheidung über eine Operation noch den englischen Kehlkopfspezialisten Dr. Morell Mackenzie, einen Londoner Modearzt, hinzuzuziehen. Dieser beeilte sich, nach Berlin zu kommen, und meldete nach eigener Untersuchung des Patienten Zweifel an der Krebsdiagnose an. Er verlangte eine Biopsie, die auch umgehend – und danach noch mehrfach – von dem Begründer der Zellularpathologie und Papst der deutschen Ärzte, dem Geheimrat Rudolf Virchow, einem politischen Parteigänger des Kronprinzen, ausgeführt wurde. Gewißheit konnte auch Virchow nicht gewähren, denn zwar stellte er fest, daß die von ihm studierten Gewebeproben keine Krebszellen aufwiesen, doch konnte er nicht ausschließen, daß andere Partien des befallenen Organs krebsartig verändert waren. Dieser Aspekt – daß der positive Beweis fehlte, Krebs aber nicht ausgeschlossen werden konnte – fiel jedoch dank der undeutlich formulierten Gutachten Virchows unter den Tisch.

Victoria klammerte sich nunmehr an Dr. Mackenzie und die Verheißung, die er mitbrachte: daß ihrem Fritz die Leiden und das übergroße Risiko einer Operation, mit der die ärztliche Wissenschaft bisher nur wenig Erfahrung hatte, erspart blieben. Das Bild des sanften, geschickten Engländers stand fortan den groben, tapsigen Deutschen gegenüber, die den Standpunkt vertraten, ein Königssohn, Schlachtensieger und preußischer Generalfeldmarschall, der «Fritz» nun einmal war, müsse sich einer lebensbedrohenden Operation stellen, denn es sei besser für ihn, dem Tod entgegenzugehen, als ihn feige im Bett zu erwarten.

Und wie kommentierte der Sohn Prinz Wilhelm die Eröffnungen der Ärzte? «Wäre Papa doch bei Wörth gefallen» – also in der Eröffnungsschlacht des Deutsch-Französischen Krieges –, «das wäre glücklicher für ihn gewesen.» Da seit der Schlacht bei Wörth 17 Jahre vergangen waren, hielt ihm die Kronprinzessin entgegen: «Aber Wilhelm, rechnest du das Glück, was er die ganze Zeit über genossen, rechnest du mein, unser aller Glück so wenig?» – «Nein, es wäre doch besser gewesen.» Mackenzie schloß einen Pakt mit der Kronprinzessin, dergestalt, daß er sagte: «Heilen kann ich hier nichts, aber viel verhindern. ... Wenn wir Glück haben, so lebt der Patient ohne zu große Störung noch fünf Jahre. Das scheint mir ein gewaltiger Gewinn.» Er versprach, das Kronprinzenpaar mit seiner ärztlichen Autorität zu beschirmen, da sich in Victoria die Vorstellung zu bilden begann, die reaktionäre Partei und ihr Sohn wollten ihren Ehemann in Berlin behalten und ihn «hier beschleunigt sterben lassen».

In der Folgezeit begaben sich Friedrich Wilhelm und Victoria auf eine lange Flucht, die sie zunächst nach England und Schottland, dann nach Tirol und Venedig, schließlich in eine angemietete Villa in San Remo führte. Dort wurde am 9. November 1887 durch ein Konsilium deutscher Ärzte, aber mit der Stimme Mackenzies, die Krebsdiagnose erneuert und festgestellt, daß nur in der Totalentfernung des Kehlkopfes eine Heilungschance liege. Diese fand jedoch nicht statt, weil der Kronprinz, dem man reinen Wein eingeschenkt hatte, schriftlich auf diese Laryngektomie verzichtete.

Unterdessen mußte der Kronprinz beobachten, wie die Ereignisse über ihn hinweggingen. Sein Vater, der alte Kaiser, hatte inzwischen derartige Zeichen von Schwäche gezeigt, daß in Berlin ein allgemeines Mutmaßen begonnen hatte, wer von beiden wohl eher zu Grabe getragen werden müsse. Es mußte auch Vorsorge für den Fall der Regierungsunfähigkeit des Kaisers getroffen werden. Der Kronprinz befand sich in Italien. Bismarck konnte kaum anders handeln, als die Bestimmung zu treffen, daß im Fall einer Verhinderung des Kaisers dessen Enkel, Prinz Wilhelm, die Stellvertretung übernehmen sollte. Diese mit den Unterschriften Bismarcks und des Kaisers versehene Kabinettsorder wurde durch einen Feldjäger nach San Remo überbracht, ohne daß der Kronprinz vorher befragt worden wäre. Friedrich Wilhelm geriet darüber außer sich. Er erlitt einen «schrecklichen Wuth- und Aufregungsanfall» darüber, daß man ihn behandle, als ob er bereits tot sei.

Am 9. Februar 1888 wurde in San Remo unter primitivsten Umständen – da man rechtzeitige Vorkehrungen abgelehnt hatte – beim Kronprinzen ein Luftröhrenschnitt durchgeführt, weil ihm die Schwellung des Kehlkopfes den Atem benahm. Von nun an hatte er keine Stimme mehr.

Am 4. März traf der Vertreter Virchows, Professor Waldeyer, in San Remo ein und stellte unzweideutig Krebszellen im Auswurf des Kranken fest. Dem gleichfalls an die Riviera geeilten Prinzen Wilhelm blieb nichts anderes übrig, als sich die Krebszellen durch Waldeyer im Mikroskop zeigen zu lassen. Am 7. März war er zurück in Berlin und erstattete dem Großvater Bericht. Bei diesem selbst war die Uhr abgelaufen. Immer häufiger hatten sich Schwäche- und Ohnmachtsanfälle eingestellt. Am 9. März 1888 hauchte Kaiser Wilhelm I. sein Leben aus. Seine letzten Worte hatte er am Tag zuvor zu Bismarck gesprochen, diesen mit seinem Enkel Wilhelm verwechselt und gesagt: «Ich bin immer mit dir zufrieden gewesen, du hast alles gut gemacht.» Prinz Wilhelm war in der Sterbestunde zugegen, ihm liefen die Tränen übers Gesicht.

Die 99 Tage

Kronprinz Friedrich Wilhelm hatte schon seit längerem entschieden, daß er sich als Kaiser nur Friedrich nennen wollte – die Zählung als Friedrich IV. in der Tradition des alten römisch-deutschen Kaisertums hatte Bismarck für eine Kränkung der deutschen Bundesfürsten erklärt. So wurde er Kaiser Friedrich III. in der alleinigen Zählung der Hohenzollernkönige. Am 11. März brach der kaiserliche Hofstaat aus San Remo auf und kehrte nach Berlin zurück.

Schon 1885 hatte Friedrich erklärt, im Fall eines Regierungswechsels Bismarck zunächst als verantwortlichen Minister behalten zu wollen. Die Krankheit mochte ihn darin nur bestärkt haben. Der Eindruck, daß die Regierung Friedrichs III. nur eine Übergangsregierung sein konnte, wurde dadurch unterstrichen. Die Verhältnisse hatten sich nahezu verkehrt, denn seit 1887 hatte sich andererseits zwischen Prinz Wilhelm, dem einstigen Bewunderer Bismarcks, und dem inzwischen vor der Vollendung des 73. Lebensjahrs stehenden Staatsmann sowie dessen Sohn eine Entfremdung angebahnt.

Würde Friedrich Gelegenheit haben, die Träume zu realisieren, von denen er und Victoria so viele endlose Jahre beseelt waren? Würde er den Auftrag des Prinzen Albert erfüllen können, ein starkes, zentralistisches, parlamentarisch regiertes Deutschland zur Vormauer Englands gegen das übermächtige Rußland zu machen?

Der Historiker und Publizist Heinrich von Treitschke, ein bekehrter Exliberaler, glaubte nicht daran. Er schrieb damals: «Auf eine lange und glorreiche Regierung folgt voraussichtlich eine kurze und traurige. Meine Hoffnung ist, daß dieser ungesunde Zustand nur 2–4 Monate dauern und daß der arme kranke neue Kaiser nicht mehr die Kraft haben wird, das bestehende System – das beste, was wir nach Lage der Dinge verlangen können – ernstlich zu verändern. Aber niemand weiß wieviel Willenskraft er in seinem Siechtum noch besitzt und ob er nicht gänzlich in die Hände der Engländerin gerät...»

Friedrichs wichtigste Tat wurde die Entlassung des reaktionären preußischen Innenministers von Puttkamer. Aber gestalten konnte er nichts mehr, im Gegenteil. Er mußte sogar seine Unterschrift unter der Verlängerung von Bismarcks Sozialistengesetz leisten. Graf Waldersee glaubte zu wissen, Friedrich sei sich über seine Schwäche völlig klar gewesen, allein Victoria hindere ihn daran, den Sohn Wilhelm, den neuen Kronprinzen, mit der Stellvertretung zu beauftragen. Selbst ihr Bruder, der Prince of Wales, habe sie nicht umstimmen können. «Der Kronprinz benimmt sich dabei musterhaft; er spricht keinen Wunsch aus und verhält sich ruhig u. abwartend.»

Kein Zweifel kann daran bestehen, daß der Gegensatz zwischen Prinz Wilhelm und seiner Mutter der tiefere war. Als Wilhelm die Eltern das erste Mal in San Remo besucht hatte, am 9. November 1887, wollte Victoria ihren Sohn gar nicht vorlassen. Sie warf ihm vor: «Du willst den Vater nur nach Berlin schaffen lassen, damit deine Ärzte ihn durch eine Operation um das Leben bringen und du schneller an die Regierung kommst!» Doch gibt es Berichte, die sich auch auf Wilhelm selbst stützen, daß sich Vater und Sohn, als sie sich schließlich doch sahen, recht nahe gekommen sind.

Daß es folglich gar nicht so sehr um die politischen Wünsche und Hoffnungen des Kaisers Friedrich, sondern mehr um die seiner Gemahlin gehe, wurde in unzähligen Varianten denn auch sofort behauptet. In der Tat wäre für Victoria nicht einmal ein größeres Witwenvermögen gesichert gewesen, hätte nicht Friedrich noch die Gelegenheit bekommen, als Oberhaupt des Hauses Hohenzollern zu ihren Gunsten zu testieren.

Schon im April 1888 wurde offenbar, daß Wilhelm an das Ende dachte. Denn er befahl dem Kommandanten des Charlottenburger Schlosses, in dem das neue Kaiserpaar damals wohnte: «In dem Augenblick, wo Sie die Meldung erhalten, daß der Kaiser tot ist, besetzen Sie das ganze Schloß und lassen niemanden herein, ohne Ausnahme.» Und nachdem Friedrich, bereits am Rand des Grabes, in sein geliebtes Neues Palais nach Potsdam umgesiedelt war, ließ der Kronprinz sein eigenes Gardehusarenregiment kommen, um das Gebäude heimlich zu umstellen. Die Furcht, seine Mutter könnte Dokumente aus dem Haus schaffen, aus denen ihm bei seiner späteren Regierung Schwierigkeiten erwachsen könnten, bestand zu Recht. Doch war Victoria schlau genug, alle Kontrollen zu umgehen, und hatte bereits vorsorglich Kisten mit Briefen und Tagebüchern nach Schloß Windsor, in die Obhut ihrer Mutter, schaffen lassen.

Am 15. Juni 1888, vormittags 11 Uhr, starb Kaiser Friedrich III. im Schlaf. Zuletzt hatte er noch Victorias und Bismarcks Hände ineinandergelegt. Ein Infanteriebataillon, durch ein Zeichen mit dem Taschentuch herbeigerufen, rückte im Laufschritt an, umstellte das Schloß und machte die Familie des neuen Kaisers samt den Ärzten zu Gefangenen. Gegen den Protest Victorias ordnete Wilhelm eine Obduktion an, die von Virchow und Waldeyer durchgeführt wurde und die Krebsdiagnose noch einmal über allen Zweifel bestätigte.

Am 25. Juni 1888 eröffnete Kaiser Wilhelm II. den Reichstag und sagte: «Ich habe Sie, geehrte Herren, berufen, um vor Ihnen dem deutschen Volke zu verkünden, daß Ich entschlossen bin, als Kaiser und als König dieselben Wege zu wandeln, auf denen Mein Hochseliger Herr Großvater das Vertrauen seiner Bundesgenossen, die Liebe des deutschen Volkes und die wohlwollende Anerkennung des Auslandes gewonnen hat.»

Victoria schrieb an die Queen: «Die Regierungspartei wünscht alle Spuren von Fritzens Regierung als eines unwichtigen Zwischenspiels auszulöschen, dessen Geist sie für nicht zu rechtfertigen halten. Wilhelm II. folgt Wilhelm I. – so werden das System, die Ziele und die Tradition lückenlos fortgesetzt.» Im Bewußtsein vieler Deutscher, die im gleichen Alter waren wie Friedrich und sich insgesamt als eine übergangene Generation fühlten, blieb der Kaiser der 99 Tage jedoch lebendig.

Ausblick

Persönliche Verletzungen, Sehnsüchte, Haß- und Rachegefühle können weltgeschichtliche Bedeutung erlangen, wenn sie sich in das Gewand weltanschaulicher oder politischer Theorien kleiden.

Nicht nur war der Gegensatz von liberalem und autoritärem Regierungsstil in den drei Hohenzollernkaisern verkörpert. Mit ihrem englischen Tugendchauvinismus, mit ihrem Anpreisen der Großartigkeit Englands und seiner Flotte, von dem die Briefe an den Sohn Zeugnis geben, hat Victoria unzweifelhaft bei ihrem Sohn den Wunsch geweckt, genauso großartig zu werden wie England und es womöglich zu besiegen. Darum mußte auch Wilhelm II. eine Flotte bauen, mußte sich als Seefahrerkaiser präsentieren und England herausfordern. An dieser Stelle zeigt sich der Unterschied der Regierungsform: Während schon bald nach dem unheilvollen Dreikaiserjahr Premierminister Lord Salisbury erklärt hatte, die britische Diplomatie müsse von den Querelen der königlichen Familien getrennt gehalten werden und die Queen Victoria und der Prince of Wales hätten deshalb ihren Groll gegen Kaiser Wilhelm II. und Bismarck zu begraben, bestand eine solche Trennung zwischen staatlichem Leben und den Privatinstinkten des regierenden Hauses in Deutschland nicht. Sie bestand nicht nach den Buchstaben der von Bismarck geschriebenen Reichsverfassung, aber erst recht nicht, als sich nach Bismarcks Entlassung Wilhelm in das hineinsteigerte, was man als den Versuch seines «persönlichen Regiments» bezeichnet hat. Wie ein Absolutist des 18. Jahrhunderts wollte er selbst regieren und betrachtete Reichskanzler, Staatssekretäre und Minister nur als Gehilfen. In dieser Zeit des «persönlichen Regiments» geschah vieles, das nicht nur das britische Königshaus, sondern zunehmend die ganze englische Nation verärgerte. In der Affäre um Wilhelms törichtes Interview mit dem *Daily Telegraph* erreichte die Ära des «Persönlichen Regiments» 1908 einen Höhepunkt. Ein Sturm der Entrüstung durchlief diesmal die deutsche Öffentlichkeit, die zum erstenmal der Gefahren innezuwerden schien, die von einem solchen Regierungsstil ohne Kontrollen und Gegengewichte für die Sicherheit der Nation drohten. Der Kaiser hat sich nie wieder einen derartigen Alleingang angemaßt. Der Weg in den Weltkrieg war jedoch längst angebahnt. Lord Salisbury hat einmal an den britischen Botschafter in Berlin geschrieben: «Es ist ein großes Ärgernis, daß einer der Hauptfaktoren in der europäischen Kalkulation so übertrieben menschlich ist.» Unter «Hauptfaktor» verstand Salisbury die Person des Kaisers

Wilhelm II. Er hätte aber auch recht, würde man seine Worte so auslegen, als meinten sie den monarchischen Regierungsstil überhaupt, der die Völker immer wieder Gefahr laufen ließ, zu Opfern der Verletzungen, Eitelkeiten, Ängste und Familiendramen ihrer Herrscher zu werden.

Im Schatten des übermächtigen Vaters

Herbert und Otto von Bismarck

von Eberhard Kolb

Ich habe keinen sehnlicheren Wunsch auf dieser Welt, als daß Gott der Herr meinem Vater das denkbar längste Leben in steter Kraft verleihen möge – nicht nur zum Heil unseres Landes, sondern auch rein persönlich gesprochen. Ich bin mit allen Fäden meiner Existenz so an ihn festgewachsen, daß ich meine einzige Genugtuung darin finde, für ihn zu leben und zu wirken mit dem ganzen Rest der Kräfte, über die ich noch verfüge; ein Dasein ohne ihn kann ich mir gar nicht vorstellen, es müßte ein Zustand sein, wie unsere alten nordischen Sagen ihn ausmalen, daß er eintreten werde, wenn der Wolf Fenris einst die Sonne verschlungen haben sollte: kalte Nacht, Verwirrung und Verzagtheit überall.» Diese Sätze schrieb Herbert Bismarck, der älteste Sohn und vertraute Mitarbeiter des Reichskanzlers, am 25. September 1887 an seinen engsten Freund Graf Plessen. In der Bekundung persönlicher Gefühle eher scheu, brachte der damals achtunddreißigjährige Kanzlersohn und Staatssekretär des Auswärtigen Amtes zum Ausdruck, was ihm der Vater bedeutete, wie sehr die eigene Existenz in der des Vaters aufging. Otto und Herbert Bismarck – das ist in der Tat eine ganz ungewöhnliche Vater-Sohn-Beziehung, die in dieser Weise bei kaum einer anderen der «politischen Familien» im Deutschland des 19. und 20. Jahrhunderts anzutreffen ist: kein Generationenkonflikt, kein Aufbegehren des Jüngeren gegen väterliche und elterliche Autorität, keine Orientierung an Werten und politischen Vorstellungen, die von denen des Elternhauses abwichen, kein unbändiger Wille zu eigenständiger, selbstbestimmter Daseinsgestaltung. Im hingebungsvollen Dienst am Werk des Vaters fand das Leben des Sohnes Erfüllung – und Grenze.

I

Als Herbert Bismarck am 28. Dezember 1849 in Berlin geboren wurde, war sein Vater Mitglied des preußischen Abgeordnetenhauses für den Wahlkreis Westhavelland-Zauche. Nur ein Tollkühner hätte damals die Prognose gewagt, daß der umtriebige und geistreiche, fest im gegenrevolutionären Lager verwurzelte Landadlige einmal zum führenden deutschen Staatsmann aufsteigen würde. Die Familie Bismarck – am 21. August 1848 war die Tochter Marie geboren, am 1. August 1852 erhielt der Stammhalter Herbert in Wilhelm einen jüngeren Bruder – lebte zur Zeit von Herberts Geburt von den Einkünften aus den Gütern Schönhausen und Kniephof in keineswegs üppigen, aber doch auskömmlichen Verhältnissen.

Zwischen Otto von Bismarck und seiner Frau Johanna, einer geborenen von Puttkamer aus Reinfeld (Hinterpommern), bestand eine harmonische Partnerschaft. Ein tragfähiges Fundament dieser Ehe bildeten nicht zuletzt die gemeinsame Herkunft aus dem Landadel und die fast völlige Übereinstimmung in der Lebenseinstellung sowie in den adligen Wertvorstellungen und Konventionen. Von der tiefen Zuneigung, die Otto und Johanna verband und die achtundvierzig glückliche Ehejahre hindurch Bestand hatte, legen die zahlreichen Briefe, die sie miteinander wechselten, beredtes Zeugnis ab. Bismarck liebte seine Frau wie selten ein Staatsmann seine Lebensgefährtin, und Johanna vergötterte ihren Otto, sah nur seine «guten» Seiten, war nur für ihn da und machte seine Sache immer vorbehaltlos zu der ihrigen. Herbert Bismarck meinte einmal: «Mein Vater hätte sein anstrengendes Leben nicht ertragen, wenn er sie nicht gehabt; dies treue Herz, diese unermüdete Fürsorge, dies tiefe Ausruhen bei ihr.» Auch als Bismarck die höchsten Staatsämter innehatte, blieb die Familie für ihn Fluchtburg und Refugium; die Häuslichkeit der Bismarcks behielt den Zuschnitt eines ostelbischen Gutsbesitzerdomizils. Angehörige der Hocharistokratie haben sich gelegentlich über den «Mangel an Dekorum» im Hause Bismarck mokiert; Graf Eulenburg fand, der «Hauch provinzieller Landedelleute aus kleiner Begüterung» sei niemals aus dem Salon Bismarck gewichen, fügte aber gleich hinzu: «Darum trug der ganze Familienkreis den Stempel der Echtheit. Mochte man an dem Wesen dieses Kreises Geschmack finden oder nicht: Niemand wird ihm den Vorzug des Echten und Unverfälschten abstreiten können.»

Bismarck war seinen drei Kindern ein fürsorglicher und verständnisvoller Vater. Er ließ ihnen in den Jahren der Kindheit und frühen Jugend viel Freiheit, achtete aber auch darauf, daß der schulische Unterricht, zunächst durch Hauslehrer, nicht zu kurz kam. Von 1851 bis 1859 lebte die Familie in Frankfurt am Main, denn 1851 hatte Bismarcks Karriere den entscheidenden Schub erhalten: Den erst Achtunddreißigjährigen ernannte König Friedrich Wilhelm IV. zum preußischen Gesandten am wiedereröffneten Deutschen Bundestag – eine Ernennung, die deutlich aus dem Rahmen des Üblichen herausfiel, wurde einer der wichtigsten diplomatischen Posten Preußens doch einem Manne anvertraut, der bis dahin zwar als Abgeordneter hervorgetreten war und sich als draufgängerischer, konservativer Politiker profiliert hatte, der aber nicht aus der Beamten- oder Diplomatenlaufbahn hervorging. Kein Wunder, daß die Personalentscheidung des preußischen Königs Verwunderung erregte – indessen sollte sie sich als eine glückliche Wahl erweisen. Als preußischer Bundestagsgesandter erwarb sich Bismarck nämlich die Sporen im politischen und diplomatischen Geschäft, so daß Frankfurt für ihn zur ersten Station auf dem steilen Weg nach oben wurde.

Zugleich waren die Frankfurter Jahre für die Bismarcks eine Zeit unbeschwerten Familienlebens. Man pflegte im Hause Bismarck einen Lebensstil, in dem Einfachheit, Nonchalance und Weltläufigkeit zu einer unverwechselbaren Mischung verschmolzen. Bismarcks Studienfreund John Motley, mittlerweile britischer Diplomat, schilderte seine Eindrücke nach einem Besuch in Frankfurt so: «Es ist eines derjenigen Häuser, wo jeder tut, was er will. Hier ist alles versammelt; jung und alt, Großeltern, Kinder und Hunde; da wird gegessen, getrunken, geraucht, Piano gespielt und (im Garten) mit Pistolen geschossen, alles zu gleicher Zeit. Es ist ein Haushalt, wo einem alles angeboten wird, was auf Erden nur gegessen und getrunken werden kann.» Und Johanna berichtete einem Jugendfreund: «Bismarck ist guter Laune, und so will ich es auch sein, habe ich ja auch alle Ursache, besonders wenn ich in die strahlenden Gesichter meiner drei Herzenskinder sehe.»

So war es nur zu verständlich, daß die Bismarcks 1859 höchst ungern aus Frankfurt schieden. Kronprinz Wilhelm hatte Ende 1858 die Regentschaft für den geistig erkrankten Friedrich Wilhelm IV., seinen kinderlosen Bruder, übernommen, die «Neue Ära» eingeleitet und in diesem Zusammenhang ein Personalrevirement vorgenommen, bei dem Bismarck nach Petersburg versetzt wurde – eine Maßnahme, die Bismarck als halbe Verbannung empfand. Fürs erste bedeutete die Übernahme der neuen Aufgabe eine längere Zeit der familiären Trennung, denn Frau und Kinder folgten dem Familienoberhaupt erst im Frühjahr 1860 in die Hauptstadt des Zarenreiches; Herbert war damals zehn Jahre alt, Wilhelm, im Familienkreise Bill genannt, fast acht. Entgegen den ursprünglichen Erwartungen und Befürchtungen fühlten sich die Bismarcks in Petersburg jedoch durchaus wohl; es gab viel gesellschaftlichen Verkehr und glanzvolle Feste. Die Kinder wurden von einem Hauslehrer unterrichtet und hatten eine französische Gouvernante; sie waren allerdings im Winter 1861/62 häufig krank und konnten wegen der grimmigen Kälte wochenlang das Haus nicht verlassen.

Schon im Frühjahr 1862 endete für die Familie der Petersburger Aufenthalt. Bismarcks Ernennung zum preußischen Gesandten in Paris brachte eine erneute Zeit der Trennung von Johanna und den Kindern. Sie verbrachten viele Monate auf dem großelterlichen Gut in Reinfeld, während der Vater seine Gesandtentätigkeit in Paris aufnahm, voll Ungewißheit über deren Dauer. Denn angesichts der schwelenden Regierungskrise im preußischen Verfassungskonflikt hoffte Bismarck, von Wilhelm I. (der nach dem Tod des Bruders am 2. Januar 1861 den Thron bestiegen hatte) als Nothelfer gerufen zu werden und damit auf der Karriereleiter noch höher zu steigen. Doch zunächst standen ausgedehnte Reisen auf dem Programm, da im sommerlichen Paris die dienstlichen Geschäfte ruhten. Bismarck besuchte die Londoner Weltausstellung und verbrachte dann mehrere Wochen im mondänen Seebad Biarritz an der Biscaya, in Gesellschaft des russischen Gesandten in Brüssel,

Nikolai Orlow, und seiner jungen und schönen Frau Katharina; ihr war Bismarck schwärmerisch zugetan – eine Romanze, aber nicht eine «echte» Liebesaffäre.

Dann, endlich, war es soweit: Im September wurde Bismarck nach Berlin befohlen. In der entscheidenden Unterredung mit Wilhelm I. am 22. September zog er alle Register seiner Beredsamkeit, um den König zum Durchhalten im Verfassungskonflikt um die Heeresreform zu bewegen, und erklärte sich bereit, den Kampf durchzufechten. Wenige Tage später wurde er zum preußischen Ministerpräsidenten und Außenminister ernannt. Zwar konnten nun die häuslichen Verhältnisse wieder mehr Stabilität gewinnen, doch zunächst blieb völlig ungewiß, ob dem Ministerium Bismarck eine längere Dauer beschieden sein würde: Die neue Aufgabe glich einem Himmelfahrtskommando, und in den politischen Kreisen der preußischen Hauptstadt dominierte die Auffassung, die Ministerpräsidentschaft des als bedenkenlos und gewalttätig verschrieenen Junkers werde nur ein kurzes Zwischenspiel darstellen. Daß Bismarck dieses Amt fast dreißig Jahre bekleiden würde, lag außerhalb jeder Voraussehbarkeit und Berechnung.

Wie Bismarck die Staatskrise meisterte, wie er die preußische Politik schließlich von Erfolg zu Erfolg führte, ist hier nicht zu erörtern. Vielmehr gilt es, den Blick auf die heranwachsenden Kinder zu richten; Marie war vierzehn, Herbert dreizehn und Bill zehn Jahre alt, als der Vater das Amt des Ministerpräsidenten übernahm. Im Amtssitz, Wilhelmstraße 76, wurde für die Kinder ein Schulzimmer eingerichtet, in dem Herbert und Bill von einem Hauslehrer, einem «Predigtamtskandidaten», Privatunterricht erhielten. Tochter Marie bekam Unterricht bei einer französischen Gouvernante.

Der jüngere Bruder war in all diesen Jahren Herberts engster Gefährte; zwischen den beiden bestand eine feste brüderliche Kameradschaft, die ein Leben lang keinerlei Trübung erfuhr. Gemeinsam traten die beiden Brüder zu Ostern 1866 in die Obersekunda des Friedrich Werderschen Gymnasiums ein (bei dessen Direktor hatte der Vater während seines letzten Schuljahres 1832/33 in Pension gewohnt); gemeinsam bestanden sie im März 1869 die Abiturprüfung (bei der sich Herbert im Fach Geschichte besonders auszeichnete), nahmen im Sommersemester 1869 das Studium an der Universität Bonn auf und begaben sich in den Sommermonaten auf eine längere Reise nach England, Schottland, Paris und Brüssel; gemeinsam begannen sie dann im Oktober den Dienst als Einjährig-Freiwillige bei den Bonner Husaren. Dieser Dienst wurde für Herbert jäh unterbrochen, als er sich Ende November bei einer Mensur eine Verletzung zuzog, die durch schlechte Behandlung zu einer Blutvergiftung führte, die damals wegen fehlender Medikamente lebensgefährlich war. In dieser bedrohlichen Situation wurde deutlich, mit welcher Intensität die Eltern sich um ihre Kinder sorgten. Johanna eilte sofort nach Bonn, um den Kranken zu pflegen, und der Vater erkundigte sich täglich nach dessen Befinden. Schließlich kam der vielbeschäftigte Bundeskanzler selbst nach Bonn, und weil Herbert noch nicht reisefähig war, feierte die Familie dort zusammen Weihnachten.

Zur Beruhigung der Mutter und wohl auch, um die Söhne in der Nähe zu haben, bewirkte Bismarck deren Versetzung von den Bonner Husaren zum I. Garde-Dragoner-Regiment in Berlin. In diesem Regiment machten die beiden Brüder den Feldzug von 1870 mit, Herbert als Fähnrich, Bill als Gefreiter. Für den Bismarckschen Familiensinn bezeichnend, schrieb der Vater vor Beginn der Kampfhandlungen an seinen Sohn Herbert: «Wird einer von euch beiden blessiert, so telegraphiert mir nach des Königs Hauptquartier so schnell wie es geht. Eurer Mutter aber nicht vorher.» Der Fall trat schon wenige Tage später ein. In der mörderischen Schlacht von Mars-la-Tour am 16. August wurde Herbert bei einer Kavallerieattacke verwundet – ein Granatsplitter fuhr ihm in den Oberschenkel, eine Kugel zerschlug die Uhr, die ihm der Vater geschenkt hatte –; Bills Pferd stürzte, tödlich getroffen, und mit ihm der Reiter. Augenzeugen hielten Bill für tot, was sich aber rasch als Irrtum herausstellte. Auf der Suche nach den Söhnen irrte Bismarck in der Nacht verzweifelt über das Schlachtfeld, bis er schließlich Herbert in einem überfüllten Feldlazarett fand und sich Gewißheit verschaffen konnte, daß dessen Verwundung nicht lebensbedrohend war. Herbert wurde nach Bad Nauheim verlegt, wo ihn die Mutter aufopferungsvoll pflegte. Für Herbert war der Feldzug zu Ende, aber Todesgefahr und das Grauen der Schlacht

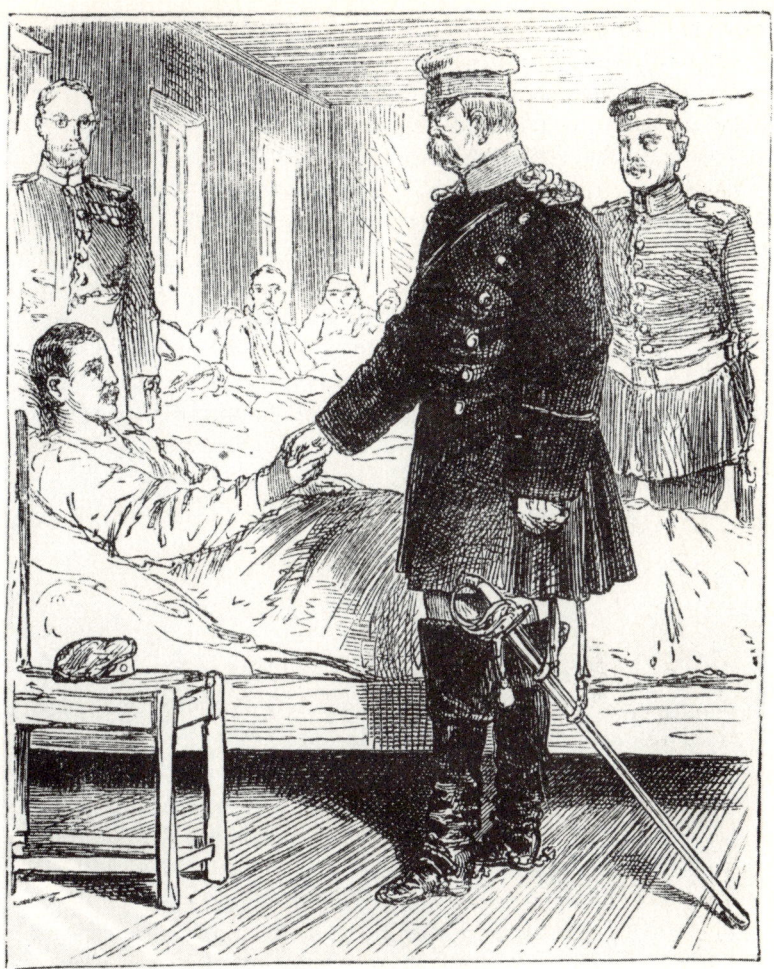

Herbert von Bismarck, Fähnrich im I. Garde-Dragoner-Regiment, wurde in der Schlacht von Mars-la-Tour am 16. August 1870 schwer verwundet. Der Bundeskanzler Graf Bismarck, der sich mit dem Hauptquartier in der Nähe aufhielt, suchte auf erste Kunde hin seinen Sohn und fand ihn in einem überfüllten Feldlazarett.

blieben unvergessen. Erst im Januar 1871 war Herbert so weit hergestellt, daß er sich – inzwischen zum Offizier ernannt – wieder zu seinem Regiment nach Frankreich begeben konnte; als er dort ankam, waren die Kampfhandlungen bereits beendet. Aber stolz konnte Bismarck Anfang Februar an Johanna melden, Herbert sei das Eiserne Kreuz II. Klasse verliehen worden – daran lag dem Kanzler viel, und darum hatte er sich unter Mobilisierung seiner Kontakte bemüht.

Nach Kriegsende blieb Herbert bei seinem Regiment. Anscheinend hatte er damals den Wunsch, die militärische Laufbahn weiter zu verfolgen. Doch allmählich fand er das Leutnants- und Garnisonsleben langweilig und einförmig. Er betrieb staatsrechtliche Studien und ließ sich dann – noch Offizier – 1874 zum Auswärtigen Amt kommandieren. Damit war der Vierundzwanzigjährige an einer entscheidenden Gabelung seines Lebensweges angelangt.

II

Wir wissen nicht, ob Bismarck seinen Ältesten dazu veranlaßt hat, den Militärdienst aufzugeben und eine Karriere in der Diplomatie anzustreben – mit dem Hintergedanken, in ihm eine tatkräftige Stütze im politischen Geschäft zu finden, ihn womöglich sogar als Nachfolger «aufzubauen». Wir wissen ebensowenig, ob Herbert lediglich ausgesprochenen oder unausgesprochenen Wünschen des Vaters mit Sohnesgehorsam nachzukommen suchte, ohne sich der Tragweite seiner 1874 getroffenen Entscheidung voll bewußt zu sein: Indem er in den diplomatischen Dienst eintrat, konnte er sich raschen beruflichen Aufstieg versprechen, doch gleichzeitig begab er sich unter die Herrschaft des willensstarken Vaters, auch wenn er dies nicht als Unterwerfung empfinden mochte, weil er den Vater liebte und bewunderte, dessen Weltsicht teilte und in allen wesentlichen Fragen mit ihm übereinstimmte. Aber Selbständigkeit zu behaupten, die eigenen Anlagen frei zu entfalten, einen selbstbestimmten Weg zu gehen, war unter diesen Umständen schwerlich möglich.

Söhne großer Väter haben es schwer, und besonders schwer hat es ein Sohn, der sich auf jenes Terrain begibt, auf dem der Vater nicht nur Vorgesetzter, sondern unbestrittener Meister ist. Der dem Hause Bismarck nahestehende langjährige bayerische Gesandte in Berlin, Graf Lerchenfeld-Koefering, hat mit Blick auf Herbert Bismarck in seinen Erinnerungen bemerkt: «Es ist immer ein fragwürdiges Schicksal, als Sohn eines der ganz Großen der Erde zur Welt zu kommen. Einerseits leidet der Sohn schon unter dem Vergleich mit dem Vater, andererseits wird ihm doch in Rücksicht auf die Stellung des Vaters von den Menschen zu viel nachgesehen.» Ebendiese Erfahrung mußte Herbert Bismarck zur Genüge machen. Ob er über dergleichen Perspektiven nachgedacht hat, ehe er 1874 zur diplomatischen Laufbahn überwechselte, ob er das Für und Wider sorgfältig reflektierte und erst danach zu seinem Entschluß kam? Kein Zeugnis gibt uns eine klare Antwort auf diese Frage. Kaum fraglich ist es indessen, daß die Problematik von Leben und Leistung Herbert Bismarcks ganz wesentlich in der Entscheidung von 1874 wurzelt.

Obwohl Bismarck in den 1870er Jahren im Zenit seines politischen Wirkens, seines Einflusses und seines Ruhmes stand, glaubte er sich doch umgeben von Neidern und Feinden, die nur darauf aus waren, seine Stellung zu bedrohen und seine Politik zu konterkarieren. Immer wieder klagte er in diesen Jahren über seine zunehmende Vereinsamung. So schrieb er beispielsweise im Dezember 1870 aus Versailles an seine Frau: «Wenn man zu lange Minister ist und dabei nach Gottes Fügung Erfolge hat, so fühlt man deutlich, wie der kalte Sumpf von Mißgunst und Haß einem allmählich höher und höher bis ans Herz steigt; man gewinnt keine neuen Freunde, die alten sterben oder treten in verstimmter Bescheidenheit zurück...» Und ganz ähnlich lauten die Formulierungen in einem Brief an Kriegsminister Roon bei dessen Rücktritt im Jahr 1873: «Im Amte aber wird es einsam um mich sein, je länger, je mehr; die alten Freunde sterben oder werden Feinde, und neue erwirbt man nicht mehr.» In solcher Grundstimmung, erfüllt von tiefem Mißtrauen gegen einen Großteil der politischen Klasse und der Hofgesellschaft, mußte es dem Kanzler höchst willkommen sein, in seinem ältesten Sohn einen befähigten und ihm völlig ergebenen Mitarbeiter heranbilden zu können, auf dessen Treue und Diskretion er sich unbedingt verlassen konnte. Die Frage, ob eine solche «Unterordnung in Abhängigkeit» dem Lebensglück des geliebten Sohnes förderlich sein würde, scheint in den Überlegungen des Kanzlers keine Rolle gespielt zu haben.

Man hat gelegentlich betont, Bill Bismarck habe sich vom Vater viel weniger vereinnahmen lassen als Herbert. Gewiß unterschieden sich die Brüder, ungeachtet ihrer engen Verbundenheit, in ihrem Naturell. Bill urteilte unbefangener, war lebenslustiger und weniger ernst als Herbert, neigte auch zur Bequemlichkeit, während Herbert ganz in der Arbeit aufging. Den Sekretärsdienst beim Vater, den Bill mehrere Jahre lang verrichtete, fand er zu anstrengend, wie er Herbert offen gestand: «Glaube mir, das Leben mit Papa und ein fortwährender verantwortlicher Verkehr mit ihm ist für jemand, der ihn liebt und Unbequemlichkeiten von ihm fernhalten will, ungeheuerlich aufreibend. Er verlangt einen kolossalen Nervenverbrauch. Aber da Du mit ihm unvergleichlich besser eingearbeitet bist als ich, wirst Du diese Nervenwirkungen auch leichter zu vermeiden wissen.» Bill wich früh aus und suchte eine berufliche Tätigkeit in der inneren Verwaltung, außerhalb des unmittelbaren Zuständigkeitsbereichs des übermächtigen Vaters. Man darf bei dieser Gegenüberstellung der beiden Kanzlersöhne jedoch nicht übersehen, daß Bill sich ein höheres Maß an Unabhängigkeit gerade deshalb leisten konnte, weil der ältere Bruder dem Vater zur Seite stand und die Funktion des engsten Mitarbeiters so perfekt ausfüllte.

Bismarck ließ seinem Sohn Herbert eine Schulung in Diplomatie zukommen, wie sie umfassender kaum vorstellbar ist. Nach dem Eintritt ins Auswärtige Amt Anfang 1874 wurde Herbert zunächst den Gesandtschaften in Dresden und München attachiert – das war ein erstes Kennenlernen des diplomatischen Dienstes, Verantwortung hatte er dabei nicht zu tragen, eine strenge Anwesenheitspflicht gab es nicht. So konnte er vom Vater jederzeit als Sekretär herangezogen werden, und eben darauf kam es Bismarck an. Während des Sommers 1874 tat Herbert Sekretärsdienst beim siebenwöchigen Aufenthalt des Kanzlers in Bad Kissingen, die gleiche Funktion übte er im folgenden Jahr von Mai bis Oktober aus. Nach

Ablegung des diplomatischen Examens im März 1876 (mit guten Bewertungen) und der Ernennung zum Legationssekretär gehörte Herbert nominell den Gesandtschaften in Bern und später in Dresden an, tatsächlich aber war er fast ausschließlich in der unmittelbaren Umgebung des Vaters als dessen Sekretär tätig – ganz gleich, wo sich der Kanzler aufhielt, ob in Berlin, in Varzin, in Friedrichsruh oder in einem Kurort. Bei Bismarcks Kissinger Kuraufenthalt im Sommer 1877 brachte Herbert das berühmte «Kissinger Diktat» zu Papier, in dem Bismarck – angesichts der konfliktgeladenen Entwicklung auf dem Balkan – die Grundgedanken seines außenpolitischen Konzepts mit bestechender Klarheit und Eindringlichkeit formulierte und eine Art idealer Konstellation der europäischen Mächte entwarf, die den ihn permanent beunruhigenden «cauchemar des coalitions» zwar nicht aufhob, aber verminderte. Der «cauchemar des coalitions», «diese Art Alp», werde für einen deutschen Minister «noch lange, und vielleicht immer ein sehr berechtigter bleiben. Koalitionen gegen uns können auf westmächtlicher Basis mit Zutritt Österreichs sich bilden, gefährlicher vielleicht noch auf russisch–österreichisch–französischer; eine große Intimität zwischen zweien der drei letztgenannten Mächte würde der dritten unter ihnen jederzeit das Mittel zu einem sehr empfindlichen Drucke auf uns bieten.» Das «Bild» einer dem deutschen Interesse entsprechenden Konstellation, das ihm vorschwebe, sei «nicht das irgend eines Ländererwerbes, sondern einer politischen Gesamtsituation, in welcher alle Mächte außer Frankreich unser bedürfen, und von Koalitionen gegen uns durch ihre Beziehungen zueinander nach Möglichkeit abgehalten werden.»

Reflexionen wie die im «Kissinger Diktat» festgehaltenen dienten Bismarck zur Selbstvergewisserung über die konzeptionellen Voraussetzungen seines in der Mächtepolitik zu verfolgenden Kurses. Sie waren selbstverständlich nicht für die Öffentlichkeit bestimmt, nicht einmal für den dienstlichen Gebrauch innerhalb des Auswärtigen Amtes. Dem noch nicht dreißigjährigen Kanzlersohn jedoch ermöglichte die Tätigkeit als Sekretär des Vaters, schon in jungen Jahren die Arkana der Bismarckschen Politik genau kennenzulernen und mit Bismarcks Stil des politischen Denkens und Handelns intim vertraut zu werden. Das bedeutete nicht nur eine einzigartige Schulung in praktischer Außenpolitik, sondern Herbert gewann dadurch auch einen gewaltigen Vorsprung gegenüber allen gleichaltrigen – und selbst vielen älteren – Angehörigen des deutschen diplomatischen Dienstes. Herbert Bismarck hat einmal, lange nach seinem Ausscheiden aus dem Amt, zu dem Historiker Erich Marcks geäußert, daß sein Vater, wie er selbst mehr als einmal erklärt habe, «über seine wichtigsten Pläne und Wege, auf denen er sie zu erreichen hoffte, mit niemandem sprechen konnte, um sie nicht durch Indiskretionen oder Eigensucht compromittiert zu sehen». Diese Schranke galt nicht für den Sohn, dem er unbedingtes Vertrauen entgegenbrachte, und so konnte Herbert die innersten Gedanken des Vaters in den siebziger Jahren rezipieren und gleichsam verinnerlichen, in den achtziger Jahren dann – in diesen Bahnen denkend – an deren Umsetzung mitwirken.

Wo immer sich die Bismarcks in diesen Jahren aufhielten, sie führten ein gastfreies Haus, in Berlin ebenso wie auf den Gütern Varzin und Friedrichsruh. Das pommersche Gut Varzin hatte Bismarck aus der Dotation erworben, mit der König Wilhelm nach dem Krieg von 1866 Bismarcks Verdienste auszeichnete (damals wurde Bismarck auch in den Grafenstand erhoben). Friedrichsruh lag im «Sachsenwald», in der Domäne Schwarzenbek (Herzogtum Lauenburg), Kaiser Wilhelms Schenkung an Bismarck nach dem Krieg von 1870, die er wenige Monate nach der Verleihung des Fürstentitels tätigte; ein wahrhaft fürstliches Besitztum von rund 25000 Morgen, durch Zukäufe noch vergrößert.

Im Lauf der siebziger Jahre wurde Friedrichsruh zum bevorzugten Domizil der Bismarcks; dort verbrachten sie einen großen Teil des Jahres und empfingen viele Gäste. Wenn der Kanzler in Friedrichsruh weilte, war häufig Herbert in seiner Nähe und vermittelte den Geschäftsverkehr mit dem Auswärtigen Amt und der Reichskanzlei. Unter den Gästen, die sich in Friedrichsruh einfanden, waren manche Freunde Herberts, die gleich ihm am Anfang der diplomatischen Laufbahn standen wie Graf Philipp Eulenburg, knapp zwei Jahre älter als Herbert, der spätere Intimus von Kaiser Wilhelm II., und der gleichaltrige Bernhard von Bülow, der spätere Reichskanzler, Sohn des von Bismarck hoch geschätzten Staatssekretärs im Auswärtigen Amt (der 1879 verstarb). Zum Freundeskreis zählte damals auch Friedrich von Holstein, der sich – elf Jahre älter als Herbert – als dessen Mentor verstand und später zum geschworenen Feind der Bismarcks wurde. Zum engsten Familienkreis gehörte ferner der Schwiegersohn Kuno von Rantzau, seit 1878 mit Tochter Marie verheiratet. Marie, ziemlich träge und geistig uninteressiert, war zum Kummer der Eltern lange unverheiratet geblieben. Schließlich lernte sie den «Mann des Lebens» kennen, Graf Wend zu Eulenburg, einen Vetter von Herberts Freund Philipp Eulenburg; doch wenige Wochen nach der Verlobung starb Wend an einem Nervenfieber. Zwei Jahre später heiratete Marie dann Graf Rantzau, der in den diplomatischen Dienst eintrat und zeitweilig auch als Privatsekretär Bismarcks arbeitete.

Die Berliner Residenz der Bismarcks war seit Anfang 1878 das Palais Radziwill, das nun das Reichskanzleramt beherbergte. Bereits wenige Monate nach dem Umzug fand in den distinguierten Räumen der Reichskanzlei der «Berliner Kongreß» statt, auf dem unter Vorsitz des deutschen Reichskanzlers die Repräsentanten der großen europäischen Mächte eine Regelung der Balkanfragen ausarbeiteten. Herbert agierte beim Kongreß – neben dem Gesandten Radowitz und Bernhard Bülow – als Sekretär und hatte auf diese Weise Gelegenheit, die führenden europäischen Staatsmänner aus der Nähe kennenzulernen.

Gleich nach Abschluß des Kongresses begab sich Herbert in den Wahlkampf zur Reichstagswahl. Da nach der Reichstagsauflösung deutlich gemacht werden sollte, daß Bismarck mit dem linken Flügel der Nationalliberalen gebrochen hatte, war zunächst daran gedacht worden, Herbert als Gegenkandidaten zu Lasker im sächsisch-meiningischen Wahlkreis Sonneberg-Saalfeld antreten zu lassen. Dazu kam es dann doch nicht. Herbert kandidierte im heimatlichen Wahlkreis Herzogtum Lauenburg – und unterlag schon im ersten Wahlgang knapp dem nationalliberalen Kandidaten. Die Berichte über seine Wahlreden lassen erkennen, daß er alles andere als ein mitreißender Redner war; in der öffentlichen Rede lag gewiß nicht seine Stärke.

Erfolgreicher verlief hingegen die diplomatische Karriere. Im März 1880 wurde Herbert zum Legationsrat ernannt. In einem überschwenglichen Schreiben dankte der Reichskanzler dem Kaiser für diese «Gnade», die er als «Beglückung» für sich selbst emp-fand, durch die ihm «auch in körperlichen Leiden die Freudigkeit im allerhöchsten Dienst» erhalten werde: «Mein Sohn wird von mir die treue Anhänglichkeit an Eure Majestät ohnehin erben, aber die gnädige Auszeichnung, die er dem heutigen Tage zu danken hat, wird ihm auch ein Sporn sein, sich unter seinen Standesgenos-sen dadurch auszuzeichnen, daß er die Treue nicht bloß in der Emp-findung, sondern auch durch arbeitsame Tätigkeit im allerhöchsten Dienste bekundet.» Deutlicher konnte schwerlich zum Ausdruck gebracht werden, wie sehr der Reichskanzler das Fortkommen sei-nes ältesten Sohnes zur eigenen Sache gemacht hatte.

Als Herbert Bismarck dann im Januar 1881 in die Politische Ab-teilung des Auswärtigen Amtes versetzt wurde und damit eine herausgehobene Position im eigentlichen Nervenzentrum der deutschen Außenpolitik erhielt, schien eine glückhafte Zukunft verbürgt. Doch schon wenig später sah alles ganz anders aus. Her-bert Bismarck stürzte in seine tiefste Lebenskrise, die gleichzeitig die schwerste Krise im Verhältnis zu seinem Vater war.

III

Herbert Bismarck als Dreißigjähriger: ein hochgewachsener, schlanker, gut aussehender Mann, in der äußeren Erscheinung und Physiognomie übrigens dem Vater in dessen jüngeren Jahren nicht unähnlich. Herbert «bestach die Menschen, wie auch mich, durch eine Art frohen, klugen und jungen Selbstbewußtseins» – so cha-rakterisierte ihn sein damaliger Freund Philipp Eulenburg. Dem Erstgeborenen des Reichskanzlers schien eine glänzende Zukunft beschieden: Er würde eines Tages nicht nur das große Bismarck-sche Besitztum und den Fürstentitel erben, sondern womöglich auch das politische Erbe des Vaters antreten. Kein Wunder, daß Herbert ein begehrter Junggeselle war und viele Verehrerinnen hatte. Etwa Mitte der siebziger Jahre verliebte er sich leidenschaft-lich in die schöne, elegante und mondäne Fürstin Elisabeth Caro-lath-Beuthen, die mit ihrem Mann, wie es heißt, «in höchst unglücklicher Ehe» lebte, sich mit Scheidungsabsichten trug und sich schließlich im April 1881 scheiden ließ, in der festen Erwartung, daß Herbert sie heiraten werde. Herbert war dazu auch unbedingt entschlossen – aber die Eltern erzwangen den Verzicht auf diese Ehe, wobei es zwischen Vater und Sohn zu Szenen kam, die an Dramatik kaum zu überbieten waren.

Von dieser «Tragödie» im Leben Herbert Bismarcks weiß man erst seit 1923 – in der älteren Bismarckliteratur ist davon mit keinem Wort die Rede –, und was darüber bekannt ist, weiß man durch eine Veröffentlichung Philipp Eulenburgs, der als Achtzehnjähriger selbst in die – damals noch unverheiratete – Komtesse Elisabeth verliebt gewesen war und dem Herbert in den Wochen seiner Lebenskrise in bewegenden Briefen seine seelischen Nöte und seine tiefe Verzweiflung anvertraute. Herbert bat Eulenburg später, diese Briefe zu vernichten; doch Eulenburg kam diesem Wunsch nicht nach (von der Korrespondenz zwischen Herbert und der Fürstin scheint nichts erhalten geblieben zu sein). Ab 1890 bestand zwischen den Bismarcks und Philipp Eulenburg erbitterte Feindschaft, weil Eulenburg nach Bismarcks Entlassung fest zu Kaiser Wilhelm II. hielt und zum eigentlichen Architekten des «persönlichen Regiments» und zum Haupt der Kamarilla wurde; gleichwohl fiel er nach den Eulenburg-Prozessen (wegen angeblicher Homosexualität) beim Kaiser in Ungnade und starb als Verfemter 1921. In seinen posthum erschienenen Erinnerungen wollte Eulenburg durch die Publikation von Herberts Briefen dokumentieren, in wie engen Beziehungen er einst zum Hause Bismarck gestanden hatte und daß er in den Wochen des zermürbenden Konflikts zwischen Vater und Sohn Herberts Beistand, Freund und Ratgeber gewesen war. So wurde ein bis dahin «von zwei vornehmen Familien gehütetes Geheimnis preisgegeben».

Weshalb wehrte sich der Kanzler mit dem Aufgebot aller Kräfte und unter Einsatz massiver Droh- und Druckmittel gegen eine Ehe seines Sohnes mit der Fürstin Carolath? Die Fürstin entstammte der katholischen und dazu exzentrischen Familie Hatzfeldt-Trachenberg; außerdem war sie zehn Jahre älter als Herbert, ihre Ehe war kinderlos geblieben, und es mußte fraglich sein, ob sie noch Kinder bekommen konnte; und nicht zuletzt war sie eine geschie-

dene Frau – Ehescheidungen waren in der katholischen Aristokra-
tenfamilie der Hatzfeldts übrigens an der Tagesordnung: Auch Elisabeths Vater sowie ihre Tante Sophie (skandalumwitterte Gefähr-
tin Ferdinand Lassalles) und ihr Vetter Paul Graf Hatzfeld hatten
sich scheiden lassen. All dies hätte schon genügt, Herberts Er-
wählte den Eltern suspekt zu machen. Noch schwerwiegender war
jedoch, daß die Hatzfeldt-Trachenbergs in engen familiären Beziehungen zum Lager der Anti-Bismarck-Fronde standen. Elisabeths
Schwester Franziska war mit Generalfeldmarschall Walter Freiherr
von Loë verheiratet, dessen Vetter Felix, Mitbegründer des Zentrums, im Kulturkampf einer der grimmigsten und exponiertesten
Gegner Bismarcks war. Elisabeths Stiefschwester war die Gattin
des Hausministers Alexander von Schleinitz, der zu den meistge-
haßten Persönlichkeiten im Hause Bismarck gehörte, zumal er der
Kaiserin Augusta nahestand, die Bismarck immer für seine gefähr-
lichste Feindin hielt. Uns Heutige mutet es seltsam fremd und
befremdlich an, daß Familienkonnexionen seinerzeit eine solche Bedeutung zugemessen wurde, wenn es sich um Herzensangelegen-
heiten handelte. Doch in der damaligen höfischen und adligen Welt
spielten sie tatsächlich eine kaum zu überschätzende Rolle, auch
war eine Liebesheirat in Kreisen des Hochadels keineswegs eine
Selbstverständlichkeit. Gewiß: Otto von Bismarck war eine solche
Liebesheirat eingegangen; aber als er seine Johanna kennenlernte,
sich in sie verliebte und die Ehe mit ihr schloß, war er ein kleiner
Landadliger und Johanna eine adlige Gutsbesitzertochter. Jetzt aber
stand Bismarck an der Spitze des Reiches, und die Heirat seines
Erstgeborenen und präsumtiven Erben war durchaus ein Ereignis
von politischer Dimension.

Bismarck beherrschte panische Furcht, durch die Ehe Herberts
mit der Fürstin Carolath könne der Sohn dem Elternhaus entfrem-
det werden, wogegen sich der ausgeprägte Bismarcksche Familiensinn mit Zähnen und Klauen wehrte; ja, Herbert könne womöglich
unter den Einfluß des bismarckfeindlichen Lagers kommen, so daß
das schrankenlose Vertrauen, das bisher zwischen Vater und Sohn
bestanden hatte, Schaden nehmen würde – ein so uneingeschränk-
tes Einvernehmen zwischen dem Vater und Herbert als dem unbedingt verläßlichen Mitarbeiter, wie es sich in den vergangenen Jah-

ren herausgebildet hatte und das systematisch auszubauen Bismarck am Herzen lag, würde dann nicht mehr möglich sein. Dergleichen Beweggründe dürften die Ursache von Bismarcks exzessiver Reaktion auf Herberts Heiratsplan gewesen sein, nicht so sehr «schrankenlose Eifersucht des Vaters», der es nicht hinnehmen wollte, daß der Sohn die Abhängigkeit von ihm abstoßen und wirkliche Selbständigkeit gewinnen würde. Trotzdem hatte Bismarcks Verhalten im Frühjahr 1881 etwas Erschreckendes. Daß er sich damals in einem verheerenden Gesundheitszustand befand – die Ärzte glaubten damals, Bismarck habe nur noch wenige Monate zu leben – und auch Johanna gesundheitlich stark angeschlagen war, erklärt manches, aber nicht alles.

Verfolgen wir nun die Entwicklung des Konflikts, der nach der Scheidung der Fürstin Carolath seinen Kulminationspunkt erreichte, anhand von Herberts Briefen an Philipp Eulenburg. Nur in einer wirklichen Existenzkrise vermochte Herbert, dem es nicht lag, seine Gefühle zu offenbaren, einem Freund in dieser Weise sein Herz zu öffnen. Zur Zeit der Scheidung hielt sich Fürstin Elisabeth in Venedig auf – also weit entfernt von Berlin, wo Herbert seine Dienstgeschäfte zu verrichten hatte, und infolge der Aufregungen war sie lebensgefährlich erkrankt. Am 20. April schrieb Herbert an Eulenburg, der zu dieser Zeit an der deutschen Botschaft in Paris beschäftigt war, der Scheidungstermin sei nun definitiv auf den 23. April festgesetzt. «Anfang Mai will ich dann selbst nach Venedig fahren, und mit ihr suchen, ob es eine Möglichkeit gibt, das Leben für sie wie für mich so einzurichten, daß es noch weiter zu ertragen ist – viel Hoffnung ist mir ja leider nicht gelassen, aber ich will sie doch bis zum letzten Moment nicht aufgeben, die mir noch bleibt. Wenn ich hinreisen kann, würde ich dann nach der Rückkehr, nachdem wir alles zusammen erwogen haben, noch einen letzten Versuch bei meinem Vater machen – ich fühle jetzt schon, als ob es sich um Leben und Sterben handelt, und wie es dann wird, weiß nur Gott!...»

Herbert Bismarck an Philipp Eulenburg am 28. April: «...Sie schrieben mir jetzt, ich sollte erwägen, ob eine Versöhnung mit meinen Eltern später denkbar wäre, wenn ich jetzt auch gegen ihren Willen heiratete! Läge die Sache so, daß diese Fragestellung überhaupt möglich wäre, dann wäre meine Lage nicht so verzweifelt trostlos! Nein, bis dahin kommt es gar nicht! Mein Vater hat mir unter schluchzenden Tränen gesagt, es wäre sein fester Entschluß, nicht weiter zu leben, wenn diese Heirat zustande käme, er hätte genug vom Leben, nur in der Hoffnung auf mich noch Trost bei all seinen Kämpfen gefunden, und wenn das jetzt ihm auch genommen würde, wäre es aus mit ihm...» Die Unmöglichkeit einer Heirat liege unter anderm auch darin, «daß mir der Abschied verweigert wird, und daß ich als Beamter ohne Konsens gar nicht heiraten kann! Sie haben sich meine Situation wohl schwer gedacht – so schwer aber vielleicht doch nicht, wie Sie Ihnen jetzt erscheinen wird – überall Tod und Verderben, wohin ich mich auch wenden mag. Und scheide ich selbst aus dem Leben, so mache ich der Fürstin ihre Lage noch schwerer und allen, die mich lieben, den schwersten Kummer!...»

Herbert Bismarck an Philipp Eulenburg am 30. April: «Was ich Ihnen zuletzt mitteilte, ist seitdem leider nur noch verschärft worden, ich bin eben in einer unmöglichen Lage, aus der ich lebendig nicht herauskomme, ich habe keinen Raum mehr in der Welt! Daß es meinen Eltern ans Leben geht, wenn die Heirat stattfindet, ist ein zu entsetzlicher Gedanke, aber nicht weniger schwer drückt es mein verquältes Herz, daß die Fürstin mir schreibt, sie wolle nicht weiter leben, wenn es nicht zur Heirat käme... Dabei wird mir der Abschied aus dem Dienst verweigert, ich kann also ohne Konsens gar nicht heiraten (vor Ablauf von 10 Monaten geht es überhaupt gesetzlich nicht), und ich muß doch auch daran denken, daß ich der Fürstin gar nichts bieten kann, denn nach den Majoratsstatuten, wie sie eben mit Genehmigung des Kaisers geändert sind, ist derjenige Sohn enterbt, der eine geschiedene Frau heiratet, und da mein Vater nichts hat außer dem großen Grundbesitz der beiden Majorate, so bleibt mir nichts, Pflichtteil gibt es bei Majoraten nicht. Dies wäre mir nun ja egal, wo ich doch in keinem Fall nach der Heirat lange leben könnte, denn der Bruch und das Verderben meiner Eltern würde mich umbringen... Es ist eben jeder Ausweg genommen, und so bitter, wie mein Vater sich jetzt über die arme Fürstin äußert, ist gar kein Gedanke, daß er mir dann Geld geben würde – er sagt, wenn die Fürstin seinen Namen trüge, würde ihn das zum Selbstmörder machen!»

Anfang Mai forderte Elisabeth Carolath Herbert ultimativ auf, sie in Venedig zu besuchen. «Sie sagt», so Herbert am 6. Mai an Eulenburg, «mein Vater wäre ganz herzlos und beginge ein schweres Unrecht, wenn er die Heirat hinderte, denn schon die Bibel sagte, daß der Mann um der Frau willen, die er liebte, Vater und Mutter verlassen solle. Ich ringe und kämpfe um einen Ausweg, kann aber keinen finden... Mein Vater hat mir erklärt, wenn ich absolut nach Venedig reisen wollte, so würde er mitreisen, ihm läge an mir und an der Verhinderung der Heirat mehr als am ganzen Reich, seinen Geschäften und dem Rest seines Lebens...» Stünden diese Sätze nicht in einem als authentisch anzusehenden Dokument, man würde das Berichtete kaum für möglich halten und glauben können! Die Eruption wilder Gefühlsstürme und die Wucht der väterlichen Einschüchterungsaktion erreichten ein kaum mehr überbietbares Ausmaß.

Herbert wußte, daß des Vaters Verzweiflungsausbrüche echt und keine Theatralik waren, und er wußte auch um dessen zu dieser Zeit desolaten Gesundheitszustand und depressive Gemütsverfassung – er unterließ die geplante Reise nach Venedig und verzichtete auf die Ehe mit Elisabeth Carolath. Resigniert gestand er am 20. Mai dem Freund Eulenburg: «Mir ist nicht im Innern zu Mut wie einem schwer Verwundeten, den die Zeit noch einmal heilen kann, sondern wie jemandem, dem das Rückgrat gebrochen ist, und den selbst die wohlwollendsten Ärzte nur mit Bedauern, aber im Gefühl, daß nichts zu machen ist, betrachten können. Ich habe nur den Wunsch, die Fürstin noch einmal wiederzusehen...» Zu einem solchen Wiedersehen ist es nie gekommen. Elisabeth Carolath, die fest überzeugt gewesen war, Herbert würde ihretwegen mit den Eltern brechen und die Heirat wagen, fühlte sich in ihrem unbändigen Stolz und Selbstgefühl aufs tiefste verletzt; sie wollte nichts mehr von Herbert wissen. «Kein Wort, kein Brief, kein Gruß mehr an diesen Mann» – so Eulenburg. In Venedig verbrachte sie einsam ihr weiteres Leben. Im Januar 1918 ist sie dort gestorben.

Herbert Bismarck wurde, seit man von der dramatischen Auseinandersetzung um die beabsichtigte Heirat weiß, gelegentlich der
Vorwurf gemacht, er habe in der Stunde der Bewährung versagt,
weil er sich dem Diktat des Vaters unterwarf, statt seinen eigenen
Willen durchzusetzen; er habe sich unehrenhaft gegenüber der Frau
verhalten, die sich seinetwegen hatte scheiden lassen. Wer so urteilt, verkennt das Ausmaß von Herberts persönlicher Tragödie –
wenn das Wesen der Tragödie in der Ausweglosigkeit besteht, darf
man tatsächlich von einer Tragödie sprechen. Herbert stand vor
einer Lage, in der jede Entscheidung zu einer Katastrophe führen
mußte. Wenn er schließlich der Unnachgiebigkeit des Vaters wich,
so dürften materielle Gesichtspunkte wohl kaum ausschlaggebend
gewesen sein; letztlich bestimmend war die Einsicht in politische
und menschliche Notwendigkeiten: der Wunsch, die Arbeitsfähig-
keit des deutschen Reichskanzlers – und damit in seiner Sicht die
Geschicke des Reichs – nicht vollends aufs Spiel zu setzen; um den
Preis des Verzichts auf privates Lebensglück gehorchte er einem
hohen Pflichtgefühl. Die Fürstin Carolath verkannte in geradezu
erstaunlicher Weise Herberts tiefgehende Bindungen an das Elternhaus, und so ist – wie Ernst Engelberg mit Recht anmerkt – die
Frage erlaubt, ob diese Frau Herbert wirklich «das ersehnte Glück
gebracht haben würde».

Für Herbert erwuchs aus Verlauf und Ausgang des Konflikts Le-
bensüberdruß, innere Unfrohheit, fatalistische Ergebenheit in das
Schicksal. Melancholisch schrieb er, der Zweiunddreißigjährige,
dem Freund Stumm am 24. Juni 1881: «Aus mir kann aber doch
nichts mehr werden, ich habe in meinem kurzen Leben zehnmal
mehr Widerwärtigkeiten erlebt, als andere in einem siebzigjährigen, und unendlich viel härtere als Sie wissen und glauben: ich
fühle mich müde und alt, und muß mich doch quälen, so lange ich
das Leben behalte: Das scheint meine Bestimmung zu sein, in die
man sich schließlich ergeben muß; möchte es nur nicht mehr zu
lange dauern – mich ekelt vor der Zukunft, im politischen wie im
persönlich-menschlichen Sinne...»

Ohne Zweifel hat die unglücklich gebliebene Liebe, der vom Vater ihm abgerungene Verzicht auf die Ehe mit Elisabeth Carolath,
einen Bruch in der Entwicklung von Herberts Persönlichkeit be-

wirkt. Immer ausgeprägter traten in den achtziger Jahren Schroffheit und Rücksichtslosigkeit im Umgang mit anderen Menschen – und zumal gegenüber Untergebenen – hervor, auch eine offen zur Schau getragene Menschenverachtung. Zunehmend wurde ihm der Alkohol zum Tröster. Zeitgenossen, die nichts von Herberts «Tragödie» wußten, waren häufig schockiert und hielten diese Eigenschaften für anlagebedingt. Gewiß war es den Bismarcksöhnen nicht bekömmlich, daß sie schon in Jugendjahren viel Kriechertum selbst hochgestellter Persönlichkeiten vor ihrem mächtigen Vater erlebt hatten und ihnen von anderen manches nachgesehen wurde, was bei ihren Altersgenossen nicht unbeanstandet blieb. Aber die Berichte über Herberts Wesen und Auftreten in den späten siebziger Jahren zeichnen doch überwiegend das Bild eines sympathischen, umgänglichen und lebenszugewandten jungen Mannes. Dies spricht dafür, daß Charaktereigenschaften wie Zynismus, Menschenverachtung, Schroffheit, ja Brutalität – mögen sie bei Herbert bis zu einem gewissen Grad auch angelegt gewesen sein – doch erst in der Konsequenz der Lebenskrise von 1881 zu einem beherrschenden Signum seiner Persönlichkeit wurden.

Merkwürdigerweise ist – soweit wir sehen – Herberts Verhältnis zu den Eltern durch den von diesen erzwungenen Verzicht auf die Heirat überhaupt nicht beschädigt worden. Es gibt keinerlei Anhaltspunkte für die Annahme, Herberts Verbitterung habe sich gegen die Eltern gerichtet, er habe ihnen Vorwürfe gemacht oder dem Vater sein Verhalten im Jahr 1881 nachgetragen. Statt dessen nichts als Anhänglichkeit, Fürsorge und das unausgesetzte Bemühen, den Eltern und vor allem dem Vater Leben und Arbeiten nach Möglichkeit zu erleichtern. Ein gewichtigeres Indiz für die Stärke des familiären Zusammenhalts im Hause Bismarck und für die selbst durch einen dramatischen Konflikt nicht zu erschütternde Festigkeit der Sohn-Vater-Beziehung ist kaum denkbar.

IV

Mochten die Wunden, die die Auseinandersetzungen des Frühjahrs 1881 geschlagen hatten, auch nur langsam – wenn überhaupt –
vernarben: Herberts Leben mußte weitergehen; und es ging weiter.
Nach dem genau durchdachten Plan des Vaters setzte Herbert seine
diplomatischen Lehrjahre fort. Auf die Jahre der Sekretärstätigkeit
in der Nähe des Kanzlers folgte nun eine Phase des Wirkens auf
diplomatischen Posten in mehreren europäischen Hauptstädten,
mit allmählich sich erweiterndem Radius der Verantwortung. Am
prägendsten war zweifellos Herberts langer Aufenthalt in London.
Mit Unterbrechungen (u. a. durch eine Mission nach Wien) weilte
Herbert knapp zwei Jahre in London, von der Ernennung zum
zweiten Sekretär an der dortigen deutschen Botschaft Ende 1881
bis zur Beförderung zum Botschaftsrat Anfang 1883. Auch später
kam er immer wieder für Tage oder Wochen nach England, auf
verschiedenen Spezialmissionen, für die er besonders geeignet war,
weil er sich in der Zeit der Tätigkeit an der Londoner Botschaft
erheblichen politischen Kredit und persönliches Ansehen bei den
maßgebenden britischen Politikern erworben hatte. Gewiß galt die
überaus freundliche Aufnahme, die Herbert Bismarck 1881 in den
politischen Kreisen der englischen Hauptstadt fand, auch und vor
allem dem Sohn des deutschen Reichskanzlers, dessen Zuneigung
zu seinem Erstgeborenen bekannt war. Aber Herbert hat es doch
durch sein eigenes Verhalten, durch Umgänglichkeit und Freimütigkeit verstanden, persönliche Sympathien zu gewinnen und
viele Kontakte aufzubauen. Er wurde von führenden Repräsentanten beider großen Parteien, der Liberalen und der Tories, auf deren
Landsitze eingeladen und lernte so zahlreiche Persönlichkeiten
näher kennen, die in der englischen Gesellschaft und Politik Rang
und Namen hatten. Zu dem etwa gleichaltrigen Lord Rosebury,
damals Unterstaatssekretär im Foreign Office, später Außenminister und 1894/95 Prime Minister, entwickelte sich eine enge
Freundschaft, die ein Leben lang ungetrübt fortbestand. In zahlreichen Berichten und Privatbriefen informierte Herbert den Vater
über seine Eindrücke, seine Einschätzung der Verhältnisse in Groß-

britannien und seine Vorstellungen hinsichtlich der Ausgestaltung der Beziehungen zwischen dem Deutschen Reich und der Weltmacht Großbritannien.

In der ersten Jahreshälfte 1884 war Herbert für einige Monate an die Botschaft in Petersburg abgeordnet; diese Versetzung sollte Bismarcks Interesse an der Aufrechterhaltung guter Beziehungen zwischen den beiden Höfen dokumentieren. Auch in Petersburg nahm man den Kanzlersohn sehr zuvorkommend auf, der hier seinen Horizont erweitern und wertvolle persönliche Kontakte knüpfen konnte. Im Juli 1884 wurde Herbert Bismarck zum Gesandten in Den Haag ernannt. Bismarck ging es dabei um die Rangerhöhung als solche; Herbert bekleidete den Posten lediglich mehr oder weniger nominell, er hielt sich nur selten in Den Haag auf, meist arbeitete er in der Nähe des Reichskanzlers – die Signale waren nunmehr ganz auf eine Verwendung in herausragender Position der Zentrale gestellt. Bei der Reichstagswahl im Oktober 1884 eroberte Herbert das Mandat im Wahlkreis Herzogtum Lauenburg (das er dann nach der Ernennung zum Staatssekretär niederlegte).

Schon wenige Wochen später bereitete sich die endgültige Übersiedlung nach Berlin vor. In einem Brief an Holstein bemerkte Herbert: «Daß ich nicht mit großer Freudigkeit nach Berlin komme, sondern lediglich weil mein Vater es wünscht, wissen Sie. Das Leben dort ist mir unsympathisch und bekommt mir auch nicht... Alle die faux frais der geschäftlichen, reichstäglichen und weit verzweigten persönlichen Beziehungen quälen mich jetzt schon, wenn ich nur daran denke ... Woher soll Spannkraft kommen?» Im Mai 1885 erfolgte die Ernennung zum Unterstaatssekretär des Auswärtigen Amtes, und da der Staatssekretär Paul von Hatzfeldt die Geschäfte mit einer gewissen Lässigkeit führte (im Auswärtigen Amt sprach man vom «faulen Paul»), übte er schon von diesem Zeitpunkt an faktisch die Funktion des Staatssekretärs aus. Ein Jahr später, nach Hatzfeldts Berufung auf den Botschafterposten in London, wurde Herbert dann offiziell zum Staatssekretär ernannt. Damit war der Fünfunddreißigjährige Leiter des Auswärtigen Amts, wenn die Gesamtverantwortung für die deutsche Außenpolitik auch in den Händen des Reichskanzlers verblieb.

Herbert von Bismarck und sein Vater in den achtziger Jahren.

Die ungewöhnlich rasche Karriere des Kanzlersohns hat verständlicherweise Aufsehen erregt, und viele Zeitgenossen, insbesondere Angehörige der politischen Klasse, sahen in Herberts Avancement nicht nur einen Akt des Nepotismus, sie waren auch überzeugt, der Kanzler suche auf diese Weise den Sohn systematisch zum eigenen Nachfolger aufzubauen. Im Kronprinzenkreis kam damals das gehässige Wort vom «Hausmeiertum» auf: Dem Kanzler wurde unterstellt, machtbesessen strebe er danach, den Monarchen ins Abseits des rein Dekorativen abzudrängen und eine «Dynastie Bismarck» zu etablieren. Daß Bismarck den Aufstieg des Sohnes an die Spitze des Auswärtigen Amtes beschleunigte, weil er dieses Amt bei einem Thronwechsel (den man damals allgemein als nahe bevorstehend betrachtete) in den Händen eines ihm völlig ergebenen und zuverlässigen Mitarbeiters und Beraters wissen wollte, ist nicht fraglich. Und ebensowenig ist fraglich: Herbert Bismarck verdankte seinen Aufstieg der Tatsache, daß er der Sohn des Kanzlers war. Aber wesentlicher ist doch wohl die Frage, ob Herbert Bismarcks Beförderung in hohe Positionen schon in jungen Jahren nur deshalb erfolgte, weil er «Sohn» war – ungeachtet der Beurteilung seiner Eignung und Befähigung zur Wahrnehmung der ihm übertragenen Aufgaben; ob Geeignetere und Befähigtere seinetwegen übergangen wurden. Diese Frage dürfte dahin gehend zu beantworten sein: Herbert Bismarck, der seine Karriere im diplomatischen Dienst nicht aus zügellosem Ehrgeiz betrieb, sondern sich vom geliebten und bewunderten Vater in die Pflicht genommen sah, war auf das Staatssekretärsamt außerordentlich gründlich und umfassend vorbereitet und zeigte sich den Aufgaben voll gewachsen. So wurde er dem Vater in den letzten Jahren von dessen Kanzlerschaft – noch mehr als in früheren Jahren – zum schlechthin unentbehrlichen Helfer, der mit immenser Arbeitskraft und großer Sachkompetenz den alternden, von Krankheiten geplagten und häufig für längere Zeit von Berlin abwesenden Kanzler so entlastete, daß dieser weiterhin die Geschicke des Reiches lenken konnte. Angesichts der politischen und gesellschaftlichen Selektionsmechanismen im königlichen Preußen und kaiserlichen Deutschland war das Reservoir hochqualifizierter Angehöriger des diplomatischen Dienstes ohnehin extrem schmal. Mustert man die

Gruppe der jüngeren und älteren deutschen Diplomaten dieser Zeit, fällt keine Persönlichkeit ins Auge, die man prima vista als talentierter und kooperationsfähiger mit dem Kanzler einstufen könnte als Herbert Bismarck.

Er hat in den rund fünf Jahren als Leiter des Auswärtigen Amtes großen Einfluß ausüben und die deutsche Außenpolitik verantwortlich mitgestalten können. Aber in der exponierten Stellung, in der er sich befand, war er in besonderem Maße dem Neid und der Mißgunst ausgesetzt. Er «erbte» die Feinde seines Vaters und erwarb sich weitere hinzu. Auf ihn konzentrierte sich die Kritik, die sich an den Kanzler selbst nicht heranwagte. Mit Argusaugen beobachtete die politische Klasse und die Hofgesellschaft jeden seiner Schritte; sorgfältig registrierte man jeden wirklichen oder vermeintlichen Fauxpas, und zumal in Kreisen der Anti-Bismarck-Fronde kolportierte man genüßlich alle – gegen Vater und Sohn verwertbaren – Nachrichten über Herberts Taktlosigkeiten und seine Trinkfreudigkeit. Welch strenger Maßstab an dessen Verhalten und Wirken angelegt wurde, wird deutlich, wenn man einen Blick auf die Beurteilung seines Amtsvorgängers Paul von Hatzfeldt wirft. Dieser war vor der Berufung zum Staatssekretär infolge von Fehlspekulationen und der Ausgabefreudigkeit seiner Frau immens verschuldet; er mußte in einer großangelegten Aktion unter Einschaltung sogar Kaiser Wilhelms «saniert» werden und ließ sich von seiner Frau scheiden, um das Amt des Staatssekretärs überhaupt übernehmen zu können. Die Staatssekretärsgeschäfte führte er mit einem gewissen Phlegma, und immer wieder befand er sich in finanziellen Schwierigkeiten. Graf Hatzfeldt war also durchaus angreifbar – gleichwohl avancierte er nicht zu einer Zielscheibe der Kritik, vielmehr wurde er als gediegener Charakter und talentierter Diplomat gefeiert gerade von manchen, die Herbert Bismarck als reines Produkt väterlicher Protektion abqualifizierten. Wenn mithin das Sohn-Sein Herbert Bismarck früh Einfluß und Macht verschaffte, so doch um den Preis vielfältiger Belastungen und Anfeindungen.

Die Probleme der deutschen Außenpolitik, an deren Bewältigung der Kanzlersohn in den achtziger Jahren mitwirkte, sind hier nicht zu diskutieren. Kurz einzugehen ist jedoch auf den Stil der

Kooperation zwischen Vater und Sohn sowie auf das Profil von Herberts Tätigkeit als Staatssekretär. Recht einhellig lauten die Urteile der Insider über die Schroffheit Herberts im Umgang vor allem mit Mitarbeitern und Untergebenen, über den saloppen, ja rüden Ton, den er gelegentlich anschlug, über seine starke Neigung zum Alkohol, aber auch über seinen aufopferungsvollen, kräftezehrenden Einsatz im Dienst. Diese Urteile erscheinen glaubhaft. Hingegen klaffen die Bewertungen der politischen Leistung Herberts als Staatssekretär weit auseinander, und die zwei dominierenden Deutungen schließen sich gegenseitig aus. Einige Mitarbeiter und Beobachter waren der Meinung, der Sohn instrumentalisiere den Vater, er verfolge einen von diesem so nicht gebilligten außenpolitischen Kurs, insbesondere vertrete er in Divergenz zum Vater eine dezidiert prorussische und antiösterreichische Tendenz (Holstein 1886: «Der Sohn führt den Alten, und den Sohn führt die Eitelkeit und die russische Botschaft.») – Herbert also ein Tyrann und der «böse Geist» Bismarcks. In diametralem Gegensatz zu dieser Auffassung sahen und sehen andere in Herbert ein willenloses, jeder Eigenständigkeit entbehrendes Werkzeug des Vaters, ein lediglich ausführendes Organ – Herbert also das bloße «Echo des Vaters» (Eulenburg). Beide Positionen, von Zeitgenossen in Memoiren, Briefen und Tagebüchern artikuliert, werden noch in neueren Arbeiten übernommen, allzu unreflektiert, denn die Grundlage der zeitgenössischen Urteile ist nicht über jeden Zweifel erhaben. Die Zeitgenossen urteilten nämlich ohne Kenntnis der Akten, aufgrund von Eindrücken oder auf bloßes Hörensagen hin. Zumal gegenüber Aussagen in den Memoiren ist größte Vorsicht angebracht, da die meisten Verfasser nicht frei von Ressentiment sind; sie standen nach 1890 zu Kaiser Wilhelm II. und waren deshalb bemüht, ihre Abwendung von den Bismarcks zu motivieren – und dabei bot Herbert einen bequemeren Angriffspunkt für Kritik als der Kanzler.

Daß die skizzierten Bewertungen von Herbert Bismarcks Wirken als Staatssekretär nicht haltbar sind, die eine wie die andere, ist das schlüssige Ergebnis einer gründlichen neueren Untersuchung, die auf der subtilen Auswertung des Aktenmaterials beruht (Heinrich

Stamm): Herbert Bismarck unternahm keine außenpolitischen Alleingänge, er war aber auch nicht bloß ein willenloses, mittelmäßiges Werkzeug des Vaters. In allen wesentlichen außenpolitischen Fragen operierte er aus Überzeugung in politischer Übereinstimmung mit dem Kanzler, der durchaus auf ihn hörte und sich von ihm beraten ließ. Das gilt für die Kolonialpolitik und für die Balkanpolitik genauso wie für die grundsätzliche Einschätzung der europäischen Mächtekonstellation und die ihr Rechnung tragende Bismarcksche Bündnispolitik. Die Erhaltung des Friedens in Europa, Hauptziel von Bismarcks Außenpolitik nach 1871 und in den achtziger Jahren wahrlich eine «Sisyphusarbeit», wie mit Recht betont wurde, war auch Herberts zentrales Anliegen. Deshalb hat er sich ebenso entschieden wie Bismarck gegen die Präventivkriegspläne der Militärs gestellt; den Wert des Rückversicherungsvertrags mit Rußland hat er – entgegen mancher zeitgenössischer Behauptung – höchst nüchtern eingeschätzt wie Bismarck selbst; die Vorbehalte gegen den Bundesgenossen Österreich-Ungarn hat er zwar massiver und ungeschützter zum Ausdruck gebracht als der Kanzler, aber im Prinzipiellen lag er auch in diesem Punkt auf der Linie des Vaters. Herberts taktisches Vorgehen auf dem außenpolitischen Feld unterschied sich somit allenfalls in Nuancen und mitunter in der Tonart von den Vorstellungen des Kanzlers. In Herberts Neigung zu größerer Schärfe bei der Anwendung der politischen Druckmittel liegt die einzige Divergenz, die zwischen Vater und Sohn zu konstatieren ist: «Der Grund dafür ist gewiß ebenso sehr im Altersunterschied, in der größeren Abgeklärtheit des alten Kanzlers im Vergleich zu seinem Sohn zu suchen wie in der Veranlagung Herberts, seinem Hang zu scharfen Reaktionen» (Stamm). Aufs ganze gesehen erscheint eine positive Bewertung von Herbert Bismarcks Leistung als Staatssekretär gerechtfertigt. Sein Anteil an der auf Friedenserhaltung ausgerichteten Außenpolitik Bismarcks ist nicht gering zu veranschlagen, und darüber hinaus kann apodiktisch festgestellt werden, «daß ohne Herberts Mitarbeit die Kraft des Fürsten wohl früher erlahmt wäre und daß er die Zügel schon eher aus der Hand hätte fallen lassen müssen, als ihm dann gegen seinen Willen das Ziel gesetzt worden ist» (Windelband).

V

Herbert Bismarcks Karriere endete abrupt im Frühjahr 1890, als Fürst Bismarck von Wilhelm II. entlassen wurde. Über die Entlassungskrise ist viel geschrieben worden, und über Herberts Rolle in dem sich seit 1889 zuspitzenden Konflikt zwischen dem alten Kanzler und dem jungen Kaiser gehen die Meinungen auseinander. Herbert hatte während seines Petersburger Aufenthalts 1884 den damals fünfundzwanzigjährigen Prinzen Wilhelm näher kennengelernt, als dieser an den Zarenhof entsandt worden war, um dem russischen Thronfolger anläßlich seiner Großjährigkeitserklärung den Schwarzen Adlerorden zu überbringen. In der Folgezeit pflegte der Kanzlersohn intensiv die Kontakte zu Prinz Wilhelm, hofierte ihn gar und schmeichelte ihm, während dieser den zehn Jahre Älteren als kundigen Mentor schätzte. Da die Beziehungen zwischen dem Prinzen und seinen Eltern äußerst gespannt waren, diente die Kontaktpflege auch dem Zweck, im präsumtiven Thronerben einen starken Verbündeten gegen die mit Sorge erwartete Herrschaft des von den Bismarcks beargwöhnten Kronprinzenpaars zu gewinnen. Doch als der Kronprinz schließlich 1888 seinem Vater nachfolgte, war er bereits todkrank und hatte seine Zukunft hinter sich, so daß das Kaisertum der hundert Tage lediglich ein folgenloses Zwischenspiel blieb. Doch schon vor der Thronbesteigung Wilhelms II. hatte das bis dahin gute Verhältnis zwischen Wilhelm und den Bismarcks eine Trübung erfahren. Die Kanzlerfamilie erkannte allmählich die Oberflächlichkeit und Unreife, die Vergnügungssucht und Eitelkeit, die Kriegs- und Bürgerkriegslust sowie die beklemmende Herzenskälte des Prinzen. Insofern war der Konflikt mit dem jungen Kaiser vorprogrammiert. Es bestanden 1889/90 schwer überbrückbare sachliche Meinungsverschiedenheiten vor allem auf dem Feld der Innenpolitik, doch weit gravierender war das persönliche Moment: Vom unbändigen Willen nach Selbstprofilierung beherrscht, wollte Wilhelm II. das Steuer des Staatsschiffs in die eigenen Hände nehmen. Es hätte auf seiten Bismarcks eines enormen Maßes an Biegsamkeit bedurft, sich den neuen Gegebenheiten anzupassen, aber dazu war der alte Reichskanzler nicht bereit, er verkannte auch – noch stärker als Herbert – die Machtlage und wollte nicht wahrhaben, daß sein Einfluß rapide gesunken war. Herbert versuchte zwar, zwischen Kanzler und Kaiser zu vermitteln, ist an dieser Aufgabe jedoch gescheitert, mußte wohl auch daran scheitern. Bei unvoreingenommener Betrachtung wird man zu dem Schluß kommen müssen, daß die offene Konfrontation zwischen Kanzler und Kaiser, so, wie die Dinge lagen, unvermeidbar war.

Wie der Konflikt ausging, ist bekannt: Im März 1890 wurde Bismarck das Rücktrittsgesuch abgenötigt, und mit dem Kanzler schied auch Herbert Bismarck aus dem Amt. Das paßte Wilhelm II. keineswegs; er hätte es gerne gesehen, wenn Herbert, wenigstens für einige Zeit, die auswärtige Politik auch unter dem neuen Kanzler Caprivi weitergeführt hätte und so die Außenwirkung der Kanzlerentlassung abgefedert worden wäre. Doch für Herbert war es eine Selbstverständlichkeit, nach der Entlassung des Vaters zurückzutreten. Das war in seiner Sicht kein Opfer, das er dem Vater brachte, vielmehr hatte eine weitere Tätigkeit an der Spitze des Auswärtigen Amtes für ihn jeden Sinn verloren – nicht so sehr wegen des Abgangs des Reichskanzlers, sondern wegen der demütigenden Umstände, unter denen die Entlassung erfolgt war.

Offen blieb zunächst jedoch die Frage, ob es für Herbert ein Abschied aus den Staatsgeschäften für immer sein würde. Vater und Sohn gaben sich anfangs der optimistischen Meinung hin, die politischen Verhältnisse in Deutschland würden sich rasch so katastrophal gestalten, daß der Ruf nach einer Rückkehr der Bismarcks oder wenigstens Herberts an die Schalthebel der Macht laut ertönen würde. Doch dieser Ruf ertönte nicht, obwohl immer wieder Gerüchte über ein politisches Comeback des Kanzlersohnes die Runde machten, so daß die Bismarckfeinde – allen voran Friedrich von Holstein – jahrelang manch unruhige Stunde hatten.

In der Rückschau stellen sich die vierzehn Jahre von Herberts Rücktritt als Staatssekretär bis zu seinem Tod als ein Epilog dar. Herbert kam mit dem frühen Ruhestand besser zurecht als sein Vater. Im Mai 1890 begab er sich auf eine ausgedehnte Englandreise, nach der Rückkehr ermunterte er den Vater zur Abfassung seiner Memoiren und steuerte dazu seine Aufzeichnungen über die Entlassungskrise bei. 1893 ließ er sich in den Reichstag wählen und vertrat bis zu seinem Tod den Wahlkreis Jerichow I und II. Doch eine gewichtige Rolle hat er im Reichstag nicht gespielt. Er stand im Lager der Konservativen, gehörte aber der Partei nicht an und befand sich daher in einer isolierten Stellung, zumal er kein wirkungsvoller Redner war. In seinen wenigen Auftritten beschränkte er sich darauf, die Politik seines Vaters zu verteidigen und nach dessen Tod der Wächter seines Andenkens zu sein.

Schließlich fand Herbert doch noch ein spätes Ehe- und Familienglück: Als Dreiundvierzigjähriger heiratete er 1892 die einundzwanzigjährige Marguerite Hoyos; er hatte die Tochter eines ungarischen Grafen und seiner englischen Frau im Hause seines Freundes Ludwig von Plessen kennengelernt, der mit Marguerites Schwester verheiratet war. Die Eheschließung in Wien gedieh zum Politikum: Durch seinen sogenannten «Urias-Brief» wies Reichskanzler Caprivi nämlich den deutschen Botschafter in Wien an, nicht an der Hochzeit teilzunehmen, und Wilhelm II. beschwor in einem Handschreiben Kaiser Franz Joseph, den Altreichskanzler nicht in Audienz zu empfangen. Für diese kleinlichen Ranhünen Wilhelms II. und Caprivis wurde Bismarck reichlich entschädigt durch die stürmischen Ovationen, die ihm bei seiner Reise dargebracht wurden, wo immer er Station machte, in München, Kissingen, Jena. Herbert fand in der Ehe mit Marguerite Hoyos, aus der zwei Töchter und drei Söhne hervorgingen, die Geborgenheit, die er so lange ersehnt hatte. Ein langes Glück war ihm indessen nicht beschieden. Am 18. September 1904 starb er an Leberkrebs, im Alter von nur fünfundfünfzig Jahren, sechs Jahre nach dem Vater.

Auf diesen Vater, auf dessen Persönlichkeit und dessen Werk war Herbert Bismarcks ganzes Leben ausgerichtet – es erschöpfte sich aber auch in solcher Hingabe. Herbert blieb «der Sohn», als er längst ein Erwachsener geworden war, er hatte sich – wie treffend gesagt worden ist – «in den Schatten der großen Persönlichkeit begeben, die seine eigene aufsaugte». Die Gräfin Spitzemberg, die dem Hause Bismarck lange nahegestanden hatte und der der Kanzler zugetan war, hat 1901 in ihrem Tagebuch über Herbert Bismarck notiert: «so ähnlich dem Vater und doch wie anders».

Bismarck im Kreis der Familie in Friedrichsruh. Links von ihm seine Frau Johanna, Ernst Schweninger (stehend), seine Tochter Marie Gräfin zu Rantzau (sitzend), Bill Bismarck (stehend), Magdalena von Lenbach (sitzend), Herbert Bismarck (links am Tisch sitzend), hinter ihm Kuno Graf zu Rantzau. Ganz rechts stehend Franz von Lenbach. Aufnahme von 1893.

Es kann nicht darum gehen, ein geschöntes Bild von Person und Leistung Herbert Bismarcks zu entwerfen. Die Grenzen eigenständiger politischer Gestaltungskraft sind ebenso deutlich geworden wie die problematischen Seiten des Charakters, mag man diese nun primär auf Veranlagung, auf Erziehung oder auf die Lebenskrise von 1881 zurückführen. Aber richtig ist auch, was Maximilian Harden in seinem einfühlsamen Nachruf auf Herbert Bismarck festgestellt hat: Unbilliger als Herbert Bismarck sei kaum je einer behandelt worden. Er müsse «nach den Umständen beurteilt werden, in die er hineingeboren war; und das Leid seines öffentlich sichtbaren Lebens wurzelte in der stets erneuten Forderung, er solle das Maß seines Wesens um eine Elle verlängern.»

Im Mittelpunkt von Herbert Bismarcks Existenz stand ein Leben lang der geliebte und bewunderte Vater. In welch unwandelbarer Treue und Anhänglichkeit er ihm bis zu dessen Tod (30. 7. 1898) verbunden blieb, wird einmal mehr deutlich aus den Worten, die er dem greisen Vater, der nach dem Hinscheiden seiner Frau Johanna (27. 11. 1894) völlig vereinsamt war, am 23. Juli 1896 schrieb und in denen die ganze Lebenssumme dieser Vater-Sohn-Beziehung aufscheint: «Ich möchte alles darum geben, wenn ich Dir die trüben Stimmungen und die Mattigkeit nehmen könnte, die alle Lebensfreude beeinträchtigen. Wie ich Dir heute morgen sagte, bist Du der einzige helle Lichtpunkt für mich in dem lakaienhaften heutigen Deutschland, und es will mir das Herz abdrücken, wenn Du nach Deinem bisherigen herrlichen großen Leben, wie es kein zweites gibt, so trübe und gleichgültig gestimmt bist... Ohne Dich würde Nacht ringsum sein, ich hänge mit allen Fasern meines Denkens und Lebens so an Dir und bin von frühester Jugend mit allen Geistes- und Herzensregungen so mit Dir verwachsen, wie mit keinem anderen Menschen; dagegen tritt alles andere zurück...»

Politik als Berufung

WILHELM UND KARL LIEBKNECHT

von Helmut Trotnow

I

Die Freunde der Familie von Wilhelm Liebknecht haben schon früh eine Wesensähnlichkeit zwischen dem Mitbegründer der Sozialdemokratischen Partei Deutschlands (SPD) und seinem Sohn Karl bemerkt. Als der angehende Abiturient 1889 die Sommerferien in München verbrachte und der Familie des bayrischen SPD-Führers Ignaz Auer einen Besuch abstattete, schrieb dieser den Eltern: «Er ist ein prächtiger Bursche und hat uns allen viel Freude bereitet. Nur darüber ist ein arger Streit ausgebrochen, wem Karl von Euch ähnlich sieht. Ich behaupte, das Gesicht von der Mama, das Wesen aber ganz der Papa. Meine Frau dagegen erklärt kategorisch: ‹Ganz der Alte›!» Der Vater scheint ebenfalls der Meinung gewesen zu sein, daß ihm der zweite Sohn in «mancher Hinsicht ähnlich» war. Jedenfalls hat er sich in diesem Sinne gegenüber Julius Motteler geäußert, der in den Jahren des Sozialistengesetzes von 1878 bis 1890 zu einem seiner engsten Freunde und politischen Mitstreiter geworden war. Beim Tode von Wilhelm Liebknecht übermittelte Motteler dem Sohn folgenden Ausspruch des Vaters: «Der Karl kommt mir nach, das ist sicher – und ich habe die Gewißheit.»

Merkwürdigerweise sind weder die Zeitgenossen noch die spätere historische Forschung jemals der Frage nachgegangen, inwieweit sich die verwandtschaftlichen Beziehungen von Vater und Sohn Liebknecht in ihrem politischen Handeln und Denken niedergeschlagen haben. Die Relevanz dieser Frage liegt auf der Hand:

Der Vater Wilhelm gehörte in der zweiten Hälfte des 19. Jahrhunderts zu den Vorkämpfern einer politischen Arbeiterbewegung in Deutschland. Gemeinsam mit August Bebel schuf er die geistigen und organisatorischen Grundlagen zur Gründung der SPD. Sein Sohn Karl begann die politische Laufbahn als aktiver Sozialdemokrat in der Zeit vor dem Ersten Weltkrieg. Als Antimilitarist und konsequenter Kriegsgegner war er 1916 unmittelbar beteiligt, als die vom Vater mitbegründete Partei auseinanderbrach. Zwei Jahre später wurde der Sohn sogar selbst zum Parteigründer, als er im Anschluß an die Novemberrevolution gemeinsam mit Rosa Luxemburg die Kommunistische Partei Deutschlands ins Leben rief. Wieso sollte es keine geistigen Gemeinsamkeiten zwischen dem jüngeren und älteren Liebknecht gegeben haben? Und wenn es sie gegeben hat, worin könnten sie bestanden haben? Die Gründe, weshalb derartige Fragen gar nicht erst gestellt worden sind, liegen ebenfalls auf der Hand: Die Sozialdemokraten sahen in dem Sohn einen «unwürdigen Nachfolger seines berühmten Vaters» und hielten es daher nicht für notwendig, nach etwaigen Gemeinsamkeiten zu suchen. Die Anhänger des KPD-Gründers wiederum konzentrierten sich auf die Herstellung einer eigenen – kommunistischen – Tradition. Dabei ist zu berücksichtigen, daß nach dem frühen Tod von Liebknecht und Luxemburg die noch junge Partei von vornherein unter den Einfluß der Bolschewiki geriet, die im Oktober 1917 unter Führung von Lenin erfolgreich die Revolution im russischen Zarenreich durchgesetzt hatten. Ihnen fiel in der kommunistischen Bewegung die Führungsrolle zu. Für das Geschichtsbild der deutschen und internationalen Arbeiterbewegung galt fortan die Perspektive des Marxismus-Leninismus und später des Stalinismus. Als die siegreiche Sowjetunion nach dem Zweiten Weltkrieg 1949 mit der DDR den ersten Arbeiter-und-Bauern-Staat auf deutschem Boden installierte, wurde die Geschichtsaufarbeitung Bestandteil der ideologischen Auseinandersetzung im «Kalten Krieg». Zwar produzierte die staatlich subventionierte Geschichtsschreibung der DDR eine Unmenge von Sekundärliteratur, doch blieben die dabei gewonnenen historischen Erkenntnisse gering. Die Aufgabe der «parteilichen Geschichtsschreibung» bestand ja gerade darin, die marxistisch-leninistischen Aspekte im politischen Handeln und Denken von Wilhelm und Karl Liebknecht herauszuarbeiten. So positiv auch manche Forschungsergebnisse im Detail gewesen sein mögen, eine wissenschaftlich akzeptable Lebensdarstellung hat die DDR-Geschichtsschreibung weder zum Vater noch zum Sohn Liebknecht zustande gebracht.

Die historische Forschung auf westlicher Seite konzentrierte sich nach dem Zweiten Weltkrieg vornehmlich auf die Geschichte der sozialdemokratischen Arbeiterbewegung. In Zusammenarbeit mit dem Internationalen Institut für Sozialgeschichte in Amsterdam, wohin in den Wirren des Zweiten Weltkrieges ein erheblicher Bestandteil des SPD-Archivs gelangt war, entstanden wichtige Quelleneditionen, die auch einen Einblick in das Wirken von Wilhelm Liebknecht beim Aufbau der SPD ermöglichten. Biographische Studien blieben trotzdem die Ausnahme. Speziell bei Karl Liebknecht kam hinzu, daß die Quellenlage äußerst komplex war. Auf westlicher Seite lag ein Nachlaß nicht vor, lediglich kleine Splitterbestände konnten in verschiedenen Archiven ausfindig gemacht werden. Der Großteil der Dokumente lagerte in den Parteiarchiven in Moskau und später auch in Ost-Berlin, wo sie aber nur einem privilegierten Kreis kommunistischer Historiker zugänglich waren. Dennoch kann man sich nicht ganz des Eindrucks erwehren, daß das Interesse auf westlicher Seite von vornherein durch die Forschungsaktivitäten der politischen Gegenseite zurückgedrängt wurde. Insofern ist es nicht weiter verwunderlich, daß die einzigen, wissenschaftlich zu nennenden Biographien auf westlicher Seite nicht in Deutschland, sondern im englischsprachigen Ausland erschienen.

In einem Punkt allerdings wird auch die künftige Forschung mit Behinderungen leben müssen: Der Großteil des Familiennachlasses existiert nicht mehr. Die beiden Gebäude, in denen die Papiere lagerten, wurden während des Zweiten Weltkrieges zerstört. Lediglich ein kleiner Teil, der sich vornehmlich auf Karl Liebknecht bezieht, konnte dank seiner zweiten Frau gerettet werden. Die aus Rostow am Don stammende jüdische Russin Sophie Ryss war nach dem Tod ihres Mannes in Berlin geblieben. Mit dem Machtantritt der Nationalsozialisten im Jahre 1933 war ihre Anwesenheit nicht mehr sicher. Bevor sie Deutschland in Richtung Sowjetunion verließ, brachte sie heimlich diesen Nachlaßteil in die sowjetische Botschaft, von wo aus er nach Moskau gelangte. Nach dem Krieg gab die Sowjetunion Kopien der Dokumente an die DDR zurück, die diese im Ost-Berliner Institut für Marxismus-Leninismus archivierte. Die darin enthaltenen Briefe von Karl Liebknecht an seine Kinder sind kürzlich von zwei ehemaligen Mitarbeiterinnen des Institutes veröffentlicht worden.

II

Wilhelm Liebknecht wurde am 29. März 1826 in eine Umgebung geboren, die ihn in keiner Weise für seine spätere Rolle als Arbeiterführer prädestinierte. Sein Vater lebte in der Geburtsstadt Gießen als höherer Beamter für das Großherzogtum Hessen. Die Vorfahren ließen sich bis ins 16. Jahrhundert zurückverfolgen und entstammten allesamt dem gehobenen Bürgertum. Wie die genealogische Forschung bestätigt hat, zählte mütterlicherseits der Reformator Martin Luther zu den Vorfahren. Obwohl Wilhelm Liebknecht später ein äußerst unruhiges Leben mit zahlreichen Wohnortswechseln geführt hat, fanden sich Stücke seiner Familiengeschichte im Nachlaß, wie der Sohn beim Tode des Vaters feststellen konnte. Besonders stolz scheint der Arbeiterführer auf seinen Urgroßvater Johann Georg Liebknecht (1679–1749) gewesen zu sein, der auf Vermittlung des berühmten Leibniz in Gießen eine Professur für Mathematik erhielt. Bis zum Schluß hing in seinem Arbeitszimmer ein Kupferstich mit dem Porträt dieses Vorfahren. Zunächst deutete alles darauf hin, daß auch der junge Wilhelm in die Fußstapfen seiner Vorfahren treten und die akademische Tradition der Familie fortsetzen werde. Schon mit 16 Jahren beendete er erfolgreich das Gymnasium und studierte danach an den Universitäten Gießen, Berlin und Marburg die Fächerkombination Philologie, Philosophie und Theologie. Die politische Entwicklung in Deutschland hinderte ihn jedoch daran, sein Studium erfolgreich abzuschließen. Der junge Liebknecht wurde Opfer der revolutionären Ereignisse, die nach der Julirevolution von 1830 in

Paris allmählich auf die deutschen Länder übergriffen und 1848 mit der Einberufung der Nationalversammlung in Frankfurt am Main ihren Höhepunkt erreichten. Als Liebknecht 1842 sein Studium begann, waren die Verhältnisse von einer rigorosen Unterdrückung jeder politischen Meinungsäußerung gekennzeichnet, was die Universitäten besonders hart traf. Bereits 1819 hatte Fürst Metternich die 38 Staaten in Deutschland, darunter auch Preußen, auf die Karlsbader Beschlüsse festgelegt, denen zufolge jede öffentliche Betätigung im Sinne der Ideale der Französischen Revolution von Freiheit, Gleichheit und Brüderlichkeit verboten und mit Hilfe eines weitverzweigten Spitzelwesens bekämpft wurde. Noch bevor Liebknecht selbst mit den staatlichen Autoritäten in Konflikt kam, lernte er die ungerechten und unmenschlichen Verhältnisse im Lande aus unmittelbarer Nähe kennen. So war beispielsweise sein Großonkel, Pfarrer Weidig, 1835 wegen angeblicher revolutionärer Umtriebe verhaftet worden und ohne Gerichtsverfahren im Marburger Gefängnis umgekommen. Ähnlich verhielt es sich mit Professor Sylvester Jordan, der 1839 wegen ähnlicher Vorwürfe im Verließ des Marburger Schlosses einsaß und den Liebknecht bei seinen Ausflügen dorthin häufig gesehen hatte. «Der Groll über die in Deutschland herrschenden Zustände», schrieb er rückblickend, «grub sich mir tiefer und tiefer ein.»

Das Auftreten als Wortführer in einem berechtigten Protest der Gießener Studenten wurde Liebknecht zum Verhängnis. Er wurde von der Universität verwiesen und brach sein Studium ab, nachdem ihm auch die Universität in Marburg eine Fortsetzung des Studiums verweigert hatte. Er muß die Entscheidung sehr bewußt gefällt haben. Gewiß hätten ihm seine Verwandten aufgrund ihrer Verbindungen die erfolgreiche Beendigung des Studiums ermöglichen und ihm sogar eine Universitätsanstellung verschaffen können. Doch die «guten Verbindungen», erläuterte er rückblickend leicht ironisch, waren «politisch wie religiös streng rechtgläubig». Erleichtert wurde ihm seine Entscheidung sicherlich dadurch, daß er aufgrund seines elterlichen Erbes wirtschaftlich unabhängig war und daher «frei» entscheiden konnte. Daß er ansonsten während des Studiums durchaus den damals üblichen Konventionen folgte, zeigt sich daran, daß er wie fast alle Studenten der damaligen Zeit

Mitglied einer Burschenschaft gewesen ist. Die Beziehungen zu seinem damaligen «Leibfuchs» haben weit über die Studienzeit hinaus angehalten. Als beispielsweise sein Sohn Karl die Referendarausbildung in Paderborn absolvierte, fand er in der Familie des Sohnes dieses Leibfuchses eine geradezu herzliche Aufnahme. «Sie haben ihm», schrieb der Vater dankbar, «die fremde Stadt zu seiner Heimat gemacht.»

Nach dem Abbruch des Studiums wollte Wilhelm Liebknecht zunächst nach Amerika auswandern. Mit dieser Absicht stand er im Großherzogtum Hessen keineswegs allein da. Wie sein Biograph Dominick herausfand, verließen zu dieser Zeit nicht weniger als 16 500 Hessen ihre Heimat. Während seiner Reise zum Ausfuhrhafen wurde er jedoch von einem Mitreisenden umgestimmt und ging in die Schweiz, wo er an der Reformschule von Karl Fröbel, einem Verwandten des berühmten Pädagogen Friedrich Fröbel, eine Tätigkeit als Lehrer aufnahm. Die Arbeit an der Schule basierte auf den pädagogischen Ideen von Rousseau und Pestalozzi und verfolgte das Ziel «der Erziehung des Kindes zum Menschen», wie Liebknecht später einmal formulierte. Ein Schwerpunkt seiner Lehrtätigkeit lag auf den alten Sprachen und der humanistischen Bildung. In seiner späteren Agitation als Arbeiterführer hat Liebknecht immer wieder auf diese Erfahrungen zurückgegriffen und sich wiederholt als «Schulmeister» der Arbeiterbewegung bezeichnet. Parallel zu seiner Lehrtätigkeit war er jedoch auch politisch in den deutschen Arbeitervereinen tätig, die sich im Schutze der neutralen Schweiz gebildet hatten. Als im September 1848 in Baden die ersten republikanisch orientierten Aufstände ausbrachen, verließ er die Schule und beteiligte sich am Kampf der republikanischen Freischärler gegen die monarchischen Obrigkeiten. Er wurde inhaftiert und lernte im Freiburger Gefängnis seine erste Frau kennen. Ernestine Landolt war die Tochter des Gefängnisaufsehers und hatte den Häftling versorgt. Liebknecht gelang die Flucht, doch kehrte er kurze Zeit später nach Baden zurück und beteiligte sich an den Reichsverfassungskämpfen. Der Aufstand wurde nicht zuletzt durch den Einsatz preußischer Truppen blutig niedergeschlagen. Liebknecht geriet erneut in Haft, konnte aber rechtzeitig vor seiner Verurteilung fliehen. Die erneute Flucht in die Schweiz brachte ihm nur eine kurze Verschnaufpause, denn auf preußischen Druck hin wurde der Flüchtling ausgewiesen. Jetzt blieb ihm nur noch die britische Metropole London, wohin sich so viele Freiheitskämpfer des europäischen Kontinents nach dem Scheitern der Revolution zurückgezogen hatten. Hier lernte Liebknecht ab 1850 zum erstenmal in seinem Leben wirkliches Elend und persönliche Not kennen. Als Hauslehrer und mit kleinen journalistischen Arbeiten suchte er sich über Wasser zu halten. Im Hause von Karl Marx, dem es zeitweilig auch nicht gerade rosig ging, bekam er trotz allem einen familiären Halt. Darüber hinaus hat er aufgrund des fast zwölfjährigen Zusammenlebens auch in politisch-theoretischer Hinsicht enorm viel von dem damals führenden Theoretiker des Sozialismus lernen können. Dennoch ist für Liebknecht die menschliche Komponente dieser Beziehung weitaus wichtiger gewesen. Als es in den sechziger Jahren nach seiner Rückkehr nach Deutschland zu einem heftigen Streit kam, schrieb er dem väterlichen Freund und Mentor: «Weit mehr als Parteirücksichten bindet mich an Dich die tiefste menschliche Verehrung. Du bist der einzige Mensch, der mir je imponiert hat ... Ich war oft wütend auf Dich, habe vielleicht auf Dich geschimpft, aber dennoch Dich immer von ganzem Herzen lieb gehabt.»

Obwohl Liebknechts Einkünfte in der Londoner Emigration äußerst gering waren, holte er 1854 seine Freundin Ernestine nach London, um sie zu heiraten. Damit verschlechterte sich seine wirtschaftliche Lage noch weiter, denn seine Frau kam aus bescheidenen Verhältnissen. Konsterniert schimpfte Marx: «Wer zwang den Esel, zu heiraten und gerade jetzt.» Sechs Jahre hatte Liebknecht seine künftige Frau nicht gesehen. Aus dem sechzehnjährigen Mädchen war eine zweiundzwanzigjährige Frau geworden. Der Wechsel vom beschaulichen Freiburg in die Weltmetropole London und dort in das Elendsviertel von Soho muß für sie gigantisch gewesen sein. Es spricht für Liebknechts Geschick und seine «Sonnennatur», daß trotz der anfänglichen Schwierigkeiten eine menschlich glückliche Verbindung zustande kam, aus der zwei Töchter, Alice (1857) und Gertrud (1863), hervorgingen. «Der Liebe Stern», schrieb Liebknecht seiner Frau einmal leicht ironisch aus dem Gefängnis in Erinnerung an ihr erstes Zusammentreffen,

«Er füllt auch jetzt mir freundlich meines Kerkers Nacht, Zwar kann ich nicht, wie damals Teure, Dich umfangen, ... Doch was den Körper hemmet, hemmt nicht den Gedanken ... Er trägt mich durch das Gitter über alle Schranken.» Ernestine hat jedoch die wirtschaftliche Not der Familie nicht lange ertragen können. Sie erkrankte an Tuberkulose und verstarb 1867 im Alter von nur 34 Jahren.

Der Tod seiner Frau hätte für Wilhelm Liebknecht zu keinem ungünstigeren Zeitpunkt kommen können. 1862 war er aufgrund einer Amnestie, die Wilhelm I. ein Jahr vorher bei seiner Thronbesteigung in Preußen ausgesprochen hatte, nach Deutschland zurückgekehrt. In Berlin konnte er allerdings nicht recht Fuß fassen. Ihm haftete, wie Franz Mehring 1877 in seiner Geschichte der Sozialdemokratie ausführte, «der unselige Fluch der Entfremdung» an. Als er dann 1865 erneut aus Berlin und Preußen ausgewiesen wurde, siedelte er sich in Leipzig an, wo er mit August Bebel zusammentraf und im dortigen Arbeiterbildungsverein tätig wurde. Bereits ein Jahr später gründeten die beiden Arbeitervertreter die Sächsische Volkspartei, die Liebknecht von 1867 bis 1871 im Norddeutschen Reichstag vertreten sollte. Die nächsten Schritte zur Gründung der SPD waren dann 1869 die Gründung der Sozialdemokratischen Arbeiterpartei in Eisenach und 1875 in Gotha die Vereinigung mit dem Allgemeinen Deutschen Arbeiterverein zur Sozialistischen Arbeiterpartei Deutschlands, die sich ab 1890 SPD nannte.

Die Politik stand gleichsam Pate, als Wilhelm Liebknecht 1868 seine zweite Frau, die Mutter seines Sohnes Karl, kennenlernte. Wie August Bebel berichtet, waren er und Liebknecht im Anschluß an eine Wahlkampfveranstaltung zum deutschen Zollparlament in Darmstadt von Ludwig Büchner eingeladen worden. Büchner und Liebknecht kannten sich aus gemeinsamen Studienzeiten. Natalie Reh stammte wie Liebknecht aus einer alten hessischen Familie und war mit 32 Jahren bereits eine gestandene Frau. Sie gehörte zum Freundeskreis von Frau Büchner und war deshalb auch zu dem Essen eingeladen worden. Als Abgeordneter des Norddeutschen Reichstages stand Liebknecht damals schon im Rampenlicht der Öffentlichkeit. Sein gebildetes und temperamentvolles Auftreten beeindruckte Natalie. Er selbst scheint etwas länger gebraucht zu haben, um die gegenseitige Sympathie zu erkennen. «Erst auf dem Heimweg», gestand er in seinem späteren «Werbebrief», «fiel mir die Binde von den Augen und plötzlich, wie wenn ein Blitz niedergefahren wäre, wurde es mir klar, daß ich am Wendepunkt meines Lebens stand.» Liebknechts «Abwesenheit» war durchaus verständlich, hatte er doch gerade erst seine Frau verloren und mußte zwei kleine Kinder im Alter von vier und zehn Jahren versorgen. Natalie reagierte zunächst bedächtig auf sein Werben und bat, daß vorab eine Reihe grundsätzlicher Fragen, vor allem wirtschaftlicher Art, geklärt wurden. Ihre Vorsicht erklärte sich gewiß auch aus den Einwänden der eigenen Familie. Ihr Vater, Theodor Reh, war Hofgerichtsrat und Abgeordneter im hessischen Landtag. Während der Revolution von 1848 hatte er der Nationalversammlung in Frankfurt angehört und war sogar Mitglied jener Deputation gewesen, die dem preußischen König vergeblich die Kaiserkrone einer konstitutionellen Monarchie in Deutschland angeboten hatte. Die Heiratsabsichten seiner Tochter scheint er abgelehnt zu haben. Ob aus politischen oder anderen Gründen wissen wir nicht. Sein Einspruch blieb aber folgenlos, denn er verstarb am 31. März 1868. Im Anschluß daran kam es zu dem besagten «Werbebrief», dem ein kurzer, aber intensiver Meinungsaustausch der späteren Ehepartner folgte. Ausführlich ließ Liebknecht in seinem ersten Schreiben die wichtigsten Aspekte seines bisherigen Lebens Revue passieren. Absolut offen sprach er über die Liebe zu seiner ersten Frau und deren tragisches Ende, über die Kinder und natürlich auch über sein politisches Engagement. «Prüfen Sie», forderte er am Ende, «die Gedanken, die Gefühle, die ich Ihnen im Vertrauen auf Ihr gutes Herz enthüllt habe.» Liebknechts Werben war erfolgreich, und am Ende des Meinungsaustausches stand die briefliche Verlobung. Liebknecht drängte auf eine schnelle Eheschließung, weil seine Situation unhaltbar war. «In der alten Weise», gestand er Marx in London, «konnte ich nicht weiterleben.» Entweder hätte er auf seine Kinder oder auf die politische Tätigkeit verzichten müssen. Die Hochzeit fand am 30. Juli 1868 in seinem Geburtsort Gießen statt. Wilhelm und Natalie Liebknecht waren weitläufig miteinander verwandt; ihre Großmutter war eine Schwester seines Großvaters.

Mit der Übersiedlung nach Leipzig trat Natalie Liebknecht in eine für sie völlig neue Welt. Hatte sie bis dahin weitgehend eigenständig in einer vertrauten Umgebung gelebt, so mußte sie nun einen Familienhaushalt mit zwei kleinen Kindern versorgen. Die materiellen Annehmlichkeiten eines großbürgerlichen Lebens fielen weg. Zwei Jahre später begann sich die Familie zu vergrößern: Zuerst wurden Theodor (1870) und Karl (1871), danach Otto (1876), Wilhelm (1877) sowie Kurt (1879) geboren. Gemeinsam mit den Töchtern aus der ersten Ehe umfaßte Liebknechts Familie zeitweilig neun Personen. Das Familienoberhaupt konnte seiner Frau wenig Unterstützung bieten, denn als führender Vertreter der noch jungen Arbeiterbewegung, die der Gründung des Deutschen Reiches ablehnend gegenüberstand, wurde er zur Zielscheibe der staatlichen Unterdrückungsmaßnahmen. Nach einer Aufstellung seines Biographen Dominick hat der SPD-Führer beinah viereinhalb Jahre seines Lebens in preußischen Haftanstalten verbracht. Mit jedem Gefängnisaufenthalt gingen die finanziellen Einkünfte der Familie zurück. «Von einem eigentlichen Familienleben», klagte Natalie einem politischen Mitstreiter ihres Mannes, «kann bei uns nicht die Rede sein.»

III

Obwohl alle fünf Söhne aus der zweiten Ehe von Wilhelm Liebknecht überdurchschnittlich begabt waren, hat sich der Arbeiterführer von Anfang an besonders um seinen zweiten Sohn Karl gekümmert. Als Karl Paul Friedrich August Liebknecht am 13. August 1871 in Leipzig geboren wurde, hatte der Vater den ersten Höhepunkt seiner politischen Karriere erreicht. Knapp ein Jahr zuvor hatte er sich im Norddeutschen Reichstag gemeinsam mit August Bebel der Stimme enthalten, als nach dem Ausbruch des Deutsch-Französischen Krieges über die Kriegskredite abgestimmt wurde. «Als prinzipielle Gegner des dynastischen Krieges», hieß es in ihrer Abstimmungserklärung, «können wir uns weder direkt noch indirekt für den Krieg entscheiden.» Als der Krieg dann nach der Proklamierung der französischen Republik von preußisch-deutscher Seite fortgesetzt wurde, lehnten die beiden Arbeiterführer sogar die Kriegskredite ab. Im Presseorgan der Partei sprach Liebknecht vom «Krieg der Monarchie gegen die Republik, der Konterrevolution gegen die Revolution». Die offene Abstimmung gegen den Krieg erregte großes Aufsehen. Karl Marx, der gemeinsam mit Friedrich Engels von London aus Liebknecht immer wieder in seinem politischen Wirken beriet, war über das Auftreten «seines Parteimannes» hoch erfreut. Insofern war es auch nicht verwunderlich, daß die beiden Freunde zustimmten, als sie der Vater um die Übernahme der Patenschaft für seinen zweiten Sohn bat. «Pflichten gibt's da nicht», beruhigte er die Theoretiker des Sozialismus, «höchstens, daß Ihr dem jungen Sozialdemokraten etwas von Eurem Geist einzufiltrieren sucht.» Die beiden Ratgeber in London konnten ihre Patendienste allerdings nur «per proxy» leisten. Schaut man sich die Liste der Vornamen von Karl Liebknecht genauer an, so ist die sozialdemokratische Ahnengalerie unschwer zu erkennen: «Karl» stammte von Marx, «Friedrich» von Engels, «August» läßt auf Bebel schließen, und «Paul» könnte auf Singer zurückgehen, der Ende der sechziger Jahre als wohlhabender Kaufmann in der Arbeiterbewegung aktiv wurde und sicherlich auch die Familie Liebknecht finanziell unterstützt hat. Sowohl Bebel als auch Singer waren dabei, als Karl Liebknecht am 8. Mai 1900 zum ersten Male heiratete.

Der junge Karl hat die frühen Verfolgungen seines Vaters bewußt noch nicht miterlebt. Er war knapp zwei Jahre alt, als Wilhelm Liebknecht gemeinsam mit Bebel aufgrund ihrer Abstimmung im Norddeutschen Reichstag wegen Hochverrat angeklagt und zu zwei Jahren Festungshaft verurteilt wurde. Die zweite Welle der Verfolgungen, die 1878 mit der Verabschiedung des Gesetzes zur «Bekämpfung der gemeingefährlichen Bestrebungen der Sozialdemokratie» – dem sogenannten «Sozialistengesetz» – einsetzte, dürfte der Heranwachsende dagegen schon bewußter erfahren haben. Er war zehn Jahre alt, als über Leipzig der «Kleine Belagerungszustand» verhängt wurde und der Vater die Familie verlassen mußte, wollte er politisch aktiv bleiben. Zwar fand er in dem nahegelegenen Borsdorf eine Unterkunft, doch lebte er nun

Wilhelm und Natalie Liebknecht mit ihren fünf Söhnen: Wilhelm, Otto, Karl (vierter von links), Theodor und Kurt, um 1890.

bis zur Aufhebung des Sozialistengesetzes 1890 getrennt von der Familie. Gewiß, die Besuche von Frau und Kindern an den Wochenenden entbehrten nicht einer gewissen Idylle, die dem erwachsenen Karl in bester Erinnerung geblieben sind. «Wir in Wind und Wetter drauß», schrieb er später einmal seiner zweiten Frau, «aber Wind und Wetter auch bei uns drin; und neben Wind und Wetter Sonnenschein die Fülle.» Die fast permanente Abwesenheit des Vaters machte die Mutter zwangsläufig zur zentralen Bezugsperson für die Kinder. Wie eng die Beziehungen zwischen Karl und seiner Mutter gewesen sein müssen, offenbart ein Gedicht, das der Sohn aus Anlaß ihres Todes am 1. Februar 1909 verfaßte. Es beginnt mit den Zeilen: «So hab' ich die verloren, die ich nicht missen kann», und in der Schlußstrophe heißt es: «Die Fackel ist verglommen, wer führt nun meinen Arm? Der Mantel mir genommen, er hegte mich so warm. Mich friert; meine Brust ist zerrissen, die niemand heilen kann. Die Zähne zusammengebissen! Wander! Voran! Voran!» Karl Liebknecht hat sich auch in späteren Lebensabschnitten immer wieder an seine Mutter erinnert. Dies gilt vor allem für die Zeit nach dem Ausbruch des Ersten Weltkrieges, als er selbst wegen seiner konsequenten Antikriegspolitik staatlichen Verfolgungsmaßnahmen ausgesetzt war. «Heute nacht träumte ich von meiner Mutter», berichtete 1917 der Zuchthaushäftling seiner Frau, «und sonderbar – obwohl Du sie nicht kanntest – sie war mit Dir und den Kindern.»

Obwohl Wilhelm Liebknecht die akademische Tradition seiner Familie unterbrochen hatte, setzte er alles daran, daß seine fünf Söhne diese Tradition wiederaufnahmen. Mit Sicherheit wurde er dabei von seiner Frau lebhaft unterstützt. Auch sie kam ja aus einer Familie mit akademischen Traditionen. August Bebel, der zeitweilig sehr enge Kontakte zur Familie Liebknecht gehabt hat, war voller Bewunderung, mit welchem Engagement Natalie Liebknecht die erfolgreiche Schul- und Universitätsausbildung der Kinder überwacht hat. Trotz der wirtschaftlichen Schwierigkeiten und der häufigen Abwesenheit des Vaters erhielten alle fünf Söhne nach Beendigung der Grundschule eine Gymnasialausbildung. Es handelte sich um die Nicolaischule in Leipzig, wo die Liebknechts von 1865 bis 1890 wohnten. Die Ausrichtung der Schule wies durchaus Ähnlichkeiten auf mit der Fröbelschen Reformschule, an der Wilhelm Liebknecht tätig gewesen ist. Auch die Nicolaischule bot eine humanistische, vor allem altsprachliche Bildung und wollte die Schüler auf ein selbständiges Studium an der Universität vorbereiten. Die Atmosphäre an der Schule muß für damalige Verhältnisse erstaunlich offen und tolerant gewesen sein. Der Sohn des staatlich verfolgten Arbeiterführers erfuhr anscheinend keine Benachteiligungen. In dem einzig erhalten gebliebenen Gutachten zu seiner lateinischen Abiturarbeit heißt es anerkennend: «Liebknecht bringt viel mehr Eigenes als die anderen in ziemlich selbständiger Verarbeitung.» Karls Begabungen waren denen des Vaters ähnlich und lagen bei der klassischen Bildung, insbesondere den alten Sprachen. Noch 70 Jahre später erinnerte sich einer seiner Neffen, Kurt, voller Anerkennung: «Wenn ich über Karl Liebknecht spreche, versäume ich nie, die große humanistische Bildung meines Onkels zu erwähnen. Er wußte in der Literatur, in den Naturwissenschaften und in der Philosophie bestens Bescheid.»

Die Nicolaischule war zweifelsohne eine «Eliteschule» für Kinder des gehobenen Bürgertums. Zur Zeit, als sich Karl an der Schule befand, hatten Dreiviertel der Lehrkräfte promoviert, zwei von ihnen sogar habilitiert. Wie erfolgreich die Schule gewesen sein muß, läßt sich indirekt auch am weiteren Werdegang von Karls Mitschülern ablesen. Zwei Mitschüler studierten später Medizin und wurden Professoren an den Universitäten Gießen und Leipzig. Ein Drittel der Klasse wählte Jura als Studienfach, da es nach erfolgreichem Studienabschluß ein überdurchschnittlich hohes Einkommen und damit eine gute gesellschaftliche Stellung versprach. Einer dieser Jurastudenten stieg später zum Senatspräsidenten des Oberlandesgerichts in Dresden auf, ein anderer wurde Vorsitzender des Obersten Sächsischen Gerichtshofes. Die Wahl der Nicolaischule war für die Familie mit erheblichen finanziellen Belastungen verbunden. Wie der Leipziger Historiker Mathias John in seiner Studie zum Nicolaitaner Karl Liebknecht herausgefunden hat, betrug das jährliche Schulgeld 120 Mark, was für damalige Verhältnisse recht viel Geld war. Hinzu kamen die Gebühren für die Bibliotheksbenutzung. Natürlich hätte Liebknecht bei der Begabung seiner Kinder eine «Freistelle» beantragen können, doch hat der Arbeiterführer aus politischen Gründen davon keinen Gebrauch gemacht.

Als Karl zu Ostern 1881 in die Nicolaischule eintreten sollte und der Vater wieder einmal im Gefängnis einsaß, hing die Finanzierung der Schule in der Luft, und die politischen Freunde mußten helfen. «Ich bitte Euch», wandte sich Bebel an Marx und Engels in London, «daß Ihr nach Kräften Liebknecht unterstützt.» Die beiden Paten taten ihr Bestes, doch wurde damit nicht das grundsätzliche Problem gelöst. Wie schwer der Familie die Finanzierung der Schulausbildung gewesen ist, läßt sich auch daran ablesen, daß der älteste Sohn Theodor das Schuljahr 1884/85 «privatim» bewältigen mußte, weil die Familie das Schulgeld nicht aufbringen konnte. Als ein Jahr später der dritte Sohn vor dem Eintritt ins Gymnasium stand, ergriff Bebel erneut die Initiative und regte in einem Schreiben an die Gönner der Partei unter Hinweis auf den «Fall Liebknecht» die Gründung eines «Erziehungsfonds» an. Als der SPD-Führer 1886 seinen 60. Geburtstag feierte, überreichte ihm die

Partei eine beachtliche Summe, um die Schulausbildung seiner Kinder abzusichern. Die Ausbildung der Kinder sollte indirekt auf dem Parteitag von 1892 eine Rolle spielen, als es wegen der Gehälter der hauptamtlichen Mitarbeiter der SPD zu einer ernsten Auseinandersetzung kam, in deren Mittelpunkt Wilhelm Liebknecht stand. Mit der Aufhebung des Sozialistengesetzes zwei Jahre vorher hatten sich die Partei- und Gewerkschaftsorganisationen explosionsartig vergrößert. Die Auflagen der Parteipresse waren ebenso gestiegen wie der Bedarf an Agitationsmaterialien. Dies kam auch den hauptamtlichen Mitarbeitern zugute, die erstmals adäquate Gehälter erhielten. Liebknechts Jahressalär als Chefredakteur des *Vorwärts* betrug nun 10000 Mark. Nach der Übersiedlung von Leipzig nach Berlin hatte der SPD-Führer in dem vornehmen Vorort Charlottenburg eine Wohnung gemietet, deren jährliche Miete nicht weniger als 1750 Mark betrug. Sie war fast doppelt so hoch wie der durchschnittliche Jahresverdienst eines Arbeiters. Auf dem Parteitag kam es deswegen zu einer heftigen Debatte. «Mein Gehalt wird manchem hoch erscheinen», antwortete Liebknecht seinen innerparteilichen Kritikern, «aber ich kann unmöglich mit weniger auskommen, wenn ich meinen Kindern die Erziehung geben will, deren sie bedürfen, um für den Kampf ums Dasein möglichst gerüstet zu sein.»

Alle Liebknecht-Söhne durchliefen erfolgreich die Nicolaischule und absolvierten im Anschluß daran ein Studium. Theodor, Karl und Wilhelm wurden Juristen, Otto Chemiker und Kurt Mediziner. Auch in ihrem Berufsleben sind sie alle sehr erfolgreich gewesen. Theodor und Karl bauten vor dem Ersten Weltkrieg eine der größten Anwaltskanzleien in Berlin auf, in die später der jüngere Bruder Wilhelm eintrat. Kurt wurde in den zwanziger Jahren als der «rote Arzt» vom Wedding berühmt, und den Chemiker Otto holte die Deutsche Gold- und Silber-Schneideanstalt, die heutige DEGUSSA, nach Frankfurt am Main, wo er 1907 den Stoff Perborat entwickelte, einen wichtigen Bestandteil des berühmten Waschmittels Persil. Karl Liebknecht beendete seine Schulzeit zu Ostern 1890. Danach schrieb er sich als Student an der Universität Leipzig ein. Mit dem Umzug der Eltern setzte er das Studium in Berlin fort und schloß es dort 1893 ab. Wie wir aus den Schulunterlagen wissen, wollte er ursprünglich Medizin studieren. Sein Vater dürfte ihn jedoch zu einer Änderung des Studienfaches veranlaßt haben. Die ständig wachsende Arbeiterbewegung brauchte dringend Juristen, die nur langfristig aus der Arbeiterschaft selbst hervorgehen konnten. Bis 1906 wies die Reichstagsfraktion der SPD gerade drei Rechtsanwälte auf. Wilhelm Liebknecht bestimmte jedoch nicht nur die Studienrichtung seines zweiten Sohnes, er drängte auch auf die Promotion. Als dieser 1897 von der Universität Würzburg die Doktorwürde verliehen bekam, bestätigte der Vater gegenüber Freunden: «Ja, es hat mir viel Freude gemacht, daß Karl, meinem Wunsche entsprechend, sich den Doktorgrad erworben hat.» Die Kinder von Karl Liebknecht haben die akademische Familientradition nicht fortgeführt. Allein die Tochter Vera (geboren 1906) studierte erfolgreich Medizin. Sie starb aber bereits im jungen Alter von 28 Jahren an Tuberkulose. Der älteste Sohn Wilhelm (geboren 1901) war zwar ähnlich wie sein Vater sprachbegabt, doch gelang es ihm nicht, seine Begabungen in ein erfolgreiches Studium umzusetzen. Als er während des Ersten Weltkrieges zunehmend das Interesse an der Schule verlor, schrieb ihm der im Zuchthaus einsitzende Vater geradezu beschwörend: «Die Schule – mein Junge, Du täuschst Dich so abgründlich, wenn Du sie langweilig nennst!» Nachdem er all die Fächer aufgezählt hatte, die ihn selbst während der Schulzeit fasziniert hatten, warnte er: «Lernst Du sie jetzt nicht kennen, Du wirst sie nie kennenlernen.» Nach dem Tod des Vaters reiste Wilhelm ziemlich ziellos durch Europa und ließ sich schließlich in Moskau nieder, wo er zeitweilig am Institut für Marxismus-Leninismus arbeitete. Dort verstarb er auch 1975. Der zweite Sohn Robert (geboren 1903) wurde Maler und mußte Berlin nach dem Machtantritt der Nationalsozialisten verlassen. Nach dem Schweizer Exil während des Zweiten Weltkrieges lebte er bis zu seinem Tode 1995 als Künstler in Paris.

IV

Im Gegensatz zu seinem Vater hat Karl Liebknecht nicht das Glück gehabt, mit einer Frau verheiratet zu sein, die ihn in seinen familiären Pflichten ebenso entlasten konnte, wie dies seine eigene Mutter gegenüber dem Vater getan hatte. Seine erste Ehe mit Julia Paradies kam aufgrund freundschaftlicher Verbindungen der Eltern zustande. Sie war die Tochter eines wohlhabenden Kaufmannes und hatte bereits als Kind mit den fünf Liebknecht-Söhnen gespielt. Leider ist von ihr so gut wie nichts bekannt. Indirekt nur wissen wir, daß das junge Ehepaar durchaus großbürgerlich gewohnt haben muß, worauf auch die Adresse schließen läßt: Die Kaiser-Wilhelm-Straße gehörte zu den prominenten Straßen Berlins und war eine Verlängerung der Straße Unter den Linden, die an Dom und Schloß vorbei in Richtung Alexanderplatz führte. Nicht umsonst wurde die Straße zu DDR-Zeiten in Karl-Liebknecht-Straße umbenannt, wie sie auch heute noch heißt. Der russische Sozialdemokrat Ljadow berichtet, daß Liebknecht ab 1904 regelmäßig die Berliner Kolonie der politischen Flüchtlinge aus dem Zarenreich besucht hat. Anscheinend, so Ljadow, wollte er sich dort von seinem «herrschaftlichen Heim mit den vielen Bediensteten» erholen. Die bescheidene und ungezwungene Atmosphäre bei den jungen Intellektuellen und illegalen Parteiarbeitern dürfte Liebknecht durchaus an seine eigene Jugendzeit erinnert haben. Die Kontakte zu den russischen Emigranten dürften dabei zunächst weniger politisch als vielmehr juristisch bedingt gewesen sein. Der Rechtsanwalt Liebknecht hat schon früh Exilrussen in Ausweisungsprozessen vor preußischen Gerichten verteidigt und dürfte dabei auch einiges über die Verhältnisse im Zarenreich selbst und in der russischen Sozialdemokratie erfahren haben.

Bei einem dieser Besuche zu Beginn des Jahres 1906 traf Liebknecht mit Sophie Ryss zusammen, die am 1. Oktober 1912 seine zweite Frau wurde. Gemessen an seiner ersten Frau war die studierte Kunsthistorikerin mit Promotion wahrlich emanzipiert. Andeutungen in Liebknechts späteren Briefen von der Front und aus dem Zuchthaus lassen vermuten, daß die Beziehung schon vor der

Karl Liebknecht mit seiner zweiten Frau Sophie und seinen Kindern in Oberwiesen-
thal, 1913. Von links: Robert, Vera und Wilhelm (Helmi).

Ehe mehr als freundschaftlich gewesen sein muß. Als Julia Liebknecht völlig überraschend im Sommer 1911 an den Folgen einer
Gallenoperation in Bad Ems starb, war der Weg frei. Für Sophie
Liebknecht dürfte der Wechsel von einer allein lebenden Intellektuellen zu einer Hausfrau mit einem fünfköpfigen Haushalt alles andere als einfach gewesen sein. Die Kinder waren zum Zeitpunkt des
Todes ihrer Mutter fünf, acht und zehn Jahre alt und bedurften
intensiver emotionaler Betreuung. Wie schon sein Vater konnte
auch Karl Liebknecht diese Betreuung nicht bieten, lebte er doch,
wie Rosa Luxemburg einmal leicht ironisch schrieb, stets «in Hatz
und Drang». Als Mitglied der Berliner Stadtverordnetenversammlung ab 1901, des preußischen Abgeordnetenhauses ab 1908 und als
Mitglied des Deutschen Reichstages ab 1912 blieb ihm kaum Zeit
für private Angelegenheiten. Hinzu kamen die beruflichen Verpflichtungen aus dem Anwaltsbüro. Nach Kriegsausbruch wurde
der überzeugte Kriegsgegner seiner Familie vollends entzogen. Im
Januar 1915 mußte der fast Vierundvierzigjährige als Armierungs-
soldat an die Front, und ein Jahr später wurde er wegen seiner öffentlichen Protestaktion gegen den Krieg auf dem Potsdamer Platz

zu vier Jahren Zuchthaus verurteilt. «Könnte ich als Mensch leben, nicht nur als Politiker», hatte Liebknecht seiner Frau bereits kurz nach Kriegsausbruch geschrieben, «so würde unsere Fühlung viel enger und beständiger sein... Die Politik aber frißt mich auf; jede Faser hat sie verschlungen.» Zwar wurde er im Oktober 1918 vorzeitig aus dem Zuchthaus entlassen, doch der Ausbruch der Novemberrevolution ließ ihm keine Zeit mehr für andere als politische Angelegenheiten. Drei Monate später war er tot. Seine Familie hat den brutalen Mord an ihrem Familienoberhaupt nicht verkraftet. Noch zehn Jahre später konstatierte der Sohn Robert in einem verbitterten Brief an seinen Bruder: «Mit den Nerven ist seit Papas Tod unsere ganze Familie herunter.» Schon zu Lebzeiten ihres Mannes hatte Sophie Liebknecht erhebliche Schwierigkeiten, den Kindern emotional Vater und Mutter zu ersetzen. Rückblickend urteilte sie: «Ich bemühte mich, den Kindern und mir ein erträgliches Leben einzurichten, versuchte alles richtig zu machen und machte vieles falsch.»

Im Gegensatz zum Vater begann Karl Liebknecht seine politische Karriere von einer gesicherten wirtschaftlichen Position aus. Die Anwaltspraxis dürfte mehr als genug abgeworfen haben. Hinzu kam, daß seine erste Frau nicht ohne eine angemessene Mitgift in die Ehe gekommen war. Allerdings scheint auch der Sohn wie der Vater bereit gewesen zu sein, persönliche Mittel für politische Zwecke einzusetzen. So engagierte er sich vor dem Ersten Weltkrieg für die politischen Gefangenen und Verfolgten im Zarenreich, das eng mit Preußen zusammenarbeitete bei der Verfolgung politischer Flüchtlinge, die in erster Linie Mitglieder der russischen Sozialdemokratie waren. Nach der Niederschlagung der russischen Revolution von 1905 hatte er eine ziemlich hohe Summe für die Unterstützung der Parteigenossen zur Verfügung gestellt. Kurze Zeit später geriet er aber selbst wegen der Veröffentlichung seiner Militarismus-Schrift in Konflikt mit der preußischen Staatsmacht. Während seiner achtzehnmonatigen Festungshaft von 1907 bis 1909 blieben die Einnahmen aus dem Anwaltsbüro aus. Betroffen schrieb er an Minna Kautsky, deren Sohn Karl der führende Theoretiker in der SPD war: «Bei mir zu Haus ist rechte Misere; alles Mögliche kracht zusammen.» Dennoch dürfte sich die wirtschaftliche Lage der Familie bis 1914 wieder stabilisiert haben. Danach verschlechterte sie sich jedoch rapide. Mit zunehmender Kriegsdauer blieben die Einnahmen aus dem Anwaltsbüro aus. Darüber hinaus brauchte Liebknecht zunehmend Geldmittel für seine illegalen Aktivitäten gegen die Kriegspolitik der Regierung und der SPD-Führung. Bei seinem Tod dürfte die Familie über kein nennenswertes Vermögen mehr verfügt haben. Hinzu kam, daß auch Sophie Liebknecht ihr Familienerbe durch die sozialistische Revolution in Rußland verloren hatte. Aus den jetzt bekanntgewordenen Quellen geht hervor, daß bereits während des Krieges Liebknechts Kinder materiell von seinen Brüdern unterstützt worden sind. Vor allem Karls älterer Bruder, Theodor, dürfte sich dieser Aufgabe angenommen haben. Nach dem Tode von Wilhelm Liebknecht hatte er in der Familie die Rolle des Oberhauptes übernommen.

Der Eintritt in die Politik ist für Karl Liebknecht keineswegs selbstverständlich gewesen. Im Gegensatz zu den Vorstellungen seines Vaters hatte der Sohn zunächst durchaus Vorbehalte, dessen politische Arbeit fortzusetzen. Nachdem er 1893 sein Studium erfolgreich abgeschlossen hatte, schrieb er seiner Stiefschwester Alice: «Wenn ich die rastlose und dabei so oft unerquickliche, ja für manche Menschen geradezu geisttötende Arbeit sehe, die Papa Tag für Tag, Jahr für Jahr verrichtet, komme ich aus dem Staunen nicht heraus.» Als er dann 1898 seine Rechtsanwaltausbildung abgeschlossen hatte, ließ Wilhelm Liebknecht über August Bebel bei der SPD-Führung anfragen, ob sein Sohn als «bezahlter Mitarbeiter» in die Dienste der Partei eintreten könnte. Der Parteivorstand und die Kontrollkommission lehnten jedoch ab. Zur Begründung führten sie an, es dürfe nicht der Eindruck der Ämterpatronage entstehen; eine Vorstellung, die dem alten SPD-Führer völlig fern gelegen haben dürfte. So hatte er zur selben Zeit in einem Nachruf auf die Marx-Tochter Eleanor geschrieben, daß die Kinder herausragender Eltern keine «bloßen Mondwesen» sein dürften, sondern selbst eine «Sonnennatur» entwickeln müßten.

Das Verhalten der SPD-Führungsgremien dem Parteigründer gegenüber war seit den achtziger Jahren höchst ambivalent. Nach außen hin wurde er verehrt und als Aushängeschild benutzt. Im internen Entscheidungsprozeß der Partei dagegen spielte er seit dem Tode von Karl Marx keine Rolle mehr. «Man nahm ihn nicht mehr ernst», schreibt Brigitte Seebacher-Brandt in ihrer Bebel-Biographie, «brieflich spottete man über ihn.» Solange Marx gelebt hatte, war Liebknechts Stellung gefestigt. Bei aller Kritik hatte der große Theoretiker zu seinem Schützling gehalten. Die Autorität von Marx hat Liebknecht denn auch durchaus akzeptiert. Bei Friedrich Engels war dies nur eingeschränkt der Fall. «Auf dem Felde der Theorie lasse ich mich gern von Engels bescheiden», hatte er 1870 bei einem Krach nach London geschrieben, «auf dem Feld der Praxis glaube ich aber etwas besser bewandert zu sein.» Mit dem Tode von Marx rückte Engels ins Zentrum des Machtgefüges der Partei. Entscheidend trug er in seinen Korrespondenzen, vor allem mit August Bebel und Karl Kautsky, dazu bei, daß Wilhelm Liebknecht regelrecht demontiert wurde. Bebel stieg zum unbestrittenen Parteivorsitzenden auf, Kautsky wurde der anerkannte Parteitheoretiker. Dennoch hielt der Mitbegründer der SPD an der Idee fest, daß sein Sohn die von ihm begonnene Arbeit fortsetzen sollte. Um von der Partei wirtschaftlich unabhängig zu sein, kam es zur Gründung der gemeinsamen Anwaltskanzlei seiner beiden ältesten Söhne. Theodor sollte sich dabei aus der Politik heraushalten, um den staatlichen Organen keine Möglichkeit zu geben, die wirtschaftliche Grundlage der Familie zu gefährden. Karl dagegen konnte politisch aktiv werden. Diese Absprache blieb bis zum Tod von Karl Liebknecht bestehen. Erst danach gab Theodor seine Enthaltsamkeit auf und wurde auch seinerseits politisch aktiv. Seine Rolle im Anwaltsbüro übernahm daraufhin der jüngere Wilhelm.

Das entscheidende Erlebnis, das Karl Liebknecht bewogen hat, die politische Arbeit des Vaters fortzusetzen, ist dessen Tod am 7. August 1900 gewesen oder besser gesagt die Reaktion auf das Ableben des verehrten Arbeiterführers. «So wie Wilhelm Liebknecht», schrieb der *Vorwärts* am Tag nach der Beerdigung, «ist wenigstens in Deutschland noch nie ein Mensch, weder ein Fürst noch Staatsmann noch Bürger zur letzten Ruhe geleitet worden.» Die Aussage war keineswegs übertrieben. Mehr als 150000 Menschen säumten am 12. August 1900 die Straßen von Berlin, um Ab-

Trauerzug in Berlin für den verstorbenen Arbeiterführer Wilhelm Liebknecht am 12. August 1900.

schied zu nehmen. Die Beerdigung war bewußt auf einen Sonntag gelegt worden, um den vielen Anhängern aus dem In- und Ausland die Teilnahme zu ermöglichen. Fast eine Woche lang stand das Leben des verstorbenen Mitbegründers der SPD im Mittelpunkt der Berichterstattung des *Vorwärts*. Dreiunddreißig Wagen waren notwendig, um den Kranz- und Blumenschmuck von der Wohnung des Verstorbenen in der Kantstraße von Charlottenburg bis zum Friedhof nach Friedrichsfelde zu transportieren. 200 Ordner wurden eingesetzt, um den Leichenzug zu dirigieren, der über den Tauentzien, entlang der Gitschiner Straße über die Oberbaumbrücke und schließlich über die Warschauer Straße und Frankfurter Allee den Zielort erreichte. Rund sechs Stunden dauerte der Zug, der sich um 12.30 Uhr in Charlottenburg in Gang gesetzt hatte und ein ziemliches Chaos im Berliner Ausflugsverkehr verursachte. Wie der *Vorwärts* berichtet, waren die Lokale und Gasthäuser in den Bezirken auf dem Wege des Zuges total «leer» gegessen und «getrunken», während in anderen Stadtbezirken gähnende Leere herrschte. Die Trauerreden wurden von Paul Singer und August Bebel gehalten. Vergleicht man den Tenor der Reden, die 13 Jahre später beim Tod von Bebel gehalten wurden, so ist die Ergriffenheit nicht von der Hand zu weisen. Alle Beteiligten spürten, daß mit dem Tod von Wilhelm Liebknecht eine historische Epoche in der sozialdemokratischen Arbeiterbewegung zu Ende ging. «In seiner Person», führte Bebel aus, «starb der Letzte der großen Alten, die an der Wiege der Bewegung standen.» Der Eindruck muß für den 29 Jahre alten Sohn überwältigend gewesen sein. Wenige Tage später trat er offiziell der SPD bei, und zwar im 6. Berliner Wahlkreis, was durchaus symbolisch gemeint war. Diesen Wahlkreis hatte sein Vater seit 1887 im Deutschen Reichstag vertreten. «In der rastlosen Tätigkeit», gestand er Julius Motteler, «der unendlich kraftvollen und befruchtenden Selbstlosigkeit ein wenig dem teuersten Vorbild nachzueifern, das ist der Ahnenkult, in dem ich geradezu aufgehe, aufgehen möchte.»

Die führenden Gremien der SPD haben den Sohn des Parteigründers keineswegs mit offenen Armen aufgenommen. Statt ihm einen Wahlkreis in Berlin anzubieten, der beinah automatisch zu seinem politischen Aufstieg geführt hätte, schickten sie ihn aufs Land. Der Wahlkreis «Potsdam, Spandau und Osthavelland» war der «Kaiserwahlkreis». Die Bevölkerungsstruktur wurde bestimmt durch das mittlere und gehobene Bürgertum, das in der kaiserlichen Residenz im Dienste der Hohenzollern stand. Daneben gab es eine Arbeiterschaft, die vor allem in den staatlichen Rüstungsbetrieben von Spandau beschäftigt war. Dort aber konnte eine sozialdemokratische Agitation kaum entfaltet werden. Karl Liebknecht hat sich dennoch nicht entmutigen lassen und für sein politisches Wirken durchaus Unterstützung gefunden, und zwar sowohl an der Parteibasis als auch in der Wählerschaft. Entgegen allen Erwartungen und obwohl er sich in der Festungshaft befand, wurde er 1908 in den preußischen Landtag gewählt. Vier Jahre später gelang ihm sogar der Sprung in den Deutschen Reichstag.

V

Karl Liebknecht ist ebensowenig wie sein Vater durch theoretische Studien zur Politik gekommen. Ähnlich wie Wilhelm Liebknecht, der einmal davon gesprochen hat, daß «wir Sozialdemokraten keine Heiligen» brauchen, sah auch der Sohn in den existierenden Theorien des Sozialismus keine absolut gültigen Wahrheiten. Als er 1902 seinen ersten programmatischen Beitrag für das theoretische Parteiorgan *Die Neue Zeit* veröffentlichte, erklärte er gleich zu Beginn seiner Ausführungen: «Marxismus! Nicht viele Bahnbrecher der Menschheit sind so mißhandelt worden wie Marx. Gewiß, wer wird die Widersprüche hinwegleugnen wollen, die sich in seinen zahlreichen Werken... vorfinden?» Dem jungen Sozialdemokraten ging es um die konkrete Veränderung der gesellschaftlichen Verhältnisse in Preußen-Deutschland, die er als politisch und wirtschaftlich ungerecht ansah.

Bollwerk dieser ungerechten Ordnung war Preußen, der mächtigste Bundesstaat im Deutschen Reich. Liebknechts Überlegungen konzentrierten sich auf jene beiden Strukturelemente, die seiner Meinung nach die Gesellschaftsstruktur des gesamten Reiches bestimmten: der preußisch-deutsche Militarismus und das Dreiklassenwahlrecht in Preußen. Vor allem das Dreiklassenwahlrecht offenbarte das ganze Ausmaß der in Preußen herrschenden politischen Ungerechtigkeit. Zwar besaß jeder Staatsbürger, der direkt Steuern zahlte, 24 Jahre alt und im Besitz der bürgerlichen Ehrenrechte war, ein Stimmrecht. Dieses Stimmrecht wurde jedoch in drei Klassen eingeteilt, und zwar so, daß «auf jede Abteilung ein Drittel der Gesamtsumme der Steuerbeträge» entfiel. Die Wähler der ersten Klasse besaßen drei Stimmen, die der zweiten zwei, und die in der dritten Wählerklasse verfügten lediglich über eine Stimme. Abgesehen von der unterschiedlichen Wertigkeit der Stimmen bestand die Ungerechtigkeit darin, daß die Gutsbesitzer in Preußen in der Regel in der ersten Klasse wählen durften, obwohl sie tatsächlich kaum Steuern zahlten. Die konservative Partei stellte denn auch bis zum Ende des Deutschen Reiches eine unangreifbare Mehrheit im Preußischen Landtag, obwohl sie von der absoluten Stimmenzahl her bei weitem weniger Stimmen erzielte als die Sozialdemokraten.

Erst 1908 gelang es der SPD, trotz der ungerechten Ausgangsposition eine kleine Anzahl von Abgeordneten in den Landtag zu schicken. Karl Liebknecht war einer von ihnen. Sein Vater hatte sich ursprünglich gegen eine Wahlbeteiligung in Preußen ausgesprochen, weil er darin die indirekte Anerkennung der Verhältnisse sah. Der Sohn nutzte jedoch die parlamentarische Plattform, um die preußischen Zustände öffentlich anzuprangern. Er sprach dabei nicht zu den «Herren im Hause», sondern zu den Massen draußen. Damit übernahm er jene Taktik, die schon sein Vater als der staatlich verfolgte Arbeiterführer entwickelt und perfektioniert hatte. «Meine Herren», hatte Wilhelm Liebknecht einmal der konservativen Mehrheit im Reichstag zugerufen, «ich spreche von dieser Stelle, wo allein im Lande Preußen noch Redefreiheit besteht, nicht zu Ihnen: Ich sage es Ihnen offen, ich spreche zum Volke draußen.» Der Sohn sah denn auch in außerparlamentarischen Aktivitäten die einzige Möglichkeit, die Verhältnisse in Preußen und damit in Deutschland zu verändern. Dazu war jedoch die Parteiführung der SPD nicht bereit; sie befürchtete staatliche Repressalien, was durchaus denkbar gewesen wäre. Um allerdings nicht den Eindruck der Tatenlosigkeit zu erwecken, rief sie die Parteimassen zu Demonstrationen auf, ohne jedoch ein konkretes politisches Ziel zu formulieren. Im Laufe des Jahres 1910 kam es zu imposanten Wahlrechtsdemonstrationen im gesamten Reichsgebiet, die aber folgenlos blieben. Statt dessen hoffte man auf freiwillige Zugeständnisse der politischen Gegenseite und auf die Wirkung parlamentarischer Aktivitäten. «Es ist doch der helle Wahnsinn», redete Liebknecht 1913 den preußischen Genossen ins Gewissen, «zu glauben, wir sollten mit Hilfe des Dreiklassenwahlrechts die Dreiklassenmehrheit im Abgeordnetenhaus jemals stürzen können.»

Der zweite Schwerpunkt von Liebknechts politischen Aktivitäten war die Auseinandersetzung mit dem preußisch-deutschen Militarismus. «Der Militarismus», schrieb er 1907 in seiner Antimilitarismus-Schrift, «ist unser schlimmster Feind und der Kampf gegen ihn kann nicht besser geführt werden, als durch fortgesetzte Vermehrung der Sozialdemokraten unter den Soldaten.» Sehr früh setzte er sich für die Organisation einer sozialdemokratischen Jugendbewegung ein, um die künftigen Soldaten über ihre Rechte während des Militärdienstes aufzuklären. «Wer die Jugend hat», lautete der programmatische Schlußsatz seiner Schrift, «der hat die Armee.» Doch wie schon in seiner Agitation gegen Preußen gelang es auch dem Antimilitaristen nicht, die SPD-Führung für eine Unterstützung seiner Vorstellungen zu gewinnen. Vor allem der Parteivorsitzende August Bebel befürchtete, die staatlichen Instanzen könnten deswegen scharf gegen die Arbeiterbewegung vorgehen, und diese war noch zu schwach für eine direkte Konfrontation. «Wir sind der Auffassung», erklärte er als Zeuge im Prozeß gegen Karl Liebknecht, «daß dieses Hervorheben einer besonderen antimilitaristischen Agitation... praktisch falsch und taktisch unrichtig ist.» Wie schon 1872 Wilhelm Liebknecht wurde 1907 auch der Sohn in Leipzig wegen Hochverrat angeklagt.

Es mag eine Ironie der Geschichte gewesen sein, daß die Anklage sogar direkt Bezug nahm auf den Deutsch-Französischen Krieg von 1870, der damals zur Anklage gegen den Vater geführt hatte. Der Sohn nutzte jedoch nach dem Vorbild seines Vaters den Gerichtssaal, um seine Vorstellungen vom Militarismus und Antimilitarismus öffentlich darzulegen. Die Parallelität der beiden Prozesse ist den Zeitgenossen sehr wohl bewußt gewesen. «Wie sein Vater ergriff er (Karl) die Gelegenheit», erklärte der süddeutsche Parteiführer Ludwig Frank in einer vielbeachteten Rede, «die großen Grundgedanken des Sozialismus und des Antimilitarismus zu verkünden.» Als Karl Liebknecht nach dem Ausbruch des Ersten Weltkrieges am 2. Dezember 1914 als einziger Abgeordneter des Deutschen Reichstages öffentlich gegen die Kriegskredite stimmte, wurde er zum Symbol der nationalen und internationalen Antikriegsströmungen. Die von ihm gemeinsam mit Rosa Luxemburg unter dem Namen des berühmten Sklaven «Spartakus» in Gang gesetzte Agitation gegen den Krieg gewann mit zunehmender Kriegsdauer trotz eingeschränkter und unterdrückter Meinungsäußerung Widerhall bei den Arbeiter- und Soldatenmassen und brachte Regierung wie SPD-Führung in Zugzwang. Vor allem in seiner Kampagne der «Kleinen Anfragen» im Reichstag gelang es ihm immer wieder, die Widersprüchlichkeit der regierungsoffiziellen Darstellung vom «Verteidigungskrieg» deutlich zu machen. Sein öffentlicher Protest gegen den Krieg am 1. Mai 1916 auf dem Potsdamer Platz in Berlin und die anschließende Verurteilung zu vier Jahren Zuchthaus ließen ihn vollends zum Märtyrer werden.

Als das Deutsche Reich dann 1918 angesichts der militärischen Niederlage zusammenbrach, wurde der befreite Kriegsgegner für die kriegsmüden Massen zum Symbol der Hoffnung. Diese aber wollten Ruhe und nicht Revolution. Liebknecht dagegen sah jetzt die Chance zum Greifen nahe, endlich die verhaßten Verhältnisse in Preußen-Deutschland grundlegend zu ändern. Die Mehrheit der Sozialdemokratie war aber auch jetzt nicht bereit, die Machtpositionen der alten Ordnung wirklich zu beseitigen. Noch am Tag der Abdankung des Kaisers am 9. November 1918 kam es zwischen dem Rat der Volksbeauftragten mit dem SPD-Vorsitzenden Friedrich Ebert an der Spitze und der alten Militärführung zur Zusammenarbeit. Die staatliche Verwaltung blieb ebenso unangetastet wie die militärische Führung mit dem Argument, daß Ruhe und Ordnung aufrechterhalten werden sollten. Die verfassungsmäßigen Veränderungen blieben einer späteren Nationalversammlung vorbehalten. Liebknecht lehnte dieses Vorgehen ab und rief die Massen der Novemberrevolution zum «revolutionären Handeln» auf. Die Revolutionsregierung mußte dies zwangsläufig als physische Bedrohung empfinden, doch hat Liebknecht dabei nicht an die Anwendung bloßer Gewalt im Sinne der bolschewistischen Vorstellung von der «Diktatur des Proletariats» gedacht. Die Revolution im Interesse der Emanzipation der arbeitenden Menschen war für ihn ein geistiger Prozeß, nicht eine Frage der Macht. «Nur der geistige Kampf ist menschlich», hatte schon sein Vater im Hochverratsprozeß von 1872 erklärt. «Wir sind Menschen und der Menschen menschliche Waffen ist das Hirn, nicht die Faust.» Aus diesem Grunde haben sowohl Wilhelm als auch Karl Liebknecht immer wieder die geistige Auseinandersetzung mit dem politischen Gegner gesucht. Sie waren überzeugt, daß am Ende das bessere Argument, die richtige Sache siegen würde. Wenn Liebknechts «Kleine Anfragen» im Parlament wirklich so unsinnig gewesen wären, wie seine Kritiker immer behauptet haben, dann ist nicht nachzuvollziehen, warum sie so emotional darauf reagiert haben.

Heute wissen wir, daß er mit seinen Vermutungen, was die tatsächliche Entstehung des Ersten Weltkrieges und die aktive Beteiligung des Deutschen Reiches anbelangt, der Wahrheit recht nahe gekommen ist. In diesem Zusammenhang ist übrigens auch die Gründung der KPD 1918/19 zu sehen. Liebknecht wie Rosa Luxemburg erkannten, daß nach dem Zusammenbruch des Deutschen Reiches nicht mit einer schnellen Veränderung der preußisch-deutschen Gesellschaft zu rechnen war und daß sie sich deshalb auf eine längerfristige Entwicklung einzustellen hatten. Die Vertreter der alten Ordnung, insbesondere das Militär, waren dagegen nach vier Jahren Krieg und angesichts der militärischen Niederlage zu allem bereit, um ihre privilegierte gesellschaftliche Position zu wahren; notfalls auch durch die Anwendung von Gewalt. Als Liebknecht am 6. Januar 1919 den Fehler beging, konkret zum Sturz der Revolutionsregierung aufzurufen, lieferte er dem Militär den Vorwand für die Beseitigung all jener politischen Elemente, die man als Gefahr der eigenen Interessen ansah. Daß das Hauptaugenmerk dabei auf den Antimilitaristen und Antikriegskämpfer fiel, versteht sich von selbst. Nach einer intensiven Hetzjagd gelang es der Gardekavallerie-Schützen-Division, Karl Liebknecht und seine engste Mitstreiterin, Rosa Luxemburg, am 15. Januar 1919 aufzuspüren und festzunehmen. Hauptmann Waldemar Pabst gab dann den Befehl zur «Hinrichtung», die nichts anderes als Mord war. Inwieweit dies mit Wissen der damals Regierenden geschah oder nicht, spielt aus heutiger Sicht keine Rolle mehr. Tatsache ist, daß die sozialdemokratischen Führer den Mord am Sohn ihres Parteigründers nicht verhindert haben. Das schlechte Gewissen muß bei den damals verantwortlichen SPD-Führern tief gesessen haben. Als Anfang der zwanziger Jahre Friedrich Ebert in seiner Funktion als Reichspräsident Frankfurt am Main besuchte, bat er den dritten Sohn des SPD-Gründers um ein Zusammentreffen. Wie dessen Sohn Kurt in seinen Erinnerungen berichtet, sei es Ebert darum gegangen, «Frieden mit der Familie Liebknecht zu schließen».

Vater und Sohn Liebknecht sind in ihrem politischen Handeln und Denken von identischen Vorstellungen ausgegangen, die sich am deutschen Idealismus des 19. Jahrhunderts orientierten. Beide wollten als Politiker zur Höherentwicklung der Menschheit beitragen, wobei sie mit der Höherentwicklung die Vorstellung einer gerechten und humanen Gesellschaft verbanden. Die Verwirklichung dieses Zieles wurde durch die ungerechten Verhältnisse in der preußisch-deutschen Gesellschaft verhindert. Aus diesem Grunde engagierten sich Wilhelm und Karl Liebknecht für den Aufbau einer politischen Arbeiterbewegung, die einerseits die arbeitende Bevölkerung im Sinne der Höherentwicklung aufklären und erziehen und andererseits als Organisationsbasis fungieren sollte, um den politischen Gegner zu Zugeständnissen zu zwingen. «Die Abschaffung der Klassenherrschaft», formulierte der SPD-Gründer 1872 im Leipziger Hochverratsprozeß, ist «gleichbedeutend... mit der Befreiung der Menschheit». Mit ähnlichen Worten prognostizierte auch der KPD-Gründer in seinem letzten Artikel, der an seinem Todestag erschien, das Endziel der gesellschaftlichen Entwicklung; trotz aller momentanen Niederlagen, hieß es dort, wird am Ende die «Welt der erlösten Menschheit herrschen».

Angesichts dieser Zielvorstellung wird verständlich, warum Vater und Sohn Liebknecht ihrer politischen Betätigung mit einer so unglaublichen Energie und Opferbereitschaft nachgegangen sind. Politik war für sie nicht Beruf, sondern Berufung. Als Wilhelm Liebknecht 1868 seine zweite Frau kennenlernte, begründete er sein politisches Engagement folgendermaßen: «Der Klassenkampf ist ein Kampf von lebendigen Menschen, ein wirklicher, persönlich geführter, reeller Kampf, ...in dem alle mitkämpfen und jeder rückhaltlos sein ganzes Ich in die Waagschale wirft.» Karl Liebknecht benutzte fast dieselben Worte, als er 1917 aus dem Zuchthaus heraus seinem eigenen Sohn die Beweggründe seines Handelns zu erklären suchte. «Du mußt lernen», heißt es in dem Brief, «daß die Aufgabe des Menschen, der sich bewußt ein hohes Ziel setzt und der von seinem Inneren vorangetrieben wird, das Edle zu fördern, daß dessen Aufgabe ist, sich mit allen seinen Fähigkeiten, mit seinem ganzen Wesen hineinzuwerfen in das gewaltige Ringen um die Höherentwicklung der Menschheit.»

Diese politische Berufung hat entscheidend dazu beigetragen, daß Wilhelm wie Karl Liebknecht gegenüber den Führungsgremien der SPD in die Isolation gerieten. Der Mitbegründer der Partei gehörte seit Mitte der achtziger Jahre nicht mehr zum engeren Führungszirkel der Partei. Sein Sohn hat nie dazu gezählt. Dennoch ist es interessant, daß es beide geschafft haben, die Partei- wie Wählermassen im Interesse der Arbeiterbewegung zu mobilisieren. Im Unterschied zum konstanten, aber auch statischen Handeln und Denken von Vater und Sohn Liebknecht änderte sich die politische Umwelt im Verlauf ihres Lebens erheblich. Dies gilt sowohl für die allgemeine Entwicklung im Deutschen Reich als auch für die spezielle innerhalb der politischen Arbeiterbewegung. Der Aufstieg des Deutschen Reiches zu einer der führenden Industrienationen hatte auch für die Arbeiterschaft positive Folgen. Je breiter und etablierter die Arbeiterorganisationen wurden, desto weniger waren ihre Führer bereit, ihre Existenz zu gefährden. Bei Ausbruch des Ersten Weltkrieges hatten die Proletarier eben mehr zu verlieren als nur «ihre Ketten», wie Karl Kautsky treffend formulierte. Als aber der Krieg konkret da war, mußten sich auch die Arbeiterführer entscheiden, ob sie die existierende Gesellschaft in Preußen-Deutschland verteidigen oder verändern wollten. Sie entschieden sich für die Verteidigung in der Hoffnung, daß der politische Gegner danach Zugeständnisse machen würde. Wie trügerisch diese Hoffnung gewesen ist, hat die nachfolgende Entwicklung gezeigt. Erinnert sei nur an den Siegfrieden von Brest-Litowsk gegenüber dem besiegten Rußland. Sowohl Wilhelm als auch Karl Liebknecht haben das fatale preußische Element in der deutschen Politik richtig eingeschätzt, und beide hatten auch die Zivilcourage, den preußischen Unrechtsstaat herauszufordern. Der Sohn mußte dies mit seinem Leben bezahlen. Karl Kautsky, der anerkannte Theoretiker der SPD vor dem Ersten Weltkrieg, hat die negative Entwicklung der politischen Arbeiterbewegung in Deutschland schon früh erkannt. Bereits ein Jahr nach dem Tode von Wilhelm Liebknecht schrieb er selbstkritisch an den österreichischen Parteiführer Victor Adler: «Uns steckt schon zu sehr die nervöse Degenerierung – die bürgerliche Form der ‹Verelendung› – in den Gliedern.»

Zwei Väter, drei Söhne und der Tod

DER SENATOR MANN, THOMAS MANN UND KLAUS MANN

von Marianne Krüll

I

Es war 1949, am 21. Mai, als Thomas Mann, der sich gerade auf einer Vortragsreise in Stockholm befand, per Telegramm erfuhr, daß sein Sohn Klaus in Cannes an der Côte d'Azur Selbstmord begangen hatte. Thomas Mann, der zu dieser Zeit noch in den USA lebte, war zum zweitenmal nach dem Krieg wieder in Europa, diesmal, um in Frankfurt und Weimar den Goethe-Preis entgegenzunehmen. Seine Frau Katia und Erika, die dreiundvierzigjährige Tochter, begleiteten ihn. Thomas Manns Tagebucheintragung vom Tag darauf lautete: «Bei Ankunft im Hotel schwerster Chock. Telegramm ... Mitteilung seines Todes. Langes Beisammensein in bitterem Leid. Mein Mitleid innerlich mit dem Mutterherzen und mit E. Er hätte es ihnen nicht antun dürfen. Die Handlung offenbar von ihm selbst unerwartet geschehen, mit Schlafkapseln, die er aus einer New Yorker Drogerie bezog. Sein Aufenthalt in Paris verhängnisvoll (Morphium). Viel über ihn und den von langer Hand unwiderstehlich wirkenden Todeszwang. Das Kränkende, Unschöne, Grausame, Rücksichts- und Verantwortungslose. Beratung auch über unsere Reisezukunft, ob alles abzubrechen und direkte Heimkehr geboten. In völliger Erschöpfung gegen 2 zu Bett.»

Welch seltsam vorwurfsvoller Klang! Wieso ist für ihn, den Vater, der «Todeszwang» des Sohnes «kränkend»? Wieso hätte Klaus «es» nur dem «Mutterherzen» und der Schwester «nicht antun» dürfen? War sein Vaterherz nicht berührt? – Thomas Mann unterbrach seine Reise nicht, um zu Klaus' Begräbnis zu fahren. Auch Katia und Erika fuhren nicht nach Cannes.

Es war nicht der erste Selbstmordversuch von Klaus. Ungefähr ein dreiviertel Jahr zuvor war er nur knapp gerettet worden. Er hatte sich die Pulsadern aufgeschnitten und den Gashahn aufgedreht. Da man aber das Gas im Haus gerochen hatte, fand man ihn noch rechtzeitig. Nach dem mißglückten Selbstmordversuch von 1948 schrieb der Vater an einen Bekannten: «... Ich grolle ihm etwas, weil er seiner Mutter das antun mochte. Er ist verwöhnt durch ihr Alles verstehen – und durch meines. Die Situation bleibt gefährlich. Meine beiden Schwestern haben sich getötet, und Klaus hat viel von der Älteren. Der Trieb ist in ihn gelegt und wird durch alle Umstände begünstigt – außer allein von einem Elternhaus, auf das er sich immer verlassen kann, auf das er aber natürlich nicht angewiesen sein will.» (12. 7. 1948)

Wenn man an einen «Trieb» zum Selbstmord glaubt, kann eigentlich nichts im Leben eines solcherart gefährdeten Menschen diese Tat verhindern. Eine Familie steht dann dem Schicksal des Angehörigen hilflos gegenüber. Eigentlich widerspricht es dieser Triebvorstellung, daß Thomas Mann seinem Sohn «grollt», denn was konnte Klaus gegen seinen «Trieb» tun? – Es erscheint mir bedeutsam, daß Thomas Manns Reaktion auf den Tod seines Sohnes von Gefühlen begleitet wird, die er ähnlich nach dem Freitod seiner Schwester Carla fast vierzig Jahre zuvor empfunden hatte. Auch ihr machte er den Vorwurf, rücksichtslos gehandelt zu haben.

Die Frauen, die Klaus am nächsten standen, die Mutter Katia und die Schwester Erika, sind ihm ebenfalls mit widersprüchlichen Gefühlen begegnet. Wie der Vater haben auch sie ihn einerseits als hoffnungslosen Fall angesehen und seine Drogenabhängigkeit, seine Homosexualität als unveränderliche Natur oder Krankheit betrachtet. Andererseits haben sie diese Grundüberzeugung zu überdecken versucht mit einem verharmlosenden Mitleid, das aber letztlich einer Verurteilung gleichkam.

Und Klaus selbst? Er hat sich ohne Frage auch als hoffnungslos gegen seinen Trieb ankämpfenden Menschen gesehen, der diesen Kampf verlieren mußte. Nach dem vorletzten Selbstmordversuch schrieb er an einen Freund:

Klaus Mann im Mai 1949, kurz vor seinem Freitod in Cannes. «Während die Zivilisation zusammenkracht unter dem Ansturm einer aufs moderuste ausstaffierten Barbarei, was bleibt dem Intellektuellen, dem Künstler zu tun, als der allgemeinen Verstörtheit und Qual Ausdruck zu geben?» schrieb er in einem seiner letzten Essays «Die Heimsuchung des europäischen Geistes».

«Ich brauche wohl nicht zu sagen, wie greulich mir diese ‹publicity› ist. Was den melancholischen und blamablen Zwischenfall selbst betrifft, so ersparst Du mir wohl weitere ‹Erklärungen› – deren es ja übrigens, angesichts der furchtbaren Weltlage und meiner eigenen nicht eben einfachen Verhältnisse (um nicht zu sagen ‹Veranlagung›) kaum bedürfen sollte.» (23. 8. 1948)

In seinen wahrscheinlich letzten Zeilen, die er am Tag zuvor an Mutter und Schwester richtete, deutete er mit keinem Wort seine Absicht an, sich zu töten. Er berichtet vom ungewöhnlich schlechten Wetter in Cannes, von Freunden, von Plänen für den Sommer und schließt: «Alles Liebe, Treue, Schöne dem Papa und Euch vom lieben, treuen, schönen K. H.» (20. 5. 1949)

Aufschlußreicher, als den Freitod von Klaus Mann als unerklärlichen «Trieb» anzusehen, ist der Versuch, zu erklären, was ihn dazu «getrieben» hat. Und das sind Geschichten, Bilder, Vorbilder in der Familie, die sozusagen als Grundmuster des familialen Unbewußten für Klaus und andere Familienmitglieder zur tödlichen Verstrickung wurden – in obigem Zitat wurde bereits das Schicksal der beiden Tanten, Schwestern Thomas Manns, angesprochen. Wenn sich Beziehungsmuster von vielen Seiten durch Wiederholung verstärken, können sie zu Lebensmustern für die Nachgeborenen werden. Zwar ist nie voraussehbar, was sich aus einem Schicksal oder einer Konstellation in der nächsten Generation ergeben wird, und auch rückschauend kann man nie eine eindeutige Kausallinie rekonstruieren, denn die meisten Fäden liegen nicht an der Oberfläche, sondern wirken im Untergrund und sind selbst von der betroffenen Person nicht erkennbar. Dennoch ist es sehr erhellend, die Familiengeschichten als Muster und Vorbilder zu betrachten und ihr Wirken im Leben einer Person zu verfolgen.

Die Familie Mann bietet sich hier sozusagen als Musterbeispiel an, denn nicht nur gab es in allen Generationen äußerst dramatische Ereignisse, sondern sehr viele Mitglieder dieser Familie haben auch darüber geschrieben – große Literatur ebenso wie Briefe, Tagebücher, Notizen. Es gibt daher eine unerschöpfliche Fülle von Material, das uns als Außenstehenden zugänglich ist.

Ich konzentriere mich hier auf die Geschichten, die Thomas

Mann mit seinem Vater, dem Senator Thomas Johann Heinrich Mann, und mit seinem Sohn Klaus verbinden. Das ist eine Verkürzung, die eigentlich nicht zu rechtfertigen ist, denn nicht nur der Vater, sondern auch die Mutter Thomas Manns hatte für ihn und seine Geschwister eine eminent wichtige Bedeutung, ebenso wie Katia mit ihrer Geschichte für den Sohn Klaus bedeutsam war. Ich werde daher gelegentlich ergänzend auch die Mütter einbeziehen.

II

Das Leben des Lübecker Handelsmannes und späteren Senators Mann ist von seinem Sohn ziemlich genau in dessen Roman *Die Buddenbrooks* in der Figur des Thomas Buddenbrook nachgezeichnet worden. In einigen Punkten jedoch hat er die Geschichte seines Vaters verändert. Und genau diese Punkte sind es, die gleichsam den Schlüssel liefern für die Verstrickungen, die in dieser Familie über Generationen hinweg weiterwirkten.

Thomas Johann Heinrich Mann war das zweite Kind aus der zweiten Ehe seines Vaters. Der Vater, Johann Siegmund jr., hatte seine geliebte erste Frau verloren, die im Kindbett starb. Auch drei Kinder aus dieser ersten Ehe starben. Nur zwei Söhne überlebten, die sich mit der Stiefmutter nicht gut verstanden und deshalb auch mit dem Vater später Streit hatten.

Seltsamerweise wählte der Vater für seine beiden Kinder aus der zweiten Ehe – Thomas Johann Heinrich und Elisabeth (in den *Buddenbrooks* die Tony) – als Paten die Eltern seiner ersten Frau. Deren Vater Thomas Wunderlich, zeitweilig Bürgermeister Lübecks, gab ihm den Namen Thomas, den dieser wiederum an seinen berühmten Sohn weitergeben sollte, der ihn seinerseits als «Thomas» Buddenbrook verewigen sollte und auch wiederum seinem Sohn Klaus als Zweitnamen vererbte ... Familienbindungen über die Namengebung sind oft sehr stark.

Thomas Johann Heinrich erlebte also von Geburt an eine Gespaltenheit in der Beziehung zu seinen Eltern: Der um seine erste Frau trauernde Vater gibt ihm, dem Sohn aus der zweiten Ehe, den Vater der ersten Frau zum Paten, steht aber zu den beiden Söhnen dieser geliebten ersten Frau in Spannung, weil diese Söhne die zweite Frau, die Mutter von Thomas Johann Heinrich, nicht anerkennen.

In den *Buddenbrooks* hat Thomas Mann diese Zusammenhänge verändert: Die zweite Ehe hat er nicht dem Vater von Thomas Buddenbrook zugeschrieben, sondern dem Großvater, so daß Thomas Buddenbrook nicht mehr direkt davon tangiert war. Der wirkliche Thomas Johann Heinrich Mann dagegen trug schwer daran, mit den Problemen, die sich für ihn aus diesen beiden Ehen seines Vaters ergaben, zurechtzukommen.

In seiner Jugend war er der bevorzugte Sohn des Vaters. Nicht die beiden älteren Halbbrüder, die auch Handelsleute waren, wurden als Erben der Firma eingesetzt, sondern er, obwohl er erst 23 Jahre alt war. Nur einen Monat nach der Firmenübergabe starb der Vater, und Thomas Johann Heinrich trug die alleinige Verantwortung für das Geschäft und bestimmte damit auch die Geschicke der Familie.

Anfangs war er geschäftlich erfolgreich und verschaffte der Firma einen guten Ruf. Ob er ein wirklich leidenschaftlicher Geschäftsmann war, bleibt fraglich. Beide Söhne beschrieben ihn als einen eleganten feingeistigen Mann, der viele Interessen hatte und eine gute Kenntnis der Literatur besaß. Doch es gab für ihn keinen anderen Weg, als den Auftrag des verstorbenen Vaters zu erfüllen. Ob seine beiden Söhne von ihm den heimlichen Auftrag erhielten, seine verborgenen Wünsche auszuleben?

1869, fünf Jahre nach der Geschäftsübernahme, heiratete Thomas Johann Heinrich Mann die bildschöne Julia da Silva-Bruhns. Auch dies wird in den *Buddenbrooks* geschildert, allerdings hat Thomas Mann die tragische Kindheitsgeschichte seiner Mutter Julia nicht in den Roman hineingenommen. Gerda Arnoldsen, die Ehefrau des Senators Thomas Buddenbrook ist zwar in einigen Zügen der leiblichen Mutter Thomas Manns nachgezeichnet, doch ist sie eine blasse Figur ohne Konturen. Julia Mann dagegen hatte eine außerordentlich dramatische Kindheitsgeschichte, die sie im Jahre 1903 als kleine Autobiographie *Aus Dodos Kindheit* aufschrieb.

Julia stammte aus einer brasilianisch-deutschen Familie. Der Vater Ludwig Bruhns war ein Lübecker Handelsmann, der in Brasilien Maria da Silva, eine junge Frau aus sehr guter Familie, heiratete. Julia war ihr viertes Kind. Als sie fünf Jahre alt war, starb die Mutter mit 28 Jahren im Kindbett. Vater Ludwig brachte seine fünf Kinder, die noch nicht einmal Deutsch konnten, nach Lübeck, wo Julia mit ihrer Schwester in einem Mädchenpensionat aufwuchs. Er wollte, daß sie Deutsche würden. Er selbst kehrte nach Brasilien zurück. Julia sah ihre Brüder, die bei Verwandten lebten, nur am Sonntag bei der Großmutter. Wie sie in ihrer Autobiographie schildert, litt sie entsetzlich unter der Trennung von ihrer Heimat, von den Menschen, die ihr nahe gewesen waren, und scheint diesen Verlust zeit ihres Lebens nie überwunden zu haben.

Als Julia da Silva-Bruhns mit knapp 20 Jahren Thomas Johann Heinrich Mann heiratete, war sie wegen ihrer Schönheit, ihrer Mitgift und ihrer großbürgerlichen Herkunft eine gute Partie für ihn. Leidenschaftliche Liebe war bei beiden jedoch – wie aus Briefen des Vaters Ludwig an seine Tochter hervorgeht – nicht im Spiel. Man muß annehmen, daß sie sich seelisch fremd blieben. Sie teilten zwar viele Interessen: das Reisen, die Literatur, aber Julias Musikliebe und ihr überschwengliches, eigentlich immer etwas naiv-frivoles Wesen waren ihm suspekt, vor allem, was ihren Einfluß auf die Kinder betraf. Betrachtet man jedoch Julias schwere Erfahrungen, dann kann man verstehen, daß sie bestrebt war, das nichtgelebte Leben ihrer Kindheit und Jugend in der Ehe nachzuholen.

Für Lübecker bürgerliche Verhältnisse scheint sie sich allzu freizügig mit jungen Männern aus der Garnison oder aus dem Orchester abgegeben zu haben. Ihr Verhalten gab zu Gerüchten Anlaß, die den Senator Mann verfolgten. Thomas Mann hat dies in den *Buddenbrooks* angedeutet. In Heinrich Manns Romanen *Eugénie oder die Bürgerzeit* und *Zwischen den Rassen* finden sich noch deutlichere Anspielungen.

Heinrich, ihr erstes Kind, hat darunter gelitten, daß sie den Anforderungen einer Gattin und Mutter im Grunde nicht gewachsen war. Als Thomas vier Jahre später zur Welt kam, hatte sich Julia – so scheint es – schon besser an ihre Rolle angepaßt. Vor allem war Thomas ihr Liebling, weil er dunkelhaarig war wie ihre brasilianischen Brüder und nicht blond wie Heinrich, ihr ältester Sohn, und

Die Eltern von Thomas Mann. Der Senator Thomas Johann Heinrich Mann mit seiner Frau Julia, geborene da Silva-Bruhns, die ihre Kindheit in Brasilien verbracht hatte und sich ein Leben lang nach der Heimat zurücksehnte. Die Aufnahme entstand um 1869 in Lübeck.

wie Heinrich, ihr Ehemann. Heinrich wurde von seinem Bruder Thomas entthront, er war zwar der Erstgeborene, doch für die Mutter war er der zweite. Die lebenslange Rivalität zwischen den Brüdern hat hier ihren Ursprung. Doch auch Thomas konnte seine Bevorzugung nicht genießen, denn sie bedeutete, daß er kein «Blonder», kein erotischer, Frauen liebender Mann war wie sein Bruder. In der Novelle *Tonio Kröger* hat er dies zum Thema gemacht. Auch seine auf Männer gerichteten erotischen Wünsche scheinen hier ihre Wurzeln zu haben, wie noch zu zeigen sein wird.

Kehren wir zurück zum Senator Thomas Johann Heinrich Mann. In seiner Frau Julia fand er keine Stütze, wie er sie dringend gebraucht hätte, um die wachsenden Probleme und Belastungen in seinem Leben nicht allein tragen zu müssen. Hier ist Thomas Mann in den *Buddenbrooks* wahrscheinlich recht genau den Fakten gefolgt. Es ging in erster Linie um finanzielle Belastungen, die er nur mühsam bewältigte: Die zweimalige Mitgift für die Schwester Elisabeth («Tony» in den *Buddenbrooks*), die Abfindung der Stiefbrüder, eine Fehlspekulation, die ihn in Geldnöte brachte. Auch scheint er sich mit dem Bau seines Hauses (1881–83) verkalkuliert zu haben. Dann gab es Geldstreitigkeiten mit den Verwandten seiner Mutter, die ihren leichtlebigen Bruder unterstützte, nicht zu vergessen die Schwierigkeiten, die ihm sein eigener Bruder Friedrich («Christian Buddenbrook») durch einen ruinösen Lebenswandel bereitete.

Diese Ereignisse scheinen so bedrückend für ihn gewesen zu sein, daß die Ehrungen und Erfolge, die ihm in jenen Jahren in der Öffentlichkeit und im familiären Bereich zuteil wurden, sie nicht aufwiegen konnten. So wurde er 1877 zwar Senator der Stadt, war Repräsentant in verschiedenen hochangesehenen Vereinigungen, so wurde 1890 das hundertjährige Firmenjubiläum mit großem Pomp gefeiert, doch als seine Mutter im selben Jahr starb, ging es mit ihm rapide bergab.

Diese Ereignisse werden in den *Buddenbrooks* geschildert. Doch anders als der Senator Buddenbrook im Roman war der wirkliche Senator Mann noch durch weitere Dinge belastet. Sein ältester Sohn Heinrich, der seinen Namen trug und der ihm äußerlich ähnlich war, schien völlig aus der Bahn zu geraten. Er wollte Schriftsteller werden, was der Senator nicht befürwortete. Auch trieb er sich schon mit sechzehn oder siebzehn Jahren in Bordellen herum, brach 1889 die Schule ab und begann eine Buchhändlerlehre in Dresden, wo er aber sofort mit seinen Lehrherren zusammenstieß. Gegen den Willen des Vaters ging er nach Berlin. Es kam zu einer heftigen Auseinandersetzung zwischen Vater und Sohn, die offenbar zu keiner Versöhnung mehr führte.

In die *Buddenbrooks* nicht eingegangen ist die Geburt des fünften Kindes des Senators, Viktor, der 1890 – zwanzig Jahre nach Heinrich, dem ältesten – zur Welt kam. Ob der Senator den Verdacht hatte, daß Viktor nicht sein Sohn sei?

Ebenfalls anders als in den *Buddenbrooks* war es der Senator selbst, der nach dem Tod seiner Mutter das Eltern- und Firmenstammhaus in der Mengstraße 4 verkaufte, so, als wollte er sich damit von der Bürde, die die Familie ihm abverlangt hatte, befreien. (Das Haus beherbergt heute ein sehenswertes Museum zu Ehren von Heinrich und Thomas Mann.)

Wenige Monate darauf erkrankte der Senator Mann an einem Blasenkrebs, wurde im Sommer 1891 operiert und starb am 13. Oktober 1891 an einer Blutvergiftung. Viktor berichtet, daß sein Vater das Datum seines Todes in einem Traum vorausgesehen hat. Ob der Senator seinem Sterben nachgeholfen hat? Thomas Johann Heinrich Mann war – darüber kann kein Zweifel bestehen – seines Lebens überdrüssig, er hatte sich selbst aufgegeben.

Das wird vor allem deutlich in seinem Testament, das er zwei Tage vor der Operation verfaßte. Er verfügte nämlich die Liquidation der Firma, obwohl diese keineswegs bankrott war, sondern sogar florierte. Er legte fest, daß das erst zehn Jahre alte Haus, in dem seine Familie lebte, verkauft werden sollte, was einer Vertreibung von Frau und Kindern nach seinem Tode gleichkam. Er regelte bis in kleinste Details sein Begräbnis, einschließlich der Todesanzeige.

Vor allem aber enthielt das Testament letzte Worte an Frau und Kinder: «... den Neigungen meines ältesten Sohnes (Heinrich) zu einer sogenannten literarischen Tätigkeit (ist) entgegenzutreten. Zu gründlicher, erfolgreicher Tätigkeit in dieser Richtung fehlen ihm m. E. die Vorbedingnisse; genügendes Studium und umfassende Kenntnisse. ... Mein zweiter Sohn (Thomas) ist ruhigen Vorstellungen zugänglich, er hat ein gutes Gemüt und wird sich in einen praktischen Beruf hineinfinden. Von ihm darf ich erwarten, daß er seiner Mutter eine Stütze sein wird. Julia, meine älteste Tochter, wird strenge zu beobachten sein. Ihr lebhaftes Naturell ist unter Druck zu halten. Carla ist m. E. weniger schwierig zu nehmen und wird neben Thomas ein ruhiges Element bilden. Unser kleiner Vicco – Gott nehme ihn in seinen Schutz. Oft gedeihen Kinder späterer Geburt geistig besonders gut – das Kind hat so gute Augen. – Allen Kindern gegenüber möge meine Frau fest sich zeigen und alle immer in Abhängigkeit halten. Wenn je sie wankend würde, so lese sie König Lear. –»

Was mag Julia, was mögen die Kinder – Thomas Mann war sechzehn, die beiden Mädchen erst vierzehn und zehn Jahre alt – beim Anhören dieses Testaments empfunden haben? Selbst wenn die Kinder ähnliche Äußerungen des Vaters schon zu dessen Lebzeiten häufig gehört haben mögen, haben sie als «letzte Worte» eine ganz andere, suggestive Kraft. Sie können als Leitmotiv eines ganzen Lebens wirken.

Für die Kinder des Senators waren diese Worte Auftrag und Drohung zugleich. Denn eines ist klar: Thomas Johann Heinrich hätte das Verhalten seiner Frau nach seinem Tode als äußerst «schwach» und «wankend» empfunden. Eineinhalb Jahre nach seinem Tod zog sie nach München und begann dort ein neues Leben in sehr viel größerer Freizügigkeit als in Lübeck. Sie führte in Schwabing einen Salon, und es war nie klar, ob Verehrer um die heranwachsenden Töchter oder um die Mutter warben.

Julia, die zweifellos gegen den letzten Willen ihres Mannes handelte, hat damit die Drohungen, die er in seinem Testament aussprach, auf sich gezogen. Damit war auch alles, was die Kinder taten, gegen seinen Willen gerichtet. Denn sie sollten der Mutter gehorsam und treu sein, *wenn* die Mutter ihrerseits sich als nicht wankende Frau erwies. Sie tat es nicht, was konnten die Kinder nun tun?

Das Testament seines Vaters hat Thomas Mann nicht in die *Buddenbrooks* eingehen lassen. Auch Heinrich Mann hat es nie als Motiv in einem seiner Werke verwendet. War der Tod des Vaters für sie alle wie ein Schatten, dem sie sich nicht entziehen konnten? Wirkte das Vermächtnis des Vaters für seine Kinder deshalb wie ein Fluch? Bedeutet der Tod des kleinen Hanno, des einzigen Sohnes des Senators Buddenbrook, nicht die Erfüllung dieses «Fluches»? Hat Thomas Mann damit unbewußt zum Ausdruck gebracht, daß auch er – oder sein ältester Bruder Heinrich oder der kleine Viktor – hätte sterben müssen, nachdem der Vater tot war?

In seiner Novelle *Der Tod*, die Thomas Mann 1897, also wenige Jahre nach dem Tod des Vaters und noch vor den *Buddenbrooks*, schrieb, ist dieses Thema noch deutlicher zum Ausdruck gebracht. Hier wartet der Ich-Erzähler auf seinen Tod am 12. Oktober (man beachte die Nähe zum Todesdatum des Senators Mann am 13. Oktober!). Die Novelle ist in Tagebuchform geschrieben. Der Mann befindet sich in einem Haus am Meer mit seiner kleinen Tochter Asuncion («Auferstehung»), deren portugiesische Mutter bei ihrer Geburt gestorben war. Asuncion stirbt am 11. Oktober an einem Herzschlag, und die Tagebuchnotiz endet mit der Erwartung des Ich-Erzählers, daß der Tod nun auch zu ihm treten wird. – Welch seltsame Vermengung der Themen in Thomas Manns Familie: Tod einer Mutter im Kindbett, Tod des Kindes und schließlich Tod des Vaters!

Die Söhne, so kann man sagen, haben den Tod ihres Vaters literarisch verarbeitet. Die Töchter zerbrachen daran.

III

In den Jahren 1900 bis 1903, als der Erfolg der *Buddenbrooks* noch nicht abzusehen war, verliebte sich Thomas Mann in Paul Ehrenberg, einen jungen Maler in München. Paul war blond wie der Bruder Heinrich und wie Thomas Manns Schulkameraden und Freunde, zu denen er sich in der Lübecker Zeit hingezogen fühlte. In seinem Notizbuch von 1901 vermerkte er: «P. ist mein erster und einziger menschlicher Freund, bislang habe ich nur unter Dämonen, Kobolden, tiefen Unholden und erkenntnisstummen Gespenstern, d. h. unter Litteraten Freunde gehabt.»

Oder in einem Brief an einen Freund: «... das Wiedersehen mit Paul Ehrenberg ... Er ist der Alte... Auch ich bin der Alte: Noch immer so schwach, so leicht verführt ... Alljährlich, um die Zeit, wenn die Natur erstarrt, bricht in die sommerliche Vereisung und Verödung meiner Seele das Leben ein und gießt Ströme von Gefühl und Wärme durch meine Adern! Ich lasse es geschehen. Ich bin Künstler genug, Alles mit mir geschehen zu lassen, denn ich kann Alles gebrauchen.» (6. 11. 1901)

Paul aber hatte kein Interesse an ihm, er liebte Frauen und umwarb sogar Thomas Manns Schwestern. Thomas litt. In einem Brief an Paul beklagte er sich bitter: «In Wahrheit bin ich aller dieser Lobpreisungen meines Talentes entsetzlich überdrüssig, denn sie entschädigen mich eben *nicht* für das Fehlende. *Wo* ist der Mensch, der zu mir, dem Menschen, dem nicht sehr liebenswürdigen, launenhaften, selbstquälerischen... und nach Sympathie ganz ungewöhnlich heißhungrigen Menschen Ja sagt? – ... Wo ist dieser Mensch?!? *Tiefe Stille.* ... Wenn ich doch irgendwie berechtigt wäre, anzunehmen, daß Du *nicht* zu all den übrigen gehörst, die das Talent höchst respektabel und den Menschen scheußlich finden.» (28. 1. 1902)

Paul Ehrenberg war nicht der Mensch, nach dem er sich sehnte. Vieles deutet darauf hin, daß Thomas Mann nie die Erfüllung seiner Sehnsucht nach dem männlichen Körper gefunden hat. Sie verfolgte ihn bis zu seinem Tode. Es war der Sohn Klaus, der die ungestillten Wünsche des Vaters exzessiv und in aller Öffentlichkeit auslebte.

Die Liebe, die Thomas Mann für Paul Ehrenberg empfand, taucht in verschlüsselter Form erst in seinem Alterswerk *Doktor Faustus* wieder auf: Adrian verliebt sich in den lebenslustigen Rudi Schwerdtfeger, der Züge von Paul Ehrenberg trägt. Wie Thomas sich von Paul betören ließ, geschieht es auch Adrian – mit dem Unterschied, daß die Romanfigur ermordet wird, und zwar von Ines Institoris, die Thomas Manns Schwester Lula gleicht.

Das Thema der homoerotischen Liebe findet sich jedoch schon früher: in seiner vielleicht schönsten Novelle *Der Tod in Venedig* über die Liebe des dreiundfünfzigjährigen Gustav Aschenbach zu einem schönen Knaben. Er schrieb sie im Anschluß an einen Aufenthalt mit seiner Frau Katia und seinem Bruder Heinrich in Venedig im Jahre 1911, ein Jahr nach dem Freitod der Schwester Carla und zwanzig Jahre nach dem Tod des Senators.

Die erste Begegnung Aschenbachs mit dem Jüngling Tadzio, der mit seiner polnischen Mutter und den Geschwistern im selben Hotel untergebracht ist, beschreibt Thomas Mann so: «Mit Erstaunen bemerkte Aschenbach, daß der Knabe vollkommen schön war. Sein Antlitz, bleich und anmutig verschlossen, ... erinnerte an griechische Bildwerke aus edelster Zeit, ... der Schauende (glaubte), weder in Natur noch bildender Kunst etwas ähnlich Geglücktes angetroffen zu haben ...» Und dann am Strand: «Er kehrte zurück, er lief hintübergeworfenen Kopfes durch die Flut; und zu sehen, wie die lebendige Gestalt, vormännlich hold und herb, mit triefenden Locken und schön wie ein zarter Gott, herkommend aus den Tiefen von Himmel und Meer, dem Elemente entstieg und entrann.»

Er wagt es nicht, sich dem Jungen zu nähern. Ein freundliches Lächeln Tadzios, das der Junge ihm gedankenverloren schenkt, stürzt ihn in einen Liebestaumel. Wie von Sinnen verfolgt er den Jungen auf dessen Ausflügen in die Stadt, so daß man auf ihn aufmerksam wird. Zeichen seines nahen Endes häufen sich. Doch er ignoriert sie, auch die direkten Hinweise darauf, daß in der Stadt die Cholera ausgebrochen ist. In seiner grenzenlosen Leidenschaft ist ihm nur daran gelegen, den Knaben nicht aus den Augen zu verlieren. Am Tag der Abreise der polnischen Familie stirbt er in seinem Strandkorb.

Erwähnenswert ist in unserem Zusammenhang, daß Thomas Mann mit dieser Schlußszene der Novelle auch seinem Vater, dem Senator, ein Denkmal setzte. Durch eine Zeichnung, die Heinrich Mann im Alter anfertigte und die den Senator wenige Monate vor seinem Tod in einem Ostseebad im Strandkorb sitzend zeigt, wissen wir, daß dieses Bild sich offenbar beiden Söhnen tief ins Gedächtnis grub. Somit ist der dreiundfünfzigjährige Aschenbach am Lido in Venedig auch ein dichterisches Porträt des mit 51 Jahren gestorbenen Vaters Thomas Johann Heinrich Mann.

Viele der geschilderten Ereignisse sind bis in kleinste Details realen Vorkommnissen während dieser Reise Thomas Manns nachempfunden. Vor allem gab es jene polnische Familie mit dem engelhaften Knaben, der Thomas Mann ungemein faszinierte, wie seine Frau Katia bestätigte: «Er hatte sofort ein Faible für diesen Jungen, er gefiel ihm über alle Maßen, und er hat ihn auch immer am Strand mit seinen Kameraden beobachtet. Er ist ihm nicht durch ganz Venedig nachgestiegen, das nicht, aber der Junge hat ihn fasziniert, und er dachte öfters an ihn.»

Man hat sogar herausgefunden, wer dieser Tadzio in der Novelle war. Erst nach Thomas Manns Tod gab er sich zu erkennen: Er war der Sohn der Baronin Moes aus Warschau und hieß Wladyslaw, sein Rufname war Adzio oder Wladzio. Bei Thomas Mann wurde daraus Tadzio. Der polnische Übersetzer von Thomas Mann machte den achtundsechzigjährigen Baron Moes 1964 in Warschau ausfindig. Er erzählte: «Ich galt als ein sehr hübsches Kind, und die Frauen haben mich bewundert, ... ich hatte genau die kindlich-lässige Art, wie sie verwöhnte und frühreife Kinder zuweilen zur Schau tragen. Im *Tod in Venedig* ist das besser beschrieben, als ich es je könnte.»

Gustav Aschenbach ist in der Novelle zwar älter als Thomas Mann, dennoch ist er ein getreues Selbstporträt des Autors, der zur Zeit ihrer Niederschrift 36 Jahre alt war. Die Anerkennung der Welt, die er damals genoß, und die Müdigkeit, sich durch immer neue Werke beweisen zu müssen, legt Thomas Mann seinem Helden in den Mund beziehungsweise ins Herz. Doch es gibt bedeutsame Unterschiede: Während die Verliebtheit in den schönen Tadzio Aschenbachs Geheimnis bleibt, das er mit ins Grab nimmt, erlebt Thomas Mann seine Liebe zu dem Knaben in Gegenwart seines Bruders und seiner Frau, der er seine Gefühle mitteilt. Mehr noch: In seiner Novelle offenbart er sich auch dem literarischen Publikum. War dies nicht wie ein grandioses Coming-out, ein Öffentlich-Machen seiner homoerotischen Gefühle?

Als Thomas Mann dem polnischen Knaben begegnete, war sein Sohn Klaus fünf Jahre alt. Ich habe mich gefragt, was wohl Klaus dabei empfand, als er – einige Jahre später – diese Novelle seines Vaters las. Denn als Klaus zwölf oder vierzehn Jahre alt war, richtete sich das heimliche Begehren des Vaters auf ihn, den Sohn, wie wir jetzt aus Thomas Manns Tagebüchern wissen.

Man ist immer geneigt, Klaus Manns tragisches Schicksal allein aus seiner Vater-Beziehung zu erklären. Doch die Konflikte in seinem Leben waren nicht nur geprägt durch den Vater, sondern auch durch Katia, die Mutter.

Katia Pringsheim stammte aus einer der reichsten und angesehensten jüdischen Familien Münchens. Der Vater war Mathematikprofessor, die Mutter eine ehemalige Schauspielerin. Alles, was in München Rang und Namen hatte, verkehrte im Hause Pringsheim. Ihre Villa war mit erlesenen Kunstgegenständen, Gemälden und edlen Möbeln eingerichtet. Katia hatte vier Brüder, die nur wenig älter waren als sie, der jüngste, Klaus, war ihr Zwilling.

Der Ruhm, der Thomas Mann durch den Erfolg der *Buddenbrooks* zuteil wurde, öffnete ihm die Türen zu den großen bürgerlichen Häusern Münchens. So konnte er es wagen, um Katia zu werben. Sie sträubte sich sehr: «Ich war zwanzig und fühlte mich sehr wohl und lustig in meiner Haut, auch mit dem Studium, mit den Brüdern, dem Tennisklub und mit allem, war sehr zufrieden und wußte eigentlich gar nicht, warum ich nun schon so schnell weg sollte.»

Doch Thomas Mann warb um sie mit großer Beharrlichkeit. Er schrieb ihr Briefe – die übrigens zum Teil in seinen Roman *Königliche Hoheit* eingingen –, in denen er sie anflehte: «Seien Sie meine Bejahung, meine Rechtfertigung, meine Vollendung, meine Erlöserin, meine – Frau!» – «Aber ich liebe Sie ja, Herrgott noch mal, verstehen Sie denn nicht, was das heißt? ... Meine Frau sollen Sie sein und mich unsinnig stolz und glücklich dadurch machen!» (Januar, Juni 1904)

Rechtfertigung, Vollendung, Erlösung, Stolz – das sollte sie ihm geben, die Krönung seines Lebens sein. Und was konnte er ihr sein? Ihr Traum-Mann war Thomas Mann gewiß nicht. In ihren *Ungeschriebenen Memoiren* erzählt sie, daß sie und ihre Brüder ihn den «leberleidenden Rittmeister» nannten, weil er «etwas bläßlich war und schmal, und dann war er sehr korrekt mit seinem Schnurrbart und in seinem ganzen Auftreten.»

Katias Eltern und Brüder unterstützten seine Werbung. Katia versuchte, die Entscheidung so lange wie möglich hinauszuzögern. Einem Freund schrieb er: «Sie kann nicht, kann ‹es sich nicht denken›, sich nicht entschließen. Solange die Entscheidung nicht unmittelbar vor ihr steht, ist ihr, nach ihren eigenen Worten, alles ganz leicht, natürlich und selbstverständlich, aber kommt es zur Sache, so sieht sie mich an wie ein gehetztes Reh und ist außer Stande...» (Juli 1904)

Doch nach den Ferien war ihr Widerstand gebrochen. Bei einem seiner Besuche bat er sie, sich in ihrem Zimmer ihre Bücher ansehen zu dürfen. Und dort, so erinnerte sich Katia siebzig Jahre später, «fiel er über mich her». Bei Thomas Mann heißt es in seinem Notizbuch – zur Verwendung für den Roman *Königliche Hoheit*: «Und hat ja nun doch im golddunklen Prachtgemach eine Märchenprinzessin, rätselhaft und süß, in seinen Armen gehalten und in lebensbrünstigem Kusse den Atem von ihrem Munde getrunken.»

Die Hochzeit fand schon wenige Monate später statt, und noch im selben Jahr – im November 1905 – wurde das erste Kind, die Tochter Erika, geboren. Genau ein Jahr darauf, am 18. November 1906 kam Klaus zur Welt. Thomas Mann schrieb ein Werk nach dem anderen, und Katia? War sie, die gerade Fünfundzwanzigjährige, mit diesen beiden so schnell aufeinanderfolgenden Geburten nicht überfordert? War das Leben als Ehefrau und Mutter für sie nur auszuhalten, weil das Elternhaus, die Mutter und die noch ledigen Brüder ganz in der Nähe waren? Sie scheint mit ihrer Familie noch wie mit einer Nabelschnur verbunden geblieben zu sein.

Und was wußte sie von den homoerotischen Neigungen ihres Mannes? In späteren Jahren, so wissen wir aus seinen Tagebüchern, war sie informiert und brachte ihm Verständnis entgegen, wofür er ihr sehr dankbar war. Am Anfang ihrer Ehe jedoch scheint er sich ihr noch nicht anvertraut zu haben.

IV

Der vom Vater «vergnügten Herzens» begrüßte Sohn wurde auf die Namen Klaus Heinrich Thomas getauft – Klaus nach Katias Zwillingsbruder, Heinrich nach dem Bruder des Vaters und Thomas nach dem Vater selbst. Welch schwere Bürde lastete mit diesen Namen von seiner Geburt an auf ihm! (Wie aus der Autobiographie von Klaus Pringsheim jr. erst jetzt bekannt wird, war der Zwillingsbruder Katias homosexuell. Noch vor seiner Übersiedelung nach Japan lebte er von seiner Frau Lala getrennt, die von einem anderen Mann einen Sohn bekam, der aber den Namen Pringsheim trug. Klaus Pringsheim jr. erfuhr erst im Erwachsenenalter, daß er dieses Kind ist und daß Klaus Pringsheim sen. nicht sein Vater war. Alle anderen Familienmitglieder, auch Katia und Thomas Mann, wußten davon.)

Wie erlebte Klaus seine Kindheit? In seinen Memoiren von 1932 – schon mit 26 Jahren meinte er, eine Lebensbilanz ziehen zu müssen! – schildert er die außerordentlich privilegierte Kindheit, die er genoß. Vor allem die paradiesischen Ferien, die er mit seinen Geschwistern (nach ihm wurden 1909 Golo und 1910 Monika geboren, die beiden jüngsten, Elisabeth und Michael erst nach dem Ersten Weltkrieg 1918 und 1919) im Familien-Landhaus in Bad Tölz verbrachte, blieben ihm in unauslöschlicher Erinnerung. Doch die Idylle war überschattet von der Angst: «Ein großes und schweres Kapitel wäre über die *Angst* zu schreiben, von welcher das Kind nachts, und nicht nur nachts, angepackt wird. ... So abgrundtief könnte unsere Angst bei keinem Schiffsuntergang und keiner Geistererscheinung mehr werden, wie jene, mit der wir, sechs-, acht- oder zehnjährig, den Geräuschen der Dunkelheit nachhorchten, wenn wir einschlafen sollten. ... Wir sind nichts, ... nur die Angst ist mit uns – wir, allein mit der Angst.

Sehr gräßlich war auch das Erschrecken über das eigene Spiegelbild ... Wer ist das? Das bin doch Ich! Aber wer bin dann ich? Wo bin dann ich? Dann bin ich ja zwei ... Als Kind, allein mit seinem Spiegelbild in einem halbdunklen Zimmer gelassen, hat man alle Verzweiflungen des Irrenhauses kennengelernt.» (*Kind dieser Zeit*, S. 16 f)

Woher kam diese Angst? Sie hat – wie schon gesagt – vermutlich ihren Ursprung in seiner frühesten Kindheit. Hinzu kam die Krankheit seiner Mutter Katia, die ab 1911 – Klaus war noch nicht fünf – lungenkrank war und sich mehrmals monatelang in Sanatorien in der Schweiz aufhalten mußte. (Thomas Mann hat die Atmosphäre dieser Sanatorien in seinem *Zauberberg* eingefangen.) Klaus und seine Geschwister wurden in diesen Zeiten von Kinderfräulein versorgt, die in seiner Erinnerung schreckliche Tyranninnen waren.

Der Vater Thomas war zwar anwesend, kümmerte sich jedoch nicht um die Kinder. Klaus berichtet: «Von neun Uhr morgens bis zwölf Uhr mittags muß man sich still verhalten, weil der Vater arbeitet, und von vier bis fünf Uhr nachmittags hat es im Hause auch wieder leise zu sein: Es ist die Stunde der Siesta. ... Es ist quälend, bei ihm in Ungnade zu sein, obwohl oder gerade weil sein Mißmut sich nicht in lauten Worten zu äußern pflegt. Sein Schweigen ist eindrucksvoller als eine Strafpredigt. Übrigens ist nicht immer leicht vorauszusehen, was er bemerken und wie er reagieren wird. ... Die väterliche Autorität ist unberechenbar.» (*Der Wendepunkt*, S. 29)

Für Klaus bedeutete dies eine existentielle Bedrohung. Der Tod war nahe, die Mutter konnte sterben. Der Vater war unnahbar, furchterregend. Die Angst wuchs, ohne daß er Trost erhielt.

Große Angst empfand er auch, als er mit neun Jahren an einer schweren Blinddarmentzündung fast gestorben wäre und nur durch das beherzte Eingreifen der Mutter Katia – sie rieb ihn entgegen ärztlichem Rat mit Kölnisch Wasser ein – gerettet wurde.

Zwei Ereignisse kamen hinzu, die Klaus nur aus den Erzählungen der Erwachsenen kannte. Sie müssen einen starken Eindruck auf ihn gemacht und seine kindlichen Todesängste verstärkt haben: Katias ältester Bruder Erik, der Liebling ihrer Mutter und wahrscheinlich auch ihr Lieblingsbruder, starb 1909 unter mysteriösen Umständen. Er war als junger Mann ein Tunichtgut gewesen, hatte enorme Spielschulden gemacht und war vom Vater Pringsheim deshalb nach Argentinien «verbannt» worden. Doch hatte der Vater ihn nicht unversorgt gelassen, sondern ihm eine Farm gekauft, die er bewirtschaften konnte. Erik heiratete eine Frau, die ihn, vermutlich aus Habgier, ermorden ließ. Die Pringsheims versuchten vergeblich, sie vor Gericht zu bringen, der Fall wurde nie aufgeklärt.

Katia, die erst seit vier Jahren verheiratet war, muß vom grausigen Tod ihres Lieblingsbruders tief betroffen gewesen sein. Es ist denkbar, daß ihre Lungenkrankheit ihre Art der Trauer um den Bruder war – ihr Sohn Klaus fühlte mit ihr, auch wenn er die Details nicht kannte.

Und auch der Vater Thomas hatte den Tod eines Geschwisters zu betrauern: Carla nahm sich 1910 das Leben. Sie war als Schauspielerin gescheitert, hatte versucht, durch eine Ehe ins bürgerliche Leben zurückzufinden, doch ihr Verlobter erfuhr von ihrem Vorleben und stellte sie zur Rede. Da nahm sie das Gift, das sie schon seit Jahren bei sich trug. Heinrich, der Bruder, stand ihr sehr nahe und hatte auch ihre Schauspielerei unterstützt. In mehreren seiner frühen Novellen und Romanen läßt er Frauen, die Carla gleichen, durch Freitod enden. Nach ihrem Selbstmord schrieb er ein Theaterstück *Schauspielerin*, in dem bis in kleinste Details die Verstrickungen Carlas und ihr Tod auf der Bühne nachgespielt werden – er selbst und Bruder Thomas saßen in der Münchner Aufführung im Parkett.

Obwohl das Kind Klaus diese tragischen Zusammenhänge der beiden Todesfälle nicht kannte, haben sie zweifellos über die Emotionen der Eltern auf ihn gewirkt, denn er hat sie später in seine Spiele mit den Geschwistern eingebaut, wie er in seinen Autobiographien berichtet. Figuren, die Erik ähnelten und auch diesen Namen trugen, kamen häufig in seinen Werken vor – als strahlende Helden mit großer erotischer Anziehungskraft.

Es mag für ihn von besonderer Bedeutung gewesen sein, daß beide, Erik und Carla, aber auch Heinrich, der große Rivale des Vaters Thomas, sozusagen die Repräsentanten des «Unordentlichen», des Nicht-Bürgerlichen, also die Gegenbilder der eigenen Eltern darstellten. Als Klaus in späteren Jahren ähnliche Tendenzen zeigte, waren die Befürchtungen beider Eltern sofort von diesen negativen Vorbildern geprägt. Ihre Sorge, daß Klaus diesen Weg einschlagen könnte, hat ohne Frage entscheidend dazu beigetragen, daß es auch so kam.

Doch noch etwas anderes kam als Belastung für den heranwachsenden Klaus hinzu: die Verliebtheit seines Vaters in ihn. Für ihn war es ein Geheimnis, das er nur erfühlen konnte, über das er allerdings auch Hinweise aus den Werken seines Vaters bekam, die er nun zu lesen begann, insbesondere aus dem *Tod in Venedig*. Was Thomas Mann beim Anblick des Körpers seines Sohnes empfand,

«*Oft will mir scheinen, daß ich nur damals, als Dreizehn- und Vierzehnjähriger, wirklich zu lesen verstand ... War mein Interesse an einem bestimmten Autor erst einmal geweckt, so verschlang ich gierig seine sämtlichen Werke: zwölf Bände Schiller, vierzehn Bände Hebbel!*» *Klaus Mann in seinem autobiographischen Roman* Der Wendepunkt.

konnte Klaus nur ahnen. Wir aber können es heute in Thomas Manns Tagebüchern von 1918–1921 genau nachlesen.

Die Tagebücher wurden erst 1975 – zwanzig Jahre nach seinem Tod – geöffnet. Es war damals nicht nur für die Öffentlichkeit, sondern auch für die Familie eine Sensation, seine intimen Äußerungen zu lesen. (1975 lebten noch Katia Mann sowie die Kinder Golo, Monika, Elisabeth und Michael.) Hier einige Passagen, in denen er von seinem zwölf- bis vierzehnjährigen Sohn spricht: «Es zeigte sich, daß Eissi (Klaus) ... phantastisch entblößt in seinem Bette lag ... Wie wird das Leben des Jungen sich gestalten? Jemand wie ich ‹sollte› selbstverständlich keine Kinder in die Welt setzen.» (20. 9. 1918)

«Entzücken an Eissi, der im Bade erschreckend hübsch. Finde es sehr natürlich, daß ich mich in meinen Sohn verliebe ... Eissi lag mit nacktem braunen Oberkörper lesend im Bett, was mich verwirrte.» (25. 7. 1920)

«Las gestern abend eine weltschmerzlich zerrissene Novelle Eissi's und kritisierte sie an seinem Bett unter Zärtlichkeiten, über die er sich, glaube ich, freut.» (27. 7. 1920)

«Ich hörte Lärm im Zimmer der Jungen und überraschte Eissi völlig nackt vor Golo's Bett Unsinn machend. Starker Eindruck von seinem vormännlichen, glänzenden Körper, Erschütterung...» (17. 10. 1920)

Versetzen wir uns in Klaus. Wie mag er diese Gefühle des Vaters wahrgenommen haben? Freute er sich wirklich über das Gestreicheltwerden, wie der Vater meinte? Viel eher erschreckte ihn vermutlich das Verhalten des Vaters. Ein Sohn, der auf seinen Vater eine erotische Anziehung ausübt, ohne zu verstehen, worum es eigentlich geht, muß verwirrt werden.

Klaus reagierte mit Aufsässigkeit. Er provozierte die Eltern, indem er sein Tagebuch herumliegen ließ. Thomas Mann notierte dazu: «Gestern abend erschütterndes Vorkommnis mit K. (Katia). Sie hatte Klaus' Tagebuch offen liegend gefunden und gelesen. ... Es zeugt von so ungesunder Kälte, Undankbarkeit, Lieblosigkeit, Verlogenheit abgesehen von den literarisch-radikalistischen Flegeleien und Albernheiten, daß das arme Mutterherzchen tief enttäuscht und verwundet war. ... Den tobenden Vater werde ich nie spielen. Der Junge kann nichts für seine Natur, die ein Produkt ist. Auch glaube ich kaum, daß ihm jeder Fond fehlt. ... (Katia hatte eine) Unterredung mit Eissi, die zu ihrer Zufriedenheit verlaufen. Auch er hat bitterlich geweint. ... Er war beim Abendessen noch ernst, dann, da ich mir nichts merken ließ, unbefangen.» (5. 3. 1920)

Warum sprach er nicht selbst mit dem Sohn? Und warum tat er so, als wisse er nichts von dem Vorfall? Warum war der Vertrauensbruch der Mutter, die das Tagebuch gelesen hatte, kein Thema? Thomas Mann bezeichnete Klaus als kalt und verlogen, doch daß auch er sich «verlogen» und «kalt» verhielt, bemerkte er nicht. Vor allem fühlte er keine Verantwortung dafür, daß er selbst mit seinen auf den Sohn gerichteten, mühsam zurückgehaltenen Gefühlen Klaus in schwere Bedrängnis gebracht hatte.

Klaus vertraute dem Tagebuch seine Verzweiflung an. Ob die Eltern diese Passage des Vierzehnjährigen gelesen hatten? «Wenn Du existierst, Gott, warum bestrafst Du mich nicht für meine Lästerung? ... Ich weiß schon, woran es liegt: Du zerschmetterst mich nicht, weil Du mich nicht hörst; Du hörst mich nicht, weil Du nicht existierst. ... Und wieder wird es Nacht. Wie öde ... Ich muß, muß, muß berühmt werden ...» Klingt es nicht so, als ob Klaus den eigenen Vater anruft, der für ihn ja in der Tat wie Gott-Vater war und ihn nicht anhörte? Wollte er berühmt werden, um dem Vater seine Existenzberechtigung zu beweisen?

Schon früh zeigte sich, daß Klaus selbst homoerotische Gefühle empfand. Er verliebte sich in Schulkameraden. Seine Novelle *Vorfrühling* handelt davon und ist auch eine Wiederholung der Schülererlebnisse des Vaters, wie wir sie aus *Tonio Kröger* kennen. Wie der Vater liebte Klaus, ohne zurückgeliebt zu werden. In seiner Novelle allerdings drehte er die Situation um: Der erwachsene Ich-Erzähler quält auf geradezu sadistische Weise den leidenden Knaben, der so alt ist wie Klaus, als er die Novelle schrieb.

«(Raimund) spürte wohl, wie groß dieses Knaben Sehnsucht nach ihm war. Aber er hob nur die Schultern und sagte: ‹Wieso? Warum weinen Sie?› ... Dann wandte sich Elmar zum Gehen. Seine schmale Gestalt ward geschüttelt vom Weinen. ... Raimund wandte ihm den Rücken zu. ... Als des Knaben müde und schleppende Schritte auf dem Gang verhallt waren, spürte er, daß Tränen langsam über sein Gesicht rannen.» Man kann diese Passage fast wie ein Modell für Klaus' spätere unglückliche Beziehungen zu Männern lesen, in denen er in beiden Rollen – der des Elmar und der des Raimund – litt.

Wie nicht anders zu erwarten, erlebte Klaus eine äußerst konfliktreiche Pubertät. Mit Erika und einer Gruppe Gleichaltriger, der «Herzogspark-Bande», machte er das Villenviertel, in dem die Manns lebten, unsicher. Sie stahlen in Geschäften, um sich ihren Mut zu beweisen, terrorisierten Unbekannte mit falschen Telefonanrufen, feierten wilde Feste – bis es den Eltern zu bunt wurde und beide in ein Landerziehungsheim geschickt wurden.

Doch auch hier waren Erika und Klaus nicht zu bändigen. In der freigeistigen Atmosphäre der Odenwaldschule scheint ihre Oppositionswut eher noch zugenommen zu haben. Die seltsam erotisch aufgeladenen Beziehungen zwischen den jungen Menschen hat Klaus später in sein Theaterstück *Anja und Esther* eingehen lassen. Es wurde zu einem öffentlichen Skandal, weil Klaus und Erika zusammen mit Pamela Wedekind, der Tochter des Schriftstellers Frank Wedekind, und mit dem damals allerdings noch wenig bekannten Gustaf Gründgens in dem Stück selbst auftraten. Als «Dichterkinder» zogen sie 1925 mit dem Stück durch die Lande.

Thomas Mann reagierte in einem Brief an Erika herablassend kritisch: «... wenn man das Stück auch nicht unbedingt hätte aufführen müssen, so ist es als erster Anfang doch keineswegs so schlecht, wie die meisten Leute tun.» (6. 11. 1925) Klaus hatte es also nicht geschafft, den Vater zu beeindrucken. Unter dem mühsamen Lob war die Geringschätzung kaum verborgen. Noch weniger gelang ihm das mit seinem Erstlingsroman *Der fromme Tanz*, der sein Coming-out bedeutete. Klaus hatte, schon seit er in Berlin lebte, also seit seinem 18. Lebensjahr, in Homosexuellen-Kreisen verkehrt, doch nun tat er es aller Welt kund.

Der fromme Tanz ist eine Mischung aus schwülstig-mystischer Ekstase, nüchternen, geradezu hartherzigen Beschreibungen der Schicksale von Menschen am Abgrund, aus Verzweiflung und Entsetzen über die eigenen Unzulänglichkeiten und aus voyeurhaften Schilderungen grotesker Exzesse auf Festen und in Bordellen. Es war also keine Offenbarung der Lust und der Freude an der körperlichen Begegnung mit Männern, sondern eine Orgie des Leids, die Männer erdulden, wenn sie Männer lieben. Klaus ist es nie gelungen, wirkliche Erfüllung in einer Liebesbeziehung zu einem Mann zu finden. Es gab zwar mehrere Männer in seinem Leben, die er leidenschaftlich liebte, doch entweder erwiderten sie seine Liebe nicht, oder aber es war nur ein kurzes Feuer, das alsbald wieder erlosch.

Dennoch betrachtete Klaus seine Homosexualität nicht als Schwäche oder Schande, sondern wie ein Adelszeichen. Schon in *Der fromme Tanz* schrieb er: «Andreas gab sich dieser Liebe ganz hin, die er nicht als Verirrung empfand. Ihm kam es nicht in den Sinn, sie vor sich zu leugnen, sie zu bekämpfen als ‹Entartung› oder als ‹Krankheit›. Diese Worte ... kamen aus anderer Welt.»

Diese Worte kamen – aus der Welt des Vaters. Denn Thomas Mann schrieb in seinem Essay *Über die Ehe* in direkter Antwort auf Klaus' Roman 1925 über die Homoerotik: «Sie ist ‹freie› Liebe im Sinne der Unfruchtbarkeit. Aussichtslosigkeit, Konsequenz- und Verantwortungslosigkeit. ... Sie ist ‹l'art pour l'art›, was ästhetisch recht stolz und frei sein mag, doch ohne Zweifel unmoralisch ist.» Die «ästhetisierend-sterile Knabenliebe» ließ er gelten, nicht aber die «orgiastische Befreiung» der ausgelebten Homosexualität, zu der sich Klaus bekannt hatte. Diese verwarf er mit stark moralisierenden Worten.

Auch in einem literarischen Werk brachte Thomas Mann seinen Unmut über Klaus zum Ausdruck. In seiner Novelle *Unordnung und frühes Leid* von 1926 soll Bert ein Porträt von Klaus sein: «... mein armer Bert, der nichts weiß und nichts kann und nur daran denkt, den Hanswursten zu spielen, obgleich er gewiß nicht einmal dazu Talent hat.» Klaus konterte seinerseits 1926 mit einer Erzählung *Kindernovelle*, in der der bereits verstorbene Vater – in allem ein Porträt Thomas Manns – als Maske an der Wand hängt. Seiner Witwe, die Katia gleicht, dichtet Klaus ein Liebesverhältnis mit Till, einem jungen Mann an, der mit ihm, Klaus, aber auch mit Katias Brüdern oder noch deutlicher: mit einem Freund des Hauses Ähnlichkeit hat. In anderen Novellen, die Klaus in diesen Jahren

Die

neuen

Eltern

Von

Klaus Mann

Es sind wenige Jahre her, da di
heute", begeistert Beifall klatschte
aus Weltanschauung verübt wurde
aller Übel zu sein, unter denen di
Zutun der am Leben gebliebener
Wie man aus der Unterhaltung
zwischen Vater und Sohn, ersehen
als deren typischer Vertreter der
berg" gelten darf, der älteren mehr
während Thomas Mann als Vater
ser jungen Gene-

Phot. Atlantic

Klaus Mann,
der Sohn des Dichters Thomas Mann

Doppelseite aus der Berliner Zeitschrift «Uhu», August 1926.

schrieb, sind die Herausforderungen und Angriffe gegen den Vater
noch krasser.

Doch alle Versuche, den Vater zu provozieren, gingen ins Leere.
An Thomas Mann schien alles abzuperlen. Und das, obwohl sich
Thomas Mann selbst noch einmal eine platonische Verliebtheit in
einen jungen Mann in Klaus' Alter, der auch noch Klaus (Heuser)
hieß, erlaubte und sogar seine Kinder Erika und Klaus darüber in
spaßendem Ton informierte! Hätte Klaus allerdings gewußt, was
sein Vater seinem Tagebuch anvertraute, nämlich wie sehr er an der
Unerfülltheit seiner Sehnsüchte litt – Klaus wäre vielleicht von seiner Obsession, den Vater zu provozieren, befreit gewesen. Klaus
wollte vom Vater ein Bekenntnis, das Eingeständnis seines homo-

Die neuen Kinder

Ein Gespräch

mit

Thomas Mann

unge Generation, die „Söhne von
venn auf der Bühne Vatermord
Die „Väter" schienen die Ursache
unge Generation litt. Ohne jedes
Väter scheinen die Söhne abzurüsten.
zwischen Thomas und Klaus Mann,
Aann, kommt die junge Generation,
Sohn des Dichters vom „Zauber-
als auf halbem Wege entgegen,
sieht, welche schweren Schicksale die-
ation noch harren.

Phot. Transozean

Thomas Mann,
der in einem Gespräch mit unserem Mitarbeiter zu dem Aufsatz
seines Sohnes Stellung nimmt.

erotischen, auf ihn, Klaus, gerichteten Begehrens – doch Thomas
verweigerte es ihm konsequent.

Nach seinem Lebenshöhepunkt zwischen 1925 und 1929, den ersten literarischen Erfolgen, einer Weltreise mit Erika und dem exzessiven Leben mit den Freunden, ging es mit Klaus sehr schnell
bergab. Todeswünsche verfolgten ihn, er begann Drogen zu nehmen. Erika war stärker, «männlicher» als er, er verließ sich auf sie
als seine Stütze, wohl wissend, daß dies eine gefährliche Bindung
war, auf die kein Verlaß sein konnte. In seinem Roman *Treffpunkt*
im Unendlichen von 1932 läßt er dann auch die der Schwester nach-
gezeichnete Freundin des Ich-Erzählers nach einem gemeinsamen
Marihuana-Horror-Trip an Meningitis sterben.

1932 erschoß sich sein und Erikas bester Freund Ricki Hallgarten am Tag vor der gemeinsam geplanten Reise nach Persien. In seiner Autobiographie *Der Wendepunkt* schildert er eindringlich die existentielle Erschütterung, die dieser Tod für ihn bedeutete. Seine abgrundtiefe Angst konnte er nur noch mit Drogen ertragen. Auch in der Liebe gab es für ihn nur noch Enttäuschungen: Auf einer Finnlandreise mit Erika im Sommer nach Rickis Tod verliebte er sich in einen jungen Mann, der aber seine Liebe nicht erwiderte. In seinem Roman *Flucht nach Norden* hat er seinen Qualen Ausdruck gegeben.

Und dann begann die Zeit der Emigration. Wie ihr Onkel Heinrich waren Klaus und Erika sehr viel klarsichtiger als der Vater Thomas Mann, der sich erst spät zur antifaschistischen Emigrantenbewegung bekannte und nur durch Zufall gleich 1933 Deutschland verließ. Thomas und Katia waren auf einer Vortragsreise in der Schweiz, als Hitler 1933 an die Macht kam. Sie kehrten nicht nach München zurück, sondern blieben in der Schweiz, später in Frankreich und ab 1938 in den USA.

Klaus Mann lebte vorwiegend in Paris und Amsterdam, emigrierte dann aber auch in die USA. Zunächst war er außerordentlich engagiert als Herausgeber der literarischen Emigranten-Zeitschrift *Die Sammlung*, mit der er jedoch nach wenigen Jahren scheiterte. Er schrieb mehrere große Romane über die Emigration, von denen *Mephisto* von 1936 der bekannteste ist. Es ist die Geschichte eines Opportunisten, Hendrik Höfgen, der Züge Gustaf Gründgens' trägt. Daß dieses Werk auch nach dem Ende des Zweiten Weltkriegs durch Betreiben von Gustaf Gründgens nicht veröffentlicht werden konnte, ist einer der größten politisch-literarischen Skandale der Nachkriegszeit. Dies traf Klaus Mann tief und trug möglicherweise auch zu seinem frühen Ende bei.

Trotz seiner enormen Aktivität in den ersten Jahren der Emigration war Klaus gepeinigt von Todeswünschen: «Depression. Dringlichster Sterbe-Wunsch. ... Abends: vor Trauer geschrien. Dann Weinkrampf von gewiß einer halben Stunde – wie ich es noch nie gekannt habe. Mielein (Mutter Katia) – Arzt mußte kommen.» (22. 11. 1935)

«Wieder geschrien vor Traurigkeit. Wie soll ich es schaffen? Lie-

ber Gott, wie SOLL ich es schaffen? Du süßer Tod. – – – –»
(25.11.1935)

«Ertrage das Leben mit äusserster Anstrengung. Ungeheure Todessehnsucht. Das tiefe Bedürfnis nach FRIEDEN. O Vater, ists
möglich, so nimm diesen Kelch von mir! Doch nicht wie ich will,
sondern wie Du willst.» (2.10.1937)

Der Vater Thomas, den er in dieser verzweifelten Anrufung
Gottes vielleicht auch wieder unbewußt meinte, eilte von einem
Erfolg zum nächsten. Nach der Verleihung des Nobelpreises für
Literatur 1929 gelang es ihm auch in der Emigration – anders als
vielen deutschen Schriftstellern –, seinen Ruhm auszuweiten. Mit
Hilfe einflußreicher Freunde konnte er in den USA Fuß fassen, zu-
nächst in Princeton, dann in Pacific Palisades in Kalifornien, und
seinen großen *Josef*-Roman beenden.

Klaus verfiel dagegen in immer größere Verzweiflung. Zwar
waren er und Erika weiterhin engagiert in ihrem Kampf gegen Hitler-Deutschland. Sie hielten vielbeachtete Vorträge, waren Be-
richterstatter im spanischen Bürgerkrieg. Auch versuchte Klaus es
noch einmal mit einer Zeitschrift *Decision*, die er allerdings auch
wieder nach kurzer Zeit aufgeben mußte. In seinen Tagebüchern
aus dieser Zeit ist Hoffnungslosigkeit und Todessehnsucht das alles
überschattende Thema.

Ein letzter Strohhalm war für Klaus der Eintritt in die US-Ar-
mee, der ihm unter Verheimlichung seiner Homosexualität und
seiner Drogenabhängigkeit gelang. Als Propaganda-Beauftragter
machte er den Italienfeldzug mit und war nach Kriegsende einer der
ersten GIs in seiner alten Heimatstadt München, von wo aus er
erschütternde Briefe an die Eltern schickte.

Doch kaum war die turbulente und ereignisreiche Zeit des Krieges vorbei, breitete sich wieder die Leere aus. Golo Mann fand sehr
einfühlsame Worte für die Situation seines Bruders kurz vor dessen
Tod: «‹Antifaschismus›, die Hoffnung auf den Untergang des Ty-
rannen, ist für Klaus zwölf Jahre lang ein Lebenselement gewesen. Nun war der Tyrann tot, aber nicht gut die Welt, die er hinterlassen hatte. Moralische Energie, so lange gegen ihn gerichtet, ging
ins Leere, fand sich nicht mehr.»

Von der Schwester Erika fühlte er sich verlassen. Sie hatte sich

nach Thomas Manns schwerer Operation 1946 ganz dem Vater zu-
gewandt, redigierte seine Werke und begleitete ihn auf seinen «Ehrenreisen». Golo meinte, daß es ein «nicht uncharakteristischer Zufall» war, daß sich Klaus das Leben nahm, während die Eltern mit
Erika sich auf einer dieser «Ehrenreisen» befanden.

Zwei Jahre zuvor hatte Thomas Mann sein düsterstes Werk, den
Doktor Faustus, beendet, in dem er seine eigenen Todesbilder und
-erfahrungen verarbeitete, allerdings perspektivisch gebrochen:
aus der Distanziertheit des Chronisten Serenus Zeitblom, der über
die tragischen, zum Tod führenden Verstrickungen seines Freundes Adrian Leverkühn berichtet. Von den Suiziden der Schwestern
Carla und Lula – im Roman die Schwestern Rodde – wird berichtet. Das grausame Sterben des kleinen Echo, dem er die Züge seines
geliebten Enkelsohnes Frido, des Sohnes von Michael, gibt, wird
von Serenus-Thomas minutiös geschildert. Und alles ist eingebet-
tet in die Geschichte des «verfluchten» Künstlers Adrian, der sich
dem Teufel verschrieben hat.

So scheint Thomas Mann im Alter noch einmal die Themen auf-
zugreifen, die mit dem Tod seines Vaters, des Senators, und seinem
testamentarischen Fluch zusammenhingen: War aber gerade dies
nicht auch wie eine unbewußte Aufforderung an den Sohn Klaus,
den Tod zu suchen?

Weder Thomas noch Klaus sahen diese Zusammenhänge. Für
Klaus blieb der Vater der undurchschaubare, unnahbare Meister,
der ihn in den Tod rief – so jedenfalls in der literarischen Umsetzung in einem seiner letzten Werke, im Schauspiel *Der siebente Engel*. Ähnlich wie in der *Kindernovelle* von 1926 stellte er sich als Kind
im Kreis seiner Geschwister und der Mutter dar – der Vater ist auch
hier bereits gestorben. Wieder tritt Till, ein junger Mann, auf, der
ihm selbst gleicht, wieder verliebt sich die Witwe-Mutter in ihn.
Doch anders als in der *Kindernovelle* ist Till diesmal, ohne es zu
wissen, ein Bote des «Meisters» im Jenseits, der als Geist zu seiner
Frau und seinen Kindern spricht. Im Auftrag des jenseitigen Vaters
wird Till am Ende von den Kindern getötet, die ihn über eine
Klippe ins Meer stürzen. Der siebente Engel ist das Kind, das die
Mutter-Frau von Till empfing, wobei auch dies vom Meister im
Jenseits, mit dem Till nun im Tode vereint ist, gewollt war.

In unglaublich vielschichtiger Verdichtung hat Klaus mit dieser Geschichte die psychodynamischen Hintergründe seiner Todessehnsucht zum Ausdruck gebracht – so, wie es dem Vater in dessen *Faustus* gelang. Bei Klaus gibt es allerdings keinen distanzierten Beobachter des Geschehens, vielmehr bilden Geburt und Tod, Kindheit und Erwachsensein, Liebe und Haß, Leben und Sterben, Diesseits und Jenseits, Verzweiflung und Hoffnung – aber eben auch die erdichtete Figur und ihr Autor – eine unentwirrbare Einheit.

Thomas Mann reagierte auf den Freitod seines Sohnes, wie wir gesehen haben, in ähnlicher Weise, wie er Serenus Zeitblom auf den Tod des Freundes Adrian reagieren läßt. *Doktor Faustus* wurde übrigens zwei Jahre vor Klaus' Tod abgeschlossen. Klaus kannte und schätzte den Roman sehr.

Die Distanz des ironischen Beobachters der Welt und der Menschen, die nicht zuletzt den literarischen Ruhm Thomas Manns begründeten, war für den Sohn tödlich. Für ihn wurde der Vater zu einer Maske, zu einem jenseitigen Geist, der ihn «heimsuchte». Denn Klaus konnte nicht erkennen, daß die Unnahbarkeit des Vaters nicht Ablehnung seiner, des Sohnes, Person war, sondern Abwehr seiner tiefen homoerotischen Liebe für ihn, die er dem Sohn nicht eingestehen konnte wegen der Schuld- und Sühnegefühle, die er aus seiner eigenen Kindheit, verbunden mit dem Tod seines Vaters, in sich trug.

Thomas Mann fühlte sich berufen, den Auftrag seines Vaters zu erfüllen: Als großer deutscher Schriftsteller patrizischer Statur hätte er in der Tat das Wohlwollen des Senators gewonnen. Allerdings war der Preis hoch, denn die verdrängten Todeswünsche übertrug er auf zwei seiner Söhne: Auch Michael, der jüngste, starb von eigener Hand in der Silvesternacht 1976/1977 an einer Mischung von Alkohol und Barbituraten. (Michael war als Professor der Germanistik damit befaßt, Thomas Manns Tagebücher zu edieren. Freunde berichteten, daß er von den Eintragungen des Vaters über den Abtreibungsversuch während der Schwangerschaft Katias, die dann aber doch zu seiner, Michaels, Geburt führte, äußerst schockiert gewesen sei. Sie vermuten, daß sein Freitod knapp zwei Jahre später mit diesem Schock in Verbindung stand.)

Katia, die Frau, die seine «Bejahung» sein sollte und es auch unbeirrt während ihrer fünfzig Jahre während Ehe war, überlebte ihn um 25 Jahre. Sie starb 1980 im Alter von 97 Jahren.

Hoffnung auf den neuen Menschen

HEINRICH UND JAN VOGELER

von Marina Bohlmann-Modersohn

I

Worpswede, 1. Mai 1996. Ein milder, sonniger Frühlingstag. Von der Laube oberhalb der buchsbaumgesäumten Rosenbeete fällt der Blick auf das Haus Heinrich Vogelers. Viele Menschen haben sich an diesem Feiertag im Garten des Barkenhoff zu einem Chorkonzert zusammengefunden, das mit Frühlings- und Arbeiterliedern an die Geschichte des Vogelerschen Hauses erinnern soll. Wie der Frühlingskult im Frühwerk des Malers eine bedeutende Rolle spielte, so prägte seine Hinwendung zum Sozialismus seit den zwanziger Jahren das bis dahin so romantisch wirkende Anwesen am Fuße des Weyerbergs. Zu hören sind Stücke, die an diesem Ort entstanden sind, engagierte Lieder von Ernst Busch und schließlich die Internationale.

Ein wenig abseits der Menge steht, die Arme auf dem Rücken verschränkt, ein zierlich wirkender Mann in schwarzem Jackett, das helle Hemd am Hals geschlossen, das graue Haar bis auf eine kleine struppige Strähne über der Stirn kurz geschnitten. Jan Vogeler, der Sohn des Malers, ist 73 Jahre alt. Sein Wohnsitz: Moskau. Sein Beruf: emeritierter Professor für Philosophie an der Moskauer Lomonossow-Universität. Seit wenigen Stunden erst ist Jan Vogeler in Deutschland und zu Besuch in seinem Vaterhaus, in dem er nicht geboren wurde, nie gelebt hat und erst wenige Male zu Gast war.

Für einen Augenblick ist es, als würde Geschichte lebendig werden, als träte im nächsten Moment der Hausherr auf seine Terrasse mit der geschwungenen Mauer und der Freitreppe, die zwei große weiße Empire-Urnen schmücken, Martha an seiner Seite, die Lehrertochter aus dem Moor, die der erfolgreiche Künstler mit selbstentworfenen Kleidern und Ketten schmückt; sie hat ihr rötlichblondes Haar zu einem Knoten gesteckt, und um ihre Schultern liegt ein Tuch aus weißer Spitze. Paula Becker und Clara Westhoff erscheinen auf der Terrasse, gefolgt von Otto Modersohn und Rainer Maria Rilke. Hier, im Garten des Barkenhoff, in seinen stillen Giebelzimmern und im weißen Saal, durch Hecken von der sozialen Wirklichkeit abgeschirmt, malen, dichten und musizieren sie, führen Gespräche, feiern Feste und empfangen Gäste. Das Glück scheint vollkommen auf der «Insel der Schönheit» am Ostrand des Weyerbergs. Die Atmosphäre dieser Begegnungen hat Heinrich Vogeler auf seinem großen Gemälde «Sommerabend» festgehalten, das er vermutlich schon um 1902 begann und 1906 vollendete. Ab 1902 aber beginnt der Traum von der Idylle im Teufelsmoor zu zerbrechen, die Zusammenkünfte im selbstgeschaffenen Paradies werden seltener. Statt dessen Spannungen, Trennungen, Träume von fernen Städten, von anderen Wirklichkeiten und neuen Perspektiven. Und eines Tages wird Heinrich Vogeler sie nicht mehr zeichnen und malen, die Mädchen unter Birkengrün und die strohgedeckten Bauernhäuser, die gefiederten Phantasievögel und die formenreichen Blütenkelche, mit denen er Bucheinbände gestaltet und die literarisch-künstlerische Zeitschrift *Insel* illustriert. Er wird nicht länger der gefeierte Schöpfer heiler Gegenwelten sein, der Gestalter schöner Möbel im Biedermeier- und Jugendstil, für die sich das Bürgertum um die Jahrhundertwende so begeistert, jenes Bürgertum, dem er selbst entstammt. Der am 12. Dezember 1872 als zweites von sieben Kindern in Bremen geborene Sohn des Eisenwarengroßhändlers Carl Eduard Vogeler und seiner Frau Marie Louise, geb. Förster, wächst in großbürgerlicher Geborgenheit auf. Er baut Höhlen im Garten und liest Märchen unter dem Birnbaum. Aber er hört auch von den Krawallen in der Innenstadt und von den «Roten», von denen der Vater behauptet, sie seien gegen die Kaufleute und gegen die Fabrikbesitzer und gegen die Rittergüter und wollten alles umstürzen.

Heinrich Vogeler hat seinem Sohn während der Kinderjahre in Berlin und später in Moskau viele Geschichten erzählt: vom Barkenhoff, von seinen Reisen nach Rom und Paris, vor allem aber die Geschichte von seiner Reise nach Ceylon 1906, wo ihn das Verhalten der Kolonialherren aufbrachte. Als er 1909 als Mitglied der «Deutschen Gartenstadtgesellschaft» an einer Reise nach Glasgow teilnahm, erschütterten ihn die katastrophalen Lebensbedingungen der Arbeiter. Er fragte sich, ob er nicht als Künstler die Pflicht hätte, an der Verbesserung der sozialen Verhältnisse mitzuwirken. Wohnungen zu entwerfen, in denen die Menschen, gleich welcher Herkunft, würdevoll und glücklich leben konnten. Woher nahm das Bürgertum die Berechtigung, den Sinn für Kunst für sich zu beanspruchen? Warum unterstellte man dem Arbeiter, er habe kein Gefühl für Schönheit? Seine Pläne, dem Bestehenden etwas Neues entgegenzusetzen, nahmen immer konkretere Formen an. In den «Worpsweder Werkstätten», einem kleinen Tischlereibetrieb, den Heinrich Vogeler 1908 mit seinem Bruder Franz im nahegelegenen Tarmstedt gegründet hatte, ließ er Serienmöbel anfertigen, die sich auch Arbeiterfamilien leisten konnten. Doch als er gleich ein ganzes Dorf für die Arbeiter der Tarmstedter Werkstätten entwarf und bauen lassen wollte, fand sich kein Investor. Die potentiellen Geldgeber in der Hansestadt zeigten sich eher belustigt über die Phantastereien des Worpsweders, verspotteten ihn als weltfremden Träumer und winkten ab mit dem Rat, er solle lieber weiterhin schöne Bilder malen.

Es war eine schwere und unruhige Zeit für Heinrich Vogeler. Seine Frau Martha, die ihm inzwischen drei Töchter geboren hatte, wendete sich von ihrem Mann ab und begann ein Verhältnis mit einem Studenten. Sie, die immer Teil seiner Traumwelt, seines Lebens, seiner Kunst gewesen war und sein am häufigsten gemaltes Modell, hatte sich in Ludwig Bäumer, einen späteren Aktivisten der Bremer Räterepublik verliebt. Bäumer hatte nach einem Zufluchtsort gesucht und war auf den Barkenhoff gekommen. Heinrich Vogeler, verzweifelt und hoffnungslos, duldete Marthas Liaison mit dem kaum Zwanzigjährigen, versuchte sogar, der Kinder wegen in Freundschaft mit ihm zu leben. Rückblickend erinnert sich der Maler: «Das Leben ging weiter, sah so normal, so glücklich aus, und doch lagen überall unausgesprochene Dinge wie wucherndes Gestrüpp, dem eine geheime Tendenz innewohnte, sich zu verschlingen und den Lebensweg zu bedrohen. Es war mir, als könne ich keinen Ausweg finden aus meiner inneren Belastung als die Flucht aus diesem Leben.»

Wäre es nicht am besten, fragte er sich, Worpswede zu verlassen und irgendwo ein neues Leben mit neuen Menschen zu beginnen? Um der schwierigen häuslichen Situation zu entfliehen und an seine künstlerische Entwicklung wieder anzuknüpfen, unternahm er ausgedehnte Reisen in die Schweiz, nach Österreich und Paris; er mietete ein Atelier in der Kantstraße in Berlin-Charlottenburg, malte Porträts und Selbstporträts, realistisch jetzt, weniger verklärend und aus der Erstarrung erlöst. Er verliebte sich in eine Japanerin, trennte sich wieder, kehrte zurück auf den Barkenhoff, arbeitete auf dem Feld und im Garten und versuchte, aus seiner großen Traurigkeit und Leere herauszufinden.

In dieser Verfassung traf ihn der Ausbruch des Ersten Weltkrieges am 1. August 1914 fast wie eine Erlösung. Heinrich Vogeler meldete sich freiwillig bei den Oldenburger Dragonern. «Ich ziehe hinaus, um (...) zu leben», schreibt er an seine Frau Martha. «Ich suche das Leben, das an anderer Stelle ungewertet verkümmert.» Einer Beförderung zum Unteroffizier folgte, im Februar 1915, der Einsatz in den Karpaten und schließlich die Versetzung in die Nachrichtenabteilung des Generalstabs. Dieser beauftragte den berühmten Worpsweder, den Feldzug des deutschen Militärs künstlerisch zu begleiten. In sicherer Entfernung von der Front hielt der Porträt- und Landschaftsmaler seine Beobachtungen von Menschen aus dem Volk in den Kriegsgebieten des Ostens in kleinen Zeichnungen fest. Eine Postkartenserie und zwei graphische Mappen waren der offizielle Ertrag seiner künstlerischen Dokumentation.

«Kein Ausweg, irgendwie beim Alten anzuknüpfen. Vielleicht letzte Romantik, vielleicht Todessehnsucht führte mich, als Kriegsfreiwilligen, mit 42 Jahren in den Krieg – ich fand das Leben, wie es wirklich war. Ich erkannte bald, daß es sich nicht um einen Volkskrieg, sondern um das Werk einer rücksichtslosen Ausbeuterklasse handelte, die die politische Dummheit der Werktätigen benutzte, um aus ihrer Überproduktion heraus neue Märkte und neue menschliche Ausbeutekräfte zu erobern. Immer klarer wurde das Bild bis zum Brest-Litowsker Gewaltfrieden. Dafür konnte ich nicht ins Feld gezogen sein! –»

Was der überzeugte Pazifist Heinrich Vogeler als Offizier an der Front erlebte, erschütterte ihn und machte ihn zum Rebellen. In seinen Erwartungen enttäuscht, ergriffen vom Grauen, angewidert von Korruption und Profitsucht innerhalb des Stabs und dem oft menschenverachtenden Verhalten der hohen Militärs, zweifelte er zunehmend am Sinn dieses Krieges. Einzig die Ereignisse in Rußland weckten sein Interesse. Von dort hörte man, daß sich Soldaten, Arbeiter und Bauern zu Aufständen gegen den Zaren Nikolaus II. zusammengeschlossen hatten und mit seinem Rücktritt den Frieden forderten. Machte nicht Rußland genau jene Entwicklung durch, die auch in seinen Augen notwendig war? Gab nicht die bolschewistische Propaganda die Antwort auf die Frage nach den Zielen dieses Krieges? «Das Land den Bauern, die es bearbeiten, die Häuser, die den reichen Familien gehörten, für die Familien der Arbeiter, die Fabriken den Arbeitern, die sie selbst verwalten! Da war ja an den Grundlagen aller bisherigen Ordnung gerüttelt. Da alles so überzeugend und einfach gesagt war, verlor ich viele Hemmungen, die bisher mein Leben bedrückt hatten. Plötzlich fühlte ich mich in der alten Welt heimatlos, aber auch, daß ich nicht verlassen war; ich fühlte, daß Millionenmassen wirklich arbeitender Menschen gewillt waren, die Welt zu verändern.»

Januar 1918. Da Heinrich Vogelers Entwurf für ein Plakat zur «Achten Kriegsanleihe», das der diensthabende Major in Auftrag gegeben hatte, nicht akzeptiert worden war, bat der Künstler seinen Vorgesetzten um einen kurzen Heimaturlaub, damit er die Arbeit dort ausführen könne. Kommen Sie in vierzehn Tagen zurück, lautete der Befehl. Heinrich Vogeler reiste nach Worpswede. Auf seinem Barkenhoff führte der Unteroffizier Vogeler den Auftrag jedoch nicht aus und fuhr auch nicht wieder an die Front. Der sonst so zurückhaltende Künstler war bereit, alles zu riskieren: «Ich wanderte durchs Haus, durch den Garten, ich fühlte mich losgelöst von allem, grenzenlos, ohne ein Gefühl der Vereinsamung, ohne ein Gefühl von Sentimentalität.» So konnte es doch nicht weitergehen! Nachts setzte er sich in seine kleine Bibliothek und schrieb einen Brief an den deutschen Kaiser. In diesem «Märchen vom lieben

Gott», einem dringenden Friedensappell, erscheint Gott als alter Mann am Weihnachtsabend 1917 auf dem Potsdamer Platz und verteilt Flugblätter mit der Weihnachtsbotschaft und den zehn Geboten. Er wird verhaftet und wegen Landesverrats erschossen.

Der fünfundvierzigjährige Unteroffizier Vogeler wußte, daß die logische Konsequenz dieses Briefes, der ihm so leicht aus der Feder geflossen war und den er noch in derselben Nacht in den Worpsweder Dorfpostkasten geworfen hatte, nur Tod durch Erschießen heißen konnte. Dennoch fühlte er sich wie von schweren Lasten befreit. «Hört mich und schlagt ihr mich nieder wie einen tollen Hund. (...) Ich kann keinen Tag leben, ohne diese Dinge in die Welt zu schreien. Ihr werdet mich töten (...)», hatte er in seinem Begleitschreiben an den Major geschrieben. Der war empört. Ein Irrer, hieß es im Stab. Erschießen, lautete der Befehl des Generalquartiermeisters Ludendorff. Aber Heinrich Vogeler, der doch ein bekannter Künstler war, wurde nicht erschossen. Er wurde eingesperrt. Dreiundsechzig Tage mußte er in der Bremer Irrenanstalt Ellen verbringen. Während der Zeit der Beobachtung in der Abteilung für Geisteskranke konnte er sogar arbeiten: so entstanden Skizzen für die Radierung «Die sieben Schalen des Zorns», eine visionäre Darstellung des Grauens, in Anlehnung an die Offenbarung des Johannes und die «Apokalypse» aus Dürers Holzschnittzyklus. Interessanterweise zeigt diese Graphik eine Reihe stilistischer Neuerungen. Vogeler gliedert die Bildfläche nicht mehr realistisch räumlich, sondern in rhythmisch zerlegte Einzelflächen, die in kristalliner Form verschiedene Facetten des Geschehens illustrieren. In den folgenden Jahren wird er diesen Mal- und Zeichenstil zu seinem ganz persönlichen Gestaltungsmittel weiterentwikkeln. Als «staatlich geprüfter Geisteskranker» konnte der Künstler schließlich wieder entlassen werden. Es folgte der Ausschluß aus dem Heeresdienst. Zudem wurde Heinrich Vogeler mitgeteilt, daß er von nun an auf seinem Barkenhoff am Fuße des Weyerbergs unter Polizeiaufsicht gestellt sei. «Einsam?» fragte sich der Worpsweder auf dem Weg zu seinem ehemaligen Märchenhof. «Die Welt bricht um. Meine Hand lag auf der Türklinke. Über mir baute sich der Giebel auf. Die Rosenranken hatten noch einige überwinterte graugrüne Blätter.»

Sommer 1918. Der Barkenhoff wurde während der letzten Kriegsmonate zur Pilgerstätte für Revolutionäre und linke Intellektuelle, für Kriegsgefangene aus Rußland und Frankreich, die zur Zwangsarbeit bei Worpsweder Großbauern verurteilt worden waren. Nächtelang saßen sie um den langen Tisch in der Diele, redeten über die Revolution in Rußland und die Möglichkeiten eines politischen Umsturzes in Deutschland. Heinrich Vogeler setzte sich mit der Gestalt Trotzkis auseinander, der in seinen Augen «christlicher» war «wie jeder Christ», und studierte die Werke von Charles Fourier, Pierre Joseph Proudhon und Pjotr Kropotkin. In seiner Schrift «Expressionismus der Liebe – der Weg zum Frieden» formulierte er seine gesellschaftspolitischen Ziele. Vogeler nahm Kontakt zu den Kommunisten in Bremen auf und entwarf Plakate. Als die Staatsgewalt nach der Novemberrevolution und dem Rücktritt Wilhelms II. am 9. 11. 1918 vorübergehend an revolutionäre Arbeiter-und-Soldaten-Räte überging, wurde Heinrich Vogeler nicht nur als Referent in die Kreisstadt Osterholz gerufen, sondern auch in den Arbeiter-und-Soldaten-Rat gewählt. Er, der glühende Pazifist, trat plötzlich als Revolutionär auf! Nur die sozialistische Volksrepublik und ihre internationale kommunistische Tendenz entspreche seinen Vorstellungen, erklärte er den Studenten in Münster, Kassel und Göttingen und hielt der rebellischen Menge der Werftarbeiter in Bremen Vorträge über den Umsturz der alten und den Aufbau einer neuen Ordnung. Nicht immer stieß der rhetorisch begabte Bürgersohn von einst bei den in jedem Falle zur Revolution entschlossenen Arbeitern auf Verständnis. Wie sollten die Predigten dieses Friedensapostels, der die werktätige Menschenliebe pries, Gewaltlosigkeit forderte und dazu aufrief, das Neue Testament zu verinnerlichen, einen Kapitalisten dazu bringen, seine Reichtümer der Masse zur Verfügung zu stellen! Niemals wirst du Kleinbürger einen Kapitalisten davon überzeugen können, daß das Proletariat die schöpferischen Kräfte besitzt, um die Riesenarbeit der gemeinsamen Wirtschaft eines Volkes und ihre politischen Kräfte zu organisieren, hielten sie dem Utopisten herausfordernd und höhnisch entgegen. Im Dezember 1918 und im Januar 1919 kam es in Berlin und besonders auch in Bremen zu schweren Kämpfen zwischen den Regierungstruppen und den radikalsozialistischen und spartakistischen Kräften. Rosa Luxemburg und Karl Liebknecht wurden ermordet. Mitglieder der Arbeiter-und-Soldaten-Räte wurden zur Fahndung ausgeschrieben, Verhaftungen folgten. Auch auf dem Barkenhoff in Worpswede, der unmittelbar nach Zerschlagung der Räteregierung zum Schlupfwinkel für Revolutionäre und Flüchtlinge geworden war, wurden Großrazzien durchgeführt. Heinrich Vogeler flüchtete in das von ihm erbaute Sommerhaus «Am Stryck» seines Freundes Löhnberg in das sauerländische Willingen, der Bremer Aktivist Ludwig Bäumer floh mit ihm. Von dort aus schrieb Heinrich Vogeler, empört über die politischen Entwicklungen, kurz vor seiner dreimonatigen Inhaftierung wegen angeblicher Aufnahme flüchtiger Revolutionäre auf seinem Hof einen Brief an einen SPD-Abgeordneten: «Die Arbeiterschaft (...) ist verzweifelt, daß sie von Euch bekämpft und zusammengeschossen wird in dem Augenblick, wo sie gewillt ist, sich ganz für das sozialistische Programm einzusetzen. Wir könnten im gemeinschaftlichen Austausch mit Rußland in unserem Volke am besten einen zukünftigen Aufbau garantieren.»

März 1919. Ein junger Tischler, eine Arbeiterin aus Berlin, ein Zimmermann, ein Maler und viele mehr – am Fuße des Weyerbergs fand sich eine Schar von Menschen zur «Arbeitsgemeinschaft Barkenhoff» zusammen, die sich ab November 1921 «Arbeitsschule Barkenhoff» nannte. Heinrich Vogeler, kein Mitglied der Kommunistischen Partei, aber an ihrem linken Rand in anarchistischen und syndikalistischen Organisationen aktiv, war trotz des Scheiterns der Novemberrevolution optimistisch und wollte den Spöttern und Kritikern mit seinem Gesellschaftsmodell vorführen, daß eine landwirtschaftlich-handwerkliche Produktionskommune mit Tischlerei, Schmiede, Imkerei, Sägerei und schließlich auch einer «Arbeitsschule» einen exemplarischen Beitrag im Rahmen einer gesellschaftlichen Neuerung lieferte und ein Vorbild für das Prinzip der Volksherrschaft war.

Heinrich Vogeler schrieb eine Vielzahl von Texten, in denen er die Kommune als Gesellschaftsmodell propagierte. Die Trennung von Martha, die mit den drei Töchtern in den nicht weit vom Barkenhoff entfernten und von Vogeler finanzierten alten Moorhof

«Haus am Schluh» gezogen war, machte dem Künstler schwer zu schaffen. Besonders litt er unter der Trennung von seinen drei Kindern. Die Kunstsammlung, die silbernen Armleuchter, die Bilder von Paula Modersohn-Becker, die Möbel – alles sollten sie mitnehmen, alles, was sie an den Vater und seine Arbeit in den vergangenen zwanzig Jahren erinnerte. Martha Vogeler zog aus, und eine neue Frau trat in Heinrich Vogelers Leben: Aus Dresden kam Marie Griesbach, eine politisch engagierte junge Arbeiterin, die in einer Munitionsfabrik tätig gewesen war. Sie hatte rotes Haar, Kraft und Temperament, war ganz Revolutionärin. In Vogelers Augen war die «Rote Marie», wie sie genannt wurde, der Inbegriff einer für die neue sozialistische Gesellschaft kämpfenden Frau. Der Hausherr war fasziniert von seinem neuen Gast. Gemeinsam reiste das Paar durch das Land und hielt Vorträge. Unter der Hand der Kommunemitglieder verwandelte sich der paradiesische Park von einst in einen ökologisch angebauten Gemüsegarten mit angeschlossenem Ackerland. Die rund fünfzehn Erwachsene und zehn Kinder umfassende Barkenhoff-Kommune tauschte mit so manchem Bauern aus Worpswede Arbeitskräfte und Erntegut aus, in der Arbeitsschule, die als eine Schule für das Leben alle Bereiche geistigen und körperlichen Lernens umfaßte, schrieb eine strenge Hausordnung vor, was zu welcher Zeit von wem getan werden mußte. «Der wichtigste Unterschied zwischen der alten bürgerlichen Schule und der proletarischen Arbeitsschule ist, daß die alte Schule den organisatorisch mechanistisch-bindenden Lernprozeß verwirklicht, um aus dem Kind brauchbares Menschenmaterial zu machen und auf der anderen Seite, daß die Arbeitsschule den organisch wachsenden und befreienden Schöpferprozeß im Kinde zum Leben fördert, um den jungen Menschen zu einer vollen individuellen Gestaltungskraft in der Arbeit zum Wohle seiner Mitmenschen zu bringen.»

An den Wochenenden pilgerten Massen nach Worpswede auf den Barkenhoff. Besonders aufgeschlossen dem Vogelerschen Kommune-Experiment und der Arbeitsschule gegenüber zeigten sich Linkssozialisten, linksliberale Intellektuelle, große Teile der Bremer Arbeiterschaft und der linke Flügel der Jugendbewegung. Wenn es seine Zeit zuließ, zog sich Heinrich Vogeler zu künstlerischer Arbeit zurück. 1920 führte er fort, was er bereits während

der Bremer Räterepublik begonnen hatte: er bemalte die Dielen-
wände seines Hauses mit Szenen, die das Leben der unterdrückten
Völker auf dem Balkan schilderten, die das Leben und den Kampf
der politischen Gefangenen und die Arbeit der Kinder auf den Ge-
müseterrassen des Barkenhoff zeigten. «Dort verflochten sich bei
meiner Arbeit Kriegsereignisse mit der revolutionären Bewegung
der Arbeiterschaft. Von den Karpaten nach Galizien, Einblick in
ein Bergwerk, dann das ukrainische Kornland, wie ukrainische
Bauern einem deutschen Feldgrauen zum Abschied die rote Fahne
übergaben, die er in sein Land tragen sollte. Ein anderes Langbild
zeigt die Arbeit der Kinder im Gemüsegarten unter Gottliebs Leitung. Meine Erinnerungen an Ceylon hielt ich fest in einem besonderen Bild, das von der revolutionären Befreiung der farbigen Völker und auch von der Arbeit der Roten Hilfe sprach.»

Der gescheiterte Versuch, als Arbeitsschule offiziell anerkannt
und somit staatlich gefördert zu werden, hatte eine wirtschaftliche
Krise zur Folge. Dazu kamen persönliche Probleme, ideologische
Auseinandersetzungen, Streit, menschliche Enttäuschungen. Für
Heinrich Vogeler brach abermals eine Welt zusammen. Die Rote
Marie hatte sich von ihm getrennt und sich mit Walter Hundt,
einem wichtigen Mitglied der Kommune, zusammengetan. Der
Trennung von der Revolutionärin aus Dresden folgte das Liebes-
verhältnis zu einer nicht minder politisch engagierten Frau: Sonja
Marchlewska, 1898 in Deutschland geboren, war die Tochter des
polnischen Berufsrevolutionärs, Lenin-Mitarbeiters und Gründers
der polnischen Sozialdemokratie, Julian Marchlewski, der 1895 bis
1918 in Deutschland gelebt hatte und eng mit Rosa Luxemburg,
Wilhelm und Karl Liebknecht, der Familie Kautsky und August
Bebel befreundet war. Sie war 1918 schon einmal auf den Barkenhoff gekommen, besuchte Heinrich Vogeler 1920 ein zweites Mal
und blieb 1922, vierundzwanzigjährig, in Worpswede. Wie sollte
es weitergehen auf dem Barkenhoff? Was konnte man tun, um den
gefährdeten Fortbestand der Siedlungsgemeinschaft und der Arbeitsschule zu retten? Heinrich Vogeler, durch die vielen Gespräche mit Sonja Marchlewska zunehmend neugierig auf Rußland,
ging nach anfänglichem Zögern auf den Vorschlag Julian March-
lewskis ein, einen Teil des Barkenhoff von den Kindern der Roten

Hilfe mitnutzen zu lassen. Marchlewski war der erste Vorsitzende der von ihm in Moskau gegründeten Internationalen Roten Hilfe, eine der Kommunistischen Partei nahestehenden Hilfsorganisation für politische Gefangene und für die Familien von Inhaftierten, gefallenen oder invaliden politischen Kämpfern. Im Juni 1923 bezogen die ersten Kinder das Barkenhoff-Heim.

II

Auf Einladung der Eltern Sonja Marchlewskas brechen Heinrich Vogeler und seine neue Geliebte im Juni 1923 nach Moskau auf. Am Bahnhof besteigt das Paar eine enge, mit Gepäck beladene Droschke und läßt sich direkt zum Kreml fahren. Der schwarzgekleidete Wachposten am Eingangstor des Palastes hat bereits Order erhalten, die Gäste passieren zu lassen. Die mit wertvollem Mobiliar aus zaristischer Zeit eingerichtete Wohnung von Bronislawa und Julian Marchlewski in der zweiten Etage des Kreml ist nicht sehr groß, aber behaglich. Hier können sich Heinrich und die im fünften Monat schwangere Sonja vorerst niederlassen.

Julian Marchlewski, ein vielbeschäftigter Mann, vermittelt Heinrich Vogeler umgehend eine Position als Leiter der künstlerischen Abteilung an der von ihm gegründeten «Kommunistischen Universität der nationalen Minderheiten des Westens», einer Parteischule, die später zur Internationalen Leninschule des Komintern erweitert werden wird. Zu den Aufgaben Heinrich Vogelers gehört es, seinen Studenten Zeichen- und Malunterricht zu geben, mit ihnen die Museen Moskaus zu besuchen und Vorträge über Kunstgeschichte zu halten. Innerhalb des Lehrstuhls Dramaturgie ist Heinrich Vogeler für das Bühnenbild verantwortlich. «Sehr lehrreich», notiert der Künstler in seinen Aufzeichnungen, «weil ich mich den Ausdrucksmitteln der verschiedensten Nationen anzupassen hatte, um wiederum ihrem nationalen Empfinden nahezukommen.» Fasziniert ist der Künstler von der revolutionären Bühnenkunst Wsewolod Meyerholds, dessen Inszenierungen das Moskauer Theaterleben in dieser Zeit prägen. «Es war besonders

Sonja Marchlewska, gemalt von Heinrich Vogeler, 1920. Die Tochter des polnischen Kommunisten und Lenin-Mitarbeiters Julian Marchlewski kam erstmals 1918, als Zwanzigjährige, auf den Barkenhoff. Seit 1921 Mitglied der KPD, stellte sie in Berlin eine Verbindung zur «Roten Hilfe Deutschland» her. Im Frühjahr 1923 erwartete sie ein Kind von Vogeler. Ihre Eltern wollten, daß es «in Rußland geboren würde».

das Zurücktreten der Persönlichkeit hinter der Massenbewegung, die die Szenen beherrschte, mit maskenhaften Übertreibungen der rhythmischen Bewegung der Masse bis zum reinen Formalismus.»

Während sich Heinrich Vogeler ganz seinen Aufgaben in der sozialistischen Sowjetunion hingibt, vegetiert im heimischen Worpswede die Arbeitskommune Barkenhoff nur noch vor sich hin und muß nicht zuletzt aus Geldgründen ihr Scheitern eingestehen. Im Juli 1923 übergibt Heinrich Vogeler den Barkenhoff vollständig der Roten Hilfe Deutschland. Bis 1931 werden kranke Kinder politischer Gefangener sowie Kriegs- und Revolutionswaisen zur mehrwöchigen Erholung hierher geschickt. «Den Kindern der Ausgestoßenen ein Heim zu sein, den Waisenkindern der Revolution eine Erziehung zukommen zu lassen...» Könnte es eine sinnvollere Aufgabe geben, als für all diese verlassenen Kinder zu arbeiten? Dennoch muß Heinrich Vogeler in Moskau die Sorge um seinen Worpsweder Barkenhoff quälen. Wie wird es weitergehen? Nun, da auch sein Freund Walter Hundt, die gestaltende Kraft des Hofes, Worpswede verlassen wird. Walter Hundt gegenüber äußert sich der Künstler: «Wer wird das weitermachen... Kommunistische Siedlung, kommunistische Schule ist heute noch eine Personalfrage. Gewiß, man kann der Jugend den Boden so bereiten in einer Arbeitsschule, daß Kommunismus für diese ein natürlicher Zustand höchster schöpferischer Spannung ist und bleibt. Aber die Alten? Aber die Frauen? Die Frauenfrage des Barkenhoffs ist sehr voller Gegensätze. Wie wird das die Pädagogik beeinflussen? In Rußland hat man ja sicher dieselben Krankheiten, die das nahe Zusammenleben in Gemeinschaften mit sich bringt, da gerade durch die Neue Ökonomische Politik Rußlands das wirklich rein kommunistische Leben vollkommen ausgeschlossen ist, denn auf Schritt und Tritt ist man von der Ideologie und der Wirtschaft, dieser Zwischenstufe des Privathandels, abhängig.

Das wirtschaftliche Sein bestimmt das Bewußtsein, diese Erfahrung des historischen Materialisten macht Rußland jetzt durch. (...) Vorträge von mir über kosmische ethische Fragen, ja gar über religiöse Urkräfte, wie sie im Ruhrgebiet und Thüringen so große Arbeitermassen zusammenbrachten, sind hier völlig unmöglich; ethische Kräfte innerhalb des Wirtschaftlichen will man nicht anerkennen, und die Wirklichkeit zeigt, daß selbst kommunistische Kreise ganz unmerklich in die Ideologie des Profits hereingezogen werden. Es gibt große ernste Warner, die immer wieder auftreten und den Kern herausschälen, wie vor allem Trotzki ein solcher Sucher und Warner ist.»

Dennoch: «Mir ist dies heilige Rußland sehr, sehr sympathisch», schreibt Heinrich Vogeler im Frühsommer 1924 an Julian Marchlewski, der sich, schwer erkrankt, in einem Erholungsheim auf der Krim befindet. «So eine Quelle von Gesundheit nach all der westlichen Resignation und dem richtungslosen Chaos, das tut so wohl. Ich habe viel schon gesehen, was Aufbau ist.» Und an seine Mutter nach Bremen berichtet der Zweiundfünfzigjährige: «Mein Leben macht eigentlich eine ganz eigentümliche Bewegung durch, da meine Kinder mich und meine Arbeit verließen, treibt mich das Leben zu den Verlassensten, und alles das wird zu einer großen tiefen Glückserfüllung.»

Seine Trauer über die Trennung von seinen drei Töchtern kompensiert Vogeler mit einem ungeheuren Arbeitseifer und einer liebevollen Hinwendung zu jenen Kindern der Roten Hilfe, die jetzt auf dem Barkenhoff leben. Über viele Briefseiten erzählt er ihnen von den verschiedenen Völkern Rußlands, von russischen Bergarbeitern und Seidenspinnereien in Turkestan und von den vielen Bauern in der Sowjetunion, die ihr Land nur für die Rote Hilfe aufbauen. «Erst mal müßt Ihr wissen», schreibt er an das Arbeiterkinderheim in Worpswede, «daß hier in Rußland viele Bauern und Arbeiter an Euch denken und daß Sie für Euch dort oben sorgen und für alle die vielen, die um unsere Idee der gegenseitigen Hilfe und der Arbeit aller für alle leiden müssen, in den Gefängnissen sitzen oder schon für die größte Menschheitsidee starben.» Auch die Erlöse aus seinen Ausstellungen läßt Heinrich Vogeler nach Worpswede fließen.

Am 9. Oktober 1923 wird Heinrich Vogeler und Sonja Marchlewska in der Soljanka im Mütterheim an der Moskwa ein Sohn geboren. Sein Name: Jan Jürgen. Die Geburt des Jungen nimmt Heinrich Vogeler zum Anlaß, ein großes Bild zu malen. «Die Geburt des neuen Menschen» heißt das Gemälde. Es zeigt in kubistischer Komposition eine nackte Frau im Zentrum des Bildes. Zu ihren Füßen Totenschädel, als Symbol für die Opfer der Zarenzeit, in ihren Händen ein Kind in embryonaler Haltung. Umgeben von stilisierten Bildelementen wie der roten Fahne, den Sternen der Revolution und den Zwiebeltürmen des Kreml, soll diese Geburt auf die Geburt einer neuen, besseren Welt, die in Rußland entsteht, verweisen.

«Liebe Martha», schreibt Heinrich Vogeler nach der Geburt Jan Jürgens an seine Frau Martha Vogeler nach Worpswede, «am 9. Oktober, an Deinem Geburtstag, wurde mir von Sonja ein Sohn geboren, der Jan Jürgen heißt. Er ist gesund und hat große Ähnlichkeit mit der Mutter... Ich nehme das Datum der Geburt als ein gutes Zeichen der Fortsetzung meines Lebens. Dich bitte ich, mit unserer Trennung auch im bürgerlich rechtlichen Sinne einverstanden zu sein, da ich gern möchte, daß der Junge meinen Familiennamen tragen kann, was für die hiesige Registrierung notwendig ist, sonst muß er den Namen Marchlewski tragen. Doch dies ist ein Dienst von Dir an meinem Leben, der Dir leicht sein wird, da unsere Bindungen seit zehn Jahren keine ehelichen mehr waren.»

Gemeinsam mit Jan, dem Neugeborenen, beziehen Heinrich Vogeler und Sonja Marchlewska eine der Universität angeschlossene Zweizimmerwohnung. Ein Schlafsofa, ein Bett, ein paar Tische und Stühle. «Unser Junge, der Jan Jürgen heißt», schreibt Heinrich Vogeler an seine Mutter, «ist gesund, wird von Sonja jeden Tag an die Luft getragen... Er ist sehr temperamentvoll, und das Wickeln, was ich häufig besorge, ist eine Schwierigkeit, da er sich wie eine Schlange herumwirft.» Hin und wieder fährt die Familie mit dem Universitätsschlitten zum Kreml zu den Schwiegereltern, die sehr an dem Jungen hängen und die kleine Familie unterstützen.

Vogelers Arbeitstag, der oft bis nach Mitternacht dauert, ist hart. Als Universitätsangestellter verdient er wenig, weniger als ein Arbeiter. Und dafür, daß er für die Rote Hilfe und andere politische Organisationen Plakate entwirft und Artikel schreibt, bekommt er keinen Pfennig. «Aber hier heißt es ganz arm sein, ganz primitiv anfangen, nicht verzweifeln an der unglaublich vielen Zeit, die die Menschen hier haben», antwortet er auf jene Briefe, die ihm Techniker und Gelehrte aus Deutschland nach Moskau schreiben, wenn sie ihn um Rat bitten. Wie gut er verstehen kann, daß sie ihr Land verlassen und in Rußland neu anfangen wollen. Aber: «Über die Schwierigkeiten und Entbehrungen hier machen sie sich keine rechten Vorstellungen.» Zu Vogelers finanziellen Sorgen kommen die um Sonjas Gesundheit. Die Geburt des Kindes und die Pflege ihres schwerkranken Vaters haben sie geschwächt. Sie sei sehr mit den Nerven herunter, schreibt Heinrich Vogeler an seine Mutter nach Bremen.

Moskau, 21. Januar 1924. Bei Minustemperaturen um dreißig Grad verharren Menschenmassen schweigend auf den Plätzen und in den Straßen der Hauptstadt. Die Nachricht vom Tode Lenins hat sich im Nu verbreitet. Vor dem Kreml stehen Menschenschlangen, um sich von ihrem aufgebahrten Führer zu verabschieden. In ganz Moskau werden Bäume gefällt, wird Holz gehackt, damit sich die Leute an kleinen Feuern in den Straßen wärmen können. Am Abend hält Julian Marchlewski eine Rede zu Ehren des Gründers der Sowjetunion in der Aula der Universität und beklagt den Verlust des revolutionären Bolschewiken, der Rußland den Weg zu einer neuen klassenlosen Gesellschaft gewiesen hat. Wird Stalin, der seit seiner Ernennung zum Generalsekretär der Partei im April 1922 damit begonnen hat, eine «Kader-Partei» als Exekutive zur Erhaltung der Macht der Räteregierung und als Instrument des Staatsaufbaus und der Wirtschaftskontrolle zu organisieren, der Lehre Lenins nach dessen Tod folgen? Gibt es nicht einen Brief Lenins, in dem der Sterbenskranke die Genossen vor Stalin warnt? Noch verhalte sich der Generalsekretär vorsichtig, flüstert man sich in Gesprächen zu, weil er noch nicht einschätzen könne, wie die Parteispitze auf den Lenin-Brief reagieren wird.

Auch in der Vogelerschen Wohnung ist der Tod Lenins das beherrschende Thema. Heinrich Vogeler hat den bewunderten Revolutionär in den vergangenen Monaten oft beim Spazierengehen im Kreml-Garten beobachten können, er hat Skizzen gemacht und nach diesen Skizzen ein Porträt von ihm gemalt. Ein Porträt, das einen schwerkranken Mann zeigt. Heinrich Vogelers Versuch, dieses Porträt zu veröffentlichen, wird scheitern. Eine Darstellung Lenins als kranker Mann? Das widerspricht dem Ideal! Die Verhältnisse in Moskau seien sehr schwer für ihn und Sonja, klagt

Heinrich Vogeler mit seinem Sohn Jan, um 1929. Lange Trennungen gehörten zum Leben der Familie, das sich in jenen Jahren zwischen Moskau, Berlin und Worpswede abspielte. Heinrich Vogeler unternahm ausgedehnte Reisen durch die Sowjetunion und schickte Berichte und Aquarelle im Postkartenformat nach Hause.

Heinrich Vogeler in Briefen, die er in seine Heimat schreibt. Kriege und Plünderungen der Nationalisten haben Schreckliches im Land angerichtet, davon müsse es sich noch sehr erholen. Wirtschaftlich gehe es ihm schlecht, er komme zwar viel zum Malen und komme zu ganz neuen Ausdrucksmitteln, aber mit «Kunst ist in Rußland jetzt nichts zu machen», berichtet er seiner Mutter.

III

Im Spätsommer des Jahres 1924 ziehen Heinrich Vogeler und Sonja Marchlewska mit ihrem einjährigen Sohn nach Berlin, in Deutschlands rote Hauptstadt. Eine Rückkehr nach Bremen, zu der ihn sein Freund und Mäzen Roselius einlädt, steht für den Künstler nicht mehr zur Diskussion. Mit fremdem Geld nach Deutschland, um in einem goldenen Käfig Kunst zu machen! Ein Atelier in der Böttcherstraße! Er, der mitten in dem Werden einer neuen Welt steht, soll den alten kleinbürgerlichen Weg wiederaufnehmen, der doch nur von der Wirklichkeit des Lebens ablenkt! Er, der jahrelang von Roselius betreut wurde und an ihn als Mäzen gebunden war, wollte weg von der Kunst als Ware, weg von einer Kunst, die nur den Wohlhabenden zugänglich ist. Schluß mit dieser Abhängigkeit des Malers von jenen, die seine Kunst kauften. Abhängigkeit ja – aber sollte die Belegschaft des Betriebes ihm doch sagen, wie er malen sollte, wie sie die Räumlichkeiten ihrer «Klubs» gestaltet haben wollte. Heinrich Vogeler beginnt während seines ersten sowjetischen Aufenthaltes, die künstliche Form der Komplexbilder zu entwickeln: «Dabei kam es mir darauf an, die beste agitatorisch-propagandistische Form zu finden, die unserer Arbeiterschaft einen möglichst umfassenden Eindruck in das Werden der sozialistischen Gesellschaft nach der großen Oktoberrevolution geben sollte. Ich fand eine Möglichkeit, die charakteristischen Teile des Werdens auf einem Bilde darzustellen, indem ich die vielen erlebten realistischen Szenen durch eine großzügige dekorative Form zusammenfaßte.»

Im Oktober 1924 wird die Rote Hilfe Deutschland als selbständige Abteilung der Internationalen Roten Hilfe gegründet. Vorsitzender: Wilhelm Pieck. Mitglieder des Zentralvorstands: Clara Zetkin und Heinrich Vogeler. Zu den Hauptaufgaben des Künstlers gehört es, die Arbeit der Roten Hilfe zu dokumentieren. Vogeler reist und hält Vorträge vor KP-Ortsgruppen über seine Erlebnisse und Erfahrungen in Rußland. Doch immer wieder ist er mit seinen Gedanken auf dem Barkenhoff, den er so oft wie möglich besucht, um mit den Kindern dort zusammenzusein und an seinen Wandmalereien weiterzuarbeiten. Im Februar 1925 hört er, daß diese Wandmalereien zerstört werden sollen. Das Landratsamt Osterholz hat sich beim Zentralkomitee der Roten Hilfe Deutschland über die Szenen beschwert. Sie stellten angeblich revolutionäre Gewalttätigkeiten dar und provozierten staatsfeindliche Reaktionen. Landrat Becker fordert Vogeler auf, seine Barkenhoff-Bilder umgehend zu entfernen, und droht mit der Schließung des Kinderheims. Zahlreiche Künstler und Intellektuelle, unter ihnen Käthe Kollwitz und Kurt Tucholsky, George Grosz und Lion Feuchtwanger, protestieren in einer öffentlichen Schrift gegen die Entfernung der Fresken, der Kunsthistoriker Eduard Fuchs setzt sich für die Rettung der Malereien ein. Ein Kompromiß kommt schließlich dadurch zustande, daß man sich einigt, die beanstandeten Bilder mit verschließbaren Vorhängen zu versehen und sie somit den Blicken der Kinder zu entziehen. 1939 wird der neue Barkenhoff-Besitzer die Wandmalereien im Zuge von Umbauarbeiten entfernen lassen.

Heinrich Vogeler, der am 20. Januar 1926 offiziell von seiner Frau Martha geschieden wird, heiratet Sonja Marchlewska am 20. Oktober 1926 in Moskau. Als Kind hat Sonja viele Emigranten kennengelernt, auch Revolutionäre wie Bucharin, Radek und Sinowjew, die später in den Moskauer Prozessen zu den Angeklagten gehören werden. Das Paar möchte nach Deutschland zurückkehren. So läßt sich die kleine Familie zunächst in Berlin-Lichterfelde nieder und zieht am 1. Mai 1927 in eine Wohnung in der Bruno-Taut-Siedlung in Berlin-Britz, Onkel-Bräsig-Straße 138. Ihre Nachbarn sind Erich Mühsam und seine Frau Zenzi. Die Menschen, die im Vogelerschen Haus ein und aus gehen, sind politisch engagierte Menschen, vorwiegend Kommunisten.

Jan Vogeler, der Sohn, der die Karl-Marx-Schule in Berlin besucht, auf die vorwiegend Kinder von Sozialdemokraten und Kommunisten gehen, ist ein eifriger Schüler und schon früh ein strammer kleiner Pionier. Begeistert trägt er das rote Tuch um den Hals und teilt in den Sommerferien das Lagerleben mit den Kameraden. Wie stolz er ist, in Rußland geboren zu sein, als einziger in seiner Klasse. Sein Vater ist in diesem großen Land häufig auf Reisen, er muß dort arbeiten, erzählt Jan in der Schule. Jan ist auch stolz darauf, daß sein Vater in Berlin für die deutsche Pionierzeitung *Trommel* zeichnet und malt. Wenn er an den Illustrationen sitzt, gibt er Jan Modelliermasse zum Kneten. Das macht dem Jungen Spaß. Aber zum Zeichnen und Malen hat er keine Lust.

Die Erlebnisse in Rußland regen Heinrich Vogeler immer wieder zu den Komplexbildern an, die seine Reisen illustrieren und den Aufbau in den verschiedenen Regionen der Sowjetunion dokumentieren. Im Mai 1927 kann er zehn dieser Komplexbilder im Landesausstellungsgebäude am Lehrter Bahnhof ausstellen.

Während Heinrich Vogeler viel auf Reisen ist, propagandistische Plakate für die Rote Hilfe und die KPD malt, der er seit 1925 angehört, während er in einem Architektenbüro als Zeichner von Reklameplakaten, Dioramen und Modellen für Industrieausstellungen Geld verdient, leitet Sonja Marchlewska im Auftrag der KPD-Bezirksleitung Arbeiterzirkel in einer Neuköllner Kneipe und hält Vorträge in der Marxistischen Arbeiterschule. Ein leidenschaftliches Liebesverhältnis, das sich zwischen der jungen Ehefrau und Carl Meffert zu entwickeln beginnt, bedroht das Vogelersche Familienleben. Carl Meffert ist ein gestrauchelter Künstler, der bereits einen Selbstmordversuch hinter sich hat und nach seiner Genesung Unterschlupf bei den Vogelers findet. Heinrich Vogeler leidet, leidet sehr, als er von der Liebesaffäre seiner sechsundzwanzig Jahre jüngeren Frau erfährt. Hat er nicht schon seit längerem gefühlt, daß sich Sonja immer mehr von ihm distanziert? «Von mir zog sich S. ganz zurück, und als C. M. wiederhergestellt war, füllte sich die Atmosphäre unseres Hauses mit einem schwülen, manchmal wilden Liebesleben des jungen Paares», wird er notieren und schuldbewußt bemerken: «Der Jahresunterschied zwischen uns war zu groß, die Rastlosigkeit, die mein Leben erfüllte, die Selbstsucht, die darin lag, der Gestaltung immer neue Formen abzugewinnen, brachte Sonja zu einem abenteuerlichen Leben aus der Furcht, zu vereinsamen.» Schon wieder der Verlust einer Frau! Der Mutter seines Sohnes. Trauer lähmt Vogelers künstlerische Kräfte. Er stürzt sich in die politische Arbeit. Das persönliche Unglück wird noch verstärkt, als die stalinistischen Kommunisten den Künstler aus ihrer Partei ausschließen mit dem Vorwurf, er sympathisiere mit der rechtsoppositionellen Fraktion der KPD um Heinrich Brandler und August Thalheimer. Diese Gruppierung KPD (Opposition) wird im Januar 1929 ausnahmslos aus der Kommunistischen Partei ausgeschlossen. Die Thälmann-Pieck-Linie hat gesiegt. Auf dem 3. Reichskongreß der Roten Hilfe Deutschland wird Heinrich Vogeler nach einer öffentlichen Polemik mit Wilhelm Pieck auch aus der Roten Hilfe ausgeschlossen; er wird nicht mehr in den Zentralvorstand gewählt und sieht sich Anschuldigungen ausgesetzt, er habe die Ziele der Roten Hilfe verraten. Trotz mehrfachen Ersuchens um Wiederaufnahme wird der Künstler nie wieder Mitglied der Kommunistischen Partei werden.

Zwar findet Heinrich Vogeler kurzfristig Trost und neue Kräfte bei seiner Freundin und Malerkollegin Ursula Dehmel, die mit ihren drei Kindern in Berlin lebt. Für ein paar Monate verläßt Vogeler seine Familie und zieht zu der Geliebten nach Grunewald. Gemeinsam besuchen sie Worpswede. Den Sommer 1929 verbringen sie mit allen Kindern – auch Vogelers Tochter Mieke aus erster Ehe und der kleine Jan fahren mit – bei Vogelers Freund Fritz Jordi in dem Tessiner Bergdorf Fontana Martina. Vogeler geht es umgehend besser. Sich körperlich zu betätigen und die ständige Frage nach dem Lebenssinn einmal zu vergessen tut ihm gut. Mit Jordi macht er Pläne für eine Siedlung am Lago Maggiore, die der Worpsweder Kommune ähnlich sein soll. Zurück in Berlin, trennt sich Ursula Dehmel von Heinrich Vogeler. Er zieht zu Sonja und Jan nach Berlin-Britz zurück.

Juni 1931. Fünfmal ist Heinrich Vogeler bisher in der Sowjetunion gewesen. Immer haben seine Aufenthalte mehrere Monate gedauert. Jetzt, im Juni 1931, erreicht den Neunundfünfzigjährigen endlich ein Ruf aus Rußland, der einen längerfristigen Arbeitsvertrag verspricht. Heinrich Vogeler wird gemeinsam mit dem Berliner Architekten Walter Hämer in das Standardisierungskomitee für landwirtschaftliches Bauwesen berufen, das unter Berücksichtigung regionaler Traditionen in der Ukraine und rund um Moskau Verbesserungs- und Standardisierungsvorschläge machen soll. Dieses anspruchsvolle Projekt wird sich bereits ein Jahr später als zu kompliziert herausstellen, weil die Gegebenheiten zu unterschiedlich sind und die nötigen industriellen Voraussetzungen fehlen. Neben projektbezogenen Zeichnungen und Plakatentwürfen fertigt Vogeler während seiner Reisen durch die Sowjetunion auch immer wieder Skizzen an, nach denen er seine Komplexbilder malen wird.

Im Frühjahr 1932 folgt Sonja Marchlewska ihrem Mann mit dem neunjährigen Sohn Jan nach Moskau. Gemeinsam mit Sonjas Mutter Bronislawa Marchlewska wohnt die Familie im «Haus der Regierung» am Moskwa-Ufer, Uliza Serafimowitscha 2, gleich dem Kreml gegenüber. Für den neunjährigen Jan ist dieser Wechsel nicht einfach. Neue Menschen, eine neue Umgebung, eine fremde Sprache, eine neue Schule. Jan Vogeler besucht die deutsche Karl-Liebknecht-Schule in Moskau, ein modernes Gebäude mit hellen Räumen. Rund 800 Kinder deutscher Emigranten gehen auf diese Schule, deren Lehrer ebenfalls überwiegend deutsche Emigranten sind. Zwei Klassen höher als Jan Vogeler drücken Markus Wolf und Wolfgang Leonhard die Schulbank. Marianne Weinert, die Tochter des kommunistischen Schriftstellers und Vogeler-Freundes Erich Weinert, ist eine Klassenkameradin von Jan. Alle Fächer werden in deutscher Sprache unterrichtet, aber Lehrpläne und Lehrbücher entsprechen denen der russischen Schulen. Das Pensum auf der Karl-Liebknecht-Schule ist hart, die Kontrolle der Leistungen streng. Eine Stunde Russisch am Tag, dazu Englisch als zweite Fremdsprache, Mathematik, Physik, Geographie, Literatur. Sowohl russische als auch deutsche Literatur. Auf diszipliniertes Verhalten wird besonderer Wert gelegt – auf freiwillige, bewußte Disziplin im Sinne des Aufbaus des Sozialismus.

Natürlich tritt Jan Vogeler auch in Moskau den Jungen Pionieren bei. Er weiß ja schon, wie es ist, wenn man den Eid sprechen muß und feierlich das Pioniertuch umgelegt bekommt. «Ich, junger Pionier der Sowjetunion», wird er sagen, «verspreche feierlichst angesichts meiner Genossen treu und tapfer für die Sache der Arbeiterklasse zu kämpfen, das heilige Vermächtnis Lenins zu wahren, stets vorbildlich zu sein und alle Gebräuche und Verpflichtungen der jungen Pioniere zu erfüllen.» Jan Vogeler liebt die bunten Paraden auf dem Roten Platz, schreitet begeistert mit, wenn an den Tag der Revolution gedacht oder der 1. Mai gefeiert wird. Das politische Bewußtsein des Jungen ist sehr ausgeprägt. Immerhin ist er der Enkel des berühmten Julian Marchlewski und Sohn eines bekannten deutschen Künstlers, der im Moskauer Internationalen Büro Revolutionärer Künstler ausstellt und sich an der Moskauer Ausstellung «Revolutionäre Kunst in den Ländern des Kapitalismus» beteiligt.

Heinrich Vogeler hat viel zu tun. Ausstellungen seiner Komplexbilder, Zeichnungen und Aquarelle im Pavillon der ausländischen Arbeiter im Kulturpark «Maxim Gorki» und im Ausstellungsraum des Moskauer Künstlerverbandes werden organisiert, Kunstkritiken in der deutschsprachigen Wochenzeitschrift «Moskauer Rundschau» erscheinen, die Propagandabroschüre «Das Dritte Reich» mit 34 satirischen schwarzweißen Tuschzeichnungen muß fertiggestellt werden. Zwischendurch Reisen nach Karelien – Heinrich Vogeler ist so oft unterwegs, daß ihn sein Sohn Jan nur selten sieht. Und wenn der Vater einmal zu Hause ist, erlebt ihn der neunjährige Sohn als einen stillen, zurückgezogenen Mann, der aber spannende Geschichten zu erzählen weiß. Geschichten von Sandwüsten und Kamelkarawanen in Zentralasien, von Lehmbauten und Kosakenpatrouillen. Und Geschichten von verwahrlosten Kindern aus jenen Gegenden Rußlands, in denen Hunger herrscht, wo der Bürgerkrieg getobt hat, wo es kleine Banden gibt, die vom Diebstahl leben. «Die Pioniere und die Komsomolzen machten ihre aufklärende Arbeit, hockten unter ihnen in Kellern der Neubauten, in Höhlen an Schuttabladeplätzen und propagierten den Weg in die Heime», erzählt der Vater. In Moskau und in einigen anderen großen Städten gab es inzwischen solche Heime für verwahrloste Kinder mit Schule, Klub, Kino, Badeanstalt und Werkstätten, in denen die Jungen handwerkliche Arbeit erlernen konnten. «Aus den Heimen aber gingen Menschen hervor, neue Menschen, die im Arbeitsleben geschult waren. Die meisten waren begabt, die Pädagogen verstanden es, ihre individuellen Veranlagungen zu entwickeln.» Der Junge liebt es, dem Vater zuzuhören, und er spürt, daß ihn der Vater mag. Seine liebevolle, warmherzige Art gefällt ihm. Niemals würde der Vater ein lautes Wort gegen den Sohn richten oder ihn etwa strafen, wenn er im Russischen wieder einmal eine schlechte Zensur nach Hause bringt. Wie anders dagegen die Mutter ist. Sehr wechselhaft in ihren Stimmungen, manchmal temperamentvoll und kühn, eine wahre Revolutionärin, dann wieder melancholisch, verzweifelt, ängstlich. Wie autoritär, ja despotisch sie sich Jan gegenüber verhält, um ihn anschließend mit Liebesbekundungen zu überschütten. Selten ist Sonja zu Hause. Sie arbeitet als Übersetzerin an verschiedenen Stellen. Kaum daß die Familie einmal zu dritt um den Tisch sitzt, gemeinsam ißt. Das kommt nur vor, wenn Gäste eingeladen sind, Freunde sie besuchen.

Er empfinde eine starke Sehnsucht nach Jan, notiert Heinrich Vogeler, als er wieder einmal auf Reisen ist, er fehle ihm. Aber wenn er dann wieder in Moskau ist, hält es der Künstler meistens auch nicht sehr lange in der Stadt aus. Er möchte fliehen. Hätte er nur irgendwo ein kleines Atelier, in dem er ungestört arbeiten könnte. Und vielleicht einen Garten mit einer Wiese und Apfelbäumen. Nur wenn die Familie in den Ferien in die Datscha der Großmutter Bronislawa Marchlewska nach Tscheljuskinskaja fährt, findet Heinrich Vogeler ein wenig von der inneren Ruhe, die er sich so oft wünscht.

IV

Als Hitler am 30. Januar 1933 zum Reichskanzler ernannt wird, ist es für Heinrich Vogeler klar, daß er nicht mehr in seine Heimat zurückkehren kann. Der Kampf gegen den Faschismus wird jetzt zum beherrschenden Thema seiner Komplexbilder. Er malt das Gesicht Hitlers mit großen Hakenkreuzaugen, der aus weit aufgerissenem Mund Befehle herausbrüllt, stellt zusammenstürzende Häuser in Flammen dar, Menschen, die fliehen, Menschen, die erschossen werden. Unter dem Titel «Der Weltfaschismus und die Internationale Solidarität der Arbeiterklasse» findet am 30. Mai

1935 im Moskauer Gorki-Park eine Ausstellung der Roten Hilfe statt, für die Heinrich Vogeler verantwortlich zeichnet. Getrieben von der Hoffnung, daß die geeinte Arbeiterschaft über den Faschismus siegen wird, entwickelt Heinrich Vogeler ungeahnte Kräfte. Sonja und Jan sehen ihn kaum noch. Gesundheitlich geschwächt, muß er sich im Oktober 1935 zur Erholung in die Kur nach Kislowodsk begeben. In einem Brief an Jan schreibt er: «Mein lieber Jan, guten Morgen! Zu Deinem Geburtstag sende ich Dir meine herzlichsten Wünsche. Und vor allem wünsche ich, daß Du ein guter tapferer Kommunist werden wirst und alle Furcht überwindest. Das Leben sieht immer anders aus, wie wir es erträumen – aber wir müssen es gerade deshalb bei den Wirklichkeiten packen, uns nicht unterkriegen lassen, sondern es so verändern, wie wir können zum Nutzen aller Arbeitenden.» Mit Grauen verfolgen Heinrich Vogeler und Sonja Marchlewska die Entwicklungen im Hitler-Deutschland. Man erzählt sich furchtbare Geschichten über das, was in der Heimat passiert. Öffentliche Demonstrationen der Faschisten gehören inzwischen zum Alltag. Sie tragen Uniformen und sind organisiert. Menschen werden überwacht und gefoltert und müssen fliehen. Viele fliehen nach Moskau. Der eine oder andere findet in der Vogelerschen Wohnung Zuflucht. Wann wird es soweit sein, fragen sich die beiden in Moskau lebenden deutschen Reichsbürger Heinrich Vogeler und Sonja Marchlewska, daß auch sie ihre deutsche Staatsangehörigkeit verlieren und gezwungen sind, einen sowjetischen Paß zu beantragen?

Der politische Kampf beherrscht den Alltag. Vogeler strengen besonders jene offiziellen Streitgespräche an, in denen es im «Verband Sowjetischer Künstler» beispielsweise um eine neue sozialistische Kunstauffassung geht. «Unendlich viele Abende wurden in Moskau in Versammlungen verbracht mit Diskussionen über Formalismus, Naturalismus und sozialistischen Realismus. Fruchtlos waren diese Diskussionen, da die Begriffe über diese Formulierungen ganz verschieden erfaßt wurden.» Was ihn als Künstler beunruhige und ihn in seiner künstlerischen Entwicklung hemme, so notiert Heinrich Vogeler, sei die geringe Verbundenheit des Lebens der Künstler mit der Masse. Hatte der Künstler nicht auch eine politische Arbeit zu leisten? Und wie sollte er diese Arbeit machen, wenn nicht in enger Verbundenheit mit den schöpferischen Kräften der Masse! Hatte er denn nicht seine ganze Entwicklung der Tatsache zu verdanken, daß er, damals in Bremen, in so unmittelbarer Verbindung mit der Arbeiterschaft stand?

In der Vogelerschen Wohnung im «Haus der Regierung» ist die Stimmung zunehmend bedrückt. Freunde kommen nur selten, meistens erst sehr spät am Abend oder sogar in der Nacht und machen dann mit der Mutter oder dem Vater noch einen Spaziergang. Was Jan auffällt, was er sich nicht erklären kann, ist das eisige Schweigen, sobald er den Namen Stalin in den Mund nimmt. Besonders bei der Mutter fällt ihm das auf. Warum dieser mißtrauische, abweisende Blick, wenn er, der in seinem ganzen Denken und Fühlen Sowjetmensch ist, mit Ausdrücken wie «Volksfeind», «Verräter» oder «Parteifeind» nach Hause kommt?

Heinrich Vogeler und Sonja Marchlewska bitten ihren Sohn, weder in der Schule noch bei den Pionieren irgend etwas über ihr Privatleben zu erzählen. Vorsicht ist geboten, Schweigen. Wie schnell kann es passieren, daß ein falsches Wort fällt. Irgendeine Dummheit gesagt wird. Nacht für Nacht werden doch Leute verhaftet. Wie viele Väter und Mütter von Jans Kameraden sind schon unschuldig verhaftet worden. Im schwarzen Wolga abtransportiert. Kann man wissen, wer morgen als «Volksfeind» abgeholt wird?

Erst als immer mehr Lehrer aus der Karl-Liebknecht-Schule über Nacht verschwinden und die Schule 1937 geschlossen wird, beginnt sich der vierzehnjährige Jan Fragen zu stellen. Am 30. Januar 1937 ist der Säuberungsprozeß gegen die Anhänger Trotzkis beendet. Hohe Funktionäre, die eben noch beispielhafte Bolschewiki waren, werden des Verrats angeklagt und zum Tode verurteilt. Am Ende der Säuberungswelle werden Millionen von Menschen in Lagern in Sibirien und Kasachstan gefangengehalten.

Inzwischen ist auch Jans Eltern die deutsche Staatsangehörigkeit aberkannt worden. Beide haben einen sowjetischen Paß. Mit dem Unterschied, daß die Eintragung unter Punkt fünf bei Heinrich Vogeler «Nationalität: deutsch» lautet und Sonja Marchlewska angibt, daß sie gebürtige Polin ist. Der mütterliche Paß wird bis zu seiner Volljährigkeit auch für den Sohn Jan Jürgen gültig sein.

Nach dem Schulwechsel von der geschlossenen deutschen Karl-

Liebknecht-Schule auf die russische Schule Nr. 19 wird Jan Vogeler 1940 zum Vorsitzenden des Komsomol-Komitees der Schule gewählt. Die antifaschistische Haltung des vom Internationalismus und Stalinismus beseelten Siebzehnjährigen, Sohn eines Deutschen und einer Polin, wirkt überzeugend auf die russischen Kameraden. Mit großem Engagement stellt sich Jan seinen organisatorischen Aufgaben, liest Marx und Engels, Lenin und Stalin und nimmt aktiv am politischen Leben teil.

Als am 23. August 1939 der Nichtangriffspakt zwischen Hitler-Deutschland und der Sowjetunion geschlossen wird, ist die Überraschung groß. Jetzt heißt es umdenken und sich den neuen Tatsachen anpassen. Für die deutschen Emigranten bedeutet das auch, daß sie ihre öffentliche antifaschistische Arbeit in der Sowjetunion einschränken müssen.

Am 22. März 1941 schreibt Heinrich Vogeler an Martha und seine drei Töchter nach Worpswede: «Liebe Martha, liebe Kinder und Kindeskinder! Ich beantworte Euren langen Brief so spät, da es mir nicht gut ging. Der Moskauer Winter ist immer schwer für mich. Aber alles ist gut jetzt. Außerdem habe ich bald vier Wochen Erholungsurlaub im Süden (ohne Bezahlung). Ich freue mich sehr auf die ruhige Zeit am Schwarzen Meer. In den letzten Jahren arbeitete ich im Kaukasus und in Transkaukasien für das Völkermuseum in Moskau. Äußerst interessante Arbeit bei den verschiedenen Völkern des Südens. Und jetzt habe ich gerade wieder einen großen Auftrag bekommen für die Jubiläumsausstellung im kommenden Jahr. Eine Weinernte im Süden, auf der ich die Arbeit der Frauen und den Reichtum der Weinernte darzustellen habe. Im Monat Mai wird hier eine persönliche Ausstellung meiner Arbeiten vom Verband organisiert. Sie wollen auch vor allem die alten Radierungen ausstellen. Deshalb bitte ich Euch, die Sendung von Radierungen, die Ihr mir senden wolltet, um eine Kollektion zu vergrößern für die Ausstellung. Das Staatsmuseum (nach Puschkin benannt) besitzt zwar fast alle meine Radierungen, aber öffentlich ausgestellt waren sie noch nicht. Vor allem fehlte mir auch die vollständige Kollektion ‹An den Frühling›. Die Blätter ‹Krieg›, ‹Geburt› und ‹Werden› habe ich noch. Dank für alle Eure Grüße. Es macht mich froh, daß Ihr an mich denkt.»

Der sechzehnjährige Jan Vogeler mit seinem Vater in der Moskauer Wohnung im
«Haus der Regierung» am Moskwa-Ufer, gegenüber dem Kreml, 1939.

Am 22. Juni 1941 überfallen deutsche Truppen die UdSSR. Heinrich Vogeler hält sich zu einer Kur im Erholungsheim des Bolschoi-Theaters auf. Kurz zuvor, am 26. Mai 1941, hatte Wilhelm Pieck eine Ausstellung seiner nach 1936 entstandenen Werke eröffnet. Aus der Kur hatte er gerade noch vor Kriegsbeginn an seine Schwiegermutter am 17.6. 1941 geschrieben: «...daß unser Land nicht in diesen irrsinnigen Krieg hineingezogen wird und Jans Anlagen auf andere Weise unserem Lande zu gute kommen – als durch das Kriegshandwerk, wenngleich gerade auch er auf der Erfüllung dieser schweren und großen Pflicht seinen Mann stehen wird.» Bald fallen die ersten Bomben auch auf Moskau. «Genossen! Bürger! Brüder und Schwestern! Kämpfer unserer Armee und Flotte! An euch wende ich mich, meine Freunde!» ruft Stalin die Bevölkerung der Sowjetunion in einer Rundfunkansprache beschwörend auf.

Im August dieses schweren Jahres 1941, Jan Vogeler ist siebzehn Jahre alt, wird der Schüler erst auf die Liste jener jungen Männer gesetzt, die in den kommenden Monaten einberufen werden und ihre Vorkriegsausbildung erhalten sollen. Aber der deutschsprachige «Pole» Jan Vogeler erhält nicht das übliche vormilitärische Training. Ihm wird eine Aufgabe anvertraut, über die zu schweigen er versprechen muß. Der Generalstab der Roten Armee, Hauptabteilung Aufklärung, hat beschlossen, den Siebzehnjährigen als Soldaten der deutschen Wehrmacht ausbilden zu lassen. Der Vater Jan Vogelers, dessen ist man sich im Stab natürlich bewußt, ist zwar ein deutscher Emigrant, aber dieser deutsche Emigrant lebt seit vielen Jahren als Kommunist in Moskau und ist für seine antifaschistische Haltung bekannt. Warum es nach seiner Ausbildung zum Kundschafter dann doch nie zu einem Einsatz gekommen ist, wird Jan Vogeler erst nach dem Krieg von seinem Oberst erfahren. Man hatte im letzten Augenblick an seiner Loyalität der Sowjetunion gegenüber gezweifelt – was verständlich ist angesichts der Behandlung, die seinem Vater widerfahren war, dem nach Kasachstan verbannten parteilosen Emigranten.

Jan Vogeler wird eingezogen – als Soldat der Roten Armee muß er jedoch keinen einzigen Schießbefehl ausführen, da man ihn an der Front als Dolmetscher einsetzt. Daß seine Mutter mit ihren polnischen, russischen und deutschen Sprachkenntnissen bereits ebenfalls im Dienst der Roten Armee als Übersetzerin arbeitet, ahnt Jan Vogeler zu diesem Zeitpunkt nicht. Heinrich Vogeler meldet sich umgehend bei der politischen Hauptverwaltung der Roten Armee und bittet um Einsatz in dem großen Verteidigungskampf, wird aber aufgrund seines Alters abgelehnt. Gemeinsam mit seinen Freunden Erich Weinert, Friedrich Wolf und Gustav von Wangenheim arbeitet Heinrich Vogeler für die propagandistische Abteilung der politischen Hauptverwaltung der Roten Armee, ruft deutsche Soldaten zum Widerstand gegen das faschistische Hitler-Regime auf, hält Reden im Moskauer Radio und entwirft antifaschistische Flugblätter, die über deutschen Stellungen abgeworfen werden. In Deutschland darf die Presse den Namen des bekannten Worpsweder Malers nicht mehr erwähnen. Wie viele deutsche Emigranten wird auch Heinrich Vogeler auf

die «Sonderfahndungsliste UdSSR» des Reichssicherheitshaupt-
amtes, Band I gesetzt. Dort Genannte sind bei Ergreifung sofort
hinzurichten.

September 1941. Der Befehl zur Zwangsverschickung der deutschen Emigranten reißt den fast siebzigjährigen Heinrich Vogeler
jäh aus seinem Kampf gegen das verhaßte Hitler-Regime. Er
nimmt an, daß sein Sohn Jan durch den persönlichen Einsatz einer
Genossin im Kreml von dem Befehl zur Zwangsverschickung befreit ist. Der junge Stalinist, Enkel des Revolutionärs Julian
Marchlewski, wird infolge seiner Herkunft nicht als «unzuverläs-
siger Ausländer» nach Kasachstan abtransportiert. Der Vater ist
erleichtert. «Das war für mich wie ein strahlender Sonnenschein
an einem grauen Herbsttag», wird Heinrich Vogeler sich erinnern.

Auf dem Güterbahnhof in Moskau versuchen am Morgen des
13. September 1941 Tausende von deutschen Emigranten aller Al-
tersstufen, zum Einsteigen aufgefordert von Offizieren und Rot-
armisten, in den bereits mit Kisten und Koffern überladenen Wag-
gons noch einen Platz zu finden. Das Gedränge ist groß. Viele
können nicht einmal sitzen. Jan Vogeler darf sich von seinem Vater verabschieden, er versucht, alle Hebel in Gang zu setzen, um
die Zwangsverschickung in letzter Sekunde doch noch zu verhindern. Aber es gelingt ihm nicht. Der Abschied zwischen Vater
und Sohn ist kurz und nicht leicht. Eine Zeitlang noch läuft Jan
Vogeler im Gewühl der Menschen neben dem ausfahrenden Gü-
terzug her. Was mag den jungen Soldaten in diesem Augenblick
höchster Alarmbereitschaft angesichts des Vormarsches der natio-
nalsozialistischen Truppen bewegt haben? Wäre es ihm gelungen,
seinen Vater von der Zwangsevakuierung zu befreien – wäre dann
die Gefahr nicht groß gewesen, daß man ihn in einem von der
Wehrmacht besetzten Moskau gefaßt und hingerichtet hätte?

Die zehntägige Reise durch den Ural, durch Schneegestöber
und bittere Kälte in die menschenleere Steppe Kasachstans ist sehr
beschwerlich. Heinrich Vogelers Verbannungsort wird das Dorf
Kornejewka, Rayon (Bezirk) Woroschilow im Gebiet Karaganda,
Kasachstan. Gemeinsam mit acht weiteren Personen wird der
siebzigjährige deutsche Künstler in der Lehmhütte des weißrussi-

schen Bauern Lukjanenko untergebracht und muß dafür wie auch für seine Verpflegung 150 Rubel monatlich zahlen.

Inzwischen ist der Kampf um Moskau entbrannt, und seine Rente von 200 Rubel erreicht Heinrich Vogeler nicht mehr. Er muß bei seinen Wirtsleuten Schulden machen. Die Verpflegung wird ihm schließlich verweigert. «Jetzt ging ich betteln bei Evakuierten. In einer der Hütten, die ich aufsuchte, teilte eine Frau ihre Suppe mit mir. Als ich abends noch eine andere Hütte aufsuchte, in der ein altes evakuiertes Ehepaar lebte, bekam ich noch eine Grütze und einen Milchtee. Der Gedanke in den letzten Tagen, wie ein räudiger Hund an den Türen der Hütten zu betteln, hatte mich doch sehr heruntergebracht. (...) daneben richtete sich doch immer die Wirklichkeit auf, daß ich nun zehn Jahre antifaschistische Arbeit gemacht hatte.» Hunger, Kälte, Erschöpfung und ein schmerzendes Blasenleiden schwächen Heinrich Vogeler, aber er will nicht aufgeben. Und während sich der alte Mann auf der Baustelle eines Staudammes meldet, um ein bißchen Geld für ein Stück Extrabrot zu verdienen, Entwürfe für antifaschistische Flugblätter zeichnet, Reden für das Radio zusammenstellt und an seinen Erinnerungen weiterschreibt, besucht Sohn Jan alias Jan Danilow ab Mai 1942 vom frühen Morgen bis zum späten Nachmittag die Schule der Komintern in Kuschnarenkowo, einem von der Außenwelt abgeschnittenen Ort rund 1200 Kilometer von Moskau entfernt, und läßt sich für den illegalen antifaschistischen Kampf in Deutschland ausbilden.

Die Briefe des Vaters aus Kasachstan kommen nicht bei den Freunden in Moskau an. Auch Heinrich Vogeler erreicht kein Brief. Erst im Februar 1942 – die Deutschen sind von der Roten Armee vor Moskau zurückgeschlagen worden – können Freunde auf die Hilferufe des hungernden und hoffnungslosen Heinrich Vogeler reagieren. Von dem Geld, das ihm geschickt wird, bezahlt er seine Schulden. Der geschwächte Körper schmerzt, mit Angst sieht der alte Mann der nächsten Nacht entgegen. Aber: «Dann kommen wieder Momente, wo eine Hoffnung aufblüht, eine Hoffnung, daß ich noch wieder gesund werde, daß ich Jan noch einmal sehe und Sonja und Bronka. Momente, wo ich glaube, daß ich meine große Arbeit, die Erzählung vom ‹Werden› noch fertig

Jan Vogeler, emeritierter Professor für Philosophie an der Lomonossow-Universität, in seinem Moskauer Arbeitszimmer, November 1991.

machen kann und daß ich noch erlebe, wie unser sowjetisches Vaterland vom Faschismus befreit wird und die ganze fortschrittliche Welt die sadistischen Parasiten bis zum letzten Mann vernichtet.»

Heinrich Vogeler stirbt am 14. Juni 1942 im Krankenhaus des Kolchos Budjonny, rund 20 Kilometer entfernt vom Dorf Kornejewka bei Karaganda in der kasachischen Steppe. Dort, im Gebiet von Karaganda, befindet sich auch das Grab des Worpsweders. «Vogeler. Maler und Kommunist» lautet die Inschrift. In den Besitz des Totenscheins wird der Sohn erst aufgrund eines von ihm angeregten Gerichtsbeschlusses 1989 kommen.

Der qualvolle Tod des Vaters im Verbannungslager erschüttert den Glauben seines stalinistisch geprägten Sohnes Jan an das System nur kurzfristig. Durch und durch fühlt sich der junge Pionier und Komsomolze als Sowjetmensch. «Das gesamte Sowjetvolk ist fest und einheitlich wie noch nie», titeln die Moskauer Tageszeitungen. «Unter der Führung des großen Stalin wird das Sowjetvolk den hinterhältigen Feind zerschmettern. Mit dem Namen Stalin haben wir gesiegt, mit dem Namen Stalin werden wir siegen.» Der Name Stalin steht auch für Jan Vogeler vor allem für den Kampf gegen Hitler-Deutschland.

Erst nach dem Krieg beginnt Jan Vogeler, immer wieder angeregt durch seine Mutter Sonja Marchlewska, die nach Stalins Tod 1953 umgehend nach Warschau zurückkehren wird, ernste Zweifel am stalinistischen System zu hegen. Aber stärker als diese Zweifel und die alltäglich empfundene Unsicherheit und Angst sind sein Glaube an Rußland als das Land der Zukunft und seine Hoffnung auf die Verwirklichung des neuen Menschen. 1945 wird Jan Vogeler Mitglied der Kommunistischen Partei. Er holt sein Abitur nach und studiert ab 1947 Philosophie an der Lomonossow-Universität in Moskau. Zu seinen Studienkollegen gehören Lew Karpinski, der spätere Chefredakteur von *Moscow News*, und Raissa Titarenko, die zukünftige Frau Michail Gorbatschows. In der Universitätsbibliothek wird der Philosophiestudent Jan Vogeler dank der Vermittlung seines Doktorvaters Teodor Iljitsch Oiserman Zugang zu dem berüchtigten «Giftschrank» gewährt, in dem die Werke solcher «Konterrevolutionäre» wie Trotzki stehen, wo Hitlers Reden zu finden sind oder Bücher von Nietzsche. Die Literatur dieses «Giftschranks» darf nur von jenen Studenten eingesehen werden, die sie für ihre wissenschaftliche Arbeit benötigen. Professor Oiserman macht den fließend Deutsch sprechenden Jan Vogeler auf Martin Heidegger aufmerksam, für den man sich an den sowjetischen Universitäten zunehmend zu interessieren beginnt. Heideggers *Sein und Zeit* wird zur wichtigsten Lektüre des jungen Studenten. Das Thema der Doktorarbeit bestimmt, so ist es an der Moskauer Universität üblich, der Doktorvater. 1956 promoviert Jan Vogeler auf Wunsch von Professor Oiserman über Martin Heidegger. Seine Arbeit wird veröffentlicht und macht ihn bekannt. Es ist die erste Schrift, die in Moskau über den deutschen Existentialphilosophen erscheint. 1966 wird Jan Vogeler eine Arbeit über die «Sozialphilosophie der Frankfurter Schule von Horkheimer bis Marcuse» schreiben, ein Thema, auf das seine Studenten nicht zuletzt deshalb mit besonders großer Neugier reagieren, weil ihnen der überwiegend größte Teil des Materials unzugänglich ist: Sowohl die Werke von Marcuse als auch die von Adorno, Horkheimer und Habermas sind hinter der schweren Tür des «Giftschranks» verschlossen.

Häufig wird die kleine Studierstube Jan Vogelers in der elterlichen Wohnung im «Haus der Regierung» an der Moskwa zum Treffpunkt des Professors mit seinen Studenten. Dort steht in den überfüllten Bücherregalen neben der vielen russischen Literatur auch westliche Lektüre. – Die Diskussionen dauern oft die ganze Nacht. Jan Vogeler muß sich kritischen Fragen stellen. Das ist manchmal hart. Aber er mag das Gespräch mit den jungen Menschen, die zunehmend aufgeschlossener, selbstbewußter werden. In diese junge Generation Rußlands setzt er seine Hoffnung.

Neben seiner Lehrtätigkeit als Professor für Philosophiegeschichte an der Lomonossow-Universität unternimmt Jan Vogeler zahlreiche Dienstreisen in das deutschsprachige Ausland: Von 1957 bis 1960 ist er Gastdozent für Philosophiegeschichte an der Universität Leipzig, wo er «Geschichte der marxistischen Philosophie» lehrt. 1973 wird er vom Rektor der Wiener Universität, Monsignore Alexander Dosdet, und Kardinal König zu einer Gastprofessur an die katholisch-theologische Fakultät nach Wien eingeladen. Als 1968 die DKP zu ihrem 1. Parteitag in Essen zusammentritt, begleitet Jan Vogeler die Delegation der russischen Kommunisten als Übersetzer.

Die Rede Nikita Chruschtschows gegen Stalin und den Stalinismus anläßlich des 20. Parteitags der KPdSU in Moskau 1956, die das Parteimitglied Jan Vogeler für ausländische Gäste wie Walter Ulbricht und Max Reimann simultan übersetzen mußte, ist letztlich der Auslöser gewesen für den Beginn einer kritischen Auseinandersetzung mit dem System, dem nicht nur sein Vater zum Opfer gefallen war, sondern Millionen von Menschen. Die Schrecken des Stalinismus haben auch Jan Vogelers russische Frau Soja gezeichnet. Ihr Vater wurde 1937 erschossen, ihren ersten Mann, ebenfalls ein Deutscher, brachte man 1940 um.

Jan Vogeler, bis zum Putsch 1991 Mitglied der KPdSU, hat einen langen, schweren Prozeß des Umdenkens hinter sich. Gemeinsam mit Männern wie Falin und Fedossow, Karpinski und Papzow gehört er zu jenen, die geholfen haben, der Perestroika Gorbatschows den Weg zu ebnen.

Jan Vogeler ist Optimist. Es gibt so viel zu tun, sagt er. Seit seiner Emeritierung 1990 beschäftigt er sich mit der deutschen politischen und soziologischen Literatur, studiert die Geschichte der deutschen Sozialdemokratie und den Einfluß der deutschen Gewerkschaftsbewegung. 1991 war er Gast auf dem Bremer Bundesparteitag der Sozialdemokraten. Seine Hauptaufgabe sieht Jan Vogeler darin, zwischen Rußland und der Bundesrepublik zu vermitteln, für Erfahrungsaustausch zu sorgen. Als «V. d. V.» bezeichnet er sich selbst, «Vogeler der Vermittler».

Jetzt, mit dreiundsiebzig Jahren, möchte der gebürtige Russe wieder Deutscher werden und zurückkehren in das Land seiner Väter. Der Antrag auf Wiedereinbürgerung liegt den Behörden vor.

Ordnung und spätes Glück

KARL UND KARLHEINZ BÖHM

von Thierry Chervel

I

Es muß in diesem Hause viel geschwiegen worden sein. Allein die Zeit mochte man vergehen hören, ein ständiges Ticken, denn Karl Böhm, so heißt es, sammelte Uhren. Er war als Mensch und Dirigent ein Meister der Kontinuität. «Ist es nicht erstaunlich, daß er in seinem ganzen Leben die Tempi fast nicht gewechselt hat?» fragte August Everding in einer Laudatio auf den alten Böhm. Und das Schweigen war eine Voraussetzung der Kontinuität.

Das stille Haus stand in Dresden in der Angelikastraße nahe dem Waldschlößchen. Neun Jahre leitete Karl Böhm die Sächsische Staatsoper. Dresden wurde ihm zur Ausgangsbasis für den kontinuierlichen Aufstieg. Bis hierhin reichen auch die frühesten Erinnerungen seines einzigen Kindes Karlheinz zurück, nicht sehr weit also, denn 1934, als er mit seinen Eltern nach Dresden kam, war Karlheinz Böhm immerhin schon sechs Jahre alt. Selbst hier bleiben viele Gedächtnislücken. In *Mein Weg*, seinen Memoiren, spricht er von «schwarzen Löchern»: «Vielleicht entstehen ja gewisse Verdrängungsmechanismen, weil man etwas gar nicht so genau wissen will, weil man Angst hat, sich emotional irgendwie festzulegen. Ich bin fest überzeugt, daß ich Teile meiner Kindheit und Jugend verdrängt habe...»

Die Erinnerungen aber, die Karlheinz Böhm übrigbehalten hat, sind beklemmend wie ein Bergman-Film.

Das Schweigen: Wenn der Vater zu Hause war, «durfte keiner

Karlheinz Böhm als Neunjähriger mit seinen Eltern in Dresden, 1937. Die Mutter Thea Linhard-Böhm hatte ihre vielversprechende Gesangskarriere Karl Böhm zuliebe aufgegeben.

einen Ton von sich geben. Es mußte Totenstille herrschen. Es durfte nicht gespielt werden, ich durfte nicht Klavier üben. Weil er seine totale Ruhe haben mußte, wenn er von der Oper nach Hause kam, was ich natürlich voll verstehen kann. Er brauchte seine Konzentrationskraft. (...) Jedenfalls war eine Störung am Nachmittag, wenn er zum Beispiel Partituren auswendig lernte, undenkbar. Obwohl ich nie geschlagen wurde, war mir doch die Angst so eingehämmert, daß ich es gar nicht gewagt hätte, ihn zu stören.»

Eine andere Erinnerung ist der Gleichschritt bei den Pimpfen: Immer mittwochs mußte der Zehnjährige antreten. Er täuschte Krankheiten vor, «weil ich der Masse schon als Kind mißtrauisch gegenüberstand». Aber seine Eltern duldeten nicht, daß er sich entzog. Einmal mußte er mit all diesen laut singenden Knaben in der Angelikastraße vorbeimarschieren. Seine Mutter erblickte ihn vom Fenster aus: «Ganz am Schluß des Zuges sah sie einen Knaben mit gesenktem Kopf, der marschierte offenbar bewußt gegen den

Tritt. Dieser Knabe war ich. Und auf meine Fußspitzen schaute ich, weil ich mich dafür, daß ich mitmarschieren mußte, schämte.»

Oder die Fürsorge der Pauline Strauss, der Gattin des berühmten Komponisten: Die Szene spielt in Garmisch-Partenkirchen, wo seine Eltern und er das hohe Paar besuchten. Pauline Strauss lud ihn zu einer Bergwanderung ein. Der Junge trug eine Sonnenbrille wegen seiner empfindlichen Augen. Pauline Strauss fand das überkandidelt: «‹Was brauchst du aa Sonnenbrill, a Bua wie du braucht doch kaa Sonnenbruilln!› Und wuff, riß sie mir die Brille vom Gesicht.» Wenig später griff sie nach seinem Alpenstock: «‹Du bist doch koa alter Mann, was brauchst da an Stock!› Wusch, war der Stock weg.» Wen wundert es, daß ihm «das Haus Strauss eher negativ in Erinnerung geblieben» ist?

Schließlich die Knappertsbusch-Episode, «eine der tiefsten Erniedrigungen meiner Kindheit»: 1938 durfte der Vater zum erstenmal bei den Salzburger Festspielen dirigieren, den *Don Giovanni*. Hans Knappertsbusch gab den *Rosenkavalier* von Richard Strauss. Darauf war der Vater eifersüchtig. Der Junge besuchte in der Pause eine Sängerin in der Garderobe und erzählte ihr als eigene Meinung, was er gerade vom Vater gehört hatte: Der Knappertsbusch schleppe ja, unmögliche Tempi seien das, das klinge wie Wagner. Die Sängerin ging damit zu Knappertsbusch, der darauf zornentbrannt den Vater anrief. Der Vater, ebenso zornig, schickte den Sohn zu Knappertsbusch, um sich zu entschuldigen. «Das Demütigende war, daß ich mich für etwas entschuldigen mußte, von dem ich tatsächlich geglaubt hatte, daß es die Wahrheit war.» Schließlich hatte er's aus Vatermund.

Nein, es war keine schöne Kindheit: die scheußlichen Ekzeme an den Händen, die Einsamkeit, die autoritären Kindermädchen, die Mutter, die «vollkommen, wie eigentlich ihr ganzes Leben lang, auf meinen Vater fixiert war». Glücklich war er nur bei der Großmutter mütterlicherseits, die ihn in Kufstein die Liebe zur Natur lehrte. Zwischen Großmutter und Mutter herrschte allerdings Haß.

Aber an Zärtlichkeiten, schreibt Karlheinz Böhm, habe es ihm in der Kindheit nicht gefehlt. Wenn er zu Hause sprechen durfte, rannte er mit dem Befehl «Brille ab – Schmusen» zum Vater. Dann nahm der große Dirigent die Brille ab und küßte das Kind. «Wenn er da war, war da schon eine liebevolle Beziehung», erzählt mir Karlheinz Böhm im persönlichen Gespräch, «aber er war ja nie da!» Während die Mutter «immer für den Vater da war. Sie hat sich voll auf ihn konzentriert in jeder freien Minute, die er hatte.» Die beiden hatten sich Anfang der zwanziger Jahre unter Bruno Walter in München kennengelernt, die Mutter, Thea Linhard-Böhm, hatte für den Vater eine vielversprechende Sängerinnenkarriere aufgegeben. Der Vater dankte ihr den Selbstverzicht, indem er «nur sie wirklich einschloß in die Absolutheit seiner Liebe zur Musik».

Karl Böhm war ehrgeizig bis zur Selbstüberschätzung. Sein Sohn erinnert sich, daß er bei Gesprächen im Familienkreis nur Wilhelm Furtwängler und Bruno Walter als gleichrangige Dirigenten anerkannte. Walter hatte ihn nach den bescheidenen Anfängen in seiner Geburtsstadt Graz als Kapellmeister nach München geholt und ihm Mozart nahegebracht. 1927 wurde er mit 33 Jahren als Generalmusikdirektor nach Darmstadt berufen, wo er mit Rudolf Bing und Carl Ebert zusammenarbeitete. 1931 war ein Engagement nach Hamburg gefolgt und 1934, wie gesagt, der große Karrierestart in Dresden.

Der Sohn bemühte sich redlich um Aufnahme in die elterliche Umarmung und also in die erhabene Welt der Musik: Er lernte Klavier. Die Aufnahmebedingungen waren ihm vom Vater unmißverständlich dargelegt worden: «Entweder du wirst Top, oder du wirst es lieber überhaupt nicht.» Doch der Sohn entwickelte Talent. Nur eine seltsame Hemmung machte ihm zu schaffen: Er kopierte die Klavierlehrer nach Gehör. Etwas war blockiert in ihm, wenn er sich mit dem konfrontieren sollte, wofür ihn der Vater zum Schweigen verdonnerte, sobald er selbst sich damit befaßte: dem stummen Lesen des abstrakten Notenbilds, das doch Voraussetzung für eine eigenständige Interpretation klassischer Musik war.

Als Vierzehnjähriger spielte Karlheinz Böhm dem «lieben Gott des Klaviers», Wilhelm Backhaus, einen Satz aus Beethovens Fünftem Klavierkonzert vor. Die Frage war, ob er wirklich das Zeug hätte, «Top» zu werden. «Na ja, für'n Sohn vom Böhm», lautete Backhaus' Antwort, «isses vielleicht 'n bißchen wenig, nich?»

Böhm schreibt: «Das war für mich das ‹Todesurteil› als Musiker. Ein Todesurteil, das mir gleichzeitig den Weg für jede spätere Entwicklung versagt hat.» Da er seinen Vater, wie dieser sich selbst, für den größten Dirigenten hielt, konnte er auch keine Chefkarriere anstreben. Die Konkurrenz war zu hart.

Die Szene mit Backhaus spielte bereits in der Schweiz. In väterlicher Fürsorge hatte Karl Böhm seinen Sohn 1939, als er den Krieg herannahen spürte, mit gefälschten Tbc-Attesten in ein Internat geschickt. Denn zumindest im engsten Familienkreis war er Antimilitarist. Er selbst hatte sich im Ersten Weltkrieg nach Schwejkscher Manier durchgeschlagen, und auch sein Sohn sollte nicht als Kanonenfutter dienen. Dafür war er bereit, hohe Internatsgebühren zu entrichten. Tatsächlich wurde Karlheinz Böhm noch in den letzten Kriegswochen in der deutschen Botschaft in Bern gemustert. Durch eine Felix-Krull-artige Vorstellung konnte er sich entziehen.

Die Maßnahme des Vaters mag ihm das Leben gerettet haben – 1939 aber, als Elfjährigen, konnte sie ihn kaum beglücken. Sie bedeutete die nunmehr offizielle Instituierung der elterlichen Distanz. So bitter muß er sie empfunden haben, daß er noch 1991, in seinen Memoiren, körperlicher Nähe in jeglicher Form den Vorzug gab: «Ich erinnere mich nicht daran, je eine gesunde Tracht Prügel gekriegt zu haben, was ja bei einem Kind durchaus etwas Positives sein kann. Die einzigen Strafen in meinem Elternhaus waren die der Mißachtung und des Liebesentzugs.»

Prügel bezog er dann im Internat von Zuoz, das ihm ein «äußerst schmerzhaftes Ende der Kindheit» bereitete. Er verdiente sie sich dadurch, daß er Mitschüler bei Lehrern verpetzte, wie er beschämt, aber ehrlich gesteht. Wenn andere taten, was man nicht tut, «wie man es mir zu Hause beigebracht hatte», dann versuchte er sich «bei demjenigen, der die Ordnung repräsentierte ... Rückhalt zu verschaffen».

Diese Neigung zum Ausplaudern von «Wahrheit» im Namen oder Angesicht des Vaters sollte Jahrzehnte danach zu einer Wende in der Vater-Sohn-Beziehung führen: Durch sie begründete sich die späte Freundschaft zwischen Karl und Karlheinz Böhm. Der Preis war die Mutter.

Diese Szene spielt 1964. Karlheinz Böhm besuchte seinen Vater in Bayreuth. Er selbst ging gerade durch ein Karrieretief, sein Vater startete seine «Greisenkarriere» als internationaler Gast- und Schallplattendirigent. Aber trotz des Erfolgs seiner berühmten «Tristan»-Aufführung fand der Sohn Karl Böhm in tiefer Niedergeschlagenheit vor: Er hatte mit seinen siebzig Jahren ein Verhältnis mit einer anderen Frau gehabt, Thea Böhm war ihm auf die Schliche gekommen, sie machte ihm entsetzliche Szenen. Es war das erste Mal, daß er sich seinem Sohn anvertraute. Karlheinz Böhm, tief gerührt über die plötzliche Selbstentblößung der sonst so schweigend monumentenhaften Autorität – «wir kannten uns eigentlich kaum» –, platzte mit dem heraus, was ihm seine Mutter einst anvertraute: daß auch sie Verhältnisse gehabt hatte.

«Meine Mutter hat mir mein Verhalten verständlicherweise bitter übelgenommen. In ihren Augen war es ein Vertrauensbruch, den sie mir bis zu ihrem Tod nicht verziehen hat.» Zwischen Vater und Sohn aber herrschte seit diesem Tage inniges Einverständnis. Nun konnten sie reden, zum Beispiel über die Rolle Karl Böhms in der Nazizeit.

II

Karlheinz Böhm bedauert heute, daß sich sein Vater ihm nicht früher öffnete. Die Frage seines Verhaltens unter den Nazis muß den Sohn gequält haben, besonders in seiner Hollywood-Zeit, Anfang der sechziger Jahre, als er viel mit Emigranten zu tun hatte. Er glaubt, er hätte seinem Vater helfen können, sich in Gesprächen mit seiner Vergangenheit auseinanderzusetzen. Wenn da eine Vertrauensbasis gewesen wäre! So hat sein Vater nur verstört reagiert, wenn er ihn fragte, warum er nicht emigriert sei. «Da war er ziemlich hilflos», sagt mir Karlheinz Böhm im Interview, «er hat mir mal erzählt, daß er ein Angebot nach Australien hatte, und dann hat ihn die Parteizentrale wissen lassen: Wenn er das Land verläßt, dann werden restriktive Maßnahmen mit der Familie ergriffen. Das heißt, man hat ganz praktisch gedroht, daß seine Familie in

Graz ins KZ kommt. Also offensichtlich muß er den Versuch gemacht haben.» Der dann wohl in die Kriegszeit fiele. Bis 1938 war er ja als Österreicher in Dresden ohnehin Ausländer. Karl Böhm selbst erzählt in seinen Memoiren *Ich erinnere mich ganz genau* eine ähnliche Geschichte, die er allerdings erst auf das Jahr 1944 datiert. Er habe von Wien aus, wo er seit einem Jahr die Staatsoper leitete, in die Schweiz gehen wollen – um vor den Russen zu fliehen.

Heute urteilt Karlheinz Böhm recht milde in dieser Frage. «Es war absurd, meinen Vater als Nazi zu verdächtigen», sagt er in seinen Memoiren über die Zeit der Entnazifizierung, und an anderer Stelle: «Zwar war er in den ersten Jahren des Dritten Reichs bis zu einem gewissen Grad von dem Umwandlungsprozeß beeindruckt, da er das soziale Elend der zwanziger Jahre miterlebt hatte. Doch er ging dann sehr schnell auf Distanz, wie er mir in späteren Gesprächen immer wieder versicherte.» Im Interview setzt er hinzu, daß er es «sich heute nicht mehr zutrauen würde, Menschen wie ihn in seinem Beruf zu verurteilen, selbst wenn es nicht mein Vater wäre». Er unterstreicht, daß sein Vater «1894 geboren wurde, in einer Zeit, wo die Kunst absolut unpolitisch war». Er habe den Begriff Demokratie gar nicht verstanden, «weil er in einer ganz anderen Welt aufgewachsen war. Da war zuerst die Feudaldiktatur des Kaisers, und dann kam nach einer kurzen Interimszeit sofort der Hitler. Er hat ja nichts anderes gekannt!» Und schließlich «war er ja in der Nazi-Diktatur weder involviert, noch hat er tatsächlich Anteil genommen». Allerdings erinnert sich Karlheinz Böhm auch daran, daß sein Vater Dokumente verschwinden ließ: «Ich weiß, daß eine Menge von den Sachen, die unter Umständen hätten gefährlich sein können, nach dem Krieg oder vor dem Krieg von ihm vernichtet wurden.»

War Karl Böhm ein Nazi? Stellt sich diese Frage überhaupt noch?

Fest steht, daß sich die öffentliche Meinung nach seinem Tode tief gewandelt oder überhaupt erst herausgetraut hat. Nicht einmal die *Frankfurter Allgemeine Zeitung*, die so etwas zu seinen Lebzeiten kaum gewagt hätte, scheut sich heute mehr, Böhm bei diesem Namen zu nennen: Sie titulierte ihn am 2. Mai 1995 als «ziemlich ekelhaften Nazi». Die Zürcher *Weltwoche* spricht von Böhm als «begeistertem Nazi», die *Frankfurter Rundschau* nennt ihn «Karl Böhm 100%», und Norman Lebrecht behauptet in seinem Buch *Der Mythos vom Maestro*: «Sein Herz gehörte den braunen Schlägern.» All diese Autoren beziehen ihre Informationen aus Fred K. Priebergs *Musik im NS-Staat*, dem ersten umfassenden Buch zum Thema. Dieses reich dokumentierte Werk eines akademischen Außenseiters erschien 1982, also kurz nach Böhms Tod. Die universitäre Musikwissenschaft, in der Nazizeit selbst tief verstrickt, hatte es bis dahin noch nicht geschafft, Entsprechendes vorzulegen. *Musik im NS-Staat* baut auf die Pioniertat eines anderen Außenseiters auf – Joseph Wulfs *Musik im Dritten Reich* von 1963.

Prieberg zeichnet ein genaueres Bild von Böhm und ähnlichen Gestalten als die zitierten Autoren. Danach muß man die Frage, ob er Nazi war, mit nein beantworten: Böhm war nie Parteimitglied. Als Österreicher hätte er im entscheidenden Moment seiner Karriere der Partei kaum beitreten können, weil sie in seiner Heimat kurz nach der Machtübernahme verboten worden war. Karajan hingegen, ebenfalls Österreicher, hatte sich noch vor diesem Zeitpunkt aufnehmen lassen.

Böhm gehörte eher zu den Künstlern, die mit den Nazis Kontrakte schlossen, ob sie nun an sie glaubten oder nicht. Prieberg zerstört die in Musikerkreisen zäh fortlebende Legende, ein Künstler habe sich «unpolitisch» verhalten können. Wie alle Künstler, die unter den Nazis groß wurden, erzählt auch Böhm sie in seinen Memoiren weiter, und die bundesrepublikanische Nachkriegsgesellschaft nahm sie ihm dankbar ab. Ihn mag die große Politik kaltgelassen haben, aber er war bereit, einen politischen Preis für seine Karriere zu bezahlen. Das war Teil des Kontrakts. Anders als Karajan wurde ihm sein Verhalten später kaum übelgenommen. Er stahl sich mit einer gewissen Unauffälligkeit durch die Geschichte. Stets bewährten sich seine beiden besten Eigenschaften: sein Schweigen und sein «natürliches Tempogefühl».

Selbstverständlich war Böhms Entscheidung für Dresden, wo er an die Stelle des vertriebenen Fritz Busch trat, ein politischer Akt, und selbstverständlich wurde die Bereitschaft, derartige Vakanzen anzutreten, sowohl von den Nazis als auch von ihren Gegnern politisch interpretiert. Thomas Mann notierte am 21. März 1933 bei ähnlicher Gelegenheit in seinem Tagebuch: «Unwille, daß Strauss das Bruno Walter entzogene Konzert übernommen hat. Furtwängler dirigiert die von der ‹Regierung› für den heutigen Jubeltag angeordneten ‹Meistersinger›. Lakaien.»

Fritz Busch, der sich in seinen Memoiren *Aus dem Leben eines Musikers* übrigens ebenfalls als «unpolitischen» Künstler bezeichnet, hatte doch *Mein Kampf* gelesen und seine Meinung darüber offen bekannt. Das reichte. Am 7. März 1933 entfesselten die Dresdner Nazis in der Sächsischen Staatsoper ein Pfeif- und Buhkonzert, und der Schauspieler Alexis Posse, «der auf der Bühne Chargen und in der Partei eine große Rolle spielte» (Busch), erklärte den Generalmusikdirektor für abgesetzt, trotz seines Vertrags auf Lebenszeit. Busch habe, obwohl Arier, zu viele jüdische Musiker und Sänger beschäftigt. Sein Intendant Alfred Reucker wurde gleich mitgeschaßt.

Hitler war die Geschichte übrigens peinlich. Er hätte seinen Mob gerne zurückgepfiffen, konnte die revolutionäre Begeisterung aber nicht mehr bremsen. Es war ja noch die Frühzeit seiner Herrschaft. Bei den Wahlen vom 5. März hatten die Nazis nicht einmal die absolute Mehrheit bekommen. Sie brauchten die Künstler und andere repräsentative Figuren – gerade die Nicht-Nazis –, um sich zu legitimieren, und waren deshalb auf eine gewisse Wohlerzogenheit bedacht. Noch wußten sie nicht, wie leicht ihnen ein Richard Strauss als Präsident der Reichsmusikkammer oder ein Gerhart Hauptmann als Akademievorstand zufallen würden. Fritz Busch entschloß sich nach einigem Hin und Her zur Emigration und berichtet in seinen Memoiren über ein ungeheures Gefühl der Befreiung.

Während des Skandals hatte sich ein neues Führungstrio an der Dresdner Oper etabliert: Der Schauspieler Alexis Posse, der zweite Souffleur Arthur Börner und der Theaterfriseur Franz Heger bildeten nunmehr das Leitungsgremium des Hauses. Zu ihnen gesellte sich Geheimrat Frank Adolph, der als erste Amtshandlung eine Unterschriftenliste gegen Fritz Busch kursieren ließ. Nur drei Sängerinnen und ein Sänger, Erna Berger, Martha Fuchs, Camilla Kallab und Max Lorenz, wagten es, sie nicht zu unterzeichnen.

An dieses Opernhaus also eilte Karl Böhm und komplettierte das Team. Während Busch seine Töchter und die zweitausend Reichsmark, die er insgesamt retten konnte, in die Schweiz brachte, im Mai 1933, dirigierte Böhm in Dresden bereits einen *Tristan* und erhielt das Angebot seines Lebens. Er sagte sofort zu: «Ich ging nach Hamburg zurück und bat, mich vorzeitig freizugeben.» Am 7. Januar 1934 trat er sein neues Amt an. Prieberg zitiert einen zeitgenössischen Bericht aus der Zeitschrift *Der Führer* von 1936, der auch den politischen Charakter dieser Stellenbesetzung noch einmal hervorhebt: «Auf persönliches Eingreifen unseres Führers gibt Hamburg diesen hochbegabten Mann frei, der in Dresden an führender Stelle die Leitung des Musiklebens übernehmen soll.» Was in diesen Köpfen wohl vorgehe, fragt Thomas Mann in seinem Tagebuch aus dieser Zeit immer wieder. Nun, Böhm gelangte 1934 zu einer Lebensmaxime, die er in seinen Memoiren zwar nicht direkt auf Dresden bezieht, aber doch auf die erste Begegnung mit Richard Strauss, die 1934 in Dresden stattfand: nämlich «daß ich fest daran glaube, daß Menschen, die etwas auszusagen haben, meist oder fast immer auch das Glück haben, im richtigen Moment die richtige Förderung zu erfahren».

Dresden – das war ja auch was! Als gleichrangige Häuser konnten nur München und Berlin gelten, darüber stand nur Wien, das sich aber vorläufig noch außerhalb Deutschlands befand. In Dresden erbte Böhm vor allem die Freundschaft mit Richard Strauss, denn der Komponist pflegte seine Sympathien automatisch dem jeweiligen Chef der Sächsischen Staatsoper zuzuwenden. Dresden war nun mal seit eh und je der Uraufführungsort seiner Opern. Strauss hatte das Böhms Vorgänger auch gleich klargemacht. Seine jüngste Oper, *Arabella*, war Busch und Reucker gewidmet. Im Februar hatte er die beiden noch zu Vorbesprechungen getroffen, und nach ihrer Absetzung versprach er ihnen, das Werk nur unter ihrer Leitung herauszubringen. Die Uraufführung fand dann im Juni 1933 unter Clemens Krauss statt – in Dresden. Böhm hatte Glück: Alle folgenden Strauss-Uraufführungen durfte er dirigieren. 1938 widmete ihm Strauss die *Daphne*. Der Komponist starb 1949, und Fritz Busch, obwohl er nur vier Jahre älter war als Böhm, 1951. So ging Böhm als Strauss' Sachwalter in die Geschichte ein, als der letzte Vertraute, der letzte Dirigent, den noch der Atem des Genies angeweht hatte, und als Empfänger seines Testaments.

Böhm bezeichnet seine Zeit in Dresden als seine «künstlerisch fruchtbarste». Er betont, daß er «jetzt voll verantwortlich sowohl für den Spielplan wie auch für das Sänger-Personal» war und über ein «wirklich internationales Sängerensemble» verfügte. Sein konzentrierter Ensemblebetrieb profitierte von der Tatsache, daß die Musiker damals nur wenig reisen konnten. Insgesamt dirigierte er 689 Vorstellungen, die Abonnementskonzerte mit der Staatskapelle nicht gerechnet. Es war mit neun Jahren sein längstes Engagement, und er überstand sogar die berühmte Affäre um Strauss' *Schweigsame Frau*. Das war 1935. Strauss bestand darauf, daß der Name seines jüdischen Librettisten – Stefan Zweig! – auf dem Plakat genannt werde. Die Nazis waren empört und fingen einen Brief Strauss' an Zweig ab, in dem er sich «mit der köstlichen Naivität eines großen Genies», so Böhm, politisch unmöglich machte. Ihm, Strauss, sei es egal, ob sein Publikum «aus Chinesen, Oberbayern, Neuseeländern oder Berlinern besteht, wenn die Leute nur den vollen Kassenpreis gezahlt haben», sagt er in diesem Brief. Nebenbei erklärt er, daß er 1933 das Konzert des «schmierigen Lauselumpen Bruno Walter» nur «dem Orchester zu Liebe» dirigiert habe – tatsächlich hatte er sein Honorar dem Orchester zur Verfügung gestellt – und daß er den Vorsitz der Reichsmusikkammer nur angenommen habe, um «größeres Unglück zu verhüten».

Diesen Posten mußte Strauss nun räumen. Auch der Dresdner Intendant Frank Adolph wurde aus diesem Anlaß geschaßt – er hatte eine jüdische Frau. Die Uraufführung der *Schweigsamen Frau* fand dennoch statt, wurde aber von den Nazis boykottiert. Nach der vierten Vorstellung setzte man die Oper ab. Als einziger Regierungsvertreter, erzählt Böhm, wohnte Ernst Hanfstaengl der Uraufführung bei, der an diesem Abend eine mutige Rede hielt und bald darauf emigrierte. Über seine eigene Rolle schweigt Böhm in seinen Memoiren.

Den politischen Preis für sein Dresdner Künstlerglück entrichtete Karl Böhm in Form von Ergebenheitsadressen. Im Vorfeld der Wahl vom 29. März 1936 schrieb Böhm in der Zeitschrift *Die Musikwoche*: «Die Neugliederung und straffe Zusammenfassung aller Stände und Berufsgruppen, die seit der Machtergreifung Adolf Hitlers durchgeführt worden ist, hat sich für den kulturellen Wiederanstieg Deutschlands als äußerst segensreich erwiesen. Man darf getrost behaupten, daß die Krise, in der sich das musikalische Schaffen in Deutschland und die deutsche Kunst überhaupt befand, durch die umsichtige Fürsorge und das tiefe Verständnis des Führers für künstlerische Fragen... gebannt ist.» Ferner lobte er, daß «vielen erwerbslosen Musikern neue Arbeitsmöglichkeiten gegeben worden sind».

Zum «Anschluß» Österreichs von 1938 erklärte Böhm: «Wer dieser Tat unseres Führers nicht mit einem hundertprozentigen Ja zustimmt, verdient nicht, den Ehrennamen Deutscher zu tragen.» Dafür durfte er bei den Salzburger Festspielen dirigieren, wo ja neue Vakanzen entstanden. 1943 bekam er dann die Wiener Staatsoper, allerdings nur ein Jahr lang, in dem er berühmte Mozart-Produktionen dirigierte, darauf folgte die Theatersperre. Mit der Wiener Staatsoper hatte er auch das berühmteste Orchester der Welt, die Wiener Philharmoniker, damals unter ihrem Orchestervorstand SS-Unterscharführer Wilhelm Jerger. Ob es ihn störte, daß die Wiener Philharmoniker zu vierzig Prozent Parteimitglieder waren? Machte er sich Sorgen um ihren ehemaligen Konzertmeister Arnold Rosé, der 1938 «seinem Schicksal überlassen wurde», wie Norman Lebrecht schreibt, und den Böhm doch sicher kannte? War er bestürzt, als er erfuhr, daß sechs ehemalige Orchestermitglieder in Auschwitz vergast worden waren? Und was war in Dresden? Waren die jüdischen Musiker schon entlassen, als er sein Amt antrat? Hatte er noch in Hamburg mit dem «Gesetz zum Schutz des Berufsbeamtentums» zu tun, das im April 1933 die jüdischen Musiker aus deutschen Orchestern und Opern ausschloß?

Ich erinnere mich ganz genau heißen Karl Böhms Memoiren – «Aber ich sag's bestimmt nicht weiter», ergänzt der Leser. Das Buch ist ein Monument des Schweigens. Wie fühlte sich Böhm, als sein Mentor Bruno Walter, der ihm die große Chance in München gab, verjagt wurde? Machte es ihm etwas aus, daß er Bergs *Wozzeck*, um den er sich 1928 als GMD in Darmstadt solche Verdienste erworben hatte, unter den Nazis nicht aufführen konnte? Karl Böhm antwortet nicht.

Einmal gibt er in seinen Memoiren allerdings zu, daß er kein Held gewesen sei. Gewiß – man vergißt heute allzu leicht, daß die

Naziherrschaft eine Herrschaft der Angst war. Aber auch später brillierte Böhm nicht durch Mut. Fast unverzeihlicher als sein Engagement für die Kulturpolitik der Nazis ist die Mischung aus Selbstzufriedenheit und Larmoyanz, die Böhm – wie so viele aus seiner Generation – nach dem Krieg verbreitete. Noch in einem *Zeit*-Interview von 1978 beklagte er sich, daß die Emigranten «es ja eigentlich besser hatten als ich. Sie hatten keine Bombenangriffe zu überstehen.» Wie hätte er emigrieren sollen, fragte er schon in seinen Memoiren. Er mußte eine Familie ernähren, «und ich hatte damals leider kein Angebot von der Met».

Wie mag sich da der Schriftsteller und Kritiker Hans Weigel gefühlt haben, der die Memoiren 1968 für Böhm aufgezeichnet hat? Weigel war Jude und hatte die Nazizeit im Exil überlebt. Ob ihm Böhms Schweigen peinlich war? Nachfragen hat er nicht gestellt. Weigel scheint ein Spezialist für heikle Fälle gewesen zu sein. Er hatte 1958 schon Werner Krauss, dem Virtuosen antisemitischer Judendarstellung aus Veit Harlans *Jud Süß*, das Reden und das Schweigen abgenommen.

Nur einmal gellt ein Empörungsschrei durch den Sonntagnachmittagsfrieden der Böhmschen Memoiren. «Jetzt fing eine ganz schreckliche Zeit für mich an. (...) Ich kam mir vor wie ein eingesperrtes Tier, das ruhelos auf- und abgeht, weil es die Freiheit vermißt. (...) Denn mit dem Talent wurde uns Künstlern doch die Aufgabe zuteil, uns der Menschheit mitzuteilen und wenn ... dieses Gebenwollen verhindert wird, dann sind wir in unserem Lebensnerv getroffen.» Böhm spricht über die Zeit der Entnazifizierung: Er, der doch kein Nazi war, erhielt zwei Jahre Berufsverbot. Zur Last gelegt wurde ihm eine Passage aus dem Interviewbuch *Künstler plaudern* von 1941, wo er über Hitlers Novemberputsch redet, den er 1923 als Kapellmeister in München miterlebt hatte: «Unter ungeheurer Aufregung erlebten wir den Abtransport der Verwundeten, sahen Blut, das für die Idee vergossen wurde, die siegreich geworden ist.» Böhm bestritt, diesen Satz je gesagt zu haben.

Die Böhms zogen aus dem zerbombten Wien – Thea Böhm hatte gerade noch ein paar Dokumente aus dem Direktionszimmer der Staatsoper retten können – zu seinen Brüdern nach Graz. Aus der

Karl Böhm gratuliert Richard Strauss im Großen Musikvereinssaal in Wien am 11. Juni 1944 zum 80. Geburtstag.

Schweiz stieß der Sohn hinzu. Die drei mußten in einer elenden Dreizimmerwohnung hausen und lebten von den Zuwendungen von Karl Böhms Brüdern und von Thea Böhms Gesangsstunden. Böhm spricht von «wirklicher Leidensstation». Ihm war nicht genug Stille im Haus. Erst 1947 durfte er wieder dirigieren und gab in Wien *Fidelio*. «Ich wählte diese Oper absichtlich, weil ich mich ... mit dem Schicksal des Florestan beziehungsweise seiner Gefangenschaft auf das innigste verbunden fühlte.»

Böhm zog während seines Berufsverbots eine wichtige Konsequenz: Er beschloß, sich nie wieder fest an ein Haus zu binden. «Wenn ich je wieder in die Lage kommen sollte zu dirigieren», sagte er zu seiner Frau, «dann werde ich alles tun, um mir eine internationale Karriere aufzubauen, um nicht ein zweites Mal von der Heimat, die mir ein zweijähriges Dirigierverbot auferlegt hat, abhängig zu sein.» Wieder hatte er Glück. Kurt Endler schreibt in seiner Festschrift *Karl Böhm – Ein Dirigentenleben*: «Eine ganze Generation von Dirigenten trat von der Szene ab, starb, wurde müde, oder vergrub sich bei amerikanischen Ensembles.» Wieder halfen ihm also sein untrügliches Tempogefühl und seine natürliche Verschwiegenheit. Rudolf Bing, der die Parteigenossen Herbert von Karajan und Elisabeth Schwarzkopf zeit ihres Lebens von der Met bannte, sah bei Böhm kein Problem.

Auch für den Sohn waren die Jahre in Graz eine Leidenszeit: «die schwierigsten zweieinhalb Jahre meines Lebens». In der Dreizimmerwohnung herrschte eine drückende Atmosphäre. Karlheinz Böhm hielt sich so wenig wie möglich zu Hause auf, denn wenn die Gesangsstunden der Mutter beendet waren, beugte sich der Vater über seine Partituren und verlangte die bekannte Totenstille. Karlheinz Böhm begann sich mit Mädchen zu treffen. Eine von ihnen, eine platonische Liebe, hieß Sissi – nach ihr, nicht nach der Filmheldin benannte er später seine erste Tochter. Sissi muß reizend gewesen sein, denn sie raubte ihm das Tempogefühl: «Wir saßen auf einer Bank und schmusten, in einer herrlichen Vollmondnacht. Plötzlich durchzuckte es mich: ‹Wie spät ist es eigentlich?›» Seine Eltern waren an diesem Abend ebenfalls aus, der Sohn hatte ihnen versprochen, zu einer bestimmten Zeit zurück zu sein, um sie einzulassen, denn er hatte den einzigen Schlüssel zur Dreizimmerwohnung an sich genommen. «In panischem Schrecken sprang ich auf und rannte los.»

Er kam eine dreiviertel Stunde zu spät. Seine Eltern waren selbstverständlich pünktlich zurückgekommen und warteten vor der verschlossenen Tür. «Bitte verzeiht mir doch!» rief der Sohn. Der Vater schwieg. «Bitte verzeiht mir doch, es tut mir so wahnsinnig leid!» Der Vater verschwand im Schlafzimmer. Die Mutter antwortete: «Das verzeihen wir dir nie.»

Karlheinz Böhm schnitt sich mit einem Rasiermesser das Handgelenk auf, holte mit einer Zirkelspitze die Pulsader heraus und öffnete auch diese. Es tat nicht weh. «Ich bin nur durch einen Zufall am Leben geblieben. Nachdem ich schon etwa eineinhalb Liter Blut verloren hatte, bin ich sehr geschwächt und schwindlig aufgestanden. Plötzlich wollte ich mich doch noch retten. Ich wollte nach meiner Mutter rufen. Aber dazu reichten offenbar meine Kräfte nicht mehr. Es gelang mir noch, die Kammertür aufzustoßen, doch dann stürzte ich vornüber auf den Küchenboden, einen Steinboden. Ich fiel flach aufs Gesicht und schlug mir die beiden Vorderzähne heraus. Ich habe noch versucht zu rufen. Dann habe ich das Bewußtsein verloren. Und nur, weil ich durch den Sturz so auf den Arm fiel, daß ich die Schlagader abklemmte, habe ich überlebt.»

Die Reinemachfrau fand ihn am nächsten Morgen. Die Eltern ließen ihm zur Strafe die Arme ohne Betäubung zunähen, danach wurde die Angelegenheit nie wieder erwähnt. «Ich kann ihnen das nicht einmal übelnehmen», sagt Karlheinz Böhm heute dazu und erklärt seinem Vater noch einmal seine Dankbarkeit «dafür, daß er mich zur Pünktlichkeit erzog».

III

Es war ein halber Bruch, kein ganzer. Karl Böhm war ein darstellender Künstler, der schwieg, Karlheinz Böhm wurde zum darstellenden Künstler, der sprach. Am berühmtesten sind heute seine Filmrollen als Sohn in *Sissi* und *Peeping Tom* und, wenn nicht als

Vater, so doch als väterlich-autoritärer Gatte, in *Martha*. Seine letzte große Theaterrolle, bevor er nach Äthiopien ging, war der König Lear in Düsseldorf.

Böhm hat nach dem Krieg schnell Karriere gemacht. Schon in seiner Grazer Studienzeit inszenierte er Theaterstücke mit Kommilitonen. Eigentlich wollte er Filmregisseur werden, doch es kam anders. Er ging nach Wien, verdingte sich als Regieassistent bei den ersten österreichischen Nachkriegsfilmen und nahm Schauspielunterricht bei Helmuth Krauß. Josef Gielen entdeckte ihn bei einer Schulaufführung und engagierte ihn, wenn auch nur für eine kleine Nebenrolle, ans Burgtheater, wo er trotz seiner nur sechsmonatigen Ausbildungszeit gleich einen Jahresvertrag erhielt. Seine mangelnde Erfahrung wurde ihm bald zum Verhängnis: Er mußte von einem Tag auf den anderen im *Faust II* für die Rolle des Gärtners einspringen und vergaß den Text. «Die Souffleuse muß so gebrüllt haben, daß man es bis in die letzte Reihe hörte. Aber kein Ton kam aus meinem Mund.» Gielen schickte ihm den Entlassungsbrief, aber Böhm hatte Glück und fand gleich ein Engagement am Theater in der Josefstadt, das ihm ohnehin mehr behagte. Hier stand er bis 1953 unter Vertrag.

Seine erste große Filmrolle spielte er 1952 in Arthur Maria Rabenalts *Alraune* als junger Liebhaber neben Hildegard Knef, die ihn in der Kunst des Filmkusses unterrichtete, und Erich von Stroheim, der in dieser Zeit gerade versuchte, eine Karriere im deutsch-österreichischen Film aufzubauen. «Ein extravaganter Mann», erinnert sich Böhm in seinen Memoiren, «der die Farbe Weiß über alles liebte. Er trug nur weiße Blousons, weiße Hosen, weiße Hemden, und er fuhr einen weißen Cadillac mit einem Chauffeur, der ebenfalls weiß angezogen sein mußte.»

1955 hat Karlheinz Böhm bereits in sechzehn Filmen gespielt. Drei bis fünf Filme jährlich sind damals durchaus üblich, wenn man Erfolg hat. Das Nachkriegskino boomt. Die bundesdeutschen Kinos zählen über 800 Millionen Zuschauer im Jahr. Im selben Jahr 1955, noch vor *Sissi*, notiert Romy Schneider in ihrem Tagebuch, daß sie und Böhm vom Publikum einer Filmzeitschrift zu den beiden beliebtesten «Nachwuchs-Stars» gewählt wurden. «Barbara Rütting, Walter Giller und Claus Biederstaedt sind dagegen ‹Nachwuchs-Darsteller›. Der Unterschied ist fein, aber da soll einer sein!» Nun müssen die beiden nur noch zum «Traumpaar des deutschen Kinos» vereinigt werden.

Karlheinz Böhm wollte die Rolle nicht. Er hatte keine Lust, den Marzipankaiser zu spielen. Er haßte die Aristokratie. «Daß einer, weil er unter einem gewissen Namen geboren wurde, mehr sein soll als andere, lehne ich strikt ab. (...) Meine Eltern kannten viele Aristokraten. Da sagte man ‹Küß die Hand, gnädige Frau› und ‹Küß die Hand, gnä' Herr› – etwas, das mir furchtbar zuwider war. (...) Aber genau das erwartete man nun von mir in der Rolle des österreichischen Kaisers: daß ich andauernd meiner Mutter die Hand küsse und ‹Küß die Hand, Mama› sage. Anfangs bin ich dabei immer regelrecht zusammengezuckt.» Auf Drängen seiner Agenten hatte er die Rolle doch noch angenommen. Einmal mehr gab er dem Kommerz den Vorzug vor der wahren Kunst, die er eigentlich machen wollte – «das sehe ich ganz klar und beurteile es heute kritisch». An die Dreharbeiten kann er sich kaum erinnern. Das Verhältnis zur zehn Jahre jüngeren Romy Schneider, die er als ein Mädchen unter Einfluß beschreibt, war freundlich kühl und professionell, aber weiter nicht bemerkenswert, und *Sissi* schien nur ein weiterer Film auf einer unabsehbaren Liste. Weder sie noch er konnten ahnen, was auf sie zukam.

Den sagenhaften Erfolg der drei *Sissi*-Teile, die dann gedreht wurden, erklärt Böhm heute politisch. Er vermutet, daß der Feudalismus «den Nationalsozialismus bis zu einem gewissen Grad indirekt ersetzt», und nähert sich damit dem Kern der Sache – selbstverständlich gilt auch für *Sissi* das Gesetz, das Claudius Seidl in seinem Buch *Der deutsche Film der fünfziger Jahre* fürs ganze Genre formuliert: «In den fünfziger Jahren handelten die meisten Kostümfilme von den fünfziger Jahren.» Das kaiserliche Kostüm dient in *Sissi* vor allem dazu, der Macht, die Böhm da verkörpert, den Anstrich von übergeschichtlicher Legitimität zu verleihen. Unter dem Kostüm aber handelt *Sissi* davon, wie die noch an der Macht befindlichen Alten ihre Verantwortung an die erste Generation abschoben, die «unschuldig» war an der deutschen Schande.

Sissi ist die Inthronisierung der Unschuld. Unschuldig sind der Raum und die Zeit der Handlung: *Sissi* spielt vor der Geschichte, vor dem Ersten Weltkrieg, und der unberührbare Alpenhorizont versperrt den Ausblick auf die Häßlichkeiten der Moderne. Denn dieser Raum ist «Heimat», unabsehbar zwar, aber doch um Störendes reduziert. Heimat ist Vaterland, aber ohne Geschichte, Nation, aber ohne Politik, Deutschland und Österreich, aber ohne die Wirrnis der Städte. Keine einzige Szene des Films, der doch in Wien spielt, spielt in Wien – in diesem Land gibt es keine Stadt.

Unschuldig sind auch die Eltern: Es fällt ja auf, daß weder Franz Josephs noch Sissis Vater in diesem Film je an politischer Macht teilhatten. «Alles andere, nur nicht regieren», sagt Erzherzog Franz Karl, der sich in *Sissi* so wenig als Vater konstituiert, daß er als solcher kaum auffällt. Er stellt sich einfach taub und schickt seinen Sohn ins Rennen. Auch Sissis Vater, der von Gustav Knuth gespielte Herzog in Bayern, entstammt nur einer Seitenlinie der Wittelsbacher und hat es sich in seinem Possenhofen, fernab aller Metropolen, gemütlich gemacht. Da diese Eltern also unschuldig sind, verdienen sie auch den Preis, der für diese Machtübergabe aus dem Nichts zu entrichten ist: die Frag- und Voraussetzungslosigkeit der Kindesliebe. Gustav Knuth ist in *Sissi* stets von einer jubelnden Kinderschar umschwärmt, und das «Küß die Hand, liebe Mama» ist nicht irgendeine Formel, sondern der erste Dialogsatz, den Karlheinz Böhm zu sagen hat. Die Mütter sind es übrigens, die angesichts der schwachen Väter die Kontinuität der Macht herstellen: Sie stiften die Ehe des Kaisers, um den Fortbestand der Dynastie zu sichern und sich dann wieder in ihre Mutterrolle zurückzuziehen. Dabei gerät allerdings ein Moment der Spontaneität ins System, denn an sich haben die Mütter ja nicht Sissi für die Liaison auserkoren, sondern ihre ältere Schwester. Doch Sissi angelt sich den Kaiser selbst.

An ihr, nicht ihm, der Tochter, nicht dem Sohn, hängt alles in dem Film. Sie muß als die absichtslos ins Machtspiel Geratene nun freiwillig Reverenz erweisen. Sie ist das Inbild der Unschuld, aber im Sinne der jugendfrischen Ungebärdigkeit, die immer erst gezähmt sein will. Manchmal scheint sie, das Vögelchen in der Hand, das sich die Flügel noch stutzen lassen muß, fast daran zugrunde zu gehen. Darauf beruht die Spannung der drei *Sissi*-Teile: Wird es geschehen? Und wird sie es geschehen lassen? «Ich will frei leben,

ohne Zwang!» ruft Sissi einmal. Dagegen steht das spanische Hof-
zeremoniell der Erzherzogin Sophie. Aber sie wird und muß sich
fügen, und wenn's nur die Etikette ist, zwinkert der Film in seiner
fest entschlossenen Gemütlichkeit, so wird sich schon ein Kompromiß finden lassen. Am Schauspiel von Sissis Selbstopfer können
sich der Film und seine Zuschauer bis heute nicht sattsehen. Sie
beugt den Nacken und empfängt als Dank die Krone der Kaiserin
von Österreich und der Königin von Ungarn, denn selbst die besetzten Länder können ihrer Kolonisierung durch eine derart un-
schuldige Eroberin nur begeistert beipflichten.

Romy Schneider muß Ernst Marischka, dem Erfinder und Regisseur dieser geschichtslosen Geschichtskonstruktion, wie ein Geschenk des Himmels erschienen sein. Sie brachte mit, was Seidl als
«Präsenz» beschreibt, jene seltene, schwer zu beschreibende, aber
unmittelbar empfundene «Star»-Qualität, die hinter der Rolle die
wirkliche Person ahnen läßt – aber ohne daß es zur Differenz wird.
Darum und weil Marischkas Kalkül glänzend aufging, wurde sie
vom deutschen Publikum so zwanghaft mit Sissi identifiziert, daß
es ihr keine andere Rolle verzieh, und darum mußte sie bis an ihr
Lebensende dementieren: «Ich bin nicht Sissi, ich bin längst Romy
Schneider, ich habe nur einmal die Sissi gespielt.»

Karlheinz Böhm, der ebenfalls lange unter seinem Kaiser-Image
litt, hat in dem Film die undankbarere Rolle. Romy Schneider verkörpert das Drama der Unschuld an der Macht, er nur die schon
gesicherte Kontinuität. Den Schritt, den sie drei Filme lang tun
muß, hat er zu Beginn des ersten Teils schon hinter sich. Er ist der
gute Sohn, dessen Einverständnis ins elterliche Machtmodell vor-
ausgesetzt wird. Die Reverenz an die Eltern, der Handkuß, ist auch
darum seine erste Tat. An der «Unschuld» partizipiert er zwar,
aber nicht an ihrem Drama.

Wer *Mein Weg* gelesen hat und *Sissi* wiedersieht, meint Böhms
Distanz zu seiner Rolle zu spüren. Der Kaiser ist melancholisch bis
zur Ausdruckslosigkeit. Nicht einmal, wenn er seine Sissi anlächelt,
belebt sich der Blick seiner riesengroßen blauen Augen. Böhm
scheint seine Rolle mehr zu absolvieren als zu spielen. Das Drehbuch
konzedierte ihm allerdings auch kaum größere Szenen, in denen er
seine Kunst hätte beweisen können. In seinen Memoiren gibt Böhm

zu, daß ihn schon damals «weder der erste noch die beiden späteren ‹Sissi›-Filme sonderlich begeisterten». So wahrt er vor allem Tenue. Doch die militärische Straffheit seiner Haltung zeugt weniger von einer zum Naturell gewordenen Noblesse als von der mühsamen Beherrschung des guten Sohns, von dessen wahrem Innenleben die Eltern nichts ahnen und nichts ahnen sollen. Der Eindruck der Unverstandenheit und Melancholie verstärkt sich noch durch ein gewisses Embonpoint, das Böhm in *Sissi* mitbringt und das den Ausdruck des Marzipankaisers zu rechtfertigen scheint. Bestimmend in seinem Gesicht ist der weiche, runde Zug seiner Unterlippe, und sein unvorteilhaft geschnittener Uniformrock schlägt wurstige Falten um die Taille. Nein, Böhm spielt nicht, was er hätte spielen können und wollen, in *Sissi* fügt er sich nur ins System. Auch Romy Schneider verlor bald die Begeisterung an ihrer Rolle, dennoch war sie noch im dritten Teil die Hingabe selbst. Seltsamerweise paßt auch Böhms ein wenig traurige Erscheinung in Marischkas Kalkül – sie ließ sich auf die Rolle beziehen: Tapfer trägt der Kaiser die schwere Last der ihm auferlegten Verantwortung.

Als Kostüm- und Heimatfilm gehört *Sissi* jenen volkstümlichen deutschen Gattungen an, die von sich behaupten, daß sie sich an «die ganze Familie» und an «jung und alt» wenden. Die Konstruktion einer, wenn auch falschen Familienharmonie mag in den fünfziger Jahren gesellschaftliche Notwendigkeit gehabt haben: Nicht wenige Familien waren zerrissen – zugleich aber bildete die Familie die kleinste Produktionseinheit für den Wiederaufbau. Auch die Vorspiegelung von Heimat hatte nach Seidl ihre erzieherische Berechtigung: Die Millionen neu ins Land gekommenen Heimatvertriebenen mußten sich noch mit ihrem neuen Zuhause abfinden, und die Deutschen insgesamt sollten lernen, sich an dem zu begeistern, was blieb.

Sissi war also in erster Linie ein Film für Erwachsene. Sie waren es, die sich am Bild der selbstgezeugten Unschuld erbauten. Damals ging diese Generation, die Romy Schneider später die «‹Sissi›-Generation» nennt, ja noch ins Kino. Als Romy Schneider sich aber trotz eines geradezu wahnsinnigen Gagenangebots von einer Million Mark weigerte, auch noch in einem vierten Teil des Films mitzuspielen, ließ die «Sissi»-Generation nicht nur sie und Karlheinz

Böhm, sondern das gesamte deutsche Kino fallen. *Sissi* war zugleich die Apotheose und das Ende des deutschen Nachkriegsfilms. 1959, als auch *Sissi 3* abgelaufen war, zählten die deutschen Kinos nicht mehr 800 Millionen Zuschauer, wie noch drei Jahre zuvor, sondern nur 260 Millionen. Die «Sissi»-Generàtion tröstete sich fortan bei der Peter-Alexander-Schau und wäre nicht im Traum auf die Idee verfallen, für die neuen Filme mit Schneider oder Böhm ins Kino zu gehen.

Anderswo entstand damals ein «junges» Kino für ein neues Publikum – ein Kino ohne Eltern. Aber die grausame Nonchalance, mit der *Außer Atem* oder *La dolce vita* die Väter und Mütter schlichtweg ignorierten, war in Deutschland undenkbar. Auch Vater-Sohn-Konflikte, die es nicht bei Fragen der Etikette beließen, wie sie in amerikanischen Filmen der Zeit ausgefochten wurden, schienen in Deutschland nicht opportun. Die deutschen Produzenten und Regisseure gehörten selbst der «Sissi»-Generation an und waren offensichtlich unfähig, Jungfilmer zu fördern und sie ein Kino erfinden zu lassen, in dem die Kinder aus der Projektion der Eltern heraustreten. Für Claudius Seidl ist das der Grund für den Untergang der deutschen Filmindustrie: «Statt Filme zu drehen für die Jungen, die es doch am wenigsten zu Hause vor dem Fernseher aushielten, produzierte man weiterhin solche Filme, die – wenn überhaupt – nur ein reiferes, älteres Publikum ansprachen; jene Altersgruppe also, die der Versuchung durch das Fernsehen am leichtesten erlag.»

Die beiden beliebtesten Nachwuchsstars der Fünfziger standen nun auf verlorenem Posten. Auch Hardy Krüger oder Horst Buchholz mußten sich anderweitig Rollen suchen, aber Karlheinz Böhm und Romy Schneider hatten es schwerer als sie. An ihrem Image klebten die Nachkriegslügen besonders fest. Böhm sagt in seinen Memoiren: «Für mich als Schauspieler – und das gilt in einem noch viel extremeren Ausmaß für Romy Schneider – hatten die ‹Sissi›-Filme eine vernichtende Wirkung. Auf der einen Seite erhielt ich so viel Angebote, daß ich mich nicht mehr retten konnte, aber sie gehörten alle zum gleichen Genre. Ich weiß nicht mehr, wie viele Prinzen, Fürsten, Könige und Kaiser ich damals hätte spielen sollen. Auf der anderen Seite trug mir der ‹Sissi›-Erfolg keine Aner-

kennung als Schauspieler ein, die es mir ermöglicht hätte . . ., mir
bessere Rollen auszusuchen.»

Beide spürten einen künstlerischen Ernst in sich, für den in
Deutschland, das an einer Fiktion von ihnen festhielt, kein Interesse
bestand. Beide wollten sich aus der krampfhaften Idylle mit der
Elterngeneration lösen und suchten nach Möglichkeiten der Eman-
zipation. Offenbar empfanden sie ihr Problem als individuelles,
nicht als gemeinsames oder gar kollektives – 68 kam viel später.
Beide gingen 1959 ins Ausland, Schneider nach Paris, Böhm nach
London, und für beide war die Befreiung auch eine Qual. Romy
Schneider beschreibt diesen Prozeß in ihrem Tagebuchband *Ich,
Romy* wie eine Geburt, der unendlich schmerzhafte, wochenlange
Wehen vorausgingen. Ihr Geburtshelfer war Luchino Visconti, der
sie in einer Theaterinszenierung neben ihrer großen Liebe Alain
Delon auf die Bühne stellen wollte. In dem Stück *Schade, daß sie eine
Dirne ist*, das im 16. Jahrhundert spielt, sollte sie die Dirne Anna-
bella darstellen. Schneider spricht von ihren furchtbaren Hemmun-
gen und ihrer schwer definierbaren Scham als «dummes, kleines
Mädchen» aus Deutschland in einer Pariser Umgebung, die bestimmt nicht besonders hilfsbereit war, in der sie aber den Atem der
Freiheit und der wahren Kunst zu verspüren meinte. Sie brauchte
Dutzende von Proben, in denen sie nicht die geringsten Fortschritte
machte und immer nur panische Versagensängste durchlitt, bis sich
endlich «etwas in mir löste. Ich kann diese Empfindung heute
noch, in der Erinnerung, genau registrieren. Der Druck in meinem
Kopf schwand, ich pumpte die Lungen voll Luft, ich veränderte
mich innerlich und äußerlich. Von einer Sekunde auf die andere
war ich nicht mehr Romy Schneider. Ich war Annabella. Nur Annabella, überhaupt nicht mehr Romy Schneider.» Das heißt Romy
Schneider – und überhaupt nicht mehr Sissi.

Auch Karlheinz Böhm stellte das Bild, das man sich von ihm
machte, radikal auf den Kopf – und wahrte doch eine gewisse Kontinuität: Wieder übernahm er die Rolle eines Sohns. In Michael
Powells *Peeping Tom* spielte er allerdings nicht mehr den guten
Sohn eines schwachen Erzherzogs, sondern den bösen Sohn eines
übermächtigen und sadistischen Psychiaters, der ihn als Kind für
seine experimentelle Verhaltensforschung mißbrauchte und ihn in

Momenten der Todesangst filmte. Als Erwachsener führt Mark Lewis ein Doppelleben, tagsüber arbeitet er als Kameramann, nachts ersticht er Frauen bei laufender Kamera mit der Spitze des Kamerastativs, um ihren Tod auf Film festzuhalten. *Peeping Tom* ist, unter anderem, einer der lehrreichsten Filme übers Filmemachen.

Powell erzählt in *Million Dollar Movie*, dem zweiten Band seiner Autobiographie, wie er Böhm kennenlernte: «Ich ging zu einer Cocktailparty in Shepherd's Market. Man stellte mir einen charmanten jungen Mann vor, dessen Namen ich nicht verstand. Er hatte etwas: Jedes Wort, das er sagte, jede seiner Bewegungen verrieten den sensiblen Künstler. Natürlich hatte er ein hübsches Mädchen dabei.» Powell ist entzückt, als er feststellt, daß Karlheinz Böhm der Kaiser aus *Sissi* ist und welch berühmte Verwandtschaft er hat. «‹Und Karl Böhm, der große Dirigent, ist Ihr Vater?› – ‹Karl Böhm ist mein Vater.› Und sein Rivale, dachte ich.»

Der berühmte Vater mag Powell motiviert haben, Böhm zu engagieren. Dieser Schauspieler konnte eigene Erfahrungen einbringen. Böhm bestätigt in seinen Memoiren, wie sehr ihn die Konfrontation mit der Figur des Vaters in *Peeping Tom* mitgenommen habe. Auch er muß sich wie Romy Schneider in Paris bei diesem für ihn ganz neuen Projekt gefühlt haben, als stünde seine Existenz auf dem Spiel. «Ich habe mich mit der Rolle des Mark Lewis mit einer so großen Intensität beschäftigt wie kaum sonst bei einer Filmarbeit in meinem Leben.» Und wie Romy Schneider, die in Paris vor der Premiere ins Krankenhaus eingeliefert wird, zeigt er physische Symptome: «Einmal, als ich aus meinem Wohnwagen auf dem Studiogelände trat, brach ich mit einem Kreislaufkollaps zusammen und verlor das Bewußtsein. Ich muß einfach umgefallen sein.»

In *Peeping Tom* wirkt Böhm fünf Jahre jünger als in *Sissi*, obwohl er fünf Jahre älter ist. Schlank und schmächtig, leise und verhuscht geht er durch den Film. Als Schauspieler kann er eine ganze Palette von Nuancen einsetzen, die im gestanzten Ausdrucksrepertoire des deutschen Nachkriegskinos gar nicht vorgesehen waren. Er ist schüchtern bis zum Verschwinden, furchtsam bis zur Panik, verwirrt bis zum Wahnsinn, erregt bis zur Mordlust. Sein eigentlicher Balanceakt aber, sein größtes Geschenk ans Kino und sein Verhängnis, liegt in der Zärtlichkeit, die er für diese

Karlheinz Böhm als Mark Lewis in Michael Powells «Peeping Tom». Böhm hält diesen Film für den besten, den er je gedreht hat.

Figur erweckt. Sein Mark Lewis ist abscheulich, aber rührend, ein Triebtäter, aber unschuldig. «Karlheinz war mehr als gut», schreibt Powell, «er war großartig, er erreichte die höchsten Höhen.»

Nur war dieser Film damals nicht auszuhalten. Schlimmer als *Peeping Tom* ist es einem Film von Bedeutung wohl nie ergangen. Die britischen, aber auch die deutschen Kritiker überhäuften *Peeping Tom* mit einem Unflat, der diesem Berufsstand bis heute zur Schande gereicht. Die Produzenten und Verleiher waren so verschüchtert, daß sie sich nicht mehr für den Film zu engagieren wagten. Die Rechte wurden schließlich an eine winzige Klitsche verkauft, wo der Film in Vergessenheit geriet. Powell, der Regisseur der *Roten Schuhe*, wurde von der Branche links liegengelassen. Mag sein, daß nicht nur die schockierende Zwiespältigkeit des Mark

Lewis für diesen Untergang verantwortlich war. Vielleicht konnten sich damals weder die Alten noch die Jungen mit dem Film abfinden. Die Eltern scheuten die Einsicht in ihre Verantwortung, die Jugend der Sechziger scheute die Einsicht, daß sie von ihren Eltern konditioniert sein könnte, und brach die Beziehungen lieber ab. 1979 brachte der Powell-Verehrer Martin Scorsese den Film wieder an die Öffentlichkeit. Seitdem gilt er als Meisterwerk.

Böhms Leben bestand fortan aus vielen kleinen Brüchen und einer ganz großen Veränderung. Eine internationale Kinokarriere wie Romy Schneider machte er nicht. Der Film, der ihm gerechterweise den Durchbruch hätte bringen müssen, hatte sie ihm eher zerstört. Nach *Peeping Tom* spielte er in ein paar Hollywood-Filmen und Episoden der *Shiloh Ranch*, dann blieben die Angebote aus, und er zog sich mit Barbara Lass in ein Schweizer Landhaus zurück, las und schrieb. Mitte der sechziger Jahre ging er mit Tourneetheatern auf die Reise und inszenierte mit mäßigem Erfolg Opern. Von ferne, aber nicht ohne Sympathie, verfolgte er die Studentenrevolte. Seit 1960 hatte er in keinem deutschen Film mehr gespielt, auch das Fernsehen hatte ihn abgeschrieben.

So konnte ihn Fassbinder 1973 «wiederentdecken», obwohl er nie verschwunden war und obwohl eigentlich Böhm es war, der Fassbinder entdeckte. Ihre erste Begegnung fand in den Studios von München-Geiselgasteig statt, wo Böhm sich ein Zubrot mit Synchronarbeiten verdiente. Eine demütigende Erfahrung: «Eines Mittags in der Kantine sah ich Rainer Werner Fassbinder mit seiner Gruppe an einem Tisch sitzen. Ich ging spontan auf ihn zu und sagte: ‹Guten Tag, Herr Fassbinder. Meine Name ist Karlheinz Böhm. Ich habe ‹Das Kaffeehaus› und ‹Katzelmacher› gesehen und finde es ganz phantastisch, was Sie machen! Es wäre toll, wenn ich mal mit Ihnen arbeiten könnte!› Fassbinder begrüßte mich nicht und stand nicht auf. Kein Mensch am Tisch stand auf. Niemand gab mir die Hand. Der Mann in der schwarzen Lederkluft sah nur einmal kurz mit seinen Schweinsäuglein in mein Gesicht und grunzte ein kaum vernehmliches ‹Mmmmh›. Dann drehte er den Kopf weg und aß weiter. So deplaciert habe ich mich selten gefühlt.»

Eine Woche später bot ihm Fassbinder die männliche Hauptrolle in *Martha* an, mit der Böhm dann das Bild von sich ein weiteres Mal umstürzte – diesmal im deutschen Fernsehen. Es mag ihm geholfen haben, daß Fassbinder sich in dieser Sektion einer bürgerlichen Ehe von der Erinnerung an den eigenen Vater leiten ließ und daß er auch Böhms Angewohnheiten und Vorlieben in den Film einbaute: Der Sauerbraten mit Knödeln, den Martha auf Geheiß ihres Ehemanns und trotz würgenden Ekels verspeisen muß, ist tatsächlich sein Leibgericht. Wie sanft er sie zwingt! Böhm wahrt in *Martha* stets die bürgerliche Fassade, aber sein allpräsenter Blick ist stets auf Gemeinheiten aus. Den sadistischen Ehemann spielt er mit einer Obszönität, die ihn und Fassbinder und alle Feinde der «‹Sissi›-Generation» beglückt haben muß. Noch einmal werden seine Gesichtszüge weich und ausdruckslos wie in *Sissi*, aber nicht vor Langeweile, sondern im Triumph der Lust: Das ist, als er sich in seinem Wollanzug auf den großflächig-glühenden Sonnenbrand seiner nackten Frau wirft. Böhm hat danach noch in anderen Fassbinder-Filmen und -Inszenierungen gespielt, aber *Martha* bleibt ihr gemeinsames Meisterwerk.

Nach der Erstausstrahlung hagelte es Proteste. Böhm hatte den Kaiser, als der er in den Köpfen so vieler Zuschauer herumspazierte, mutwillig zerstört und außerdem Marthas schwarze Katze ermordet. Aber hat es genützt? Ist nicht *Martha* weithin vergessen und steht nicht Franz Joseph immer neu wieder auf? «Noch immer mögen alle ‹Sissi›», schreibt Claudius Seidl. Böhm mag es egal sein. Subjektiv hat er sein «‹Sissi›-Trauma», auch dank Fassbinder, doppelt und dreifach abgearbeitet, und objektiv kommt ihm die unverbrüchliche Liebe der «‹Sissi›-Generation» für seine neuen Aufgaben eher gelegen: Ein Großteil der Spenden und Erbschaften, die seiner Hilfsorganisation «Menschen für Menschen» für ihre Arbeit in Äthiopien zufließen, dürfte von Kaisertreuen kommen.

IV

Am 16. Mai 1981 gewann Karlheinz Böhm seine berühmte Wette in «Wetten, daß» und mobilisierte 1,7 Millionen Mark Spendengelder für Äthiopien. Im selben Jahr starben kurz nacheinander sein Vater und seine Mutter. Seinem Vater erzählte er noch am Totenbett, daß er nach Afrika gehen wolle. Karl Böhm antwortete, kaum hörbar, mit der Melodie des Triumphmarschs aus *Aida* – Aida ist die einzige Äthiopierin in der Opernliteratur. Am 27. Oktober 1981 flog Karlheinz Böhm zum erstenmal nach Äthiopien, wo er als erstes ein Umsiedlungsprojekt beschloß. Er wollte den Flüchtlingen aus einem Lager zu einer neuen Existenz auf einer Farm verhelfen, die ihm die äthiopische Regierung zur Verfügung stellte. Seitdem ist Böhm, der allerdings als Beruf immer noch «Schauspieler» angibt, Entwicklungshelfer. Der Tod seiner Eltern, sagt er, habe auf ihn bei allem Kummer auch als Selbstbefreiung gewirkt und ermöglichte ihm im übrigen sein neues Leben auch in finanzieller Hinsicht. Die Zinserträge aus dem Erbe seiner Eltern sind so hoch, daß er nicht mehr zu arbeiten braucht und sich ganz auf seine Projekte konzentrieren kann. In Äthiopien lernte er auch die Agrarexpertin Almaz Teshome kennen, mit der er heute zusammenlebt und den Sohn Nicolas und die Tochter Aida hat.

Mit «Menschen für Menschen» entwickelte Böhm seine Projekte immer «aus den Erfahrungen und Notwendigkeiten der jeweiligen Situation heraus». Er fing klein an, stellte seine Unerfahrenheit in Rechnung und erklärte Sokrates' «Ich weiß, daß ich nichts weiß» zu seiner Devise. Unablässig lernte er Neues: daß der Anspruch, immer nur lokale Materialien und Techniken zu verwenden, ökologisch korrekt, aber sachlich falsch ist – ein Haus aus Zementhohlblöcken ist besser als eines aus Lehm. Daß das beste Mittel, die Frauen aus ihrer sozialen Isolation in der Familie zu lösen, die Nähe einer Getreidemühle ist – so müssen die Frauen nicht mehr zu Hause von Hand mahlen, sondern gehen zur Getreidemühle, wo sie das Korn durchlaufen sehen, während sie sich mit den anderen Frauen des Dorfs unterhalten. Oder daß es keinen Sinn hat, den Leuten am Anfang mehr als das Nötigste zur Verfügung zu stellen – denn sonst entwickelt sich eine Anspruchshaltung, die den Prozeß der Verselbständigung nur hemmt.

«Menschen für Menschen» hat seit 1981 Spenden in Höhe von über 150 Millionen Mark umgesetzt. Die Organisation unterhält inzwischen Dörfer in mehreren Regionen Äthiopiens. Die Maßnahmen reichen von akuter Hungerhilfe über Infrastrukturmaßnahmen wie Schulen und Brücken in Dörfern, wo die Bauern ihre materielle Selbständigkeit schon erreicht haben, bis zu ökologischen Projekten wie der Wiederaufforstung von Wäldern.

Daß ihn die Äthiopier, denen er hilft, als «Vater» bezeichnen, stört Böhm nicht. Eher regt ihn der Spott einer gewissen europäischen Linken auf, die karitative Arbeit immer noch als die falsche Alternative zur Weltrevolution zu betrachten scheint und die Böhm gern unterstellt, er tue das alles nur, um sich als guter Mensch zu fühlen. «Ich habe Fälle erlebt, wo man für 135 Mark ein Kind rettet, das sonst tot wäre», erzählt mir Böhm im Interview, «und wenn dieses Kind dann auf einen zugelaufen kommt und strahlt, dann bin ich glücklich, aus. Soll ich mich genieren darüber? Und wenn Sie als Europäer oder als Äthiopier hingehen und irgend etwas Positives für ein Kind oder auch für einen Erwachsenen tun, dann wird er sofort Vater zu Ihnen sagen. Das gehört hier zur Kultur.» Er selbst lehne jeden «Plastikheiligenschein» ab und empfinde seine Arbeit als «beinharten Job, der mein ganzes Leben auffrißt und mir viel zuwenig Zeit läßt für das, was ich vielleicht gerne noch machen würde». Im Grunde sei die Arbeit aber nichts anderes als die Schauspielerei, er habe Erfolge und Mißerfolge, nur daß er in Äthiopien halt glücklicher sei als seinerzeit als Schauspieler.

Auch politisch ist Böhm kritisiert worden. 1984 hieß es, er unterstütze den damaligen Militärdiktator Mengistu in seiner großräumigen und äußerst umstrittenen Umsiedlungspolitik, indem er Dörfer für die Vertriebenen baute. «Wenn man ihnen nicht hilft, werden sie nicht überleben», sagte er damals. Auf den allgemeinen Vorwurf der Zusammenarbeit mit einer Militärdiktatur antwortet er: «Anders ging es gar nicht. Mir soll mal einer sagen, wie man Schulen oder Kliniken in den Urwald stellt, ohne daß dies in Absprache mit den Fachministerien geschieht. Wenn eine humanitäre Organisation behauptet, sie arbeite in einem Land der sogenannten

Dritten Welt nicht in irgendeiner Form mit der jeweiligen Regierung zusammen, dann schmeißt sie entweder das Geld zum Fenster hinaus, oder sie lügt.»

Auseinandersetzungen mit den Bewohnern und Mitarbeitern seiner Projekte will Böhm «auf einer freundschaftlichen und väterlichen Basis» führen. Trotz der Erfahrungen seiner Kindheit und Jugend scheint Böhm überzeugt zu sein, daß die Familie keine Machtstruktur ist, denn er betont, daß «zwischen den Hauiwas und mir keinesfalls ein Herrschaftsverhältnis besteht, sondern wir sind eine Familie». Sein Modell von Entwicklungshilfe, das sich auch als Modell einer Vater-Sohn-Beziehung lesen ließe, ist das Gespräch, in dem sich zwei «an einen Tisch setzen und sagen: Was habt ihr falsch gemacht? Und im gleichen Atemzug: Was haben wir falsch gemacht? Und was können wir gemeinsam neu entwickeln, damit es besser wird?» Wer aus Abhängigkeit Gleichberechtigung machen will, muß nach Böhm also vor allem bereit sein zur Diskussion.

Solange er denken kann, sagt Böhm in seinen Memoiren, habe sein Vater eine indirekte Dominanz in seinem Leben gehabt. Aber ein Fortschritt ist da schon: Der Vater schwieg über seine Unterlassungen, der Sohn tut etwas und redet drüber.

Durch Distanz zur Nähe

WOLFGANG UND THOMAS LANGHOFF

von Ingeborg Pietzsch

Peter Hacks und die Folgen

A m 2. Oktober 1962 hob sich im Deutschen Theater der Vorhang zur Premiere *Die Sorgen und die Macht* von Peter Hacks in der Inszenierung von Wolfgang Langhoff. Diese Aufführung sollte zu einem «Fall», einem der unrühmlichsten und beschämendsten kulturpolitischen Ereignisse in der DDR werden und für den Regisseur und Intendanten des Deutschen Theaters, Wolfgang Langhoff, zu einer Tragödie führen.

Hacks, 1956 aus Westdeutschland in die DDR übersiedelt, hatte sich vorwiegend mit historischen Stoffen als Dramatiker einen Namen gemacht. *Die Sorgen und die Macht* hingegen stellten einen aktuellen Konflikt in einem «Produktionsstück» vor, das Ende der fünfziger Jahre bereits an der renommierten Berliner Bühne geprobt worden war, vom Autor aber, ehe eine Aufführung zustande kam, zurückgezogen und überarbeitet, schließlich an der kleinen Provinzbühne «Theater der Bergarbeiter Senftenberg» uraufgeführt wurde. Unter den wachsamen Augen der zuständigen Kulturfunktionäre, im Ergebnis zahlreicher Diskussionen mit Mitarbeitern des Deutschen Theaters hatte man sich schließlich auf die nun vorgestellte dritte Fassung des Hacks-Stückes geeinigt. Langhoff und das Spiel-Ensemble waren deshalb völlig ahnungslos, welchen (künstlich geschürten) Sturm von Anfeindungen und Verleumdungen das Projekt letztlich auslösen würde. Noch zur Premiere hatten Mitglieder des Zentralkomitees der SED der Inszenierung Lob und Beifall gespendet. Schon kurze Zeit später aber tauchten in den Kritiken dogmatischer, stalinistischer Journalisten hämische und bösartige Repliken auf, wurde der Autor der «Besserwisserei», des «Verzerrens der Wirklichkeit» und der «Verzeichnung von Arbeiterklasse und Partei» bezichtigt. Im *Neuen Deutschland*, dem Zentralorgan der SED, meldeten sich – wie man heute weiß – bestellte Gegner der Aufführung zu Wort, die nun nicht nur Peter Hacks das «Nichtbegreifen unserer Entwicklung» vorwarfen, sondern «besorgt» anmerkten: «Nachdenklich stimmt, daß ein langjähriger Parteifunktionär wie Intendant Genosse Wolfgang Langhoff die starken Mängel des Stücks nicht gesehen hat.» Flinkzüngig bekannten nun auch weitere Funktionäre, Journalisten, Leser und Zuschauer ihre «Bauchschmerzen» mit Stück und Inszenierung. ZK-Mitglieder, die in der Premiere noch begeistert akklamiert hatten, schlugen sich nun «beschämt» an die Brust, und Hans Rodenberg, einer von ihnen, rief in «selbstkritischem Erstaunen» aus, er begreife nicht, wie er «auf so etwas habe reinfallen können!».

Was aber war es, was die übereifrigen opportunistischen Funktionäre an dem Stück (und seiner künstlerischen Umsetzung) so erregte? Hacks hatte – nach eigener Kenntnis und Studien vor Ort – den Widerspruch zwischen Quantität und Qualität in der Produktion aufgerissen. Das Stück spielt 1956 in einem großen Braunkohlewerk der DDR. Die Brikettfabrik des Werkes übererfüllt den Plan durch schludrige Arbeit und steht materiell gut da. Die Kollegen der Glasfabrik, die die schlechte Kohle verarbeiten müssen, bekommen aber Schwierigkeiten und können die Norm nicht erfüllen. Ihre Lohntüten bleiben schmal. Hacks zeigt nun in einem amüsanten Erziehungsprozeß, wie materieller Anreiz und nicht zuletzt die Liebe den Widerspruch Quantität–Qualität in der Produktion überwinden können. Partei und Arbeiter werden dabei nicht idealisiert, sondern kritisch, aber als veränderungsfähig beschrieben. Doch genau an dem Punkt setzten die Gegner des Projektes an: Von «lebensfremder, schematischer, undialektischer Darstellung der Partei und Arbeiterklasse» war die Rede, vom «Zerrbild der Partei», die sich aus «Dummköpfen und Egoisten» rekrutiere. Und auf dem VI. Parteitag der SED, am 17. 1. 1963, rief Paul Verner, Kandidat des Politbüros und Erster Sekretär der SED-Bezirksleitung Berlin, nahezu beschwörend aus: «Soll man ... Ja und Amen dazu sagen, wenn man unsere Arbeiter, Parteimitglieder und Parteifunktionäre ... als dumme Menschen auf die Bühne stellt, wie das im Deutschen Theater geschehen ist? ... Besonders zu denken muß jedoch geben, daß das in seinen Grundgedanken falsche Stück von Peter Hacks nicht auf irgendeiner Experimentierbühne, sondern ausgerechnet am Deutschen Theater aufgeführt wird ... Liegt es nicht daran, daß in der Leitung des Deutschen Theaters seit langem die Auffassung besteht, man müsse sozusagen eine Mittlerrolle spielen und ideologische Kompromisse schließen? Ideologische Kompromisse aber führen zur ideologischen Koexistenz ...»

Damit war der Weg des unmittelbaren Angriffs auf die Leitung des Deutschen Theaters und seines Intendanten freigegeben. Hier ging es nicht mehr nur um inhaltliche Probleme eines Stücks und schon gar nicht um ästhetische Fragen. Gegen Langhoff wurde schlichtweg der Vorwurf erhoben, er strebe ideologische Koexistenz an, suche nach dem (von der SED gefürchteten) «dritten Weg». Jetzt wagten sich auch die feigsten Opportunisten, Schönredner und Neider der Erfolge des Deutschen Theaters wie Ratten aus ihren Löchern. Eine Kampagne der übelsten politischen Anfeindungen und Verleumdungen brach an. Eine Kampagne, die Langhoff nicht nur das Amt des Intendanten kostete, sondern ihn letztlich in eine tödliche Krankheit trieb.

Der «Fall» *Die Sorgen und die Macht* war, gerade zu dieser Zeit, kein Einzelfall. Nach dem XX. Parteitag und den Enthüllungen über die Stalinzeit forderten Stimmen in der DDR eine Diskussion über den Personenkult und vergleichbare Erscheinungen politischen Machtmißbrauchs. Die Partei fühlte sich zu erhöhter «Wachsamkeit» aufgerufen. Diskussionen in den Künstlerverbänden, die mit Abmahnungen, Ausschlüssen und Rücktritten endeten, Angriffe auf Kunstzeitschriften, auf Autoren, Journalisten, Dramatiker und bildende Künstler waren die Folge. Die «Einheit und Geschlossenheit» der Partei sollte in ihrer ganzen Stärke demonstriert werden. Kritische Stimmen wurden totgeschwiegen. Die, die gehofft hatten, daß nach dem Mauerbau eine größere «Fehlerdiskussion» möglich sein würde (also die Möglichkeit, über innere Probleme der DDR kritisch miteinander ins Gespräch zu kommen), sahen sich getäuscht. Hinter den Mauern aus Beton war das Schweigen angesagt. Im Widerspruch zu ständig verkündeten marxistischen und leninistischen Parolen gab es keine «Wahrheit» für das Volk, keine Aufarbeitung und kritische Sicht auf historische Irrtümer, wurden dialektische Darstellungen als «Verunglimp-fung» und «Verzerrung» diffamiert. Heiner Müllers Erfahrungen mit seinem Stück *Die Umsiedlerin* verweisen auf eines von vielen, allerdings besonders eklatanten Beispielen der dogmatischen und opportunistischen Kulturpolitik. Das Debakel um *Die Sorgen und die Macht* ist ein weiteres Beispiel. Bei diesem Stück stand ja für die Funktionäre der SED zu befürchten, daß die Darstellung von Feh-lern der Genossen (im Stück in relativ unbedeutenden Positionen) Rückschlüsse zulassen könnte auf die Fehler von Genossen in füh-renden und leitenden Stellen. Und genau das durfte nicht sein, denn – wie es in einem der oft gesungenen Lieder hieß –: «Die Partei, die Partei, die hat immer recht.» Tragisch an dem ganzen Vorgang um *Die Sorgen und die Macht* ist vor allem, daß weder der Autor noch der Regisseur, noch das gesamte Spiel-Ensemble und auch nicht die Parteigruppe des Deutschen Theaters je im Sinn hatten, DDR- oder parteifeindlich zu wirken. Die Haltung gegenüber dem Stück war sogar keineswegs unkritisch. Aber Langhoff schätzte den begabten jungen Autor Hacks, der eine ungewöhnliche, metaphernreiche Sprache zu schreiben wußte, ein glänzender Dialektiker und befä-higter Dramatiker war (und ist). Langhoff hielt Hacks, über alle Anfeindungen hinweg, die Treue.

Das Kapitel Hacks war mit dem Fall *Die Sorgen und die Macht* noch nicht zu Ende. Als der Autor 1965/66 mit seinem *Moritz Tas-sow* erneut in die Schußlinie der Partei geriet, nahm er endgültig Abschied von dem Versuch, die Wirklichkeit der DDR unmittelbar kritisch zu befragen. Er wandte sich von nun an historischen und antiken Stoffen zu, bearbeitete vorliegende Stücke, schrieb Kinder-bücher. Ein Verlust für die Gegenwartsdramatik. Ein eigenes, noch zu schreibendes bitteres Kapitel vom Sieg der Macht über den Geist.

Die verkehrte Einsicht

Wolfgang Langhoff war 1962 nicht zum erstenmal ins kritische Visier der SED geraten. 1950 hatten «findige Köpfe ... entdeckt», daß Langhoff während seiner Schweizer Emigration in den Jahren des NS-Regimes angeblich Beziehungen zu einem amerikanischen Spion, Noël Field, unterhalten habe. Langhoff wurde vorgeworfen, sich mit dem Agenten konspirativ eingelassen und damit «Hilfe für den Klassenfeind» geleistet zu haben. In den Augen der Funktionäre kam Langhoff – andere wurden zu Gefängnisstrafen verurteilt – «glimpflich» davon: Man enthob ihn aller politisch wichtigen Funktionen (er war u. a. Gründungsmitglied der Volkskammer der DDR und Mitglied des Zentralkomitees gewesen). Langhoff wußte sich völlig unschuldig. Er erinnerte sich der flüchtigen Bekanntschaft mit Field und konnte die Unterhaltungen mit ihm über künstlerische Fragen fast detailgenau wiedergeben. Es half ihm nichts. Auch ein Brief, den er am 31. 8. 1950 an die Zentrale Kontrollkommission der Partei richtete, in dem er bat, den Beschluß noch einmal gründlich zu überprüfen, zeitigte keinen Erfolg. Langhoff schließt den Brief: «Nachdem ich über zwanzig Jahre der Partei angehöre und mein Leben immer klar vor ihren Augen lag, trifft mich die Enthebung aus meinen Funktionen als ein schwerer Schlag. Wenn er zu vermeiden ist, bin ich der Partei dankbar.» Doch schon eine Woche später, am 8. 9. 1950, richtet er folgende Zeilen an die gleiche Adresse: «Heute, nachdem ich ... den ganzen Umfang der Folgen begreife, die unsere sträfliche Leichtfertigkeit und mangelnde Wachsamkeit in der Emigration für die Partei hätte haben können, halte ich alle Maßnahmen, auch die mich betreffenden, für gerechtfertigt und ziehe daher meine Bitte (um Überprüfung des Beschlusses, I. P.) zurück.» Zunächst sah es so aus, als sollte Langhoff auch seines Intendantenpostens verlustig gehen. Selbst damit fand er sich, wenn auch schweren Herzens, ab und war bereit, nach Stalinstadt zu übersiedeln und dort die Leitung eines Kulturhauses zu übernehmen. Diese letzte Demütigung blieb ihm nun zwar erspart. Aber selbst als sich später herausstellte, daß der vermeintliche Agent nie einer gewesen war,

Die Sorgen und die Macht *von Peter Hacks, 1962 am Deutschen Theater Berlin in der Regie von Wolfgang Langhoff herausgebracht, wurde zum politischen Skandal, der Langhoff das Amt des Intendanten kostete und wesentlich zu seiner schweren Erkrankung beitrug.*

erhielt Langhoff seine Ämter nicht zurück und wurde auch nie rehabilitiert.

Anders endet der Eklat mit dem Hacks-Stück. Zwar zeigte sich Langhoff auch hier, nach zermürbenden Diskussionen, Briefen, Aufrufen, Protesten des Ensembles, schließlich «einsichtig» und bezeichnete sich selbst öffentlich als «Sorgenkind» der Genossen, aber er war nun ein tief verletzter, müder, bereits von einer schweren Krankheit gezeichneter Mann. Im Gespräch mit Funktionären ließ er durchblicken, «daß er eigentlich nicht mehr leben möchte», weil er «periodisch kritisiert würde». Ungeachtet dessen nahm er die alleinige Verantwortung für die Vorkommnisse um das Hacks-Stück auf sich und erklärte: «Ich kann niemals in der Entwicklung einer Kunst außerhalb der Reihen der Partei, gegen die kollektive Weisheit der Partei . . . irgend etwas erreichen wollen.»

Mit dem «periodischen Kritisieren» seiner Person hatte Langhoff auf andere konkrete Vorfälle angespielt: So hatte man ihm zur Last gelegt, daß der Chefdramaturg des Deutschen Theaters, Heinar Kipphardt, den Langhoff an sein Haus geholt hatte und den er ebenso wie Hacks außerordentlich schätzte, 1959 die DDR verlassen hatte und nach Westdeutschland übersiedelt war. Langhoff, der «eine Spürnase» für Talente, vor allem auch für literarische Begabungen besaß, diese förderte und mit ihnen ein hohes Niveau der Gegenwartsdramatik am Deutschen Theater anstrebte, geriet schon deshalb ständig in die Kritik der Funktionäre. Man warf ihm mangelnde Volkstümlichkeit, Beleidigung des Publikums, Arroganz usw. vor. Aber er weigerte sich beharrlich, die banalen, verklärenden sozialistischen Produktionsstücke in seinem Theater aufzuführen.

Eine weitere Demütigung und öffentliche Verunglimpfung hatte er schließlich ertragen, als Walter Ulbricht auf einer Beratung des Politbüros vor und mit Schriftstellern und Künstlern im März 1963 hämisch anmerkte: «Liebe Genossen vom Deutschen Theater! Das Deutsche Theater wurde restauriert, ich weiß nicht, wie viele Millionen das gekostet hat, und es hat lange gedauert. Als es wiedereröffnet wurde, kamen Sie mit ‹Wilhelm Tell› heraus ... als wir das hörten, haben wir uns gesagt, vielleicht hat es nur bis zu ‹Wilhelm Tell› gereicht; denn zu dieser Inszenierung gehört keine besondere Leistung. Davon sind schon viele, viele verschiedene Inszenierungen bekannt.» Diese diffamierenden Äußerungen, die dann natürlich noch mit entsprechenden Hieben gegen *Die Sorgen und die Macht* versehen wurden, richteten sich gegen eine Aufführung von hervorstechender, überregionaler Bedeutung. Kritik und Publikum hatten ihre politische Botschaft, die poetische Bildhaftigkeit und die überragenden Leistungen der Darsteller mit höchstem Lob aufgenommen. Aber natürlich ging es auch in diesem Fall nicht um künstlerische Probleme. Nach dem Mauerbau mußte bei den Parteifunktionären die Forderung nach «einem einzig Volk von Brüdern» auf Stirnrunzeln und Protest stoßen. Immerhin blieb aber die Inszenierung im Repertoire des Deutschen Theaters. *Die Sorgen und die Macht* hingegen wurde, nach nur 22 Vorstellungen, im Januar 1963 abgesetzt.

Das immer wieder «einsichtige» Handeln Langhoffs, seine

selbstkritische und nahezu selbstzerstörerische, sich selbst aufgebende Haltung gegenüber der Partei mag auf den ersten Blick als ein Zeichen von Opportunismus, Karrierismus oder auch charakterlicher Feigheit gedeutet werden. Das Gegenteil trifft zu. Langhoff befand sich in einem tiefen inneren Konflikt. Sein Leben wurde, vor allem in den späten Jahren, zur Tragödie, und sein «Fall» steht nahezu modellhaft für andere in diesem Jahrhundert.

Vom «Prince of Wales» zum Kommunisten

Wer war dieser Wolfgang Langhoff? 1901 als Sohn eines Kaufmanns in Berlin geboren, seit früher Kindheit im Badischen aufwachsend, zieht es ihn mit fünfzehn Jahren als Schiffsjungen zur See. Er entdeckt wenig später seine Liebe zum Theater, geht 1919 als Schauspieler in sein erstes Engagement nach Königsberg, dann über Hamburg, Wiesbaden nach Düsseldorf. Herbert Jhering, der bekannteste Kritiker jener Zeit, urteilt über ihn: «Er ist der moderne Schauspieler des Düsseldorfer Schauspielhauses. Er vertritt den Typ des neuen Darstellers, der mitten im Leben steht, der allen Berufsfragen ebenso zugekehrt ist wie der Politik, der ruhelos alle Wissens- und Lebensgebiete sich erobert und der trotzdem ein Künstler geblieben ist ... Wolfgang Langhoff ... erfüllt seinen Beruf mit der ganzen Intensität der Gegenwart. Niemals war ein Künstler vom romantischen Begriff des Schauspielers weiter entfernt als er.»

Noch in Wiesbaden hatte sich der junge Schauspieler im vollen Glanz seiner Popularität gewiegt. Er war der Liebling des Publikums und bestimmte in der feinen Gesellschaft des Kurbades die Mode und den guten Ton entscheidend mit. «Prince of Wales» nannte man ihn liebevoll. Er war auf der Kurpromenade ebenso wie auf den Tennisplätzen und in den Reitsälen zu Hause. Mit seiner jungen Frau, der Schauspielerin Renate Reiner, zeigte er sich nur zu gern in der Öffentlichkeit. Er war ein glänzender Gesellschafter, sprühend vor Witz und Geist.

Eines Tages las er Lenins *Materialismus und Empiriokritizismus*, das ihm ein Buchhändler geliehen hatte. Von Stund an veränderte sich sein ganzes Leben. «Mir war wirklich», bekannte er, «als fielen mir Schuppen von den Augen. Von dem Zeitpunkt an glaubte ich, den Schlüssel gefunden zu haben für eine Wiederherstellung großer Kunst.» Vorbei war es mit der lässig-verspielten Vergangenheit. Der «Prince of Wales» existierte nicht mehr. Die eleganten Anzüge und Krawatten wurden verschenkt, die Spaziergänge auf der Kurpromenade eingestellt. Langhoff saß zu Hause und las marxistische Literatur. Und er meinte es ernst damit. 1928 trat er in die KPD ein, leistete aktiv politische und kulturpolitische Arbeit, wirkte bei Agitprop-Gruppen mit, organisierte Auftritte vor Arbeitern in Betrieben und inszenierte, nun aus einer völlig anderen Haltung heraus, Stücke der Weltdramatik am Düsseldorfer Schauspielhaus. Sofort nach dem Machtantritt der Nazis wird er verhaftet, ohne Verfahren abgeurteilt, deportiert und erlebt die Hölle des KZ erst in Börgermoor, dann auf der Lichtenburg. Er wird physisch schwer mißhandelt. Die Zähne werden ihm ausgeschlagen, er muß Einzelhaft, Schlafentzug, Hunger und schwere körperliche Arbeit erleben. Aber Langhoff übersteht diese Hölle. Auch deshalb, weil er ein Ideal, die Utopie vom befreiten, mündigen, mit allen sozialen und politischen Rechten ausgestatteten Menschen, tief verinnerlicht hat. Den Unrechtsstaat der Nazis hatte er von Anfang an vehement abgelehnt. Das Studium marxistischer Schriften ermöglichte ihm die theoretische Plattform, von der aus er den Faschismus, die kapitalistische Gesellschaft und nicht zuletzt die bürgerliche Welt grundlegend verurteilte.

Die Schrecken in den Kellern der SS holen ihn immer wieder nachts ein: «Ich sah im Traum», schreibt er in seinem Erinnerungsbuch *Die Moorsoldaten*, «die Gesichter der SS-Männer im Keller vor mir – grauenhaft deutlich, die verzerrten Gesichter, die neugierigen und erregten Augen. Ehe der erste Schlag fiel, fuhr ich meistens hoch.» Doch er erlebt auch «Großartiges». Von seinen Leidensgenossen erfährt er Mitleid, Hilfe, und er entwickelt mit ihnen Widerstand gegen das verhaßte System. So erlebt er, wie gemeinsames Handeln, Zusammenhalt und vernünftiges, taktisch genau geplantes Verhalten Menschen selbst in der Hölle des KZ zu einer organisierten Gemeinschaft verbinden können.

1934 gelingt ihm die Flucht in die Schweiz, wo er bis 1945 am

Zürcher Schauspielhaus engagiert wird. Auch in Zürich am Theater, dessen Besitzer, Ferdinand Rieser, jede politische Tätigkeit verbot, wirkte Langhoff illegal, doch aktiv in der Emigrationszelle der KP. Sein ganzes Leben blieb er ein politisch tätiger Mensch, arbeitete in zahlreichen Gremien von Partei und Gewerkschaften mit und suchte auch ständig die unmittelbare kulturpolitische Verantwortung in entscheidenden Ämtern. Langhoff hatte sein Leben für seine Ideale eingesetzt. Er mußte, konnte nicht anders, als diesen Idealen treu zu bleiben.

Ende der fünfziger Jahre läßt er sich als Spitzenkandidat für die SED in Westberlin aufstellen; und schon 1953 schreibt er an Boleslaw Barlog, den Intendanten des (West-)Berliner Schiller- und Schloßparktheaters: «Ich weiß genau, daß Sie ebenso wie ich der politischen Entwicklung in unserem Vaterlande und besonders in unserem Berlin mit großer Beunruhigung entgegensehen. Darum frage ich Sie ...: Was können Sie ... tun, um von Ihrem Standpunkt aus der Verschärfung der Situation entgegenzusteuern?» Die Entwicklung hin zum Kalten Krieg, zur vertraglich festgeschriebenen Spaltung Deutschlands verfolgt Langhoff mit großer Sorge. Weil er die weltpolitischen Zusammenhänge als engagierter Kommunist sieht, meint er aber nun, die kleinlichen Querelen seiner Partei um Stücke, Inszenierungen, um seine Person und um eine Vielzahl weiterer Probleme als «entwicklungsbedingt», als Ausfluß einer Übergangsepoche verstehen zu müssen. So demütigt er sich, nimmt sich zurück und übt – auch öffentlich – Selbstkritik.

Nach dem Krieg war Langhoff zunächst nach Düsseldorf zurückgekehrt. Am dortigen Schauspielhaus arbeitete er als Intendant, bis er 1946 dem Ruf nach Berlin als Intendant des Deutschen Theaters folgte. Die Familie, zunächst in der Schweiz geblieben, übersiedelt mit ihm nach Berlin. Langhoff arbeitet künstlerisch neben seiner Intendantentätigkeit als Regisseur und Schauspieler und schafft eine Vielzahl beispielgebender, vor allem Klassikeraufführungen. 1963 tritt er, nach dem Eklat um *Die Sorgen und die Macht*, als Intendant zurück und stirbt im August 1966.

Wolfgang Langhoff mit seinen Söhnen Thomas und Matthias nach der Rückkehr aus dem Zürcher Exil in der Berliner Wohnung.

Der Erstgeborene

Thomas, der erstgeborene Sohn (von dem hier fast ausnahmslos die Rede sein wird), verlebt seine frühen Kinderjahre in der Schweiz. Er erinnert sich an eine starke, eng verbundene Familie. An eine wunderbare, feinfühlige und temperamentvolle Mutter, deren halbitalienische Abstammung für einen eher lässigen Umgang mit den Problemen des Alltags sorgte, während der Vater, ganz im Kontrast dazu, ein «Lebensprogramm» durchführte, sehr streng und diszipliniert an die «Dinge des Lebens» heranging. Thomas, 1938 – nach den furchtbaren Erlebnissen der KZ-Haft Wolfgang Langhoffs, seiner gefahrvollen, aber geglückten Flucht aus Nazi-Deutschland – geboren, war der Liebling des Vaters, die Krönung einer Liebe und Ehe, die außerordentlich harmonisch und glücklich verlief. Trotz der strengen Lebensführung des Vaters erfuhren «die Buben» (Thomas und der drei Jahre jüngere Matthias) alle nur denkbare Liebe und Zärtlichkeit. Die Kindheit der Brüder verlief überaus glücklich. Vor allem deshalb, weil ihnen die Familie eine untrennbare Einheit schien. Thomas erinnert sich: «Ich muß etwa sechs Jahre alt gewesen sein – es war in Zürich – da durfte ich, was ich ungeheuer aufregend fand, mit einem Glöckner auf den Glockenturm steigen und erlebte, wie er die Abendglocken läutete. Schräg vom Turm herunter, also aus einer entfernten und höher gelegenen Perspektive, konnte ich in unsere Wohnung sehen. Ich konnte meine Eltern erkennen, meinen Vater, der – wie beschützend – hinter der Mutter stand. Sie trug einen roten Pullover, und vor den Fenstern blühten rote Geranien. Ein Bild. Ein abrufbares Bild. Erstmals sah ich von oben auf meine Eltern. Herzreißen und Erregung bemächtigten sich meiner.» Die Bindung an die Eltern ist so stark, daß – als der Vater nach Beendigung des Krieges zunächst allein nach Düsseldorf geht – die Brüder außer Rand und Band geraten, die Mutter mit ihnen nicht mehr fertig wird, nahezu das Chaos ausbricht. Die Störung der engen Familienbeziehung zeitigte verheerende Wirkungen.

In Berlin sind die Langhoffs dann wieder glücklich vereint. Thomas erlebt «die Zauber- und Wunderwelt des (Deutschen) Theaters», das für ihn «so etwas wie Disney-Land» ist, «etwas, wo man spielte, sich wunderte, glücklich war». Dort macht er – häufig unter den strengen Augen des Vaters – seine Schularbeiten; ist aber auch immer wieder im Zuschauerraum anzutreffen, erlebt den Vater auf der Bühne und ist von dessen Leistungen und «dem Bekennerischen» in den Rollen tief beeindruckt. Zur Mutter hat er, eigenem Bekunden nach, eine «sehr sinnliche Beziehung». Er ist stolz, auch mal ihr Vertrauter zu sein und «im verträglichen Rahmen» mit ihr «gegen den Vater zu konspirieren». Zu dem kleineren, sehr introvertierten Bruder, der lange Zeit nicht spricht, ein sehr eigenbrötlerisches und verschlossenes Kind bleibt, ist die Beziehung herzlich, aber locker.

Das Familienleben der Langhoffs wurde zu dieser Zeit auch, vor allem an den Abenden, durch rege Besuche interessanter, künstlerisch bedeutender Persönlichkeiten geprägt. Wolfgang Langhoff hatte dem aus dem Exil heimgekehrten Brecht nicht nur im Deutschen Theater ein Domizil angeboten (das Berliner Ensemble führte dort als erstes Brechts *Mutter Courage und ihre Kinder* auf), sondern sich auch privat um die Unterbringung der Familie Brecht-Weigel gekümmert. In unmittelbarer Nachbarschaft zu den Langhoffs fand sich eine Wohnung, und da sich die beiden Männer sehr gewogen waren, besuchte man sich gegenseitig, und sie spielten abends regelmäßig miteinander Schach. In ihren Auffassungen vom Theater gingen Langhoff und Brecht allerdings auseinander. Zwar bewunderte der DT-Intendant Brechts Modellinszenierungen der eigenen Stücke, fand sie genial und hatte selbst in den Jahren der Schweizer Emigration in einigen Aufführungen Brechtscher Stücke mitgewirkt. Aber seine idealistischen Positionen, mit denen er sich der Klassik näherte, mußten sich extrem von denen des *Organon*-Verfassers unterscheiden. Eine *Urfaust*-Inszenierung Brechts, die dieser am Deutschen Theater geprobt hatte, fand einen «wutschäumenden» Langhoff, der das Experiment an seinem Haus nicht duldete. Langhoff fühlte sich der Theaterarbeit Stanislawskis verpflichtet und vertrat diese Meinung auch auf der berühmt-berüchtigten Stanislawski-Konferenz 1953. Brecht hielt mit seinem *Kleinen Organon* dagegen. Er war ein genialer Autor, aber ein schwacher öffentlicher Redner. Langhoff dagegen brauchte den

«Auftritt». Da blühte er auf und riß seine Zuhörer mit. Hingegen mißtraute er seinen theoretischen Fixierungen.

Trotz gegenteiliger Auffassungen vom Theater und erheblicher öffentlicher «Kabbeleien» probte Langhoff unter Brechts Regie den Papst in der *Galilei*-Aufführung im Berliner Ensemble. So wichtig war ihm diese Arbeit mit Brecht, daß er sich heimlich – damals herrschte starke Konkurrenz zwischen den beiden Häusern – zu den Proben schlich. Doch Brecht starb, und Langhoff trat von dem Projekt zurück.

Thomas, der sich helfend in Brechts Garten betätigt hatte, erhielt von ihm seine ersten Jeans.

Der beste Freund Wolfgang Langhoffs war allerdings der Komponist Hanns Eisler. Für Thomas eine Art «zweiter Vater». Eine unglaubliche Erscheinung, ein Genuß- und Sinnenmensch, durchaus barock in seiner Lebensführung. In diesem Punkt traf sich Eisler mit Wolfgang Langhoff. Auch der liebte – das war seine zweite, in der Öffentlichkeit wenig bekannte Seite – barocke Lebensfülle. Er genoß Gespräche, geistreiche Diskussionen, witzsprühende Unterhaltungen ebenso wie üppiges Essen und Trinken. Eisler und Langhoff waren «große Freizeiterscheinungen», «absolute Partylöwen», erinnert sich Thomas. Wenn Eisler zu Besuch kam, setzte er sich häufig ans Klavier und sang und spielte, was ihm gerade einfiel – Lieder aus Brechts Stücken oder Arbeiterlieder und -märsche (manchmal gemeinsam mit Ernst Busch) oder aber Wiener Schnulzen. Für Eisler waren künstlerische Antipoden überhaupt kein Problem. Er schrieb dem Brecht spröde und strenge Gesänge und Musiken, und für Langhoffs Arbeiten schwelgte er auch gern einmal in üppigen Orchesterklängen. Für Eisler gab es nur gute oder schlechte Kunst. Auffassungen, die den jungen Thomas nachhaltig beeinflußten, wie generell der selbstverständliche Umgang mit genialen und hochbegabten Persönlichkeiten. Langhoffs führten ein sehr offenes Haus. Viele Mitarbeiter des Vaters (unter ihnen Schauspieler, Bühnenbildner, Maler, Autoren, Komponisten) verkehrten in der Weißenseer Villa. Als die Kollegen der in Wien aufgelösten «Scala»-Bühne von Langhoff ans Deutsche Theater geholt wurden, waren Freunde wie Karl Paryla und Wolfgang Heinz, die Langhoff aus der Schweizer Emigration kannte, ständige Gäste.

Und die Abende mit nostalgischen Erinnerungen, Anekdoten und Geschichten aus der Zürcher Zeit gehörten zu den heitersten und schönsten.

In den schwierigen Entwicklungsjahren der Pubertät entfernte sich der Sohn innerlich sehr weit vom Vater. Nur widerwillig ließ er sich noch mit ins Theater schleppen, wich Gesprächen über künstlerische Dinge möglichst aus und suchte statt dessen zweifelhafte Bekanntschaften. Aus Protest gegen den Vater, auch gegen den Künstler, landete Thomas sogar «im halbkriminellen Milieu». Er war Mitglied jugendlicher Banden, die – allerdings mehr oder weniger harmlose – Laubeneinbrüche verübten. Und ein paarmal wurde er auch der Polizei vorgeführt. Es war der verzweifelte Versuch eines sensiblen Jungen, sich von dem übermächtigen Vater abzunabeln, sich von ihm fernzuhalten, ihn auch zu schockieren und sich sein eigenes, wenn auch äußerst zweifelhaftes Eigenleben aufzubauen. Die Straße wird ihm der eigentliche Ort des Erlebens. Unsicher und mit sich uneins führt Thomas zu dieser Zeit häufig ein Doppelleben: Zu Hause ist er der ordentliche, gut erzogene Junge, auf der Straße ein aufsässiges Großmaul.

Als die Zeit der Berufswahl näherrückt, spielt Thomas mit dem Gedanken, sich der bildenden Kunst zu widmen. Maler oder Grafiker will er werden. Der Vater ist entzückt. Ganz plötzlich, für alle überraschend, wählt der Sohn dann doch den Schauspielerberuf. Aber er will eine mögliche Immatrikulation an der Schule nicht seinem Namen und schon gar nicht seinem Vater verdanken. (Zu dieser Zeit war die Berliner Schauspielschule noch dem Deutschen Theater unterstellt.) Um jeder peinlichen Situation auszuweichen, bewirbt sich Thomas in Leipzig unter falschem Namen. Das gelingt ihm aber nur bei der Eignungsprüfung. Kurze Zeit später fliegt das Pseudonym auf. Immerhin hatte Thomas die Aufnahmeprüfung bestanden. Aber er war kein sonderlich guter Student. Der verpflichtende Name wurde nur zu schnell zu einer großen Bürde. Immer am Vater, an dessen Bedeutung und Leistung gemessen werden kann für einen jungen Menschen, der seine ganz eigene, ursprüngliche Identität erst finden muß, nahezu mörderisch sein. Hinzu kam, daß Thomas – er war nun einmal in einer hochsinnigen Künstlerfamilie aufgewachsen – allerhöchste Maßstäbe an künst-

Wolfgang Langhoffs Lebenslauf ist exemplarisch für viele linke Künstler seiner Generation. In den zwanziger Jahren als «Typ des neuen Darstellers» gefeiert, tritt er 1928 in die KPD ein und verändert seine künstlerische Arbeit grundlegend. Von den Nazis verhaftet und gequält, flieht er 1934 in die Schweiz. Als Kommunist in der DDR, «Sorgenkind» der Genossen, reibt er sich in den Querelen seiner Partei und in öffentlicher Selbstkritik auf.

lerische Produktionen und Ereignisse legte – Maßstäbe, denen er selbst nicht im entferntesten entsprach. Das machte ihn seinen Kommilitonen nicht eben sympathisch.

Sein erstes Engagement als Schauspieler führt ihn an eine kleine, unbedeutende Bühne in Borna. Aber er spielt hier alles, was gut und teuer ist, erwirbt sich handwerkliches Rüstzeug, sammelt Erfahrungen, wird frei im Spiel und sieht nun – selbst künstlerisch tätig – mit völlig anderen Augen und wachen Sinnen auf die Arbeit seines Vaters. Aber gerade als er nun mit professionellem Verständnis die Inszenierungen des Vaters würdigen kann und mit höchster Empfindsamkeit auf kritische Stimmen reagiert – «wenn jemand eine Inszenierung meines Vaters nicht gut fand, habe ich das kaum ertragen» –, gerade zu dieser Zeit gerät er politisch zum Vater in einen äußersten Zwiespalt. Nun aber nicht mehr aus einem nur pubertär diktierten Widerspruchsgeist heraus, sondern aus durchlebter Erfahrung und sachlich begründeter Kenntnis. (Während der jugendlich-aufsässigen Jahre hatte Thomas «den Alten» auch dadurch schockiert und zur Verzweiflung gebracht, daß er Mitglied der neuapostolischen Gemeinde geworden war und sonntags folgsam zum Gottesdienst trabte.) Mit diesen kindischen, «absurden» Trotzreaktionen ist es nun vorbei. Thomas stellt Fragen, stellt auch den Vater in bestimmter Hinsicht in Frage, wird kritisch, mißtrauisch gegen aufoktroyierte Meinungen. Er gerät dabei in den Konflikt, die untadelige, ja heroische Vergangenheit des Vaters als bewundernswert zu akzeptieren, den «treuen Diener seiner Partei» aber heftig abzulehnen. Thomas leidet Qualen. Der Mythos des Vaters, dessen Heldenbild, wird nun durch diesen selbst beschädigt. Die «höhere Verantwortung», in der sich Wolfgang Langhoff sieht, erscheint dem Sohn angesichts der immer verlogeneren, heuchlerischen Haltungen stupider Funktionäre, die Menschenrecht mit Füßen treten, als Phrase. Es war ja eine der widerwärtigsten Parolen des SED-Regimes (und darüber hinaus der sozialistischen, stalinistisch orientierten Gesellschaftsordnungen), daß der einzelne nichts galt, hingegen das Kollektiv alles. Künstler aber – und Wolfgang Langhoff war ein hochbegabter, sensibler Künstler – sind von Natur aus Individualisten. Sie müssen es sein, will ihre ganz eigene Kreativität, Sinnlichkeit und Phantasie sich durchsetzen. Will das, was ihr Ureigenstes ausmacht, sich im Kunstwerk unverwechselbar niederschlagen.

Wolfgang Langhoffs Künstlertum, sein extremer Individualismus, dazu seine barocke, überschießende Lebensfreude gerieten mit der engen, spießigen, dogmatischen und auch amusischen Parteibürokratie in einen ständigen, ihn zerreißenden Konflikt. Vom Sohn auf die unübersehbaren Widersprüche gestoßen, flüchtet sich der Alte in die Phrasen von der großen Weltpolitik. Thomas erzählt: «Paul Dessau war bei uns zu Besuch. Ich hatte, aufgeregt durch politisch fragwürdige Entscheidungen, ihm und meinem Vater von Ungerechtigkeiten und Härten erzählt. Die beiden versuchten zunächst, mir einzureden, ich wäre westlicher Propaganda aufgesessen. Dann, als sie merkten, daß sie anhand meiner Beweise damit nicht durchkamen, sagte Paul Dessau zu mir (und mein Vater war völlig einverstanden mit ihm): ‹Ja, das ist eben so – wir sind ein Ring von Menschen, der immer enger zusammenrückt, und dabei werden eben welche zerquetscht.› Ich erinnere mich ganz genau an jenen Abend. Wie ich ganz still mitten in der Stube stand und die beiden aufgeregt, wie Trabanten um einen Stern, um mich kreisten. Aber als Dessau diese Äußerung getan hatte, war für mich Schluß. Ich erkannte schlagartig, daß die Zerstörung oder das Zerquetschen von Menschen mit einem Ideal vom Menschen nicht vereinbar ist.»

Wolfgang Langhoff negiert vor dem Sohn sein eigentliches Ich, reduziert sich selbst auf den winzigen Teil einer Weltbewegung und beschwört immer erneut die Sehnsucht der Menschen nach einer besseren Welt. Wohl sieht er die Ungerechtigkeiten, Fehler, auch die Dummheit vieler seiner Genossen, sieht auch, daß sich schon vieles sehr weit von den ursprünglichen Idealen entfernt hat, aber er hält diese Ideale hoch, weil er an keinen «dritten Weg» glaubt und meint, durch dieses Jammertal hindurch zu müssen, um schließlich eine bessere Welt zu finden.

Der Sohn verstand die Haltung des Vaters und verstand sie auch nicht. Da war der ehemalige KZ-Häftling, der gelitten hatte, aber selten darüber sprach und sich nie als Opfer sah. Da war der langjährige Emigrant. Da war der politisch engagierte Künstler. Alles Haltungen, die dem Sohn Hochachtung und Bewunderung abnötigten. Zugleich aber erlebte er, wie diesem Mann, der über ein ausgeprägtes Unrechtsbewußtsein verfügte, der außerordentlich tolerant und liberal im Umgang mit anderen war (freilich zu gegebener Zeit auch zynisch, vor allem ironisch sein konnte) – Thomas also erlebte, wie seinem Vater permanent Unrecht geschah und der darunter litt, sich mit furchtbaren Selbstzweifeln quälte, letztlich aber immer «einsah» und zu Kreuze kroch. Den Sohn hat das tief verletzt, weil er seinen Vater liebte. Es hat ihn aber auch hart gemacht, und vor allem hat es ihn geprägt. Im Gegensatz zum Vater behauptet er seine Eigenheit, seine Identität, sein Ich, sucht sich – fern von parteipolitischen Bindungen – die Freiheit, die unter den gegebenen Umständen möglich ist, bleibt kritisch, wach, oppositionell. Den alten Langhoff hingegen hat der Konflikt zwischen Parteidisziplin und eigener kritischer Selbstbefragung zerbrochen. Langhoffs Schicksal darf deshalb wohl zu Recht ein wirklich tragisches genannt werden. Im Gegensatz zu vielen seiner Genossen, die opportunistisch jede neue Kursrichtung der Partei mitvollzogen, quälte er sich über alles Maß, hielt er bis zur Selbstzerstörung an seinen einmal gefundenen, für ihn gültigen Idealen fest. Ein «Fall», wie er wohl nur in diesem Jahrhundert, in einer Diktatur möglich war.

Künstlerische Annäherung

In künstlerischen Fragen sieht sich der Sohn dem Vater mehr und mehr verbunden. Überwältigend für ihn ist der Eindruck einer Lessingschen *Minna-von-Barnhelm*-Inszenierung des Vaters 1960. Erzählt wurde da «eine Komödie der Ehre». Tellheims preußischer Ehrbegriff geriet in eine ganz neue, kritisch-ironische Sicht; das «Heldenbild» wackelte. Und das sächsische Edelfräulein Minna von Barnhelm war zu bewundern bei ihrem mutigen Versuch, in den Wirren des Siebenjährigen Krieges dem Geliebten nachzureisen und sich ihn durch Klugheit und Witz zurückzuerobern. Neu aber war vor allem: Die Figuren wurden in ihren historisch bedingten Widersprüchen gezeigt, ihren tragischen und komischen Irrtümern. Und zugleich wurde ein aktuell-befragenswertes Heldenbild vorgeführt und das Bild einer selbstbewußten, um nicht zu sagen «emanzipierten» Minna gezeichnet. Die Geschichte spielte in einem heruntergekommenen Gasthof, dem die Folgen des Krieges anzumerken waren ...

Wolfgang Langhoff, der jede Klassikerinszenierung als «Uraufführung» begriff, entwickelte die Konflikte der Figuren aus ihrem historischen Kontext. Zugleich aber suchte er den Bezug zur Gegenwart. In diesem Bemühen – Brechts Erbe-Versuchen verwandt – gelang ihm, vor allem in den späteren Jahren, auf unverwechselbare Weise eine Synthese zwischen der Spielweise Brechts und der Stanislawskis: Distanz durch kritische Sicht, gebrochen durch Einfühlung in den Charakter und die Psyche der Figuren. Die wurden immer vielschichtiger, farbiger, schillernder – so auch im *Wilhelm Tell*, mit dem Langhoff zu zeigen versuchte, «daß die nationale Einheit nur errungen werden kann auf der Basis großer sozialer Errungenschaften, die sich im Innern des Landes vollziehen müssen». Besonders beeindruckend aber war an dieser Aufführung ihre Schlichtheit, eine Einfachheit von hohen Graden und die Darstellung eines Titelhelden, der nicht unbedingt zum Helden geboren war, es aber aufgrund seiner Erfahrungen werden mußte.

Und wie neu, wie unkonventionell war die Sicht auf scheinbar so festgelegte Figuren wie Präsident und Wurm in Schillers *Kabale und Liebe*! Der eine, bei allen Ränkespielen doch ein wahrhaft liebender Vater. Der andere, leidenschaftlich verliebt in Luise und deshalb aus Eifersucht für die gräßlichsten Intrigen verfügbar.

Diese Lust, nach den sozialen, politischen und psychischen Widersprüchen in den Figuren des Stückes zu suchen, sprang auf den Sohn über. Noch heute sieht er sich darin eins mit dem Vater: dem vorgegebenen Text verbunden zu sein, zugleich aber so viel ironische Distanz aufzubringen, daß der Text neu entschlüsselt wird. Die Realität, die gesellschaftliche Wirklichkeit also, wird kritisch befragt. Über Assoziationen und Analogien – auch darin gleicht Thomas' Arbeitsweise der des Alten – wird (bei historischen) Stoffen der Zeitbezug gesucht. Beide Langhoffs verstehen Theater auch als Ausdruck des politischen Zeitgeistes, sind sich einig über die eingreifende Funktion des Theaters in der Gesellschaft (nur das Ziel ist nicht immer das gleiche). Stets ist beim Sohn wie beim Vater die

Stückwahl just zu diesem Zeitpunkt nicht zufällig. Immer läßt sich in den Inszenierungen eine Absicht nachweisen, ein Konzept aufspüren, das, der Zeit geschuldet, dennoch über sie hinausweist. Wolfgang Langhoff beschreibt in seinen Aufführungen die ihn umgebende Welt kritisch, mitunter ironisch. Aber er stellt sie nie generell in Frage. Er will das System, in dem er lebt, durch Kritik verändern und letztlich verbessernd erhalten. Und er setzt bei seinen Helden, nicht ohne auch sie kritisch zu betrachten, auf eine mögliche Identifikation durch den Zuschauer. Thomas hingegen hinterfragt äußerst kritisch, sehr oft ironisch die Figuren, freilich auch, ohne sie völlig preiszugeben. Dazu ist ihm wie dem Vater die Dialektik zu vertraut.

Doch das Gesellschaftssystem, den real existierenden Sozialismus, in dem er aufgewachsen ist, sieht er dem Untergang geweiht, mit Bitterkeit und Trauer bilanziert er die Verluste. Seine Vergangenheit ist eine andere als die des Vaters: denn die Zeit, in der er lebt, ist keine Etappe des Übergangs mehr, in der vieles noch verworren und unklar war, Neuland betreten und verbissen verteidigt wurde. Thomas hat ein politisches System in seiner Erstarrung, seiner Bewegungslosigkeit erkannt. Er weiß um die Notwendigkeit einer grundlegenden Veränderung, und mit seinen Mitteln, denen des Theaters, versucht er, das Denken der Zuschauer in diese Richtung zu lenken. Wo der Vater noch bejahte, lehnt der Sohn ab. So gerät seine Volker-Braun-Inszenierung der *Übergangsgesellschaft* zu einer Abrechnung mit den verkrusteten gesellschaftlichen Strukturen in der DDR, zu einer bitter-ironischen Darstellung verlorener Träume. Dennoch setzt er auch hier, wie in den meisten seiner Aufführungen, Zeichen der Hoffnung. Selbst wenn die Helden physisch zugrunde gehen, bleibt ein Rest: der Versuch, sich gegen verfestigte Strukturen aufzulehnen, Grenzen zu überschreiten, nein zu sagen gegen das Unrecht.

Von nahezu atemverschlagender Frechheit war seine Inszenierung des Shakespearischen *Sommernachtstraums* am Berliner Maxim Gorki Theater Anfang der achtziger Jahre. Da stand, unübersehbar für alle, die Mauer auf der Bühne. Hinter ihr verschwanden – nach einem Steinwurf, der eine Öffnung freigab – die Herrscher und jungen Leute, nachdem sie zuvor das diktatorisch-strenge Regime in Athen praktiziert bzw. erlitten hatten. Im Wald, in der anarchischen Freiheit einer Zauberwelt, ging es dann rüde, hemmungslos und orgiastisch zu. Die gleichen Herrschaften, die sich eben noch mit allen Attributen ihrer Macht geschmückt hatten, verloren Contenance und Kontrolle über sich und zeigten ihr eigentliches, ihr «Nachtgesicht».

Der Tag rückte dann alles wieder ins Lot. Und auch die jungen Leute waren nun eingemeindet, hatten sich gefügt, den Machtstrukturen angepaßt und die Herausforderung der Nacht nicht angenommen. Die Inszenierung war gespickt mit aktuellen Anspielungen, Hinweisen auf realpolitische Vorgänge in der DDR – aber sie war auch ein überaus beredtes Zeugnis für den Phantasiereichtum dieses Regisseurs, seinen Witz und die Leichtigkeit, mit der er ein Thema «servieren» konnte. Eine ganz ähnliche Frechheit und Qualität besaß die Aufführung des relativ unbekannten Hermann-Sudermann-Stücks *Sturmgeselle Sokrates* am Deutschen Theater. Erzählt wird darin von einer Vätergeneration, die 1848 auf den Barrikaden stand und die alten Ideale nun in der trauten Vereinsmeierei eines Gasthofhinterstübchens weiter hochleben läßt, ohne zu merken, daß diese Ideale längst verschlissen sind.

Natürlich hatte Langhoff – in Distanz zu den alten Kämpfern, aber auch voller Hochachtung vor ihren Leistungen der Vergangenheit – das Leben seines Vaters vor Augen. Und sicher war die Annäherung an diesen Stoff auch der Versuch, mit der selbsterlebten Problematik auf einer künstlerischen Ebene fertig zu werden.

Legendär ist inzwischen Thomas Langhoffs Tschechow-Inszenierung der *Drei Schwestern*, 1979 am Berliner Maxim Gorki Theater. Gespiegelt wurde darin die tragikomische Situation Intellektueller im zaristischen Rußland ebenso wie die der Intellektuellen in der DDR. Aber darüber hinaus – denn wie der Vater lehnt auch Thomas soziologische Schemata und aktuell-politische Plattitüden ab – erzählte diese Tschechow-Inszenierung die Geschichte von drei Schwestern, die nur der Vergangenheit und Zukunft leben und deshalb Gegenwart und Wirklichkeit versäumen. Im *Turm* von Hugo von Hofmannsthal, 1992 am Deutschen Theater herausgebracht, stellt Langhoff in einer außerordentlich spannenden Geschichte politische Entwürfe zur Diskussion – bis hin zur Utopie, einem Menschheitstraum. Daneben aber wird eine bis ins Groteske und zugleich Tragische gesteigerte Vater-Sohn-Beziehung geschildert, die über den Tag hinausweist, grundsätzlichen existentiellen Fragen nachspürt.

Ein folgenreiches Mißverständnis

Doch ehe der Sohn zu solchen Leistungen fähig war, die ihn schon zu DDR-Zeiten an ausländische und vor allem westdeutsche Theater führten und ihm weit über die Grenzen hinaus einen bedeutenden Ruf als Regisseur einbrachten – ehe er also zu solchen Leistungen fähig war, ging eine lange Zeit der Reife voraus. Thomas, Anfang der sechziger Jahre am Potsdamer Theater engagiert, hatte Goethes *Clavigo* inszeniert. Der Vater sah sich die Aufführung an. Im Auto, bei der gemeinsamen Rückfahrt nach Berlin, «zerfetzte mein Vater die Aufführung erbarmungslos. Ich war völlig zerstört und tief verletzt.» Doch da der Sohn seine zärtliche und liebevolle Beziehung zum Vater nicht in Frage stellen wollte, verstand er die Kritik auch als indirekten väterlichen Befehl, nicht mehr zu inszenieren. Der vermeintliche Auftrag wurde akzeptiert.

Zumindest eigenartig an diesem Vorgang bleibt, daß der Vater die tiefe Verletzung des Sohnes auch nicht annähernd geahnt hat. Offenbar meinte er, eine aufrichtige und sachliche Kritik geäußert zu haben. Als gewandter Rhetoriker, der er war, steigerte er sich immer mehr in die Kritik hinein – auch aus Lust an der Analyse und am Gegenstand selbst. Die Klassik, zumal die deutsche Klassik, war nun einmal «sein Ressort». Und nicht im entferntesten dachte er daran, den Sohn zu kränken. Er kränkte, beteuert Thomas noch heute, niemals Menschen mit Absicht. Dazu «war er ein zu nobler Mann».

Thomas selbst begrub die Hoffnung, je Regisseur zu werden. Er fand sich auch nach einiger Zeit ohne Bitterkeit mit der ihm – wie er meinte – zugewiesenen Rolle ab, und der Wunsch zu inszenieren, erlosch ganz und gar. Doch der Schauspielerberuf allein behagt ihm bald nicht mehr. Er sucht sich daneben weitere Tätigkeitsbe-

reiche und findet sie als Dozent an der Filmhochschule Potsdam /
Babelsberg. Eigenartigerweise ist ihm überhaupt nicht bewußt,
daß er damit eine Tätigkeit als Regisseur ausübt: er arbeitet ja «nur»
mit Studenten ... Dann folgen Fernsehinszenierungen. Erfolgreiche Aufführungen. Stücke, in deren Mittelpunkt häufig Frauen stehen. Stoffe nach Fontane *(Stine)*, Goethes *Stella*, Ibsens *Hedda Gab-
ler*, moderne Frauengeschichten ... Und 1978 kommt unverhofft
das Angebot, am Maxim Gorki Theater Gerhart Hauptmanns *Ein-
same Menschen* zu inszenieren. Ein Überraschungserfolg. Eine aufsehenerregende, sensible Inszenierung, in der der hin und her geris-
sene, entscheidungslose Held (anders als bei Hauptmann) sich
schließlich doch nicht das Leben nimmt, sondern feige und wasser-
triefend an den häuslichen Herd zurückkriecht. Plötzlich war der
Regisseur Thomas Langhoff geboren. Schon die zweite Arbeit am
gleichen Haus, eben Tschechows *Drei Schwestern*, stellte ihn in die
erste Reihe Berliner Inszenatoren. «Ich war fast Ende Dreißig»,
sagt er heute, «... ehe ich durch eine Menge Qualen des Lebens zu
mir fand ... Erst nach meinem 35. Lebensjahr fing ich an, Thomas
Langhoff zu werden. Erst da warf ich den ‹Rucksack› Vater ab.» –
«Aber», setzt er hinzu, «wenn man mir heute sagt, daß meine Arbeit mit der meines Vaters zu tun hat, ist mir das wichtig.»

Vater und Sohn stehen in einer Traditionslinie. Auch ihre Ar-
beitsweisen ähneln sich frappierend. Beide waren / sind absolut der
praktischen Arbeit verpflichtet. «Bilde, Künstler, rede nicht!» –
Goethes Forderung scheint oberstes Gebot. Dahinter mag sich
auch ein etwas gespanntes Verhältnis zu theoretischem und syste-
matischem Denken verbergen. Thomas zumindest bekennt: «Ich
bin ganz schwach im Theoretischen.» Beiden aber eignet eine nahezu unerschöpfliche Phantasie, die nie ins Anarchische drängt,
weil – die Achtung vor dem Autor ist das A und O jeder Arbeit –
die Grenzen des Stücks als Herausforderung an inszenatorischen
Freiraum begriffen werden.

Beide Langhoffs sind Schauspieler, können deshalb schauspiele-
rische Prozesse während der Proben gut nachvollziehen, kennen
die Probleme des Darstellers, wissen Entwicklungsstufen in der
Arbeit einzuordnen. Schauspieler sind ihnen wichtig. Über sie, nur
über sie, läuft alles, was realisiert werden will. Schauspieler allein

sind die «Mitwisser», «Mitverschworenen» eines Konzepts, das Vater und Sohn gleichermaßen ängstlich geheimhalten. Keine Spuren sollen bleiben. Absichten offenbaren sich im Spiel, nicht auf dem Papier. Der alte Langhoff zerreißt nach den Proben alle Notizen. Von ihm gibt es keine Regiebücher, keine Konzeptionen, kaum fixierte Äußerungen. Der Sohn gleicht ihm darin völlig. «Nicht, weil ich ihn kopiere», äußert er, «sondern wahrscheinlich ist das genetisch bedingt.»

Doch für den Alten gibt es noch einen tieferen, gewichtigeren Grund: Spuren zu löschen ist ihm als Emigrantenverhalten in Fleisch und Blut übergegangen. Und das Wahnsinnstempo, mit dem am Zürcher Schauspielhaus produziert werden mußte – 30 Inszenierungen pro Spielzeit, jeden Freitag Premiere –, läßt kaum theoretische Entäußerungen zu. Die Arbeit kann nur flink und ganz praktisch und zeitsparend stattfinden.

Als Schauspieler angefangen haben sie beide, der Alte und der Junge – ehe sie zum Regisseurberuf fanden. Aber Wolfgang Langhoff liebt diesen, seinen ersten Beruf stärker als der Sohn. Auch hat er mehr gespielt. In Zürich ist er u. a. als Peer Gynt, Ferdinand (in *Kabale und Liebe*), als Karl Moor, Faust, Geßler (im *Tell*), also in einer Vielzahl von Rollen zu erleben. Und auch in Berlin bleibt er (bis zum Schluß) dem geliebten Beruf treu. Er ist Mephisto, ist Attinghausen (im *Tell*), Werschinin (in *Drei Schwestern*), Octavio Piccolomini (im *Wallenstein*), Thoas in der *Iphigenie auf Tauris* und zuletzt Christian Maske in Sternheims *1913*, eine Rolle, die er als schwerkranker Mann spielt und die ihn physisch fast verzehrt. Immer legt er seine Darstellungen analytisch, überlegt an. Seine Diktion ist scharf, fast schneidend. Dennoch «zeigt» er nicht nur die Figur, sondern anverwandelt sie sich, sieht sie – auch durch die Erfahrungen mit Brechts Theaterarbeit – zunehmend kritischer, brüchiger. «Wir Schauspieler ... fahren ... wie die Bergleute ein – in den Schacht des Lebens», äußert er einmal. «Tastend und suchend in dem für uns noch dunklen Labyrinth der Gänge und Stollen eines Menscheninnern gehen wir nur schrittweise vor.» Interessant, daß Thomas Theater definiert als etwas, das «mit Höhlenforscherei zu tun hat. Man steigt in eine dunkle Höhle hinein, entdeckt langsam Schicht für Schicht etwas, bringt Licht in diese

«Das Deutsche Theater war wirklich nicht das Ziel meiner Träume. Es war mir auch immer besonders unangenehm durch seine Größe und seine Intrigenhaftigkeit . . .» Thomas Langhoff, dessen systemkritische Haltung ihn in einen schmerzhaften Widerspruch zum Vater brachte, wurde 1991 Intendant des Deutschen Theaters und damit zum Nachfolger Wolfgang Langhoffs.

Höhle, muß darin herumarbeiten. Diese Art von Höhlenforschung ist eigentlich meine Lust.» Thomas aber – im Gegensatz zum Vater – bezieht den Standpunkt des Forschers betont auf die Regiearbeit. Seine Lust am eigenen schauspielerischen Ausdruck ist längst nicht so ausgeprägt wie beim Vater. Auch hat er, von einem bestimmten Alter an, weniger klassische (Helden-)Rollen gespielt als der Alte. Vielmehr ist er oft als Außenseiter, gar Sonderling zu sehen – mitunter weit über sein Alter hinaus. Zuletzt – nun schon vor Jahren – spielte er den Riccaut in Lessings *Minna von Barnhelm* in einer Aufführung des Maxim Gorki Theaters. Sein Riccaut wurde zu einer exzellenten Nummer, voller Witz und Ironie. Ein Paradestückchen.

Ensemblebildner sind sie beide, Vater und Sohn. Jederzeit waren und sind am Deutschen Theater erstrangige Darsteller, bis hin zu den kleinsten Rollen, zu bewundern. Aber beide Langhoffs haben auch ihre bevorzugten Lieblinge, die sie um sich scharen, mit denen sie immer wieder erneut arbeiten, die partiell sogar den Spielplan dominieren. (Freilich sah Wolfgang Langhoff mehr auf eine ausgewogene Ensembleauslastung.)

Der Intendant Wolfgang Langhoff leitet das Haus zunächst durchaus monomanisch. Er ist das aus der Emigration gewohnt, und zu Beginn der Arbeit ist das wohl auch eine Frage der historischen Notwendigkeit. Aber je älter er wird, desto mehr verteilt er die Arbeit auf breite Schultern, begreift er Teamarbeit als Voraussetzung für erfolgreiche künstlerische Tätigkeit. Und er engagiert junge Kräfte und wichtige künstlerische Potenzen, wie Benno Besson, der – aus dem Romanischen schöpfend – das Ensemble auf ganz neue Weise ästhetisch und methodisch herausfordert und künstlerische Höhepunkte setzt. Thomas, der nie Intendant und schon gar nicht am Deutschen Theater hatte werden wollen (teils aus Respekt vor dem Haus, überwiegend aber, um seine mühsam errungene Freiheit zu DDR-Zeiten nicht aufzugeben) – Thomas also sieht sich heute, auch was das Amt des Intendanten betrifft, in einer Linie mit dem Vater: «Ich studiere mehr und mehr intensiv Leitungspraktiken und Methoden, einen Spielplan aufzubauen usw. Ich beuge mich über die alten Dokumente und studiere sehr genau, wie mein Vater methodisch vorging ... auch, wie er mit

Schwierigkeiten des Hauses fertig wurde.» Auch Thomas versucht, allerdings mit weniger Glück, unterschiedliche künstlerische Kräfte an sein Haus zu binden, vor allem gibt er jungen Regisseuren Chancen. Doch die derzeitige Situation ist komplizierter und anders gelagert als beim Vater. Der versicherte sich überwiegend erfahrener Kräfte wie Wolfgang Heinz und Karl Paryla, und auch Benno Besson hatte bereits am Berliner Ensemble aufsehenerregende Inszenierungen herausgebracht, ehe er ans Deutsche Theater wechselte.

Der Sohn, der den Zusammenbruch des Systems erlebt, für das der Vater bis zur Selbstpreisgabe eingestanden war, sucht nun – über den Tag hinaus – zwei völlig gegensätzliche Pole miteinander zu verbinden und zu versöhnen. Die Erfahrungen des in der DDR aufgewachsenen Regisseurs Langhoff sind andere als die Erfahrungen derjenigen, die in der Bundesrepublik Deutschland aufwuchsen. Spielweisen der Darsteller, Auffassungen und Konzepte über Stücke, Spielpläne und Funktionen des Theaters unterscheiden sich oft beträchtlich. Das an Brecht geschulte Spiel der «Ostschauspieler», die nach dem sozialen Gestus der Figur, ihren Brüchen und nach Haltungen fragen, ist immer auch politisch orientiert. Das differiert sehr zum stark identifizierenden Spiel der «Westschauspieler», die ganz auf Stimmungen und Befindlichkeiten setzen. (Ein sehr komplexes Problem, das in diesem Zusammenhang nur angedeutet, nicht näher erörtert werden kann.)

Aber gerade im Aufeinander-Zuführen der Gegensätzlichkeiten sieht der Intendant des Deutschen Theaters heute eine seiner wichtigsten Aufgaben. Er sucht die Reibung zwischen den so unterschiedlich ausgebildeten Schauspielern, möchte ihre grundsätzlich andere Arbeits-, Lebens- und politischen Erfahrungen aufeinanderstoßen und so wechselseitig bereichernd wirken lassen. Dabei ist er sich bewußt, daß er seine eigene Herkunft, seine Erfahrungen, seine Ausbildung und sein Weltbild nicht leugnen kann. Und auch in diesem gesellschaftlichen System versteht er sich als ein kritischer Oppositioneller. So sieht er die überstürzte Zusammenführung der beiden Deutschlands, die hastige Vereinigung mit all den bitteren Konsequenzen als entscheidenden Fehler. Zwar stand für ihn die Einheit an «als Selbstverständlichkeit», aber sie hätte –

meint er heute – langsamer vollzogen und gründlicher durchdacht werden müssen. Die politische Wende 1989, den Zusammenbruch des real existierenden Sozialismus hatte Thomas als Befreiung mit Begeisterung und zugleich Verwunderung erlebt. Am 4. November 1989 steht er mit Tausenden von Demonstranten auf dem Alexanderplatz in Berlin, fühlt sich eins mit denen, die gegen ein überlebtes System demonstrieren und erlebt seinen Sohn Tobias, der als Redner zu den Versammelten spricht. Es ist für Thomas einer der wichtigsten Momente seines Lebens. Er denkt an seinen Vater, dessen Demütigungen, Qualen, politisches Engagement und sein «so durch und durch anständiges Leben». Rachegedanken sind ihm fern. Aber Vergangenheit und Zukunft begegnen sich für ihn in diesen Minuten. Seine eigene systemkritische Haltung, die ihn in so schmerzhaften Widerspruch zum Vater brachte und ihn in so unvergleichlicher Weise geprägt hat, findet hier, an diesem Tag, ihre Fortsetzung und Weiterführung in der dritten Generation Langhoff. Thomas weiß sich von den politischen Ambitionen seines Vaters weit entfernt. Der kämpfte, nach den Erfahrungen des Zweiten Weltkrieges und den grauenhaften Erlebnissen im KZ, für eine Utopie, eine bessere Welt – während einer historischen Etappe, einer Neuordnung der Systeme. Wolfgang Langhoff litt und zerbrach an der Fragwürdigkeit eines bis zuletzt von ihm behaupteten Ideals und Gesellschaftssystems. Der Sohn wuchs an den Leiden des Vaters und fand durch sie zu sich selbst, seiner fragenden, oppositionellen Haltung und zu seiner Berufung. Über die Distanz konnte er sich dem Vater wieder nähern, dessen Spuren im Lebenswerk suchen. Er war nun nicht mehr nur Schauspieler und Regisseur. Er wurde Intendant des Deutschen Theaters – wie sein Vater.

Politik und Wirtschaft

ERNST UND EDZARD REUTER

von Klaus Stephan

Ernst und Edzard Reuter

Von beiden Männern, Vater und Sohn, läßt sich sagen, daß sie Einfluß gewinnen und schließlich ausüben wollten: ein Ehrgeiz, den – als sie ihn befriedigt hatten – nicht wenige ihrer Zeitgenossen als profanes Machtstreben bezeichnen sollten. Beide suchten die Öffentlichkeit und deren Aufmerksamkeit. Als ihnen das gelang, wurden sie zu Personen der Zeitgeschichte. Umstritten beide: der eine als leidenschaftlicher Politiker, ein unbequemer Genosse innerhalb jeder Partei; der andere ein leidenschaftlicher Unternehmer, unbequem innerhalb jedes Unternehmens, dem er angehörte. Beide Sozialdemokraten und beide kritisch gegenüber ideologischer Utopie. Beide handelten auf ihre Weise politisch, indem sie wirtschaftlich dachten: an Mehrung, Wachstum, Fortschritt. Macht galt beiden als das, was sich gegenüber anderen an Eigenem durchsetzen ließ, was machbar war.

Ernst Reuter wurde 1889 geboren, im letzten Kanzlerjahr Bismarcks, wurde Sozialdemokrat, Pazifist und Soldat unter Wilhelm II., Kriegsgefangener des Zaren, Kommissar Lenins an der Wolga, in Deutschland erst Sekretär der Kommunisten, dann Stadtrat und Bürgermeister der Sozialdemokraten, Mitglied des Reichstags unter der Kanzlerschaft Papens, Häftling Hitlers, Emigrant in der Türkei, nach seiner Heimkehr Regierender Bürgermeister West-Berlins. Er starb, weltberühmt, 1953 im Alter von 63 Jahren. Der Trauerfeier blieb der Bundeskanzler Adenauer fern.

Sein Sohn Edzard Reuter wurde 1928 in Berlin geboren, als Gu-

Ernst und Edzard Reuter, 1952 in Berlin. Der Sohn erlebte den kräfteverzehrenden Kampf seines Vaters, des unbequemen Mahners und «Künders der deutschen Einheit und Freiheit», aus unmittelbarer Nähe mit.

stav Stresemann seit fünf Jahren deutscher Außenminister war; er ging mit seinen Eltern ins Exil; machte als Neunzehnjähriger sein Abitur im noch ungeteilten Berlin; wurde Jurist und kaufmännischer Direktor bei zwei Film-und-Fernseh-Gesellschaften, bis er 1964, mit 36 Jahren, bei Daimler-Benz eintrat. Zur Zeit der dem Daimler-Aufsichtsrat vorsitzenden Bankiers der Deutschen Bank Abs, Ulrich, Guth machte er langsam, aber beharrlich Karriere; schließlich, mit 58 Jahren, beruft Alfred Herrhausen ihn 1987 zum Chef des größten deutschen Industriekonzerns.

Beide Reuters, Vater und Sohn, waren im Alter von 58 Jahren an die Spitze gelangt: jener Regierender Bürgermeister, dieser Vorsitzender des Vorstands; Vollendung. Was blieb danach? Beim Vater Weltruhm und ein plötzlicher Tod, erschöpft vom politischen Kampf, auch innerhalb der eigenen Partei; beim Sohn der Aufbau eines Konzerns, danach ein langer Abschied und schließlicher Verzicht unter dem Druck der ihm ehemals verbündeten Hochfinanz.

Der Sohn, befragt, ob er ein durch die Jahre der Emigration besonders innig geprägtes Verhältnis zu seinem Vater gehabt habe, antwortet, das könne sein, vor allem aber habe er von seinem Vater «immer begierig gelernt».

Ein Weg in die Revolte

Als Thema seines Abituraufsatzes wählt Ernst Reuter: «Das Fichte-Zitat *Nicht die Gewalt der Armee erkämpft den Sieg, sondern die Kraft des Gemütes* ist als richtig nachzuweisen.» Er macht das Abitur im Februar 1907 in Leer in Ostfriesland. Dort lehrt sein Vater, der das Kapitänspatent der Handelsmarine hat, an der Navigationsschule. Zu Hause ist Ernst Reuter umgeben von Gelehrsamkeit, christlichem Ethos und welfischem Patriotismus: beide Eltern sind Lehrerkinder aus dem Hannoveranischen. Dort hat man nicht vergessen, daß Bismarck die Welfen entmachtet hat. In der Schule herrscht wilhelminischer Hurra-Patriotismus, dem sich der junge Mann widersetzt. Er liest Kant. Im Frühjahr 1907 bezieht er die Universität Marburg, belegt Geschichte, Germanistik, Geographie. Studienziel: Studienrat. Er hört bei dem Philosophen Hermann Cohen, der an einem *System der Philosophie* arbeitet, und bei Paul Natorp *(Abhandlungen zur Sozialpädagogik)*, beide Begründer der «Marburger Schule», einer idealistischen Staatsphilosophie humanitärer und sozialer, auch sozialistischer Prägung. Nach zwei Jahren wechselt Reuter für zwei Semester an die Universität München, gewinnt dort zunehmend Kontakt zur akademischen Linken und ist bei seiner Rückkehr nach Marburg, 1910, «überzeugter Sozialdemokrat».

Zu jener Zeit fand sich in Berlin der Wilhelminismus auf seinem Höhepunkt. Die Positionselite des Kaiserreiches war fasziniert und geblendet vom industriellen Glanz der Wirtschaft. Das Reich war zur zweitstärksten Industrienation der Welt geworden. Die Großbanken tätigten Geschäfte bisher unbekannten Ausmaßes. Die Arbeiterschaft unzufrieden und abseits aller Pracht und Bildungsmöglichkeit. Der gebildete, saturierte Mittelstand, Reuters Eltern, begriff die Sozialdemokratie als Staatsfeind. Noch bevor Reuter 1912 in die SPD eintritt, sperrt ihm der Vater den monatlichen Wechsel. Er lebt bis zum Staatsexamen von Freunden und auf Pump. Das Lehramt ist ihm als Sozialdemokraten verschlossen. Er verdingt sich als Hauslehrer in Bielefeld. Ende 1913 wird er Mitarbeiter eines «Komitees Konfessionslos» und schreibt an den Vater, in der deutschen Innenpolitik sei «die lutherische Kirche fast ausnahmslos auf Seiten der Macht und der Gewaltanbetung [gestanden]. Mir hat es immer so geschienen, als ob wir Sozialisten den Lehren der Bergpredigt näher wären als diejenigen, die, mit der Stärke dogmatischer Selbstgerechtigkeit gerüstet, verdammten, was sie im Grunde einfach nicht verstanden.» Er geht nach Berlin und lebt dort kümmerlich von Vorträgen bei Parteiveranstaltungen und der Arbeiterbildung.

1913 ist die wirtschaftliche und die militärische Macht der Deutschen größer als ihr politischer Einfluß in der Welt. Man strebt danach, Großmacht zu sein. Der Bau einer deutschen Schlachtflotte bedroht England. Der Bau der Bagdadbahn bedroht Rußland am Bosporus. Frankreich gilt als «Erbfeind». Im konservativen Lager und im nationalliberalen Bürgertum des Reiches entsteht eine Kriegspartei. Immer öfter wird von Krieg gesprochen und geschrieben. Der Große Generalstab ist verbittert, weil man «versäumt hat», bei der den Militärs rüstungspolitisch am günstigsten scheinenden Gelegenheit «loszuschlagen»: 1905.

Im Sommer 1914 geht Ernst Reuter auf eine Vortragsreise mit dem Titel «Aus russischen Kerkern». Er berichtet vom Schicksal der Opposition im Zarenreich: seit den von der Armee 1905/1906 in Petersburg und Moskau niedergeschlagenen Generalstreiks seien in vier Jahren mehr als 37000 politische Urteile ergangen, sechstausendmal die Todesstrafe vollstreckt worden. «Darüber sollten alle einig sein, daß man Menschen achten muß, die für ihre Überzeugung eintreten, obwohl sie wissen, daß ihnen dadurch kein Vorteil blüht, daß sie im Gegenteil Schaden davon haben werden ... Der Tag muß kommen, an dem jeder Mensch sagen kann, was er denkt und fühlt.» («Stürmischer Beifall», vermerkt die *Bremer Bürgerzeitung* am 11. Juli 1914, drei Wochen vor dem deutschen Einmarsch in Belgien.)

Durch solche Vorträge und durch die Arbeit im «Komitee Konfessionslos» wird Kurt von Tepper-Laski auf Ernst Reuter aufmerksam gemacht, ein nicht nur überaus merkwürdiger, sondern auch bemerkenswerter Mann. Er beginnt eine Rolle in Reuters Leben zu spielen. Von Tepper-Laski ist damals 64 Jahre alt. In Bismarcks Krieg gegen Frankreich Rittmeister und dekoriert. Von Haus aus vermögend. Rennstallbesitzer. Als Hindernisreiter auf internationalen Turnieren mit der britischen Gentry und der französischen Hautevolee zum Kosmopoliten geworden. Im April 1913 erscheint in einer Freidenker-Zeitschrift *(Das Monistische Jahrhundert)* ein Interview mit ihm, dessen Text von Adel, Militär, Industrie und patriotischem Bürgertum als äußerste Provokation empfunden wird. Denn Herr von Tepper-Laski erklärt: «Außer einigen Kriegsmateriallieferanten, einigen Zeitungsschreibern und einigen Chauvinisten hat kein Mensch ein Interesse am Kriege ... Daß aber wegen der paar Interessenten und der paar Unzurechnungsfähigen sich bis ans Ende aller Tage Millionen arbeitsamer, friedfertiger Bürger und Bauern weiter einreden lassen, sie seien ‹Erbfeinde›, das heißt, nicht an den Geist der Entwicklung zu glauben. Früher, da ein Stamm den andern totschlug, weil er dessen Weideplätze rauben wollte, mag der Krieg einen Sinn gehabt haben. Heute schlägt man im Krieg die Abnehmer der Landesprodukte tot.»

Es mag befremdlich scheinen, daß nun ausgerechnet das Auswärtige Amt das Gespräch mit diesem Mann und seinen Gefährten suchte. Indessen gab es im Amt eine Reihe im klassischen Sinne gebildeter Europäer, die dem außenpolitischen Draufgänger und Hasardeur Wilhelm über alle Maßen mißtrauten und mit unverhohlenem Wohlwollen die Bemühungen von Tepper-Laskis beobachtet hatten, deutsche, französische und britische Parlamentarier seit 1913 zu gemeinsamen Gesprächen in der Schweiz zu versammeln.

Im November 1914, als der Stellungskrieg im Westen beginnt, gründet Kurt von Tepper-Laski zusammen mit zehn deutschen Gelehrten, unter ihnen Albert Einstein und Hans Delbrück, den «Bund Neues Vaterland» und bestallt Ernst Reuter als dessen Geschäftsführer. Reuter publiziert hektographierte Mitteilungsblätter und führt – über die Schweiz – eine rege Korrespondenz mit Gelehrten und Autoren jener Länder, mit denen das Reich sich im Krieg befindet.

Als der «Bund Neues Vaterland» im April 1915 in Den Haag ein Treffen mit britischen, niederländischen und belgischen Gelehrten organisiert und zur Gründung einer «Internationalen Zentralorganisation für dauernden Frieden» aufruft, will man Reuter im Auswärtigen Amt zur Rede stellen. Der war aber nicht mehr in Berlin, sondern zu den «Hirschberger Jägern» eingezogen worden.

Im Frühjahr 1916 dient Reuter an der Westfront, im Juli an der Ostfront; dort wird er im August schwer verwundet und gerät in russische Kriegsgefangenschaft. Im Lazarett lernt er Russisch. Im Dezember ist er in einem Lager in der Nähe Moskaus, liest Zeitungen, hält sozialistische Vorträge und zitiert seinen Gefährten aus dem Parteiprogramm der Kommunistischen Partei Rußlands, daß «die kommunistische jene soziale Revolution ist, die das Endziel aller Tätigkeit der internationalen Sozialdemokratie als der bewußten Trägerin der Klassenbewegung des Proletariats ist». Er beginnt, ein gemeinsames Ziel von Kommunismus und Sozialismus zu erhoffen und schließlich daran zu glauben.

Im März 1917 wird der Zar von den Liberalen der Duma gestürzt. Im April trifft Lenin in Petersburg ein. In Fabriken und Dörfern, auch in der Armee, bilden sich die ersten Räte, die «Sowjets».

Im Oktober putschen die Bolschewiki in Petersburg und in Moskau. Lenin setzt eine Regierung der Volkskommissare ein. Reuter arbeitet zu dieser Zeit mit anderen Kriegsgefangenen zusammen mit Russen in einem Bergwerk im Gouvernement Tula. Als der Dorfsowjet das Bergwerk enteignet, macht er Reuter (die meisten Mitglieder des Sowjets sind Analphabeten) zum Chef des Büros. Die Funktionäre der Bolschewiki in Tula empfehlen ihn den Genossen in Moskau. Dort wird er im Februar Vorsitzender eines internationalen Kriegsgefangenenkomitees. Im April ist er einer von vierhundert Delegierten eines Kriegsgefangenenkongresses in Moskau. In Brest-Litowsk ist inzwischen Frieden geschlossen worden. Die Kriegsgefangenen erwarten ihre Heimkehr.

Reuter lernt während des Kongresses Lenin kennen. Der ist angetan von dem Achtundzwanzigjährigen – und der ist fasziniert von ihm. Als zur selben Zeit eine Delegation der Wolgadeutschen in Moskau eintrifft, um mit dem «Volkskommissar für Nationalitäten» Stalin zu verhandeln, schickt der Reuter auf Empfehlung Lenins als politischen Leiter des «Wolgakommissariats für deutsche Angelegenheiten» im Mai 1918 nach Saratow. Dort arbeitet Reuter mit großer Anstrengung und mit einem durch keinerlei Erfahrung geprägten intuitiven Geschick am Aufbau einer im allgemeinen Chaos des zusammenbrechenden Zarenreiches beispielhaft funktionierenden kommunalpolitischen Infrastruktur. Er verhindert willkürliche Aneignungen von Land, bewirkt in der als Getreidekammer Moskaus geltenden Region eine gute Ernte durch die Bildung von Genossenschaften, bewirtschaftet die spärlich gewordenen Konsumwaren, baut die Autonomie des neuen «Staates» der Wolgadeutschen aus, gründet deutsche Schulen.

Diese Erfahrung wird ihn später in Berlin zum anerkannten Kommunalpolitiker, in der Türkei zum beachteten Wissenschaftler auf diesem Gebiet machen. Aus dem bisher praxisfernen, intellektuellen Sozialisten wird in dem halben Jahr, das er in Saratow verbringt, ein volksnaher, pragmatischer Idealist. Hier liegt der Ursprung seines späteren persönlichen und politischen Charismas.

Im September 1918 verlangt die deutsche Oberste Heeresleitung vom Parlament, sofort Waffenstillstandsverhandlungen aufzunehmen. Im Oktober bricht in Wien die Revolution aus. In Berlin proklamieren am 9. November die Sozialisten Scheidemann und Liebknecht die Republik. Kaiser und Kronprinz fliehen nach Holland. Der letzte Kanzler Wilhelms, Max von Baden, überträgt die Regierungsgeschäfte dem Sozialdemokraten Friedrich Ebert. Am 11. November unterzeichnet der Abgeordnete des Zentrums, Matthias Erzberger, in Compiègne den Waffenstillstand. Die hungernden deutschen Heere strömen zurück ins Reich, um dort mit ihren Familien den Hunger des «Steckrübenwinters» zu teilen.

Noch vor der Oktoberrevolution, im Mai 1917, hatte Lenin

mit Kriegsgefangenen der verschiedensten Nationen verhandelt. Unter ihnen der Ungar Béla Kun, der Kroate Josip Broz («Tito»), später auch Reuter. Den schickt Lenin im November 1918 zusammen mit zwei anderen Genossen auf abenteuerlichen Wegen nach Deutschland, um dort die «Revolution voranzutreiben».

Als Reuter am Weihnachtstag 1918 in Berlin eintrifft, ist das seit einem Jahrhundert, seit dem Wiener Kongreß, gewohnte Gesicht Europas zerstört. Zehn Throne sind gestürzt, elf neue Staaten sind entstanden. Deutschland ist Republik und steht vor einem Bürgerkrieg. Die Sozialdemokratie ist gespalten und tief untereinander zerstritten; ein paar Tage nach Weihnachten vereinigt sich der Spartakusbund Rosa Luxemburgs mit den «Internationalen Kommunisten Deutschlands» zur KPD. Ernst Reuter verbirgt sich in wechselnden Quartieren vor der Polizei des Sozialdemokraten Noske. Im Februar erhält er den Auftrag, die Kommunistische Partei in Oberschlesien aufzubauen, einem zwischen Deutschen und Polen umstrittenen Gebiet, in dem deutsches Kriegsrecht herrscht. Im April 1919 wird er in Beuthen von einem Militärgericht wegen des «Abhaltens unerlaubter Versammlungen» zu drei Monaten Gefängnis verurteilt.

Erschöpft verbringt er nach seiner Entlassung den September bei den Eltern in Aurich. Er hat sie fünf Jahre nicht gesehen. In der Intimität protestantischen Familiensinns versiegt der politische Diskurs. Man trennt sich ohne Streit. Reuter fährt nach Berlin. Dort soll er den Ortsverband der KPD aufbauen. Er und seine Freunde gehen von Tür zu Tür, um Mitglieder zu gewinnen. Das sind schließlich achthundert.

Von der Revolution zu Problemen des Nahverkehrs

Im Januar 1920 heiratet Reuter Lotte Krappeck, die Tochter seiner Zimmerwirtin der Vorkriegsjahre. Sie ist, wie er später sagen wird, «unpolitisch», interessiert sich nicht für seine Arbeit. Der beiden Kinder wegen dauert die Zuneigung des Paares an. Was außerhalb der Familie geschieht, ist Reuters Sache allein: Der Kapp-

Putsch; die Reichstagswahlen im Juni 1920, bei denen die SPD ein Drittel ihrer Sitze und das Amt des Kanzlers an ein Kabinett des «Reichsbunds der deutschen Industrie» verliert; die Ermordung Erzbergers im August 1921. In diesem Jahr wird Reuter, Generalsekretär der KPD, in Berlin als Stadtverordneter gewählt. Drei Monate später schließt ihn seine Partei aus: er verweigert sich den Weisungen der Komintern in Moskau, seine «Bruderpartei», die SPD, zu bekämpfen. Im Organ der USPD *Unser Weg* erklärt Reuter, durch die Gängelei der Komintern, «die als Polizei-Instanz zur Zersetzung der kommunistischen Parteien hervorragend» wirke, fehle «jeder Versuch, ein internationales Aktionsprogramm aufzustellen». Er wird Redakteur erst bei der USPD-*Freiheit*, dann, nach seinem Eintritt in die SPD, beim *Vorwärts*. Er schreibt zur Kommunalpolitik, über Haushalts- und Wirtschaftsfragen.

Im Juni 1922 wird Außenminister Walther Rathenau, nach dem Abschluß des Rapallovertrags, ermordet. Gleichzeitig galoppiert die Inflation: Das Elend beherrscht die Quartiere der Arbeiter und Kleinbürger, der wohlfeile «Sachverstand» der Großindustrie und Großbanken die wechselnden Regierungen. Bald werden Spenglers *Untergang des Abendlandes* und Ortegas *Aufstand der Massen* den Zeitgeist repräsentieren, und ein deutscher Historiker, Karl Alexander von Müller, wird beschreiben, was die traditionell gebundene, antidemokratische Elite verwirrt: «Von allen Seiten umdrängt uns das Zerstörende und Zerschwätzende, das Willkürliche und Formlose, das Nivellierende und Mechanisierende dieser maschinellen Zeit, die methodische Zersetzung allen Gesunden und Edlen, die Verhöhnung alles Starken und Ernsten.»

Inmitten dieser «geistigen Auseinandersetzung», in der sich mehr Methode als Idee zeigte, beginnt Reuter sich in seinen Artikeln zunehmend und zunehmend stur ums ganz Profane zu kümmern: um den Berliner Nahverkehr, damals ein Sammelsurium aus Betrieben des Privatkapitals und der öffentlichen Hand. Inmitten aller wirtschaftlichen und politischen Unübersichtlichkeit weist er sich innerhalb seiner Stadt als besonnen und als einer der wenigen Fachleute aus. Das bleibt nicht unbemerkt. Während die große Politik zwischen Hindenburg und Herrenclub, Stresemann und Völkerbund, Konkursen und Reparationen sich abseits des Bürgerinteresses selbst vollstreckt, wählen die Stadtverordneten in Berlin den ehemaligen Revolutionär Reuter zum besoldeten Stadtrat für Verkehr. Das geschieht im Oktober 1926. Zwei Jahre darauf hat Reuter aus den verschiedensten Berliner Verkehrsunternehmen die BVG, die Berliner Verkehrsgesellschaft AG, im Besitz der öffentlichen Hand geschaffen, mit 25 000 Angestellten und einem Aktienkapital von 400 Millionen Mark. 1929 ist die BVG das größte kommunalpolitische Unternehmen der Welt. Der Bürger kann zu einem Einheitstarif fahren. Reuter wird Präsident des Aufsichtsrates. Seiner Partei nutzt das nicht viel. Die SPD verliert bei den Berliner Wahlen Stimmen an die KPD und an die NSDAP, die zum erstenmal in die Stadtverordnetenversammlung einzieht. Fraktionschef der KPD: Wilhelm Pieck; der NSDAP: Josef Goebbels.

Von den vierzehn Jahren der Weimarer Republik ist 1929 das verwirrendste. Die Macht verschiebt sich aus dem verfassungsmäßigen Zentrum, dem Reichstag, auf drei Institutionen an der politischen Peripherie: auf die Reichswehr, auf den Reichsverband der deutschen Industrie, auf den Präsidenten der Reichsbank Hjalmar Schacht. Überall beginnen zentrifugale Fluchtversuche. Die Welt treibt ihrer größten Wirtschaftskrise zu. 1930 wird die NSDAP bei den Reichstagswahlen zweitstärkste Fraktion. Der redliche und glücklose Brüning wird Reichskanzler. Der Zerfall der Weimarer Republik beginnt.

Ernst Reuter verläßt Berlin. Die Magdeburger SPD bietet ihm den Posten des Oberbürgermeisters an. Im April 1931 wird er dort gewählt. Er hat inzwischen seine erste Ehe (ein Sohn, eine Tochter) gelöst und 1927 eine Freundin aus der Redaktion des *Vorwärts*, Hanna Kleinert, geheiratet. Als das Paar nach Magdeburg umzieht, ist beider Sohn Edzard knapp drei Jahre alt.

Von Magdeburg nach Anatolien

Am 11. März 1933 wird Reuter (wie die Oberbürgermeister Kölns, Adenauer, und Altonas, Brauer) von der Reichsregierung «beurlaubt», ein Vierteljahr darauf durch Hitlers «Reichsgesetz zur Wiederherstellung des Berufsbeamtentums» als OB entlassen und erst ins Gefängnis geworfen, dann, zweimal, Häftling eines Konzentrationslagers. Die «Abenteuerer und Demagogen», vor denen er seine Bürger während des Wahlkampfes im Winter 1932 verzweifelt gewarnt hatte, hatten am 30. Januar 1933 die «Macht übernommen». Was hatte er getan, was hätte er, was hätte «man» tun können, um das zu verhindern?

1930 gab es drei Millionen Arbeitslose in Deutschland. Im September 1931 wurden die Weichen gestellt: Hitler war von Hindenburg empfangen worden; in Harzburg paradierten der deutschnationale «Stahlhelm» und die SA vor ihm und Hugenberg. Zu dieser Zeit setzt Ernst Reuter Arbeitsbeschaffungsmaßnahmen für die Arbeitslosen durch. Er gründet eine «Winternothilfe» für die Ärmsten, das, was man heute einen «runden Tisch» nennen würde: Unternehmer und Reichswehrgarnison, Gewerkschaftler und der Klerus unterstützen ihn dabei. Gleichzeitig verteidigt er gegen seine «Klientel» der Armen und Hilfsbedürftigen die Entscheidung seiner Partei, bei den Reichspräsidentenwahlen Hindenburg zu unterstützen: nur so könne man Hitler verhindern. Das alles hilft nichts. Bei den Reichstagswahlen im Juli 1932 gewinnt die NSDAP statt ihrer bisher 107 Mandate 230. Reuter dröhnt in den Versammlungen: «Angriff auf allen Straßen! Angriff auf die Volksbetrüger! Angriff auf die Abenteuerer und Demagogen, die die nationalsozialistische Bewegung führen. Angriff auf die kommunistischen Verräter, die den werktätigen Republikanern dauernd in den Rücken fallen!»

Er kam nicht dagegen an. Bei den von Hitler kurz nach der «Machtergreifung» ausgeschriebenen Wahlen zum Reichstag im März 1933 wählten in Magdeburg 85000 Menschen die NSDAP, 64000 die SPD. Viele seiner Genossen flohen ins Ausland. Wer blieb, verlor alles: seine Existenz und seine Integrität als Bürger.

Beginn des Exils: Edzard Reuter mit seinen Eltern in Anatolien, Herbst 1935. «Schon habe ich manchmal das Gefühl des Glücks darüber, daß ich alles, was ich gelernt und gearbeitet habe, unter ganz neuen Verhältnissen neu erproben und neu bewähren kann.» Ernst Reuter an Elsie Howard, 6. September 1935.

Vom August 1933 bis zum Januar 1934, dann wieder von Juni bis September 1934 war Reuter Häftling im KZ Lichtenburg, einem ehemaligen Zuchthaus. Kahlgeschoren, in Lumpen gekleidet, zusammengeschlagen, zieht er jeden Morgen mit einem kleinen Eimer die Scheiße von Hunderten Häftlingen aus dem Abortgraben und füllt sie in den Jauchewagen.

Zwischen den beiden Lageraufenthalten fand er Erholung im Taunus, in einem Heim der britischen «Society of Friends», der Quäker, die sich um Verfolgte und Bedrohte bemühten. Elsie

Howard, die Heimleiterin, fährt bei Reuters zweiter Inhaftierung nach Berlin, geht zur Gestapo in der Prinz-Albrecht-Straße und verhandelt mit einem Vertrauten (und späteren Gegner) Hitlers, mit «Putzi» Hanfstaengl, um Reuter freizukriegen. Als sich auch Labour-Minister über die deutsche Botschaft in London für Reuter einsetzen, entläßt man ihn nach Magdeburg zu seiner Frau Hanna. Er verläßt die Stadt und zieht mit seiner Familie nach Hannover, ist auch Gast in Bad Pyrmont, dem Zentrum der «Society of Friends» in Deutschland. Mit Elsie Howard verbindet ihn seitdem eine Freundschaft fürs Leben. Sie sorgt dafür, daß er im Januar 1935 nach London reisen kann. Dort bemüht er sich um eine Stellung bei der «London School of Economics». Das mißlingt; später meint er, nicht «hart genug verhandelt» zu haben. Er hat einen Freund in der Türkei: Fritz Baade, wie Reuter seit 1930 für die SPD im Reichstag, Leiter der Forschungsstelle für Wirtschaftspolitik und Dozent für landwirtschaftliches Marktwesen an der Universität Berlin. Baade ist 1934 in die Türkei emigriert und ist dort Wirtschaftsberater (nach seiner Rückkehr 1946 wird er Direktor des Instituts für Weltwirtschaft in Kiel). Er hat eine Zusage des türkischen Wirtschaftsministeriums, Reuter als Sachverständigen für Tariffragen zu beschäftigen. Im Juni 1935 reist Reuter nach Ankara. Zuvor hat er seinen Sohn aus erster Ehe an einer britischen Boardingschool untergebracht. Im August 1935 übersiedeln Hanna und der siebenjährige Edzard nach Ankara. 1939 kommt auch Hella, die Tochter aus erster Ehe, nachdem sie in Deutschland ihr Abitur gemacht hat, in die Türkei. Man sollte meinen, daß Reuter nach den in Deutschland erfahrenen Demütigungen als gebrochener Mann ins Exil ging. Das scheint nicht so gewesen zu sein. Selbst im Lager, das schilderten seine Mithäftlinge, bewahrte er stoisch Stolz und Haltung. Edzard Reuter, befragt nach dem Verhältnis zu seinem Vater während der Zeit des Exils, erzählt:

«Ich war damals der Meinung, mit deinen eigenen Problemen solltest du am besten selbst fertig werden; und du hast im Grund genommen – da kommt jetzt das Wort ‹Freundschaft› – Personen, die dich nicht im Stich lassen werden. Das galt für meinen Vater wie für meine Mutter. Natürlich spielte der Umstand der Emigration eine Rolle. Die politische Situation, die meine Eltern zur Emigration zwang. Die Tatsache, daß jedes Jahr der Paß erneuert werden mußte. Die Tatsache, daß man jeden Tag am Radio verfolgte, was in Deutschland geschah. Das ist natürlich etwas, was das Leben der Familie und auch das Verhältnis des Sohnes zu den Eltern sehr viel enger und inniger gemacht hat, als es vielleicht unter normalen Umständen geschehen wäre. Ich glaube, ich habe sehr schnell, eigentlich schon in Deutschland, mitgekriegt, daß es letzten Endes um eine Existenzfrage ging. Das schweißt eine Familie zusammen. Nun kommt ein Zweites hinzu: Wir hatten keine näheren Beziehungen zu türkischen Familien. Dadurch ist das Familienleben, auch im geistigen Bereich, auch durch den Umgang mit unseren Freunden, den Co-Emigranten, immer eine Mischung von älterer und jüngerer Generation gewesen; man kam in Familien zusammen. Und schließlich das Dritte: Ich habe von meinem Vater eigentlich immer begierig gelernt: was er wußte, was er erzählte. Ich erinnere mich, daß er uns ein oder zwei Jahre Geographie-Unterricht gegeben hat; er hatte ja Geographie studiert. Und so hat er uns auch viele politische Zusammenhänge erklärt. Kurzum: ich kann niemandem mit der Aussage dienen, daß ich mit meinem Vater ein Generationenproblem gehabt hätte.»

Edzard Reuter wird von einer deutschen Lehrerin bis zur Abiturreife unterrichtet. Türkisch lernt er auf der Straße durch seine Spielgefährten. Ernst Reuter, eine Sprachbegabung, lernt so schnell, wie er Russisch gelernt hat, Türkisch. Er arbeitet im Wirtschafts-, dann im Verkehrsministerium auf einem ihm von Berlin her vertrauten Gebiet der Verkehrstarife und Verkehrszusammenführung; er hält Vorlesungen über Kommunalpolitik an der Verwaltungshochschule und an der Universität in Ankara, schreibt in türkischen Fachzeitschriften und publiziert fünf Jahre nach seiner Ankunft in Ankara sein erstes wissenschaftliches Buch: *Komün Bilgisi*, eine Einführung in die Kommunalwirtschaft. Es folgen eine Arbeit über Nahverkehr und eine Studie über das Finanzwesen von Kommunen. Er liest viel. In einem «Kränzchen», das sich *Graeca* nennt und in dem auch Skat gespielt wird, liest er zusammen mit anderen Emigranten die Klassiker der griechischen Antike im Original.

Als die Türkei im Februar 1945 Deutschland den Krieg erklärt, bemüht sich Reuter um die in Anatolien internierten Deutschen. Er ist inzwischen freier Wirtschaftsberater in und für Istanbul.

Von April 1945 an, als das Ende des Krieges abzusehen ist, versucht Reuter, bei allen ihm erreichbaren alliierten Stellen die Erlaubnis zur Rückkehr nach Deutschland zu erhalten. Man läßt ihn, nach seinem Gefühl: ewig, warten. Erst im November 1946 geht er mit seiner Familie in Istanbul an Bord eines Schiffes, um heimzukehren. Da ist er 57 Jahre alt; Hanna Reuter ist 46, Edzard 18 Jahre alt.

Heimkehr in die Fremde

Kaum jemand in Deutschland fragte sich damals, als alles Schreckliche, was geschehen war, bekannt wurde, warum es geschehen konnte. Man hatte mit der tagtäglichen Not zu tun, mit Hunger, Zerstörung, Demontage und «Wiederaufbau». Legenden begannen zu wuchern; die linke Legende: die Industrie habe Hitler an die Macht gebracht; die rechte: der deutsche Arbeiter, fasziniert von «Kraft durch Freude», habe Hitler nicht nur gewählt, sondern verehrt.

Was nun aber 1946? Wohin? Die beiden hervorragenden Politiker im Deutschland jenes Jahres sind die Vorsitzenden von CDU und SPD, Konrad Adenauer und Kurt Schumacher. Beider politisches Leben war erst von Weimar geprägt worden, dann von ihrem Schicksal innerhalb des Dritten Reiches. Wen überraschte es, daß sie nicht auf den Rat jener hören wollten, die «alles nur von draußen erlebt» hatten, die Emigranten. Das galt für die Politik wie für die Kultur. In der Wirtschaft war, außer Thyssen, keiner der Führenden emigriert – es sei denn, sie waren Juden.

Was also blieb zu tun? Die westlichen Sieger verordneten Demokratie. Aber welche? Sie verordneten die Bestrafung der Schuldigen. Das waren zu wenige, wenn man die Zahl jener bedenkt, die ihnen, mit Blindheit geschlagen, gefolgt waren. Wohin also? Zurück nach Weimar? Im besetzten und geschlagenen Deutschland begann die Restauration. Ernst Reuter, aus der Fremde in die Hei-

«Ihr Völker der Welt! Schaut auf diese Stadt und erkennt, daß Ihr diese Stadt und dieses Volk nicht preisgeben dürft, nicht preisgeben könnt.» Oberbürgermeister Ernst Reuter vor der Reichstagsruine am 9. September 1948. 300 000 Berliner folgten einem Aufruf der demokratischen Parteien zur gewaltigsten Protestkundgebung der Blockadezeit.

mat zurückkehrend, versuchte, das zu verhindern. Er war bei wenigen willkommen; nicht bei Adenauer, nicht bei Schumacher und auch nicht beim Vorsitzenden der Berliner SPD Franz Neumann, der 1934 wegen «Vorbereitung zum Hochverrat» zu Zuchthaus verurteilt worden war.

In den amerikanischen und sowjetischen Besatzungszonen hatten Wahlen zu verfassunggebenden Versammlungen der teils alten, teils neugebildeten Länder stattgefunden. Kurz nach der Rückkehr Reuters wurden die britische und die amerikanische Zone Deutschlands verwaltungsmäßig zur «Bi-Zone» vereinigt. Im Juni 1947 wird Reuter zum Oberbürgermeister Berlins gewählt; an der Ausübung des Amtes hindert ihn das Veto der sowjetischen Kommandantur. Louise Schröder springt für ihn als «amtierend» ein. Der Kalte Krieg hat begonnen; und Reuter beginnt seinen Feldzug für die Freiheit mit einer Rede vor den hungernden und unbehausten Bürgern seiner zerstörten Stadt, die seine Genossen als eine unglaublich gewagte «idealistische Provokation» zunächst fürchteten, dann bewunderten. Reuter rief: «Unser Ziel ist nicht der gutgekleidete, gutgenährte, in einer guten Wohnung lebende und von den ersten Ärzten betreute Roboter, sondern der freie Mensch im Bewußtsein seiner Würde und seines Rechts.»

Schumacher verhält sich kritisch und mißtrauisch gegenüber allen Siegern. Den westlichen begegnet er ihres Kapitalismus wegen mit dem Mißtrauen des Sozialisten; die Sowjets trifft seine Wut der verlorenen Ostgebiete wegen. Schließlich gilt er jedem der Alliierten als unerträglicher Nationalist. Der Kosmopolit und vehemente Antikommunist Reuter dagegen verfolgt eine klare Politik der Anlehnung und Öffnung nach Westen. Die beiden werden zu Rivalen innerhalb der Partei. Schumacher erkrankt im März 1948 schwer an den Folgen seiner Verwundungen aus dem Ersten Weltkrieg und den Jahren in Konzentrationslagern und Zuchthäusern. Über ein Jahr lang verkehrt er mit der Partei nur über ihm vertraute Mitglieder des Parteivorstands. Und genau in diesem Jahr geschieht das, was Berlin und Reuter in den Mittelpunkt des Kalten Krieges und des Weltinteresses rücken wird: die Blockade Berlins durch die Sowjets.

Anlaß ist die Währungsreform der Westzonen, die die Amerikaner im Juni 1948 mit dem «Direktor der Verwaltung für Wirtschaft» in der Bi-Zone, Ludwig Erhard, vorbereiten. Reuter erfährt, daß Erhard die «Einbeziehung der Westsektoren Berlins in die Währungsreform Westdeutschlands nicht für möglich hält, so daß Berlin Devisenausland werden» müsse. Es kommt zu einer wütenden Auseinandersetzung Reuters mit General Clay. Als am 21. Juni das neue Geld auch in Berlin ausgegeben wird, erläßt der sowjetische Stadtkommandant einen Befehl an den Senat, die neuen Geldscheine mit einer «Klebemarke» zu versehen. Die westlichen Kommandanten erlassen einen Gegenbefehl. Am 24. Juni 1948 sperren die Sowjets alle Zufahrtswege durch ihre Zone nach Berlin und trennen Westberlin von Ostberlin, vor allem von dessen öffentlichen Einrichtungen (E-Werke). Für die Versorgung der Stadt bleiben nur die den Westmächten im Potsdamer Abkommen zugebilligten Luftkorridore. General Clay kabelt an Präsident Truman, nur eine entschlossene Aktion könne Moskau davon abhalten, noch weiter zu gehen. Truman kabelt an Clay: «Wir haben unseren Geschwadern in allen Teilen der Welt befohlen, nach Europa zu fliegen. Sie erhalten die benötigten Flugzeuge und unsere vollste Unterstützung. Gott segne Berlin.»

Am 30. Juni landet die erste Skymaster. Am Rekordtag (16. April 1949) landen 1400 Maschinen in der Stadt. Die Blockade dauert ein ganzes Jahr, in dem die Westberliner hungern und frieren und ihre Abende bei Kerzenlicht verbringen. Sie werden zu einem bewunderten Symbol des Freiheitswillens. Jedem Zeitgenossen bleiben die Reden Reuters vor seinen Bürgern im Gedächtnis; sein Pathos, seine Kunst der einfachen Staatsberedsamkeit, sein Ausruf: «Völker der Welt, schaut auf diese Stadt!»

Reuters Einfluß auf die Verfassungswirklichkeit der späteren Bundesrepublik scheint demgegenüber oft vergessen zu werden. Schumacher und seine Vertrauten im Parteivorstand sperrten sich zunächst gegen eine Staatsverfassung für die Westregionen. Sie wollten keinen separaten, westdeutschen Staat; ihrer Meinung nach würde das die Spaltung Deutschlands gesetzlich verankern. Dem widersetzte sich Reuter entschieden. Noch bevor die westlichen Alliierten sich entschlossen hatten, aus ihren drei Zonen einen Staat nach dem Muster der parlamentarischen Demokratien werden zu lassen, antichambrierte Reuter dafür bei den Besatzungsmächten. Das brachte ihn in erbitterten Widerstand zu Kurt Schumacher, der eine Art Organisationsstatut für eine «Gebietskörperschaft» erstrebte. Carlo Schmid, damals auf der Seite Schumachers, berichtet, daß Reuter «dafür eingetreten war, im freien Teil Deutschlands eine in deutscher Hand ruhende politische Gewalt einzurichten, die mit Hilfe des Marshall-Planes in Westdeutschland und Berlin politische und ökonomische Zustände schaffen sollte, deren Humanität auf die Bevölkerung der sowjetisch besetzten Zone wie ein Magnet wirken könne». Die Verhandlungen zwischen den Alliierten und den deutschen Ministerpräsidenten ziehen sich hin. Schließlich einigt man sich auf ein «Grundgesetz», nicht auf eine «Verfassung». Carlo Schmid: «Wieder war es Ernst Reuter, der dafür plädierte, wir sollten in keinem Fall die Genehmigung des Grundgesetzes durch die Alliierten in Gefahr bringen; wenn das Grundgesetz einmal in Kraft sei, werde es uns schon gelingen, uns die Kompetenzen zu verschaffen, die man uns heute noch verweigere.» Das war Reuters Pragmatismus; er hatte den Amerikanern durch seine Haltung in Berlin offensichtlich bewiesen, daß Sozialismus nicht gleich Kommunismus sei. Für sie war er fortan ein «militanter Demokrat», jedoch nie ein bequemer Gesprächspartner.

Auf dem SPD-Parteitag im September 1948 wird Reuter mit 332 von 357 Stimmen in den Parteivorstand gewählt. Im Blockade-Winter erreicht die SPD bei den Stadtverordnetenwahlen in Westberlin 64,5% der Stimmen. Reuter wird zum Oberbürgermeister der Westsektoren gewählt. Er bildet seinen ersten Senat aus SPD, CDU und FDP.

Im September/Oktober 1949 gründen sich zwei deutsche Staaten, Bundesrepublik und DDR. Im Oktober 1949 erklärt die SED den sowjetischen Sektor Berlins zur «Hauptstadt der DDR». In den Bundesländern regieren mit Ausnahme Bayerns (CSU) und Badens (CDU) überall Koalitionen: hier SPD/FDP; dort CDU/SPD. In Bonn regiert Adenauer unangefochten. Sein Biograph Hans-Peter Schwarz hat damals Kurt Schumacher «den besten Verbündeten Adenauers» genannt, denn immer wieder habe dieser «in den großen Redeschlachten des ersten Bundestages die Lauen und Mißmutigen in der Koalition an die Seite des Kanzlers (gebracht). Welche Verlockung ginge demgegenüber von Sozialdemokraten aus, wenn Ernst Reuter oder Carlo Schmid an ihrer Spitze stehen würden!»

Willy Brandt war zu dieser Zeit noch Reuters «junger Mann» in der Berliner SPD. Später schrieb er: «Nein, Reuter hatte es mit der eigenen Partei nicht leicht ... Im Jahr nach Schumachers Tod [Schumacher war im August 1952 gestorben; Ollenhauer Parteivorsitzender] zog sich Reuter erneut den Zorn der Bonner Parteiführung zu. Im Anschluß an die zweiten, erneut eindeutig verlorengegangenen Wahlen zum Bundestag stellte er auf einer Konferenz in der Bundeshauptstadt [im September 1953] kritische Fragen: vor allem, weshalb es die Partei nicht fertig bringe, positiver zu formulieren, wozu sie das Vertrauen der Bürger erbitte. Von Teilen der engeren Parteiführung wurde ihm zugemutet, sich für sein offenes Wort zu entschuldigen. Er hat seinen Groll hierüber wenige Tage später mit ins Grab genommen.»

Als der Rias am 29. September 1953 abends meldete, daß Ernst Reuter gegen 19 Uhr an einem Herzversagen gestorben sei, stellten die Berliner Lichter in ihre Fenster. Zwei Jahre zuvor hatten sie ihm bei den Stadtverordnetenwahlen nurmehr genau so viel Stimmen gegeben wie dem Kandidaten der CDU Walter Schreiber. Der hatte damals zugunsten Reuters verzichtet. Jetzt wurde er dessen Nachfolger und bildete einen Senat ohne die SPD.

Wege durchs Wirtschaftswunder

Edzard Reuter war als sehr junger Mann, mit 18 Jahren, in ein ihm vollkommen unbekanntes Land «zurückgekehrt», ohne jede gemeinsame Erfahrung mit jenen seiner Altersgenossen, die einen Krieg, die meisten von ihnen als Soldaten, erlebt hatten. Sein deutsches Abitur machte er in einem der damals für Kriegsteilnehmer eingerichteten halbjährigen «Sonderlehrgänge». Seine Lehrgangsgefährten sprachen einen ihm fremden Jargon. Die meisten seiner neuen, ihm überaus fremden Landsleute schienen damit beschäf-

Edzard Reuter als Ufa-Produktionschef mit Marlene Dietrich. Sommer 1958 in Berlin.

tigt, Gras wachsen zu lassen über alles geschehene Übel. Wie wurde Edzard Reuter damit fertig? Er schaffte das wohl vor allem durch jene unbelasteten und unbekümmerten Sportsfreunde, die er in seinem Berliner Tennisclub traf.

Als sein Vater starb, war Edzard 25 Jahre alt. Er erfuhr von dessen Tod auf einem Berliner Tennisplatz durch seine erste Frau Christel, die er im Jahr zuvor geheiratet hatte. Bis dahin hatte er, außer zwei Semestern in Göttingen, bei den Eltern in Berlin gewohnt. Erst dort, dann in Göttingen, hatte er Naturwissenschaften belegt. Vom Rat und Beispiel seines Studienfreundes Horst Ehmke bewogen, sattelt er auf Jura um. Studienziel: Journalismus oder Auswärtiger Dienst. Er studiert in Berlin an der FU, bereitet sich als Referendar auf das zweite juristische Staatsexamen (1955) vor. Er ist bis 1956 Assistent an der juristischen Fakultät.

Dann schreibt er Bewerbungen auf Anzeigen. Natürlich wußte

379

man, wurde man von Edzard Reuter um ein Einstellungsgespräch gebeten, wessen Sohn der junge Mann war. Er selbst scheint das nicht immer als Vorteil empfunden und nur ein paarmal – ohne überwältigenden Erfolg – genutzt zu haben. 1957 landet er bei der Ufa, erst als Sachbearbeiter in der Produktion (Verträge), drei Jahre später erhält er Prokura; lernt alle Welt, Stars und Sternchen von Opas Kino kennen; ist 1961 Chef der Produktion. Reinhard Mohn (Bertelsmann) interessiert sich für ihn. 1962 wird er Geschäftsführer der Bertelsmann Film- und Fernseh-Produktion in München. In dieser Zeit plant Adenauer als Konkurrenz der von den Ländern kontrollierten ARD-Anstalten einen Fernsehsender unter Aufsicht des Bundes, das spätere ZDF in Mainz. Mohn will einen Produktionsverband mit Mainz ins Leben rufen, macht Reuter zu dessen Geschäftsführer. Als man ihm einen «Gesamtverantwortlichen» überordnet, zeigt sich Reuter bei Mohn enttäuscht und beginnt unterderhand, eine andere Aufgabe zu suchen. Bertelsmann erfährt davon und setzt ihn auf die Straße. Reuter ist 35 Jahre alt, arbeitslos und wird das drei Vierteljahre bleiben. Wiederum Bewerbungsbriefe. Auch wieder an Hanns Martin Schleyer, Daimler-Benz, der ihm vor Jahren schon einmal abgewinkt hatte. Jetzt sagt Schleyer zu. Im März 1964 wird Reuter in Stuttgart angestellt.

«Beim Daimler»

Atmosphäre und politische Mentalität in den Chefetagen der deutschen Großunternehmen auf dem Höhepunkt des Wirtschaftswunders, 1964, werden oft als «Vollendung der Restauration» dargestellt. Tatsächlich lassen sich hier viel eher Ähnlichkeiten mit den Höfen der Handelsfürsten der italienischen Renaissance entdecken als mit der Wirtschaftsmentalität Weimars. Wie im Florenz der Medici und Pazzi herrschen Zwist und Mißtrauen, erbitterte Konkurrenz innerhalb des Hofstaats, Intrige, Putschversuch und wenn schon kein Mord im Dom, dann der Versuch des Rufmords. Natürlich gilt das nicht nur für Konzerne wie Daimler-Benz zu jener und jeder Zeit. In allen Unternehmenshierarchien, deren Spitzen ihr Herrschaftswissen zum persönlichen Machtfaktor erheben, blitzt irgendwann und irgendwo ein Dolch im Gewand.

In dieser Szenerie also: Auftritt Reuter. Ist er im richtigen Stück? Bisher hatte er mit Autoren und Schauspielern zu tun, mit der Welt des schönen Scheins. Fühlt er sich fremd in der «Autoschmiede»? An Weltläufigkeit und Bildung ist er zweifellos vielen in der für ihn neuen Arbeitswelt überlegen. Später wird man seinen «scharfen Intellekt» rühmen. Anfangs scheint er ihn verborgen zu haben hinter Konzilianz und, vor allem, hinter viel Geduld. Er kommt aus Anatolien, aus dem Orient. Dort lernt man, daß Geduld, gepaart mit Ehrgeiz und einem festen Ziel, die schärfste Waffe ist.

Sein erster Aufgabenbereich bei Daimler: Bearbeitung von Beteiligungen an anderen Unternehmen. Mit seinem Vorgesetzten, dem Vorstandsmitglied Joachim Zahn, kommt er nicht gut aus. Er bewirbt sich beim ZDF als Programmdirektor. Das scheint nicht aussichtslos. Da wird Zahn aufmerksam auf Reuter, drängt ihn zu bleiben und macht ihn, als er Vorstandssprecher wird, im Juli 1966 zum Hauptabteilungsleiter.

Es ist das Jahr der «Spiegelaffäre», des Streits um die «Notstandsgesetze», des Zerfalls der Koalition von CDU und FDP. Am Ende des Jahres ist Ludwig Erhard als Kanzler zurückgetreten, bildet Kiesinger die Große Koalition mit Brandt als Außenminister. Das folgende Jahr, 1967, scheint zunächst vom Beginn einer zunehmenden Verständigung und Vereinigung der verschiedensten Gruppeninteressen nicht nur in Deutschland, sondern auch in Europa gekennzeichnet. Bundesregierung, Wirtschaft und Gewerkschaften bilden die «Konzertierte Aktion», EWG, Montanunion und EURATOM schließen sich zur EG, zur Europäischen Gemeinschaft zusammen. Der Friede täuscht. Als der Schah im Sommer Berlin besucht, protestieren Studenten und junge Arbeiter. Einer der jungen Demonstranten wird dabei erschossen. Die APO, die «Außerparlamentarische Opposition», besetzt bald Universitäten und Straßen; ihr Held wird Rudi Dutschke.

Im Januar 1968 wird Reuter Leiter des Hauptsekretariats; führt das Protokoll der Vorstandssitzungen und lernt das «Eingemachte» kennen: die Rivalitäten zwischen den Mitgliedern der Unternehmensführung, zwischen Chefs von Finanzen, Produktion und Vertrieb. Auf die Frage: «Ist das nicht ein Automatismus in jedem Betrieb, der produziert?» antwortet Reuter im 1996 geführten Gespräch: Das sei grundsätzlich so, und überdies dürfe man den Personalchef dabei nicht vergessen. «Der Grundgedanke, Organisation aufzuteilen in Funktionen, führt automatisch überall, wo Ware hergestellt wird, zu Rivalität, zu dem ständigen Mißtrauen, was der andere denn eigentlich macht, und dem Besserwissen, was er eigentlich machen sollte. Weil man ja keine Gesamt-Verantwortung hat.» Heutzutage versuche man, dieses System durch die Bildung von projektorientiert arbeitenden Teams aufzubrechen. Aber ganz zu beseitigen seien «die normalen Fronten» nicht. «Bei Großunternehmen an der Spitze spielt das immer noch eine Rolle. Deshalb gibt es im Aktiengesetz ja die Regelung, daß der *Gesamt*-Vorstand verantwortlich ist.»

Überdies existiert kein Aufsichtsrat, in dem es nicht Rivalitäten gäbe. (Daimlers Großaktionäre waren damals Flick mit 39%, die Deutsche Bank mit 28,5%, die Familie Quandt mit 14%.)

Im Dezember 1968 wird Reuter «Direktor im Hause». Im Land herrscht Unruhe. Auf Dutschke ist ein Attentat verübt worden, vor den Verlagshäusern der Springer-Presse dröhnen die Rufe «Ho-Ho-Ho Chi Minh»; der Bundestag hat die Notstandsgesetze verabschiedet. Gustav Heinemann wird Bundespräsident, Willy Brandt Kanzler. Bahr verhandelt in Moskau. Brandt trifft sich mit Stoph. Erst der Moskauer, dann der Warschauer Vertrag werden unterzeichnet. Die Bundesregierung gibt die Wechselkurse frei. Karl Schiller wird Wirtschaftsminister. US-Präsident Nixon löst den Dollar von der Golddeckung.

Im August 1971 wird Edzard Reuter Leiter des «Unternehmensbereiches Unternehmensplanung und Organisation». In den sieben Jahren seit seinem Eintritt bei Daimler-Benz hat sich der Umsatz vervierfacht (auf 11,7 Milliarden), die Zahl der Beschäftigten mehr als verdoppelt (144000).

Im Sommer 1972 heiratet Edzard Reuter zum zweitenmal. Die erste Ehe (er hat sehr jung geheiratet) hielt nicht lange. Seine zweite Frau, Helga, ist eine langjährige Vertraute aus der Film- und Fernseh-Dramaturgie.

Edzard Reuter mit Alfred Herrhausen vor der Aufsichtsratssitzung am 21. Dezember 1988 in der Frankfurter AEG-Zentrale.

Jetzt will Reuter in den Vorstand. Daß er SPD-Mitglied ist, scheint nicht mehr verwerflich, seit Brandt Kanzler und Schiller Wirtschaftsminister ist. Solche Selbstverständlichkeit scheint unterzugehen in der inzwischen ausgebrochenen Hysterie der Baader-Meinhof-Gruppe und dem Entsetzen des bürgerlichen Lagers. 1973, bevor er stellvertretendes Mitglied des Vorstands wird, muß sich Reuter vom Vorsitzenden seines Aufsichtsrates, Herrn Ulrich von der Deutschen Bank, die Frage stellen lassen, ob er sich «zur freiheitlich-demokratischen Grundordnung und zur sozialen Marktwirtschaft» bekenne. Reuters Antwort: «Ja. Aber ich sage dieses Ja nicht, ohne hinzuzufügen, daß meine Familie möglicherweise mehr für die freiheitlich-demokratische Grundordnung getan hat als all diejenigen, die Sie gebeten haben [das waren ausgerechnet Flick und Quandt], mich danach zu fragen.» Franz Heinrich Ulrich war seit 1936 persönlicher Mitarbeiter beim Chef der Auslandsabteilung der Deutschen Bank Hermann J. Abs. Als Aufsichtsratsmitglied der «Norddeutschen Lederwerke vorm. Adler & Oppenheimer» hatte Ulrich deren Arisierung «in freundschaftlichem Sinne» erledigt.

Gut: Reuter wird stellvertretendes, 1976 ordentliches Mitglied des Vorstands.

Inzwischen ist Willy Brandt als Kanzler zurückgetreten, Helmut Schmidt sein Nachfolger. In Stammheim sind die Urteile gegen Baader und Meinhof ergangen. Die Quandtgruppe hat ihre Daimler-Aktien an das Emirat Kuweit, die Familie Flick ihre Daimler-Aktien bis auf einen Restbestand an die Deutsche Bank verkauft. Der Bundestag hat mit großer Mehrheit das Mitbestimmungsgesetz verabschiedet. Die Lufthansa-Maschine «Landshut», von Terroristen entführt, wird in Mogadischu befreit. Hanns Martin Schleyer wird entführt und getötet. Der Bankier Ponto, der Generalbundesanwalt Buback sind ermordet worden. Karl Carstens ist Bundespräsident, Strauß Ministerpräsident in Bayern. Helmut Schmidt, der Bundeskanzler, nennt Edzard Reuter «meinen Freund». Damals und in den nächsten Jahren werden Reuter von der SPD immer wieder Anträge gemacht, Regierungsämter zu übernehmen oder für sie zu kandidieren. Er lehnt jedesmal ab. 1980 übernimmt er das Ressort «Finanz- und Betriebswirtschaft» des größten deutschen Industriekonzerns. 1995 wird Daimler-Benz einer der größten Konzerne Europas sein.

Aus den Rivalitäten innerhalb der Unternehmensführung hat Reuter sich keineswegs herausgehalten. Er bediente sich dabei oft eines «Stammtisches» gleichaltriger und gleichgesinnter Kollegen, die sich in einem Tempel der elsässischen *Haute Cuisine* trafen, um Erfahrungen, Interna miteinander auszutauschen; andere in der Firma nannten das «Intrigieren». Reuter wird, nicht erst seit dem Gespräch mit Ulrich und noch bevor Helmut Kohl 1982 Bundeskanzler geworden ist, von der fixen Idee geplagt, der Umstand, daß er Mitglied der SPD sei, verhindere beim nicht nur politisch, sondern auch unternehmerisch konservativen Establishment seine weitere Karriere. Er beginnt, die Öffentlichkeit zu suchen. Er hält Vorträge auf Hochschulsymposien, auf Börsenforen, bei politischen Stiftungen, auf international geprägten Konferenzen; er schreibt Aufsätze für Zeitungen, gibt Interviews. 1986 erscheinen achtzehn seiner Reden und Vorträge in einem Band versammelt mit dem Titel *Vom Geist der Wirtschaft – Europa zwischen Technokraten und Mythokraten*. Da geht es um «Finanzpolitik im internationalen Konzern», «Der Preis für den Dilettantismus in der Politik», «Wirtschaftsstrategien für die dritte industrielle Revolution». Inhalt und Form machen ihn zu einem Mitglied der akademischen Gesellschaft. Im ersten der abgedruckten Vorträge steht unübersehbar für jene, die ihm seiner Parteizugehörigkeit bei den «Sozen» wegen den weiteren Aufstieg verweigern wollen: *«Man kann ein Unternehmen nicht christlich oder sozialdemokratisch, sondern nur gut oder schlecht führen.»*

Ein Jahr nach dem Erscheinen des Buches, 1987, ist Alfred Herrhausen Vorstandssprecher der Deutschen Bank und Vorsitzender des Aufsichtsrats von Daimler-Benz. Auf seinen Vorschlag wird Reuter von den 20 Aufsichtsratmitgliedern einstimmig zum Vorstandsvorsitzenden gewählt. Er ist 58 Jahre alt.

Als Reuter «beim Daimler» anfing, war Abs noch Vorsitzender im Aufsichtsrat, dann kamen Ulrich, Guth und schließlich Herrhausen. Wer war für ihn der bessere Partner?

«Da zögere ich keine Sekunde. Das war ganz einfach Herrhausen. Weil das ein Mann war mit einer klaren Meinung. Die man nicht teilen mußte, die er aber artikuliert hat und auch bereit war, sie zu diskutieren. Also auf den Prüfstein zu bringen. Er war bereit, Gegenargumenten zuzuhören.»

«Wie haben Sie am 30. November 1989 von der Ermordung Herrhausens erfahren?»

«Ich war auf dem Weg zu einer großen Veranstaltung. In Düsseldorf oder in Köln. Von irgendwelchen Arbeitgeberverbänden, und sollte dort auch sprechen. Ich saß im Auto auf der Fahrt dorthin und plötzlich rief mich die Sekretärin an und sagte, sie habe gerade gehört, auf Herrhausen sei ein Attentat verübt worden, es hieße, er sei tot, das wisse sie aber noch nicht genau. In dem Moment kam ich dort an; Kohl war der Eröffnungsredner, und da kam der Kohl auf mich zu und sagte: ‹Es ist also wahr, er ist wirklich tot.› Und dann haben wir noch geredet, was wir jetzt machen sollen, und Kohl sagte, ich halt jetzt 'ne ganz kurze Ansprache. Und so werden wir uns das Ganze ersparen. Und danach haben wir noch lange über Frau und Tochter Herrhausens gesprochen.»

«Wie waren die nächsten Tage für Sie?»

(Schweigt, zögert) «Ich ...» (schweigt). «Ich weiß es, glaube ich, nicht mehr genau ...»

Global players

Beide, Herrhausen und Reuter, waren Quereinsteiger: Herrhausen kam nicht aus dem Bankgeschäft, Reuter nicht aus der Kraftfahrzeugindustrie. Beide waren fasziniert vom Begriff der Unternehmensgröße: von *acquisition* und *merger*, von Kaufen und Fusionieren. Als Herrhausen und Reuter in die Vorstände ihrer Unternehmen gelangten, gründeten sie eine jeweils ihnen unterstellte zukunftsbezogene Strategieabteilung. Sie planten international und zunächst im geheimen. Irgendwann begannen sie dann, sich als *global players* zu bezeichnen. Es scheint nicht so, als ob Herrhausen und Reuter einander gesucht hätten. Haben die beiden sich einfach gefunden? Reuter meint, das sei wohl so. Aber, «wie alle solche Sachen hat sich das langsam entwickelt.

Das hatte eine lange Vorgeschichte. Herrhausen hat ja Ende der 70er Jahre selber den Finger in den Wind gesteckt und wollte Vorstands-Vorsitzender bei Daimler-Benz werden. Kurzum: wir haben uns gekannt.»

Beide begannen bald zu erklären, die Welt werde zu einem besseren Frieden finden durch das auf wirtschaftlicher Vernunft gründende Verhalten international miteinander verflochtener Riesenkonzerne. Wachstum lasse sich nur noch mit zunehmender Unternehmensgröße erwirtschaften. In der Öffentlichkeit stieß das auf Kritik und Widerspruch.

Als die beiden Männer an die Spitze ihrer Unternehmen gelangt waren, inszenieren sie den größten Clou in der deutschen Wirtschaftsgeschichte: die Fusion von Daimler-Benz mit MBB, mit dem Rüstungsunternehmen Messerschmidt-Bölkow-Blohm GmbH. Während sie daran arbeiten, gibt es im Bundestag eine monatelange, erbitterte Diskussion über Bankenmacht und Wirtschaftsmacht. Der Bundeswirtschaftsminister Bangemann erklärt, MBB, mit den verschiedensten Anteileignern auch der öffentlichen Hände, sei gerade deshalb ein Unternehmen, das «nicht zu vernünftigen Kosten kommen kann. Ich bin davon ausgegangen, daß man das durch eine industrielle Führung verbessern kann.» Er habe überall in der Industrie nach Firmen gesucht, die dazu bereit gewesen wären. «Auch eine so große Firma wie Siemens hat keine Bereitschaft gezeigt, das Risiko zu übernehmen. Der einzige, der diese Bereitschaft gezeigt hat, war Daimler-Benz.»

Drei Vierteljahre vor der dann schließlich vollzogenen Fusion bittet Herrhausen Kanzler Kohl um eine klare Entscheidung des Kabinetts. Der spricht mit seinen Ministern. Drei, vier Tage später läßt er die Deutsche Bank wissen: «grünes Licht!» Am nächsten Tag, am 9. November 1988, während der Bundestag die Sache noch debattiert, stellt Edzard Reuter in Stuttgart seinen Gremien bereits die Neuorganisation des Konzerns zu einer Holding mit den Töchtern Mercedes-Benz (Automobile), AEG und der «Deutschen Aerospace DASA» (MTU, Teile der AEG, Dornier und MBB) vor. Und auch den Chef der DASA: Jürgen Schrempp.

Im August 1989 erteilt die Monopolkommission gegen die Stimme ihres Vorsitzenden der Fusion ihre Zustimmung mit Auflagen. Daimler-Benz weist die Auflagen zurück. Am 8. September erteilt Helmut Haussmann die ihm verfassungsmäßig zustehende «Ministererlaubnis».

Das Presse-Echo: Die *FAZ* stimmt vorsichtig zu. Die *ZEIT* warnt: «Verraten und verkauft – gegen alle Regeln der Marktwirtschaft.» Der *Bayernkurier*: «Deutsche Aerospace nach München!» Die *Süddeutsche Zeitung* titelt: «Die Arroganz der Macht».

Das stärkste Kapitalpotential und das größte Industriepotential hatten gemeinsam ihren Willen gegen alle anderen Interessen durchgesetzt. Das ist Macht. Herrhausen damals: «Macht ist schließlich nicht gleich Machtmißbrauch und Autorität nicht gleich autoritär.»

Sehr schnell wird Edzard Reuter von der veröffentlichten Meinung nicht nur verziehen; sie sucht jedes mögliche Gespräch mit ihm und feiert ihn zu guter Letzt. Jetzt taucht zum erstenmal, voller Achtung, die Bezeichnung «Visionär» auf, der Mann, der «über den Tellerrand hinaussieht, im Gegensatz zur Politik». Solche Prosa wehrt er ab: Er habe den Vorteil, «in der Freiheit des deutschen Aktienrechts arbeiten zu können» und müsse nicht «unentwegt durch den Flaschenhals der Politik».

Zwei Monate nach der Ministererlaubnis diskutiert der Bundestag vor nahezu leeren Bänken einen Antrag der SPD; Titel: «Gegen wachsende Bankenmacht und für mehr Wettbewerb im Kreditgewerbe». Dem schließen sich die Grünen mit einem eigenen Antrag an: «Demokratisierung der Wirtschaft: Beschränkung der Bankenmacht». Von wenigen Beiträgen abgesehen, verfügt die Debatte über das Niveau eines juristischen Proseminars und geht aus wie das Hornberger Schießen: Das Problem Bankenmacht verschwindet in drei Ausschüssen und taucht nicht wieder auf.

Nach dem Tod Herrhausens wurde Hilmar Kopper von seinen Kollegen im Aufsichtsrat und Vorstand der Deutschen Bank ohne Diskussion zu dessen Nachfolger als Sprecher des Vorstands gewählt und 1990 Vorsitzender des Aufsichtsrats von Daimler-Benz. Kopper, der nicht über die Eloquenz Herrhausens verfügt, ist von der Pike auf ein Mann der Deutschen Bank, hat am Schalter einer Filiale angefangen und später, unter Herrhausen, offensichtlich erfolgreich initiativ bei *acquisition-and-merger*-Geschäften der Deutschen Bank im Ausland, vor allem in London, gewirkt. Wer beide, Kopper und Reuter, kannte, sprach davon, hier stimme die persönliche Chemie überhaupt nicht.

Reuters Konzept

In der zweiten Hälfte der achtziger Jahre begann Edzard Reuter in Reden und Interviews zunehmend von seinem Konzept eines auf «Synergie» aufgebauten Konzerns zu sprechen. Das war ein neuer Begriff für Konzernbildung; die alten, offenbar überholten, waren «vertikal» und «horizontal».

Reuter wollte einen integrierten Technologiekonzern schaffen mit, wie er das nennt, «vier Säulen: Straßenfahrzeuge, Schienenfahrzeuge und Luftfahrzeuge. Als vierte: Dienstleistungen, Debis, die eine große Wachstumsrate hat.»

Im Frühjahr 1985 übernimmt Daimler 100% der MTU und die Mehrheit bei Dornier. Danach steigt der Konzern mit ca. 25% bei der AEG ein, kauft später AEG-Aktien dazu und hat die Mehrheit. Der Hauptaktionär Deutsche Bank stimmt der Übernahme von MBB zu. Reuter gründet die DASA mit der Deutschen Airbus.

Reuter: «Wir wollten die Luft- und Raumfahrtindustrie, weil aus der modernen Rüstungstechnologie Abstrahleffekte kommen auf Produkte, die wir neu entwickeln konnten. Wir sagten, wir bekommen mit diesem Bereich, auch durch die Verteidigungselemente, den Zugriff auf modernste Technologien, die wir in der Zukunft brauchen werden, wenn wir am Standort Deutschland neue Produkte für neue Märkte entwickeln wollen. Wir konnten nicht auf alle Ewigkeit voraussagen, daß wir nur Verkehr machen. Man kann keine Technologie genau voraussagen, man kann auch nicht voraussagen, welcher Markt für eine neue Technologie erwächst. Wenn Sie, als Daimler und Benz ihr Auto erfunden haben, gefragt hätten, welche ‹Anwendungen› das einmal haben würde, hätte das kein Mensch voraussehen können. Wir haben die ganze Forschung des Konzerns in einem zentralen Bereich Forschung zusammengefaßt. Das war der Grundgedanke. Dadurch sollten die Dinge so vernetzt werden, daß man sie nicht mehr auseinanderreißen konnte. Dazu kam die Markt-Vernetzung.»

1992 weist die DASA Gewinn aus. Im Jahr darauf übernimmt Schrempp die Mehrheit bei Fokker. Ein weiteres Jahr später beschließt er, 10 000 Mitarbeiter zu entlassen und sechs Standorte der DASA zu schließen.

Edzard Reuter hatte im Mai 1995 das Rentenalter erreicht, gab den Vorstandsvorsitz auf und zog, das ist in solchen Unternehmen üblich, in den Aufsichtsrat ein. Der von ihm als Kronprinz herangezogene Jürgen Schrempp wird sein Nachfolger. Im Juni weist er einen Verlust von anderthalb Milliarden Mark aus, den die DASA verursacht hat. Im November 1995 hat sich der Kursverlust des Dollars bereits entscheidend bemerkbar gemacht. Schrempp bringt er auf die Idee, den Abbau von nahezu neuntausend Stellen und die Schließung von drei Werken mit dem Kennwort DOLORES bekanntzumachen. Im Dezember wollen er und die Deutsche Bank Cash sehen und verkaufen einen großen Teil der AEG. Im Januar 1996 verhandelt die DASA mit dem Teileigentümer von Fokker, der niederländischen Regierung; das Unternehmen geht kurz darauf in Konkurs. Im Februar scheidet Edzard Reuter aus dem Aufsichtsrat aus. Im April bilanziert Schrempp das Unternehmensergebnis neu. Fazit: ein Verlust von 5,7 Milliarden Mark. Er kündigt Entlassungen an. An der Börse steigen daraufhin die Kurse.

Inzwischen spricht man allerorten von einer «Krise des deutschen Managements»: es sei groß geworden und habe gelernt in einer Zeit des Wachstums. Dessen Rezepte seien überholt. Das neue Rezept scheint zu sein, kein unternehmerisches Risiko mehr einzugehen. Ohne Risikobereitschaft indessen gibt es keine langfristige Entwicklung, keinen Fortschritt und kein Wachstum. Wer sich vierteljährlich durch steigende Börsenkurse vor seinen Aktionären rechtfertigen muß, wird seinen Job nicht einer Sache wegen aufs Spiel setzen, deren Erfolg erst in einem oder gar erst in zwei Jahren sichtbar werden wird. Ohne Geduld indessen kann niemand forschen und entwickeln.

In der Öffentlichkeit wird Reuters Konzept als gescheitert bezeichnet. Die Gründe: kein Mensch, auch Reuter nicht, habe voraussehen können, daß der Kalte Krieg beendet werde, daß deshalb der Jäger 90 nicht komme; und schließlich die Krise des Dollars. Reuter sagt dazu, mit dem Zusammenbruch des Kommunismus habe das überhaupt nichts zu tun. «Das würde ja bedeuten, daß wir das ganze Konzept aufgebaut hätten in der Annahme, daß wir durch Rüstung reüssieren würden. Das ist nicht der Fall. Der Kern unserer Überlegungen ist nie die Rüstung gewesen. Insofern ist dieses Argument (man hätte den Zusammenbruch des Kommunismus nicht voraussehen können), das jetzt zu meinem Schutze oder zu meiner Entschuldigung vorgebracht wird, Unsinn. Wenn wir Fehler gemacht haben, die zu Schwierigkeiten geführt haben, dann sind das hausgemachte Fehler, die *wir* gemacht haben und die nicht von außen kommen.»

Woher kommt die Ungeduld im öffentlichen Urteil?

«Es zieht eine Mentalität in Deutschland ein, die da sagt: wenn ein Unternehmen in einem Jahr einen dicken Verlust macht, dann ist alles falsch, was man da versucht hat, weg damit. *Shareholder value!* Eine aberwitzige Konstruktion, die dazu führt, daß man ständig dahinterher sein muß, einen Börsenkurs etwa dadurch zu untermauern, daß man irgend etwas, einen Unternehmensteil verkauft, obwohl man ganz genau weiß: wenn ich die Nerven habe und die *stamina*, das noch drei Jahre durchzuhalten, ist es für das Unternehmen viel besser. Dazu kommen die Banken. Ihr traditionelles Geschäft, die Austeilung von Krediten, genügt heute nicht mehr. Sie müssen Provisionen verdienen. Manche in Deutschland sind im Augenblick dabei, die unternehmensinterne Vermögensansammlung für die Pensionssicherung der Mitarbeiter aufgeben zu wollen und dafür neu zu gründende Pensionskassen zu begünstigen, die dann von den Banken verwaltet werden, an der Spitze die Deutsche Bank, und die damit natürlich Provisionen verdienen. Wie die Pensionskassen in Amerika. Die vor allem haben die Börsen-Crashs ausgelöst. Wenn der Kurs von Daimler-Benz mal über drei Monate in den Keller geht, verhökern sie die Aktie und setzen damit das Management dem Zwang aus, Dinge zu tun, die aus keinem anderen Grund für das Unternehmen sinnvoll wären. In Deutschland wird sich viel ändern, und wir werden uns noch sehr wundern, was da als Folge auf unsere Politik zukommt.»

In der Tat, was die unkontrollierte Macht der Banken alles beeinflußt in diesem Land, das kann kein Außenstehender durchschauen.

Shareholder value: Wer ist wieviel wert?

Seit 1990 hat sich viel geändert; der Gorbatschow-Effekt und der Beitritt der DDR zur Bundesrepublik ließen zwar alles friedlicher aussehen, indessen vieles verworrener und nicht mehr nach altgewohnter Weise kalkulierbar. Die Deutsche Bank hatte Schwierigkeiten mit ihrem Engagement bei Daimler-Benz. Da lag es nahe, jemanden zu suchen, dem sich, unter der Zustimmung der veröffentlichten Meinung, der Schwarze Peter zuschieben ließ. Obwohl stets Entscheidungen einstimmig gefaßt worden waren, suchte man nicht lange. Man hatte ja den «Visionär» zur Hand, den beneideten «Parade-Unternehmer» Edzard Reuter: «intellektuell brillant, messerscharf in der Analyse gesellschaftlicher Zeitfragen, dazu eloquent und umfassend gebildet» (*Süddeutsche Zeitung*, Februar 1996); kurzum: den Störenfried im Karpfenteich der plötzlich und ungestüm von der amerikanischen Wirtschaft übernommenen neuen Meßlatte für Erfolg und Mißerfolg der Aktiengesellschaften: *shareholder value*. Kurzfassung: ein Betrieb ist nur soviel wert, wie er für den Aktionär abwirft, nicht für die Volkswirtschaft und nicht für seine Mitarbeiter. Und wenn schon der vielzitierte «Kleinaktionär» auf seine Dividende schaut, dann erst recht der Großaktionär Deutsche Bank. Nun sah das, was die Kurse anging, seit dem Tiefststand im November 1992 bei den Daimler-Benz-Aktien keineswegs schlecht aus. Im April 1996 hatten sie fast wieder den Höchstwert von April 1990 erreicht. Je mehr Mitarbeiter Jürgen Schrempp freizusetzen versprach, um so höher stieg der Kurs. Die Zeitungen sprachen von einer «Metamorphose» des Unternehmens. Armer Ovid.

Die vielbeschriebene und immer wieder von Aufsichtsrat und Vorstand mitgetragene «Vision» Edzard Reuters und der bisher immer wieder fehlgeschlagene Versuch, die Macht der Großbanken zu bändigen, sind zwei eng miteinander verknüpfte Phänomene der jüngsten deutschen Wirtschaftsgeschichte. Man kann, wenn man will, daraus persönliche und volkswirtschaftliche Erfahrung schöpfen: einmal, «daß alles nur einen Tag währt: wer rühmt und wer gerühmt wird» (Marc Aurel); zum anderen, daß der Politik Grenzen gesetzt werden von jenem Geld, das sie nicht hat.

Vater und Sohn

Kann man Leben und Charakter dieser beiden Männer miteinander vergleichen? Natürlich gibt es unterschiedliche Eigenarten. (Der Vater: Zigarrenraucher, Skatbruder, ein intimer Kenner und Freund Plutarchs; der Sohn: ein Tenniscrack, Sportreiter und -funktionär, ein engagierter Freund zeitgenössischer Kunst und Künstler.) Anderes ist bemerkenswerter:

Ernst Reuter lebte in einer Zeit, die in Deutschland aus einer womöglich benevolenten Obrigkeit in die Tyrannis führte. Ein großer Teil seines Lebens wurde zum Protest, verbracht in der Revolte. Als er in Deutschland und Berlin erreicht hatte, was er erreichen wollte und konnte, normalisierte sich der Staat zu einem Gemeinwesen, das unter wechselnden Regierungen mit der Unruhe des Protestes wie mit dem ungeahnten Erfolg wirtschaftlichen Fortschritts demokratisch umzugehen lernte.

Die Zeit, in der Edzard Reuter in eine der entscheidenden Positionen dieses Fortschritts gelangte, wurde zunehmend geprägt von Saturiertsein und schwindender Solidarität. Während der langen Kanzlerschaft Helmut Kohls entwickelte sich ein System der Herrschaft durch Patronage. Man lernte von ihm, wenn man denn lernen wollte, um den Erhalt eigener Positionen und deren Vorteile zu kämpfen. Zwangsläufig bildete sich so in der Republik eine «Elite», die sich oft durch nichts anderes ausweist als durch ihre Zugehörigkeit zu einer Partei, einer Institution, einem Unternehmen. Edzard Reuter bedurfte eines solchen Ausweises nicht. Er fiel auf, weil er versuchte, Denkanstöße zu geben.

Bleibt die Frage nach Charisma und Leidenschaft. Wer von bei-

den, Sohn und Vater, hat sich mit dem Glück anderer mehr beschäftigt als mit dem eigenen? Wer vermöchte, das zuverlässig zu
beantworten? Es scheint, daß wohl beide auf jeweils eigene Art
ihrer Verantwortung, gegenüber sich selbst treu zu bleiben, und
ihren Verpflichtungen anderen gegenüber nachzukommen versuchten: der Sohn gegenüber dem Schicksal der von seinem Unternehmen abhängigen Hunderttausenden von Mitarbeitern und
deren Familien; der Vater, gezwungen durch seine Zeitgenossen-
schaft, erst gegenüber dem Schicksal des Proletariats, dann gegenüber dem des geschändeten Vaterlands.

Wie haben Stellung und Ruhm des Vaters das Leben seines Sohns
beeinflußt? Edzard Reuter sagt, die Berühmtheit des Vaters habe
ihn nicht belastet, psychisch nie unter Druck gesetzt. Indessen sei
sein Vater stets sein Vorbild gewesen, andere Vorbilder habe er
nicht gekannt.

Salto mortale in zwei Diktaturen

BERNHARD UND JOHANNES HEISIG

von Birgit Lahann

Irgendwann in der Nacht feuert er den Pinsel ins Bild. Und der schießt mit dem spitzen Ende haarscharf am Herzen einer Figur vorbei. Ham'se gesehn? fragt er und zeigt mir das Loch in der Leinwand. Dann lacht er ein paar zerquetschte Trompetenstöße. Das macht er gern, wenn er ein Thema beenden will. Das war's, Schluß, aus.

Ja, und nun?

Was heißt ‹und nun›, fragt Bernhard Heisig. Drüberkleben wird er was. Und dann Öl drauf. Öl, Öl, Öl. Und steht da im weißen Kittel, verkleckst, verschmiert, verfärbt – wie ein Schlachter.

Seine Schlachten hängen an den Wänden des Ateliers im Havelland. Nein, nicht mehr in Leipzig. Da wollte er weg nach der Wende, wollte aufs Land. Lebt nun im Dorf Strodehne bei Ribbeck, hat ein altes Haus und ein neues Atelier mit Blick auf Feld und Wiesen. Und in dieser Idylle hängen sie an den Wänden, die geschlagenen, ungeschlagenen, abgebrochenen und vertagten Schlachten, Wachträume eines Soldaten, Alpträume eines Juden, und die Seeräuber-Jenny vom alten Brecht singt ihr böses Lied auf blutigem Hai. Und von Idylle, sagt Heisig, könne ja nun überhaupt nicht die Rede sein. Und erzählt von Umweltsündern und Arbeitslosen um ihn herum. Also da kann er sich schon wieder aufregen.

Bernhard Heisig. Er war der große Maler der kleinen DDR, Rektor der Leipziger Hochschule für Graphik und Buchkunst, Mitglied der Akademie der Künste, Vizepräsident des Verbands Bildender Künstler, Träger des Nationalpreises II. und I. Klasse. Ein Koloß.

Wann immer ich ihn in seinem Atelier besuche – die Wände le-

«Wenn du unbedingt Maler werden willst», sagt Bernhard Heisig zu seinem Sohn, «dann mußt du gut sein. Kein guter Maler ist doch gleich ein schlechter.»

ben. Und das Leben aus dem Dorf, der Zeitung, dem Fernseher fließt in seine Öle. Alles kommt rein in die Bilder. Das ABC der Waffen, Atommeiler, Fußbälle, Texte zu Tätern: ‹Man tat nur seine Pflicht›. Der Sportfan pendelt beim Eishockey-Weltmeisterschaftsspiel Rußland gegen Deutschland zwischen Staffelei und Fernseher und ärgert sich, daß er den Puck nicht richtig erkennen kann.

Es gibt aber auch Zeiten, da kann ihn nichts und niemand ablenken, da malt er im Rausch eine Nacht hindurch und faßt sich ans Herz und denkt: So viel Aufregung hält das doch gar nicht mehr aus. Die Leute, sagt er, denken doch immer, man hat einen Plan. Hat man aber nicht. Man springt den dreifachen Salto – und der muß aussehen, als sei er kinderleicht. Also übermalt er. Immer und immer wieder. Pfundweise legt sich die Farbe über seine Klagen und Kriege. Unter einem fertigen Heisig sind fünf, sechs andere Heisigs versunken. Troja auf der Leinwand.

Und wenn er einmal ganz verrückt wird vor einem Bild, verrückt vor Erkennen und Nichtweiterkönnen, holt er auch schon mal seine Frau nachts aus dem Bett. Wie damals, als er seinen «Ikarus» malt für den Palast der Republik. Der fliegt nicht, sagt er. Der kommt einfach nicht hoch. Kein Wunder, sagt Gudrun Brüne, mit den Füßen! Na, dann mach du's, sagt er zu ihr, die in den sechziger Jahren seine Schülerin war. Und sie übermalt die Füße, pinselt sie schlapp nach hinten – bis er hochsteigt zur Sonne, sein Ikarus.

Als die Mutter in den Westen will

Der Sohn Johannes Heisig hat sein Atelier im Osten Berlins. Er trägt einen blauen Overall und übermalt gerade ein Bild.

Wie Ihr Vater, sage ich.

Da lacht er. Wir übermalen alle. Der Alte, mein Bruder, ich. Alle haben wir Bilder unter den Bildern, sagt er. Familienkrankheit. Und die Porträts, die Selbstbildnisse, die an Tisch und Stuhl lehnen, und die wilden, grotesken Gestalten in Düster, Ocker, Gelb und Rot, die sich in Schlachtenbildformat an den Wänden krümmen, zeigen die Begabung, die vom Vater kommt, von jenem Koloß, mit dem der Sohn nun schon seit einer Ewigkeit ringt.

1953 wurde er in Leipzig geboren. Seine frühe Jugend verbringt er in der Stadt, am Clara-Zetkin-Park, spielt in Ruinen, hat dieses Memento mori zwischen desolat und romantisch lange vor Augen.

Die Eltern, zwei starke Egos, kommen nicht klar miteinander. Als er vier ist, lassen sie sich scheiden. Er und sein Bruder werden der Mutter zugesprochen. Aber sie leben mal hier, mal da. War in Leipzig ja alles nah beieinander. Er erinnert sich, daß er sich in jener Zeit immer als Außenseiter gefühlt hat.

Was hat er vermißt?

So bestimmte Familientreffen, sagt er. Höhepunkte. Geburtstage. Weihnachtsfeste. Also sein Vater entschärfte das ja immer. Weihnachten, sagte der, sei doch die große Heuchelei. Das ganze Jahr, so hieß sein Standardsatz, schlagen die Leute sich die Köpfe ein, und Heiligabend fallen sich alle um den Hals.

Gab's Weihnachtsbäume?

Ja, sagt Johannes Heisig. Sogar besonders große. Und immer war da die Sache mit dem Lametta. Also ich hab das nie begriffen, sagt er. Meine Mutter wollte es in Büscheln, mein Vater einzeln.

Harmonie habe er vermißt, ja. Und das Erlebnis von Nähe. Irgendwie sei bei ihm alles zum Gehirnkonstrukt geworden. Im Zusammenleben mit anderen habe er das später als großes Manko erlebt. Da ist eine richtige Unfähigkeit bei mir, sagt er. Auch eine Sprachlosigkeit.

Als die Mauer gebaut wird, ist Johannes acht. Er hat das Ereignis in traumatischer Erinnerung. Dabei ist die Zeit davor fast problemfrei. Vater und Mutter lernen nach der Scheidung neue Partner kennen. Die Malerin Gudrun Brüne, Heisigs heutige Frau, erinnert sich noch, wie sie damals vor der Aufnahmeprüfung mit einem Mädchen über den Hof geht. Da stand er im weißen Kittel an einer Säule und guckt uns so hinterher, sagt sie. Taxierend, glaube ich. Du, das ist der Heisig, sagt die andere. Und ich: Ach, der sieht ja gar nicht schlecht aus. Also, wenn ich durch die Prüfung falle, schmeiß ich mich an ihn ran. Sie besteht die Prüfung. Und er lädt sie zum Modellsitzen ein. Und bald leben sie zusammen.

Auch die Mutter lernt einen anderen Mann kennen. Die Kinder mögen ihn. Man kommt gut miteinander zurecht. Aber dann sieht der Freund in der DDR keine Zukunft mehr und geht in den Westen, was Ende der Fünfziger, noch ohne Mauer, kein Problem ist. 1960 entscheidet sich die Mutter, für ein Jahr auch nach Frankfurt am Main zu gehen. Die Brüder leben in jener Zeit beim Vater.

Und dann kommt die Mutter zurück. Ja, sie will im Westen bleiben. Aber die Kinder, die will sie mitnehmen. Sie will mit Bernhard Heisig bereden, wie man das regeln kann. Und Johannes erinnert sich, daß der Vater nicht bereit ist, die Söhne so einfach ziehen zu lassen. Und in diese Gespräche hinein wird die Mauer gebaut. Für meine Mutter, sagt er, eine absolute Katastrophe. Und er fühlt sich instinktiv mitverantwortlich für das Unglück. Sie war doch nur wegen Walter und mir noch einmal zurückgekommen. Und nun kann sie nicht mehr raus und der Freund nicht mehr rein. Das ist der erste Sprung in seiner Utopie vom Sozialismus. Er wird mit Gewöhnen und Verdrängen gekittet.

Da gerät der Sohn aus den Fugen

Schule und FDJ sind für Johannes Heisig ein Abenteuerspielplatz. Bis er zwölf ist. Da wird sein Vater vom Amt als Rektor der Hochschule für Graphik und Buchkunst abberufen. Wegen politischen Fehlverhaltens. Vier Jahre später, 1968, verläßt er dann die Hochschule. Anlaß für den Ärger war ein klassisches Auftragsthema der DDR, die «Pariser Kommune». Heisig löst sich von Propagandavorstellungen der Partei, malt nicht den Klassenkampf, er malt den Bürgerkrieg, malt die mörderische Verstrickung von Tätern und Opfern.

Da wollte man mich zwingen, sagt Heisig, eine mehrjährige politische Schulung zu machen. Ich sollte auch in dieser Zeit nicht malen dürfen, sollte sozusagen interniert werden. Aber dann – er lacht ein paar Trompetentöne –, dann sollte ich zur Spitze gehören. Und der Leipziger Parteichef, der hatte doch allen Ernstes gefordert, ich solle Malverbot bekommen und in einen Betrieb gesteckt werden. Da hatten denn ein paar, die mir wohlwollten, gesagt, das könne er nicht machen, das seien doch die Methoden der Nazis gewesen. Das war zur Zeit der Bitterfelder Konferenz, sagt Heisig. Und man hatte Walter Ulbricht gesagt, daß es da ein Problem gäbe in Leipzig. Und der, so habe Heisig gehört, soll gesagt haben: Bloß keine Märtyrer aufbauen!

Heisig ist dann freiwillig aus dem Hochschulbetrieb gegangen. Kunst, sagt er, kommt ja schließlich von Kunst. Und nicht vom Anstarren der Proletarier, wie man in der DDR so hartnäckig glaubte. Er glaubt an Max Beckmann. Ich muß an jemandes Hand gehen, sagt er, bis ich sie loslassen kann. Was hat Beckmann gesagt? fragt Heisig rhetorisch und zitiert: Ich werde jede Erniedrigung in Kauf nehmen und mit Zähnen und mit Klauen mein Talent verteidigen. Also nix mit politischer Schulung, um für die Malerei den richtigen Klassenstandpunkt zu erpauken. Zehn Jahre arbeitet er als freier Mann. Das imponiert dem Sohn gewaltig.

Aber Johannes gerät dabei fast aus den Fugen, denn der Abgang des Vaters fällt mit dem Einmarsch in Prag zusammen. Ich wollte doch diesen Sozialismus, sagt er. Ich wollte, daß er sich stabilisiert. Und nun hat der Sozialismus den Frühling erschossen. Der Junge sitzt am Radio und hört die Aufrufe von Emil Zátopek. Er ist betroffen. Aber es ist nicht so, daß er nun mit fliegenden Fahnen zum Gegner wechselt. Das nicht. Es ist etwas kaputt. Aber er will nicht, daß es kaputt ist.

Wenn er bei seinem Vater ist, merkt er, wie schwer der innerlich getroffen ist. Ich weiß noch, sagt Johannes, mein Bruder lernte damals gerade Russisch. Und er machte bei Tisch so einen Witz. Da geht mein Vater in die Luft: Ich will diese Sprache hier nicht mehr hören! Ganz direkt und ganz emotional kam das, sagt er. Und Walter und ich waren total erschrocken.

Aber dann habe sein Vater auch wieder versucht, alles in großen, weltpolitischen Zusammenhängen zu erklären. Ja, was denn nun? fragt der Sohn. Und ihm ist noch ganz deutlich, daß er in diesem Konflikt zu nichts gezwungen werden möchte. Ich wollte mich doch nach wie vor mit diesem Staat identifizieren. Das sei auch immer sein Wunsch geblieben. Und er weiß, daß es auch immer wieder Dinge gab, die er toll und richtig fand. Es war mein ewiges Harmoniebedürfnis, sagt er. Ganz eindeutig.

Mackie Messer ist Naphta ist Mephisto

Bernhard Heisig sagt, er sei kein Familientyp gewesen. Also Familie fand er irgendwie schrecklich. So sei er denn eben auch ein unduldsamer Vater gewesen. Er sieht es aber gern, wenn die Söhne Bücher aus seinem Schrank holen. Das registriert Johannes genau. Er liest mit zwölf die Vorlesungen von Sigmund Freud. Nur, damit ich dem Alten imponiere, sagt er.

Und der Alte beglückt und erdrückt die Söhne mit seinem Talent zur Selbstdarstellung. Er liest ihnen vor. Thomas Manns *Buddenbrooks* oder den *Zauberberg*. Streckenweise identifizierte er sich ja mit den Figuren, sagt Johannes Heisig. Und am liebsten hätte er mit uns Kindern Rollenspiele gemacht. Das große Gespräch zwischen Naphta und Settembrini wollte er regelrecht inszenieren. Und der Vater wäre selbstverständlich Naphta gewesen, der Jesuit, der alles zugleich sein will: Revolutionär und Aristokrat und Sozialist und Träumer. Johannes Heisig muß beim Gedanken an all diese starken und sinnlich vorgetragenen Schlachten lachen. Wie dieser Naphta allen Argumenten des Humanisten Settembrini den Hals umdreht, wie er – als der Italiener den Menschenleib als den wahren Tempel Gottes feiert –, wie er da das menschliche Gewebe sehr verächtlich für nichts weiter als den Vorhang zwischen Erdendasein und Ewigkeit erklärt. Und Settembrini, dieser aufgeklärte Optimist, ihm lauthals verbietet, das Wort «Menschheit» in den Mund zu nehmen. Eindrucksvolle Abende, sagt der Sohn mit Süffisanz.

Den *Faust* hätte der Vater dann tatsächlich mit verteilten Rollen zelebriert. Er selbst war natürlich Mephisto, sagt Johannes Heisig, ich Faust, und mein Bruder, das arme Schwein, war Wagner. Aber Thomas Mann sei schon eine Zentralfigur gewesen, vor allem, weil dessen Literatur voll Distanz und Ironie ist.

Und sie lesen Tolstois *Krieg und Frieden*.

Auch *Anna Karenina*?

Ach nee, sagt Johannes Heisig, das war vom Stoff her dann doch zu gefährlich. Ist wohl auch nicht die männliche Welt.

Und die Heiligen der DDR, Anna Seghers, Strittmatter, Becher? Haben wir zu Hause nicht gelesen, sagt der Sohn.

Aber einer, der stand in jeder Ecke. Brecht. *Dreigroschenoper*, *Mutter Courage*, und dann lief dauernd diese Platte, Helene Weigel als Courage. Nicht, daß wir so viel von Brecht gelesen hätten, sagt Johannes Heisig. Gar nicht. Aber die Atmosphäre, die ist immer präsent gewesen bei uns zu Haus. Und ich kann mich noch erinnern, sagt er, daß mein Vater seinen Studenten den Brecht gar nicht richtig vermitteln konnte, weil die Hochschulbibliothek die Bücher nicht rausrückte. Brecht war ja schon verpönt damals.

Ein frühes Kindheitserlebnis ist für den Sohn der Mackie Messer. Der Junge besucht den Vater in der Graphik-Werkstatt, und der radiert gerade diesen Mann mit dem Bowler. Richtig tolles Kasperle-Theater war das für ihn, dieser finstere, spaßige Mann. Und auch in der Werkstatt laufen Platten, Brecht, gesprochen von Therese Giese und so. Und die Keuner-Geschichten hat der Vater natürlich vorgelesen. «Ein Mitarbeiter Herrn K.s wurde beschuldigt, er nehme eine unfreundliche Haltung zu ihm ein. ‹Ja, aber nur hinter meinem Rücken›, verteidigte ihn Herr K.»

Mit dieser Denkweise, sagt der Sohn, seien er und sein Bruder groß geworden. Und der Vater macht sich einen Jux und treibt die paradoxe Haltung fort. Brecht und Heisig, sagt der Sohn, verschmolzen geradezu zu einer Person. Der Brecht in ihm konnte sich am Phänomen DDR beteiligen. Aber sein Vater war eben auch stark beeindruckt von des Autors Unabhängigkeit, von dieser gnadenlosen Egozentrik. Und das zelebrierte er dann auch selbst.

Bei unseren Faschingsfesten, sagt Bernhard Heisig, trug ich immer dasselbe Kostüm: meine älteste Jacke, 'ne Bombe und unrasiert – Mackie Messer. Also die Feste waren berühmt in der Stadt. Eines Tages besucht ihn der Direktor der Leipziger Universität. Man wolle nun auch mal richtig Fasching feiern. So ein bißchen wie die Künstler. Aber seine Professoren seien einfach zu steif. Ob er da nicht mit ein paar Studenten zur Aufheiterung kommen könnte. Na klar doch, macht er.

Und kommt am Abend zum Gästehaus der Universität. Jeder kennt den Rektor, weil er tags dort zu Mittag ißt. Aber nun grüßt ihn nicht mal der Kellner. Und reinlassen will er den abgerissenen Kerl schon gar nicht.

Wer sind Sie überhaupt?

Kennen Sie mich nicht?

Ach Sie, Herr Professor!

Und dann kommt Mackie Messer zu den deutschen Geistesgrößen. Nein! sagt er. Die saßen da in Rüschenrock und Hütchen. So nach dem Motto: Nun sind wir mal kulturvoll fröhlich. Und ich, sagt Heisig, komm da rein wie 'ne Bombe in die Kirche.

Es klingeln die Herren von der Firma

Ich war immer noch ein überzeugter Roter, sagt Johannes Heisig. Also das mit dem Sozialismus sei schon in Ordnung. Es müsse nur alles vernünftiger gemacht werden.

Aber dann bekommt er mit sechzehn den zweiten Sprung. Der Schüler verliebt sich in ein Mädchen, das aus einer ganz anderen Umgebung kommt. Sie ist kirchlich gebunden. Und Johannes Heisig geht ihretwegen in die Christenlehre. War damals nicht verboten, aber gern gesehen auch nicht. Und er merkt, das ist eine Möglichkeit, den Vater in sich abzubauen. Im Sinne von «eigen», nicht von «gegen».

Zwei Jahre später heiratet das Mädchen so ratz, fatz einen anderen. Und er – nichts gemerkt. Also wirklich, sagt er, wie aus heiterem Himmel.

Nach dem Schock trifft er ein Mädchen, das aus ähnlichen Kreisen kommt. Also auch christlich. Sie wird später seine erste Frau. Bürgerliches Elternhaus und ein Bruder – sehr eloquent, sehr kommunikativ. Bei dem trifft sich Gott und die Welt, aus Ost und auch aus West. Es war so eine Art Salon, sagt Johannes Heisig, man stritt und diskutierte nächtelang über die DDR. Eines Tages ist auch Lothar Löwe da von der ARD. Und am nächsten Tag ist die Stasi bei Johannes Heisig.

«Harmonie habe ich vermißt und das Erlebnis von Nähe», sagt Johannes Heisig über das Zusammensein mit seinem Vater.

Die leicht erkennbaren Herren klingeln zu Hause. Er wohnt damals noch bei der Mutter. Sie stellen sich als Kriminalpolizei vor. Er möchte ihnen doch mal nachfahren mit seinem Auto. Also er mit seinem Wagen hinter den Leuten her. So zwanzig Kilometer etwa. Und landen in einer Neubausiedlung. Fahrstuhl, Gänge, man klingelt, und ein älteres Ehepaar öffnet, lächelt, und einer sagt: Bitte schön, hier haben Sie also den Schlüssel. Merkwürdig. Nach der Wende wird man wissen, was das war: eine konspirative Wohnung.

Und da saßen wir nun, sagt Johannes Heisig. Und die sagten: Der Lothar Löwe sei doch gestern da und da gewesen, und ich soll mal erzählen, was wer so gesagt hat. Und ich merkte, daß die einiges bis ins Detail wußten. Und anderes überhaupt nicht. Na ja, sagt er, da hab ich dann auch was erzählt. Also Sachen, die sie schon wußten. Und dann sagten sie, ich dürfe mit niemandem über dieses

Gespräch reden. Mit niemandem. Das sei sein erster Stasi-Kontakt gewesen. Es kam mir ungeheuer dumm vor, sagt er.

Irgendwie hat er dann aber immer darauf gewartet, daß jemand kommt und versucht, ihn anzuwerben. Aber niemand kam. Er hat nach der Wende seine Akte beantragt. Er möchte wissen, warum nie einer gekommen ist. Wie die ihn eingeschätzt haben. Das interessiert ihn.

Wie der Vater den Sohn aufklärt

Als dem Vater schwant, daß seine Söhne malen wollen – und das nicht nur so zum Zeitvertreib –, versucht er, es zu verhindern. Obwohl ich bei Hans die Begabung bemerkt habe, sagt er. Bei Walter nicht gleich. Der war sperriger. Aber er sagt zu beiden: Laßt die Finger davon. Einen schlechten Zahnarzt könne die Gesellschaft verkraften. Dann tut's halt ein bißchen mehr weh. Aber ein weniger guter Maler ist doch gleich ein schlechter. In der Mitte gibt's nichts.

Es war ja so ein Charakteristikum der DDR, sagt Heisig, daß alle Maler beschäftigt werden mußten. Und viele sickerten so über die Räte der Bezirke irgendwo rein. Und wer wenig kann, will meist hoch hinaus. Will leitende Positionen. Viele wurden dann auch in den Verband reingeschmuggelt. Also schrecklich, sagt Heisig. Und deshalb will er, daß die Söhne was anderes machen.

Die Söhne wollen das eigentlich auch. Walter, der Jüngere, ist Leistungssportler, Kanurennfahrer. Der Staat diktiert und investiert in künftige Siege. Aber der junge Heisig will gar nicht mehr siegen. Er will nur raus aus der Tretmühle, die sein Leben unter Hochdruck setzt. Mein Vater, sagt er, hat mich vor dem Gröbsten bewahrt. Aber das Grobe bleibt ihm nicht erspart, die moralische Dresche, die Armee. Achtzehn Monate muß er in Leipzig abschrubben. Wann immer er kann, zeichnet er sich den Kopf frei, porträtiert Volksarmisten zwischen Kartenspiel und Bier.

Aber bloß nicht Maler werden. Er hat doch lauter Einser in den naturwissenschaftlichen Fächern. Also studiert er chemische Verfahrenstechnik in Merseburg. Da ist er auch weg vom Übervater. Ich war auf der Suche nach mir selbst, sagt Walter Heisig. Und nennt sich Walter Eisler. Das ist der Mädchenname seiner Mutter.

Aber in Merseburg bei Leuna kriegt er schon die Motten, wenn er nur aus dem Fenster sieht. Graugelbe Nebel. Die Sonne hat keinen Durchblick mehr. Und das Studienfach? Elend. Mathematik mit dreifachen Integralen. Die Gleichungen gehen über Meter.

Er zeichnet sich den Druck von der Seele. Er zeigt dem Vater die Mappe. Der merkt, wie unglücklich der Junge ist. Fragt: Wann hast du das letzte Buch gelesen? Keine Zeit mehr, sagt der Sohn. Dann mach Schluß und mal.

Im Fachstudium kommt Walter Eisler am Vater nicht vorbei. Und der radiert ihm schon mal vor versammelter Mannschaft eine Zeichnung aus. Da hab ich ganz schön geschluckt, sagt er. Drei Stunden gearbeitet. Und mein Vater weht da so rein am Freitag abend. Man wollte doch längst zu Hause sein. Aber er läßt uns zappeln. Bis acht. Und die Berliner waren schon mit den Nerven runter, weil sie ihren Zug kriegen mußten. Und der Alte radiert erst mal rum und ordnet eine Stunde Korrektur an. Ich hab ihm gesagt, daß ich das ganz schön ruppig fand.

Dem Walter, sagt der Alte, hab ich im Diplom eine drei reingewürgt. Das war ja öffentlich. Und alle erstarrten. Aber da hatte ich keine Hemmungen. War auch nicht mehr wert. Und der Walter hat's gefressen.

Und Johannes? Nein, bloß nicht Maler werden. Der Vater hat ja auch abgeraten. So in der Freizeit mal, warum nicht, hatte er gesagt. Ich zeig euch dann auch ein paar Kniffe. Aber als Profi? Nee, da habt ihr nichts als Ärger.

Hatte der Vater sich denn für die Kinderzeichnungen von Johannes und Walter interessiert?

Jein, sagt Johannes Heisig. Ab und zu versuchte er, uns zu stimulieren. Dann erteilte er kleine Aufträge. Also: schenk mir nichts zum Geburtstag, malt mir was. Und Walter und ich haben ihm dann so Heftchen vollgezeichnet. Skizzenbücher. Später haben sie Teller bemalt. Die hat er sich auch hingehängt. Aber das war's denn schon, sagt Johannes Heisig.

Und wer hat ihn aufgeklärt?

Das habe die Mutter stillschweigend dem Vater überlassen. Und der sagt eines Tages: Junge, du bist jetzt alt genug.

Wie alt ist der Junge da?

Dreizehn oder vierzehn, sagt Johannes Heisig. Also mein Vater sagte: Du kannst jetzt mal ein Bier mit mir trinken. Und erklärt die ganze Sache in einer halben Stunde. Nicht mit Schmetterlingen, nein, ganz technisch rational, mit medizinischen Fachbegriffen. Sein Vater habe ja – genau wie er – diese Unsicherheit, wenn es um Emotionales geht.

Damals, als seine Mutter ein Jahr im Westen lebt, sagt der Vater einmal sehr kühl zum Sohn: Ich glaube nicht, daß sie zurückkommt. Das ist natürlich ein Schock für den siebenjährigen Johannes. Und gerade erst neulich habe er seinen Vater noch einmal gefragt, ob das denn nun nötig gewesen sei? Doch, er fand es noch immer richtig. Ich konnte dir doch nichts vorlügen, sagt er. Na ja, sagt der Sohn, er denkt eben, ein Schock ist besser. Das kommt wohl auch von seinen eigenen Verletzungen.

Und so ist denn auch die Aufklärung gewesen. Mit seelisch Erlebbarem hatte das nichts zu tun. Es kam auf die Ebene: So geht das, und nun ist gut.

War ihm das peinlich?

Ich weiß nicht, sagt Johannes Heisig. Ich wußte doch alles schon. Er überlegt sogar, ob er dem Vater nicht sagen soll: Hör auf, ich weiß, wie's geht. Aber irgendwie fühlt er sich auch geehrt, daß der Alte da mit ihm losgezogen ist. Nur mit meinen wirklichen Schwierigkeiten, sagt Johannes Heisig, die ich mit dem anderen Geschlecht hatte, mit denen war ich vaterseelenallein.

Ich kam doch irgendwie nicht klar mit den Mädels, sagt er. Ich war doch auch so rothaarig und schlaksig mit Eierkopf und Hakennase. Also kompensiert er das in den nächsten Jahren mit Zeichnen und Malen, heimlich natürlich. Und wie das bei Söhnen so ist, sagt er, die einen solchen Koloß von Vater haben, hatte ich nach der Schule nur den Wunsch: weg.

So studiert er Biologie. Das hängt mit einem Lehrer zusammen, den er zu Abiturzeiten hat. Der faszinierte mich, sagt Johannes Heisig. Der Dialog mit ihm. Und ich hatte das mit dem Stoff verwechselt. Sein Traum ist, Meeresbiologe zu werden. Also lernt er tauchen. Es gab da so eine paramilitärische Organisation «Gesellschaft für Sport und Technik». Aber da wollen alle nur tauchen. Und er merkt, daß es für sein Studium in der DDR überhaupt keine Entwicklungschancen gibt. Das war ja eine wahnsinnig teure Wissenschaft. Das Geld dafür war gar nicht da. Und längst hat Johannes Heisig gemerkt, daß er im falschen Zug sitzt. Er fängt wieder an zu zeichnen, zu malen. Ganz ziellos. Und bloß dem Vater nichts zeigen.

Aber einmal richtet er es doch so ein, daß Bernhard Heisig über ein paar Blätter stolpert. Da schau her, sagt der und macht ganz spielerisch ein bißchen Korrektur. Und irgendwann im dritten oder vierten Semester sagt der Sohn zum Vater, er sei so unglücklich, das mit der Biologie habe keinen Sinn. Und fragt: Kannst du mir helfen?

Da sagt der Vater: Gut. Aber dann mußt du top sein. Wenn du unbedingt willst, kriegen wir das schon hin. Und da merkt der Sohn, daß die väterliche Verhinderung wohl doch nur Oberfläche war. Und daß er sich vielleicht sogar gewünscht hat, daß die Söhne malen.

Auch Bernhard Heisig hatte einen Vater, der Maler war. Noch bevor ich lesen und schreiben konnte, sagt er, konnte ich zeichnen. Nicht, daß der Vater ihn angeleitet hätte, nein, das gehörte so zum Alltag. Es waren auch schwierige Verhältnisse damals. Und sehr erfolgreich sei der Vater nicht gewesen. Er ist dann auf den Bau gegangen und ist abgestürzt, sagt Bernhard Heisig. Ein Jahr später starb er an den Folgen seiner Verletzungen.

Was ist er bloß für ein verbohrter Hund

Die Karriere von Bernhard Heisig ist voller Konflikte und Widersprüche. Er wächst ins Dritte Reich hinein. Meldet sich 1941 mit sechzehn Jahren freiwillig, will unbedingt in eine Panzereinheit. Auch, weil die eine Uniform hatten, die mir gefiel, sagt er. Zur Marine wollte er nicht. Das waren die Schlipssoldaten. Mochte er nicht. Er hatte auch gehört, bei den Panzern sei die Kameradschaft so gut.

Ideologische Vorbehalte hat er nicht. Es war einfach das Klima,

sagt er. Man kann das nicht erklären. Es gab doch keine Antikriegs-
filme. Nur Kriegsfilme. Das prägt. Auch Schriftsteller prägen.
Vergiften auch. Wie Ernst Jünger mit seinen Stahlgewittern.

Und Remarque?

Den habe ich mit Skepsis gelesen, sagt Heisig. Hatte doch alles
mit dem Klima zu tun. Und dann die Hetze: Juden schädigen den
deutschen Volkskörper. Ich glaube, sagt er, das haben wir geglaubt. Aber wir bezogen das nicht auf einzelne Juden. Wir kannten
ja viele. Meine Mutter arbeitete mit ihnen zusammen. Das waren
eben die Ausnahmen. Also man kann schon sagen, sagt er, man
war dämlich, als man in den Krieg zog, und noch dämlicher, als
man wieder rauskam. Und schlafen konnte man auch nicht mehr
nach drei Jahren Krieg.

Wie kam er zur Waffen-SS?

Also er wollte ja zu den Panzern. Aber da sagte man ihm, er sei zu
groß mit seinen 1 Meter 81. Zwanzig Zentimeter weniger wäre in
Ordnung gewesen. Über die Hitler-Jugend kamen dann SS-Ärzte
zum Mustern. Und die fragten, ob ich nicht zu ihnen kommen
wollte. Also zur SS.

Nee, sagt er, ich will zur Panzertruppe.

Ja, glaubst du denn, daß die Waffen-SS keine Panzer hat? Oder
hast du was gegen uns?

Nee, sagt er, hab ich nicht.

Und so kam das. Der hat Panzereinheit draufgeschrieben, sagt
er, und ich Idiot hab das geglaubt und unterschrieben. Aber er habe
auch nichts dagegen gehabt. Die SS galt ja als Elitetruppe.

Nach dem Krieg kommt der zwanzigjährige Heisig in eine Gra-
phikgruppe mit Russen, Holländern und Polen. Kommunisten.
Und die zeigen dem jungen Deutschen Fotos. Da sieht er zum erstenmal, wie Deutsche in Polen gehaust haben. Und ich wollte es
nicht glauben, sagt Heisig. Und die mochten mich. Und ich die
auch. Und die schüttelten immer nur den Kopf und sagten: Was
bist du bloß für ein verbohrter Hund!

Dann kommt er zu einem Maler nach Leipzig. Altkommunist.
Von ihm hört er zum erstenmal die Namen Karl Liebknecht und
Rosa Luxemburg. Und an der Hochschule unterrichten die Antifa-
schisten, die aus den Nazizuchthäusern kamen.

Nein, sagt er, ein überzeugter Kommunist sei er nicht geworden. Aber in die Partei ist er eingetreten.

Warum?

Aus Dankbarkeit. Und auch aus ökonomischen Gründen, sagt er. Klar. Und die hatten mir doch geholfen. Und die Lehrer in Leipzig sagten: Wenn du hier was haben willst, mußt du auch mitmachen. Das leuchtete ihm ein.

Aber Euphorie und Aufbruch? Nein. Und dann diese Lieder! «Jugend heraus, wir sind bereit.» Du lieber Gott, denkt er, das ist ja dieselbe Scheiße wie früher. Nur langweiliger. Aber dann hört er Ernst Busch. Und die Lieder von Brecht. Und ist versöhnt. Den Rest verdrängt er.

Meine Mutter, sagt Bernhard Heisig, die hat sich auch immer von der Wirklichkeit abgeschottet. Er hat sie mal vor dem brennenden Breslau gemalt. Ihrem Breslau. Zwischen sie und die Stadt hat er einen offenen Schirm gemalt. Abgeschirmt.

Und Johannes, der Sohn? Verdrängt auch. Verdrängt die Mauer, die Schüsse, den Einmarsch in Prag. Ich wollte doch, sagt er, daß der Sozialismus siegt. Ich wollte mich mit der DDR identifizieren.

Lange vor der Wende, sagt Bernhard Heisig, ist mir klargeworden, warum das mit der DDR nicht klappen konnte. Weil sie nicht Deutschland werden wollte. Sondern immer nur DDR war. Die Ungarn sind Ungarn, die Polen Polen, habe er mal auf einem Kongreß gesagt. Aber wenn einer aus der DDR sagt: Ich bin Deutscher, dann kriegt doch alles gleich einen Schluckauf. Aber ich bin doch kein DDR! So was gibt's doch gar nicht, sagt er. Da fehlt doch die Identität.

Der Sohn will sich aber identifizieren – und koste es die eigene Identität. Er ist eben in die DDR hineingewachsen. Wie einst sein Vater ins Dritte Reich. Für den ist die DDR das zweite totalitäre Regime. Der geht auch mit Staatsgestalten geschickter um. Und kultiviert eine Chuzpe, die brenzligen Situationen die Schärfe nimmt.

Wie beim jährlichen Faschingsfest seiner Hochschule. Da stehen wie üblich ein paar Herren von der Firma auf der Matte. Machen Sie sich doch wenigstens 'ne Pappnase um, sagt er zu ihnen. Man erkennt ja auf fünfzig Meter Entfernung, wer Sie sind.

Später wird er ins Rektorat gerufen. Da sitzen die Jungs tatsächlich mit Pappnasen und schimpfen auf die schräge Musik, den englischen Text, den Jazz. Also das geht so nicht, sagen sie, das sei ja alles amerikanisch, klassenfeindlich, er müsse das beenden. Und Heisig sitzt mit Mackie-Messer-Kostüm und Melone da und verteidigt die Studenten. Warum sollen die nicht mal feiern und so. Und die Stasi-Herren schieben sich in der Hitze des Gefechts die Nase in die Stirn. Unglaublich komisch, sagt Heisig. Und das Ganze ging aus wie das Hornberger Schießen.

Der Hans ist eben kein Schläger

Für diese Lockerheit ist Johannes Heisig viel zu jung und viel zu ehrgeizig. Der Vater ist weit über die Mauer berühmt. Der Sohn fängt erst an, Karriere zu machen. Macht sein Diplom an der Hochschule für Graphik und Buchkunst, wo sein Vater ab 1976 wieder Rektor ist. Macht seine Lehre in der Werkstatt des Vaters. Und dem Einfluß und dem Namen seines Vaters hat er zu verdanken, daß er ein Zusatzstudium in Zürich machen darf. Als Johannes Heisig Fachbereichsleiter an der Hochschule für Bildende Kunst in Dresden wird, tritt er in die SED ein. Damit, sagt er sich, entscheidest du dich jetzt für die Karriere.

Und die, die sich in der DDR für Reformen und damit gegen die Karriere entschieden – also Robert Havemann, Reiner Kunze, Wolf Biermann oder Jürgen Fuchs –, welche Erinnerungen hat er an die?

Sehr starke natürlich an Wolf Biermanns Ausweisung 1976, sagt Johannes Heisig. Die Haltung seines Vaters habe ihn damals sehr beeindruckt.

Als das mit Biermann passiert, ist Bernhard Heisig gerade in Berlin. Im Verband Bildender Künstler hat man eine Proteststellungnahme gegen den Liedermacher formuliert. Heisig soll das unterschreiben. So was unterschreib ich nicht, sagt er. Und fährt zurück nach Leipzig.

Da wird er dann gleich von der Parteibezirksleitung bedrängt. Man will sein schriftliches Lob für die Maßnahme. Und er hat

Im Atelier von Strodehne im Havelland sitzt Bernhard Heisig unter seinen geschlagenen und ungeschlagenen Schlachten.

Grippe und fühlt sich mies und hustet da rum, und die schicken ihm auch noch jemanden nach Haus, der sein Einverständnis abholen soll. Den ganzen Sonntag, sagt Heisig, saß der mir auf der Pelle.

Daß du mir nicht schreibst, du bist einverstanden, sagt seine Lebensgefährtin Gudrun Brüne damals zu ihm. Aber so einfach war das nicht, sagt Heisig. Er ist seit einem halben Jahr wieder Rektor und damit für die Hochschule verantwortlich. Und es sollte doch gerade in Leipzig ein Atelierhaus gebaut werden. Du mußt damit rechnen, sagt Heisig zu seiner Frau, daß wir das nicht mehr kriegen. Gut, sagt sie. Und daß wir auch nicht mehr reisen dürfen. Einverstanden, sagt Gudrun Brüne. Aber schreib es nicht. Es kommt wie ein Bumerang auf dich zurück.

Als der Parteifritze das Papier am Abend einklagt, hat sich der Rektor gegen die Ausbürgerung entschieden. Mein Vater, sagt Johannes Heisig, war nicht käuflich. Dabei war er ja nie ein Widerständler. Aber hier sei er für den Sohn ein Vorbild gewesen. Der Brief, den er geschrieben hatte, sagt er, hätte ihn ja wieder den

Posten kosten können. Er erinnert sich auch an anonyme Anrufe: Das werde Konsequenzen haben und so. Aber es passierte nichts.

Dreizehn Jahre später leitet Johannes Heisig die Kunsthochschule in Dresden. Mit 36 Jahren ist er der jüngste Rektor der DDR. Die Bewunderer kommen, die Apporteure, die Feinde sind schon da. So ein junger Kerl. Und so erfolgreich. Seine Bilder werden ausgestellt. In Erfurt, Frankfurt an der Oder, Dortmund, Basel, Dresden, Wien und Peking. Unter der Käseglocke DDR, sagt er, war man doch eine unglaublich wichtige Figur als Künstler.

Und er ist nun wirklich anders als die Alten an seiner Schule, die pensionsreifen Professoren, denen noch immer stalinistische Restgedanken im Kopf herumspuken. Dresden war doch weitab, sagt er, war Provinz und Tal der Ahnungslosen und am längsten wohl stalinistische Hochburg, gerade auch in der Kulturpolitik.

Also, wenn du nach Dresden gehst, hab ich zu Johannes gesagt, wenn du in diese beschissene Schule gehst ... nein wirklich, sagt Bernhard Heisig, sie war beschissen. Wir hier in Leipzig, wir hatten doch regelrecht Malverbot. Wir durften auch keine Maler ausbilden. Und da sind eben viele nach Dresden gegangen. Da wurde überhaupt alles hingesteckt, was es so an parteitreuen Malern gab. Dresden war damit das Zentrum der Malerei. Und ich sagte also zu meinem Sohn: Wenn du da Lehrer wirst, mußt du die Schule übernehmen. Sonst wirst du nichts. Sonst bist du der Arsch von all den Idioten.

Na ja, sagt Bernhard Heisig und lacht anerkennend ein paar Trompetentöne, hat er ja auch gemacht. Der Hans ist nur kein Schläger. Aber ich bin einer. Ich kann zurückhauen. Hans nicht.

Er schreibt einen Brief an Honecker

Johannes Heisig übernimmt also den Laden Anfang 1989. Und im Mai vor der Wende droht der zu explodieren. Es ist die Zeit des Frühlingssalons mit Videofestivals und Rund-um-die-Uhr-Performances, wo sich die Studenten ganz unverfälscht ausdrücken können. Für vier Wochen gehörte die Schule quasi ihnen. Jetzt könnt ihr mal zeigen, was ihr machen wollt, so etwa. Und von Berlin kommt fast die gesamte Belegschaft der Ständigen Vertretung aus Bonn, und die ganze Punkszene ist zur Stelle. Also da ging ungeheuer was ab, sagt Johannes Heisig. Und das Ganze war natürlich bis unters Dach durchsetzt mit Stasi. Aber verbieten konnte man es nicht mehr, sagt er. Und ich stand auch dafür und verteidigte das.

Da kommt eines Tages der Parteisekretär der Schule zu mir und sagt:

Gestern war Politbüro-Sitzung. Honecker will die Schule schließen lassen. Also tu was.

Was denn?

Schreib einen Brief an ihn.

Und Johannes Heisig – er erinnert sich wie heute – sagt: Setz du den mal auf. Du kannst das besser. Auch mit der Diktion.

Ich hab wirklich geglaubt, das gäb einen Rieseneklat, wenn wir das nicht schreiben, sagt er. Erst später sei ihm klargeworden, daß die Schule gar nicht angreifbar war. Jetzt aber unterschreibt er diese Ergebenheitsadresse im betoniert-devoten Funktionärston und glaubt, sie landet auf Honeckers Schreibtisch – und damit gut. Sie landet aber im *Neuen Deutschland* und wird am nächsten Tag dort abgedruckt.

Das war der totale Schock, sagt Johannes Heisig. Das war der Bumerang. Die Studenten konfrontieren ihn mit dem Schrieb, und er weiß, daß er eine fürchterliche Dummheit gemacht hat und schämt sich maßlos. Das Schlimmste an diesem Brief, sagt er, war gar nicht mal der Inhalt. Es war der Tonfall. Dieses Parteideutsch. Und es kam doch so auf Tonfälle an in der DDR. Ich glaube, sagt er, da hat bei mir so eine Konfliktbewältigung über Harmonisierung stattgefunden. Also der Vater, der zornig geworden war, den mußte man besänftigen. Den Vater Staat.

Wenn er den Vater Heisig gefragt hätte, wäre ihm der Fehler vielleicht nicht unterlaufen. Aber er hat niemanden gefragt. Nicht seine Frau, die kritische Malerin Antoinette, mit der er seit kurzem erst zusammenlebt, nicht seinen Bruder, und den Vater eben schon gar nicht. Und ausgerechnet der sagt ihm nach der Veröffentlichung im *ND*: Du bist doch ein Idiot! Das nennt man im Eishockey kanadische Vorlage. Du schiebst das Ding vor, der andere schiebt's ins Tor. Ist doch vollkommen klar, daß die so was brauchten. Da bist du jetzt dran.

Künstler und Macht, sagt Walter Eisler, das ist immer wieder das große Thema. Da will mein Bruder was für die Schule rausholen, mit den Typen da oben aber eigentlich nichts zu tun haben. Das ist der Spagat, den man machen muß. Sehr schmerzhaft, sich da noch treu zu bleiben. Wenn man in dieser Diktatur, in diesem Staate DDR eine solche Schule übernimmt, sagt er, muß man wissen, daß man unter Kontrolle ist. Und zwar ziemlich heftig. Also, es wär besser gewesen, nichts zu schreiben. Da hat mein Bruder wohl klein beigegeben.

Aber so ist das, sagt er. Er selbst durfte ja auch zu Ausstellungen nach Westberlin. Andere haben ihren Paß verbrannt. Ich nicht. Ich wußte doch nicht, wie lange das noch geht mit der DDR. Zwanzig Jahre? Dreißig? Und ich wollte die Bilder sehen. Die Originale.

Immer wieder hatte er Elias Canettis *Masse und Macht* studiert. Als die Mauer fällt, erschrickt er vor der Menge, die sich westwärts wälzt. «Nichts ist angekündigt, nichts erwartet worden. Plötzlich ist alles schwarz von Menschen. Von allen Seiten strömen andere zu, es ist, als hätten Straßen nur eine Richtung» hatte er bei Canetti gelesen. Später, während des Golfkriegs, malt er die Macht als bedrohlich eitle Könige in Feuerrot und Eisblau. Sie stehen auf dem Schachbrett, und die Hände sind ihnen gebunden.

Und er beendet ein Ohnmachtsbild, das er zu DDR-Zeiten begonnen und immer wieder übermalt hat. Am Anfang steht ein Mensch in einer Zelle. In einem Käfig neben ihm ein roter Vogel. Erst hat er die Mauer weggenommen, dann den Vogel fliegen lassen, dann Wind und Wolken reingemalt. Und nun fliegt auch der Mensch. Und Walter Eisler flog nach Amerika und malte die neue Freiheit in wildromantischer Architektur.

Das Tor geht auf, die Sonne scheint

Als die Mauer fällt, kriegt Johannes Heisig das in Dresden gar nicht mit. Erst am nächsten Morgen hört er davon im Radio. Ja, sagt er, ich war heiter und hab ein Bild gemalt: «Blick aus dem Fenster». Und er weiß noch, daß die Sonne schien. Es war ja ein milder November. Und das Bild, sagt er, hat eine ganz gelöste Stimmung. So, als ob ein Tor aufgeht.

Der Vater malt auch einen Blick aus dem Fenster. Einen ganz anderen. Er malt eine rote Häuserfront mit vielen Fenstern, und aus denen blicken Menschen – ängstlich, jubelnd, brüllend, lachend, panisch, abwartend, einander küssend.

Für Johannes Heisig beginnt die wohl schwerste und merkwürdigste Zeit seines Lebens. Anfang 1989 hatte er den großen Sprung gemacht. Er war Rektor geworden, war also wer, traf Entscheidungen und konnte sich zum erstenmal vom Vater entfernen, weil er ihn eingeholt hatte. Wenigstens nach äußeren Merkmalen.

Und dann verendet das Land, das er mit so viel Konzessionen und verdrängten Gedanken immer wieder zu seinem Land erkoren hat. Es stirbt ihm mit den Wochen und Monaten dahin. Und alles, was man nicht erfahren sollte und auch nicht wollte, kommt an die Oberfläche. Ich bin heute in einer Situation, sagt Johannes Heisig, wo ich mir vieles, was ich damals gesagt und getan habe, nicht mehr erklären kann.

In der DDR, sagt er, stand ich doch fassungslos eigentlich nur vor dem, was im Dritten Reich passiert ist. Immer habe er sich gefragt: Warum haben die alle mitgemacht? Warum? Nie hätte er das getan. So dachte er. Aber ich habe das Dritte Reich auch nicht miterlebt, sagt er.

Und nun? Die DDR hat er miterlebt. Vielleicht habe er aber nie so richtig in der Gegenwart gelebt, die Realität immer nur widerwillig wahrgenommen, sagt er. Zum Beispiel Stalin. Den habe er früher als Jugendsünde des Sozialismus angesehen. Und dann hat er mehr erfahren. Auch Details. Und er erkennt, daß es außer dem Naziregime noch eine andere Form von Totalitarismus gibt. Und je genauer ich das erkannte, sagt er, desto insulärer wurde meine

Situation. Ich war richtig unsicher, wußte nicht mehr, wie ich mich verhalten sollte.

Und sein Vater? Genau das Gegenteil, sagt der Sohn. Der lief auf diesem merkwürdigen Parkett DDR viel eleganter herum, viel gewandter, auch schneidiger, wenn's sein mußte. Der ging auch kraftvoller mit Themen um. Ein Bild von ihm heißt «Christus verweigert den Gehorsam». Da hängt der Gottessohn am Kreuz und reißt sich die Dornenkrone vom Kopf. Und er hat eine Erkennungsmarke am Hals. Wie ein Soldat.

Also eines Tages, sagt Bernhard Heisig, gab's da so ein Gespräch vor der Volksarmee. Ein Kunstgespräch vor Offizieren und Generälen. Und die fragten, ob das denn tatsächlich eine Erkennungsmarke sei. Und was der Stacheldraht da solle. Stacheldraht? Die wußten wirklich nicht, daß Christus eine Dornenkrone trug, sagt Bernhard Heisig. Die kannten das nicht aus der Bibel.

Und die haben dann sehr höflich angefragt, ob ich mir nicht Gedanken gemacht hätte, wie so ein Bild auf einen Soldaten wirken müsse, der an der Grenze postiert sei, wenn da eine Figur – noch dazu mit Erkennungsmarke – sich den Stacheldraht vom Kopf reiße. War ein interessantes Gespräch, sagt Heisig. Und er habe auch akzeptiert, daß man sein Bild so auslegen könne.

Von Propaganda- und Auftragskunst hat sich Heisig früh verabschiedet. In Leipzig hängt noch so ein Auftragswerk, auf das er gern ein Attentat verüben möchte. Und einmal hat er einen Brigadier gemalt, der so erfolgreich war, daß er auf eine Briefmarke kam. Also da wurde mir schon mulmig, sagt er.

Als Bernhard Heisig 1986 Helmut Schmidt malt – offiziell für die Kanzler-Galerie in Bonn –, da diskutieren der Künstler und der Politiker auch über Auftragskunst. Schmidt hat Bauchschmerzen bei Verquickung von Kunst und Politik. Heisig erzählt von Goya und Velázquez, die Herrschaftswünsche erfüllt hatten. Aber alles habe seine Grenzen, sagt Schmidt. Und Heisig, der stets in praktischen Bildern denkt, sagt: Künstler und Gesellschaft müssen sich reiben. Das sei wie beim Streichholz. Sonst brennt's nicht. Und wenn der Druck zu groß ist, bricht es ab.

Damals ist Heisig längst berühmt und begehrt, ist Moralist und Ankläger. Aber seine Anklagen gelten über all die Jahre nicht dem

Land, sie gelten ihm, dem Maler Heisig. Seine Bilder werden aus der eigenen unbewältigten Erinnerung gespeist, sind damit das große Thema der DDR: Antifaschismus. Die Kritik am eigenen Land wird mit der sozialistischen Utopie verklebt. Dabei haben wir doch geahnt, sagt Bernhard Heisig, daß in den fünfziger Jahren Leute kaltgestellt wurden und ins Gefängnis kamen. Aber wir waren ja geübt im Verdrängen. Das mache ich mir heute noch zum Vorwurf, sagt er, daß ich einfach nicht genug hingeguckt oder drüber nachgedacht habe.

Aber er wird wütend, wenn einer mit Bundesverdienstkreuz zu ihm kommt und fragt, wann ihm denn die Einsicht gekommen sei und warum er diesen Nationalpreis I. Klasse habe annehmen müssen. Hätte man den nicht ablehnen können? Vor allem geht mir der verständnisvolle Ton dabei auf den Docht, sagt er. Heute würde er keinen solchen Preis mehr annehmen, hat seinen auch nach der Wende zurückgegeben, aber damals habe er sich geehrt gefühlt. Und was heißt hier: Ich war Aushängeschild der DDR. Hätte ich denn lieber schlecht malen sollen?

Also, er hat den Preis angenommen. 1978 war das. Honecker überreichte ihn mit den Worten: Es lebe die Kunst! Honecker habe das sehr heiter gesagt, sagt Heisig. Er lachte ja gern. Und er habe geantwortet: Jaja.

Er hat sein Ich verleugnet

Johannes Heisig ist noch bis 1991 Rektor in Dresden. Die Zeit, sagt er, war unheimlich dicht. Die Regierung löst sich auf. Niemand ist mehr zuständig für die Hochschule. Da ist plötzlich ein totaler Freiraum. Und der Kultursenator von Westberlin, Roloff-Momin, gibt ihm Nachhilfeunterricht in Demokratie. Sie erarbeiten gemeinsam eine Verfassung für die Hochschule.

Damals, sagt Johannes Heisig, lebt er so richtig von der Substanz, malt nachts, fegt tags auch schon mal mit Lust und 180 Pferden über die Autobahn, hat Spaß an verrücktem Käse und gutem, ungezuckertem Wein, und alles ist doch neu, und endlich kann man

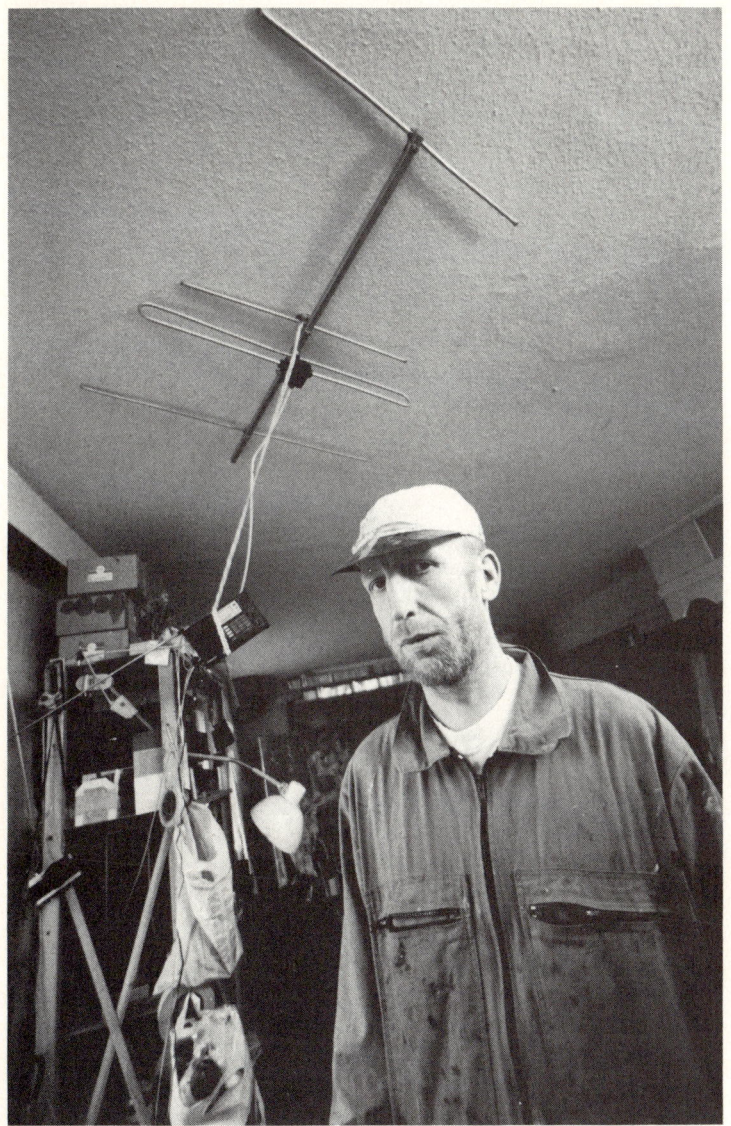

Nach der Wende verliert Johannes Heisig seinen Posten als Rektor und kämpft nun malend um sein verlorenes Ich.

was wagen. Ich wollte rauf auf den europäischen Dampfer, sagt er, wollte Professoren aus Moskau und Amsterdam nach Dresden holen, war voll in Fahrt.

Er wird gebremst durch die Länderbildung. Die SPD ist so gut wie nicht existent. Der Kurs wird schwarz. Die Zeit von Johannes Heisig geht zu Ende. Das Blatt dreht sich. Und die alten Feinde schlagen endlich zu: Das ist doch der Sohn vom Heisig. Den haben sie uns doch da reingesetzt. Also raus mit ihm. Außer meiner Sekretärin, sagt er, stand am Ende niemand mehr hinter mir. Er geht, bevor man ihn darum bittet.

Und steht nun da. Die Familie schwer beschädigt, sagt er. Und er ohne seinen 16-Stunden-Tag. Als freier Künstler. Und jeden Morgen beim Aufwachen denkt er: Los, du mußt los! Aber er muß nicht los. Da stellte ich mir die ersten Fragen, sagt er, wie ich mich denn so als Künstler sehe, auch in diesem sehr merkwürdigen Wettlauf mit der Überexistenz des Vaters. Und er merkt, was es heißt, von der Kunst allein zu leben. Auch finanziell.

Am Anfang gibt es noch Ausstellungen, schließlich hat er ja lange, alte Galeriekontakte. Und die Leute sind ja auch neugierig. Wollen wissen, wie die da in der DDR denn so gemalt haben.

Aber 1993 kommt die große Verunsicherung. Die Bühne ist weg. Und sie fehlt. Und da kam so eine Anonymität auf mich zu, sagt Johannes Heisig, die ich nie erlebt hatte in der DDR. Dort hatte man doch diese Bedeutungsaura. Und die ist nun weg. Ein für allemal. Und er fliegt – ziemlich hart, sagt er – in das schwarze Loch.

Und sitzt da in seinem Atelier und spricht von seinen Ängsten und ob er die nächsten Monate mit dem Geld auskommt oder nicht. Erzählt von seinem starken Vater, in dessen Zentrum immer nur die Malerei gestanden habe, wenn es politisch mulmig wurde. Da war er ein Egomane, absolut, sagt Johannes Heisig. Oder Werner Tübke, der gewaltige Historienmaler der DDR, der in brenzligen Augenblicken sagte, er müsse sich jetzt dringend mal wieder zum Zwiegespräch mit Luther und Melanchthon zurückziehen.

Seine Situation ist abstrus. Geradezu pathologisch für einen, der aufgewachsen ist mit dem massiven Begriff einer höheren Macht.

Und die Macht lenkte uns, sagt Johannes Heisig. Nicht ich lenkte mich. Und nun wird mir langsam klar, daß ich ja eigentlich mein ganz persönliches Ich in dieser ganzen Scheiße verleugnet habe.

Und so malt er sich – quälend langsam – sein verlorenes Ich in den Leib zurück. Malt aufregend skeptische Selbstbildnisse. Mensch, hast du dich verhungert gemalt, sagt der Vater voll Chuzpe über so ein bleiches Porträt. Doch das kann der Sohn jetzt aushalten. Irgendwie hat er in den letzten Jahren ja auch mehr Ähnlichkeit mit dem Alten bekommen. Hat nun auch sein Erlebnis mit Diktatur. Sein Waterloo in Utopia. Seine Erinnerung, die bewältigt werden soll. Sein eigenes, kleines Schicksal.

Die Autoren
und ihre Beiträge

Marina Bohlmann-Modersohn, 1949 in Bremen geboren, Sprachenstudium in London und Paris, anschließend freie Mitarbeiterin der Pariser «Spiegel»-Redaktion. Seit 1982 journalistische Tätigkeit mit dem Schwerpunkt Kunst und Autorin mehrerer MERIAN-Städteführer. 1995 erschien von ihr *Paula Modersohn-Becker. Eine Biographie mit Briefen.*

LITERATURHINWEISE
Barkenhoff-Stiftung (Hrsg.): Träume Wege Irrwege, Nachdenken über Heinrich Vogeler, Worpswede 1992; Bresler, Siegfried: Heinrich Vogeler, Reinbek 1996; Elze, Peter (Hrsg.): Reisebilder aus der Sowjetunion, Heinrich Vogeler, Worpswede 1988; Erlay, David: Worpswede–Bremen–Moskau, Der Weg des Heinrich Vogeler, Bremen 1972; Leonhard, Wolfgang: Die Revolution entläßt ihre Kinder, Köln o. J.; Stenzig, Bernd: Worpswede–Moskau. Das Werk von Heinrich Vogeler. Katalog zur Ausstellung 1989 in Worpswede. Worpswede 1989; Vogeler, Heinrich: Erinnerungen mit Lebenszeugnissen aus den Jahren 1923–1942, in der Bearbeitung von Joachim Priew und Paul Gerhard Wenzlaff, Berlin 1989; Vogeler, Heinrich: Reise durch Rußland, Dresden 1925; Weinert, Erich (Hrsg.): Heinrich Vogeler, Erinnerungen, Berlin 1952.

Volkmar Braunbehrens, geboren 1941 in Freiburg / Breisgau. Studium der Germanistik, Kunstgeschichte und Musikwissenschaft in München, Heidelberg und Berlin. Wissenschaftlicher Assistent an der FU Berlin für deutsche Literaturwissenschaft, Lehrstuhlvertretung an der Universität Osnabrück, seit 1981 Privatdozent. 1976 bis 1981 Leitung der «Galerie am Savignyplatz» in Berlin, zu gleicher Zeit in der Redaktion der «Berliner Hefte». Seit 1981 als Publizist und Schriftsteller in Freiburg / Br. *Mozart in Wien* (1986); *Salieri – ein Musiker im Schatten Mozarts* (1989); *Mozart – ein Lebensbild* (1991); Erzählungen.

LITERATURHINWEISE

Die umfangreiche Mozart-Literatur ist erfaßt in: Mozart-Bibliographie, zusammengestellt von Rudolf Angermüller und Otto Schneider (Bd. 1: bis 1970; Bd. 2: 1971–75; Bd. 3: 1976–80; Bd. 4: 1981–85), Rudolf Angermüller und Johanna Senigl (Bd. 5: 1986–1991), Kassel, Basel u. a. 1976–92.

Die Briefe werden zitiert nach: Mozart. Briefe und Aufzeichnungen. Gesamtausgabe gesammelt und erläutert von Wilhelm A. Bauer und Otto Erich Deutsch, 4 Bde. und auf Grund deren Vorarbeiten erläutert von Joseph Heinz Eibl (2 Bde. Kommentar und Register), Kassel, Basel u. a. 1962–1975.

Arthur Schurig: Wolfgang Amadeus Mozart. Sein Leben und Werk. 2 Bde., Leipzig 1913; Wolfgang Hildesheimer: Mozart, Frankfurt am Main 1977; Norbert Elias: Mozart – Zur Soziologie eines Genies, herausgegeben von Michael Schröter, Frankfurt am Main 1991; Ludwig Wegele (Hrsg.): Leopold Mozart – Bild einer Persönlichkeit, Augsburg 1969; Erich Valentin: Leopold Mozart – Porträt einer Persönlichkeit, München 1987; Josef Mančal / Wolfgang Plath (Hrsg.): Leopold Mozart – Auf dem Weg zu einem Verständnis. Augsburg 1994 (Beiträge zur Leopold-Mozart-Forschung, Bd. 1).

Thierry Chervel, geboren 1957 in Paris, aufgewachsen in Deutschland. Studium der Musikwissenschaft an der TU Berlin bei Carl Dahlhaus. 1987 bis 92 Kulturredakteur der «Tageszeitung» in Berlin, zuständig für Musik, später Kino. Seit 1995 Kulturkorrespondent der «Süddeutschen» und der «Basler Zeitung» in Paris.

LITERATURHINWEISE

Karl Böhm: Ich erinnere mich ganz genau – Autobiographie, hg. von Hans Weigel, Zürich 1968; Karlheinz Böhm: Mein Weg – Erinnerungen, aufgezeichnet von Lottemi Doormann, Bern, München, Wien 1991; Franz Endler: Karl Böhm – Ein Dirigentenleben, Vorwort von Leonard Bernstein, Hamburg 1981; Entartete Musik. Dokumentation und Kommentar, hg. von Albrecht Dümling und Peter Girth, 3. Auflage, Düsseldorf 1993; Michael Powell: Million Dollar Movie, New York 1995; Fred K. Prieberg: Musik im NS-Staat, Frankfurt am Main 1982; Romy Schneider: Ich, Romy – Tagebuch eines Lebens, hg. von Renate Seydel, München 1988; Claudius Seidl: Der deutsche Film der fünfziger Jahre, München 1987.

Detlev Claussen, geboren 1948 in Hamburg, studierte von 1966 bis 1971 in Frankfurt am Main, lehrt seit 1994 an der Universität Hannover Soziologie.

Auf Abraham Mendelssohn Bartholdy stieß er bei Vorarbeiten zu seiner Studie *Grenzen der Aufklärung* ([2] Frankfurt am Main 1994), als ihm eine freundliche Kollegin ihr antiquarisches Exemplar von Sebastian Hensels «Die Familie Mendelssohn» lieh. Entscheidende Anregungen über diese Zeit kamen aus Hanns G. Reissners Studien in den frühen Leo-Baeck-Jahrbüchern und seiner herrlichen Biographie «Eduard Gans. Ein Leben im Vormärz». Instruktiv liest sich die Rowohlt Bildmonographie «Mendelssohn Bartholdy» von Hans Christoph Worbs. Geistesgeschichtlich ist Heinz Mosche Graupes solide Studie «Die Entstehung des modernen Judentums» nicht zu verachten, während Deborah Hertz in ihrer kulturgeschichtlichen Arbeit «Die jüdischen Salons im alten Berlin» manchmal etwas freihändige Schlußfolgerungen aus dem reichhaltigen Material zieht. Michael A. Meyer sieht die Zeit «Von Moses Mendelssohn zu Leopold Zunz» unter dem etwas engen Gesichtspunkt «Jüdische Identität in Deutschland 1749–1824». Mit manchmal etwas zu leichter Hand, aber dennoch gut geschrieben über Moses Mendelssohn hat noch zur DDR-Zeit der Berliner Feuilletonist Heinz Knobloch, «Herr Moses in Berlin». Opulent vor allem vom Bildmaterial her, mit guten Drucken der schönen Henselzeichnungen, wirkt der Band von Eckart Kleßmann «Die Mendelssohns. Bilder einer deutschen Familie».

Wer sich mit der Aufklärungsbewegung beschäftigt, weiß, daß die schier endlosen, aber leider sehr verstreuten Korrespondenzen als ergiebigste Quellen zu Leben und Selbstverständnis dieser Menschen angesehen werden müssen. In der Familie Mendelssohn ist diese Tradition des Briefeschreibens durch Generationen meisterlich gehandhabt worden. In einem Buch über Väter und Söhne kommen leider die faszinierenden Frauenfiguren Dorothea und Henriette, Lea Salomon und – last, but not least – Fanny wieder einmal zu kurz.

Eberhard Kolb, geboren 1933 in Stuttgart, Studium in Tübingen, Bonn, Göttingen; Promotion (1959) und Habilitation (1969) an der Universität Göttingen, 1970–1979 Ordinarius für Neuere Geschichte an der Universität in Würzburg, seit 1979 an der Universität zu Köln; Mitglied des Historischen Kollegs München (seit 1984).

<small>LITERATURHINWEISE</small>
Eine vollgültige Biographie über Herbert von Bismarck liegt bislang nicht vor. Die weitaus beste Untersuchung zu Herbert von Bismarck: Heinrich Stamm, Graf Herbert von Bismarck als Staatssekretär des Auswärtigen Amtes, Diss. phil. Braunschweig 1978. Als biographische Skizzen siehe auch die Einleitung von Walter Bußmann (Hrsg.), Staatssekretär Graf Herbert von Bismarck. Aus seiner politischen Privatkorrespondenz, Göttingen 1964 (S. 8–67);

Eckardt Opitz, Die Bismarcks in Friedrichsruh, Hamburg 1990 (S. 84–97); Konrad Canis, Herbert von Bismarck, in: Gustav Seeber (Hrsg.), Gestalten der Bismarckzeit, Bd. 2, Berlin 1986, S. 325–351. Unzulänglich, weil auf dünner Quellenbasis und allzu vorurteilsbehaftet: Louis L. Snyder, Diplomacy in Iron. The life of Herbert Bismarck, Malabar 1985.

Die Literatur zu Leben und Werk Otto von Bismarcks ist inzwischen kaum mehr zu überschauen. Genannt seien hier drei maßgebliche neuere Biographien: Lothar Gall, Bismarck. Der weiße Revolutionär, Frankfurt 1980; Ernst Engelberg, Bismarck, 2 Bde, Berlin 1985/1990; Otto Pflanze, Bismarck, 3 Bde, Princeton 1990.

Marianne Krüll, geboren 1936 in Berlin. Studium der Soziologie an der FU Berlin. Promotion. Mutter von zwei erwachsenen Töchtern. Akademische Rätin am Seminar für Soziologie der Universität Bonn. Veröffentlichungen: *Die Geburt ist nicht der Anfang,* (Stuttgart 1989); *Freud und sein Vater* (Frankfurt 1979, 1992); *Schizophrenie und Gesellschaft* (1977, 1986); Mitautorin: Brigitte Brück u. a.: «Feministische Soziologie – Eine Einführung» (1992); Herausgeberin: «Wege aus der männlichen Wissenschaft» (1990). Artikel in Sammelbänden und Zeitschriften.

LITERATURHINWEISE

Zu *Thomas Mann*: Werkzitate sind entnommen aus den Gesammelten Werken in dreizehn Bänden (Frankfurt/M. 1960–1974), Briefzitate aus der von Erika Mann herausgegebenen dreibändigen Briefsammlung (Frankfurt/M. 1961–1965) sowie aus der Thomas Mann – Heinrich Mann – Briefsammlung (Frankfurt/M. 1984, S. Fischer). Tagebuchzitate stammen aus den von Peter de Mendelssohn und Inge Jens herausgegebenen Tagebüchern. Die hauptsächliche biographische Quelle für die frühen Jahre ist Peter de Mendelssohns Thomas-Mann-Biographie: Der Zauberer (Frankfurt/M. 1975).

Zu *Klaus Mann*: Da es noch immer keine gesammelte Werkausgabe gibt, stammen die Werkzitate meist aus den Erstausgaben der genannten Werke. Die beiden Autobiographien werden nach späteren Ausgaben zitiert: Kind dieser Zeit (Reinbek 1967), Der Wendepunkt (München 1981). Briefzitate stammen aus der von Martin Gregor Dellin herausgegebenen Sammlung (München 1975) und Tagebuchzitate aus den von Joachim Heimannsberg, Peter Laemmle und Wilfried F. Schoeller herausgegebenen Bänden (München 1989–1991).

Die Testamente des Senators Thomas Johann Heinrich Mann sind in «Sinn und Form» Bd. 17, 1965, veröffentlicht.

Julia Manns Memoiren sind neu veröffentlicht in: Ich spreche so gern mit meinen Kindern (Berlin, Weimar 1991). Katia Mann: Meine ungeschriebenen Memoiren wurde von Elisabeth Plessen und Michael Mann 1974 (Frankfurt) herausgegeben. Golo Manns Äußerungen über seinen Bruder Klaus stammen aus: Erinnerungen und Gedanken (Frankfurt/M. 1986). Klaus Pringsheims Autobiographie, Wer zum Teufel sind Sie?, erschien 1995 in Bonn.

Weitere Angaben zur verwendeten Literatur in: Marianne Krüll: Im Netz der Zauberer. Eine andere Geschichte der Familie Mann, 1993 Frankfurt/M. (Zuerst: Zürich 1991).

Birgit Lahann, 1940 in Hamburg geboren. Abitur. Regieassistenz bei Peter Zadek und Kurt Hübner in Bremen. Studium der Theaterwissenschaften, Germanistik und Kunstgeschichte in Köln und München. Seit 1967 Journalistin: Südwestfunk Baden-Baden, Frankfurter Rundschau, Publik, Frankfurter Allgemeine Zeitung, Christ & Welt, Welt am Sonntag. Seit 1979 Autorin beim Stern. Vier Bücher: *Abitur, Hausbesuche, Hochzeitsnächte, Genosse Judas – die zwei Leben des Ibrahim Böhme.* Drei Preise: Theodor Wolff, Emma, Egon Erwin Kisch.

Literaturhinweise
Materialien zu Leben und Werk Heisigs in folgenden Bildbänden und Katalogen:
Bernhard Heisig: Geisterbahn. Galerie Berlin. Ars Nicolai; Bernhard Heisig: Begegnungen mit Bildern. Brusberg Dokumente. Berlin 1995; Bernhard Heisig: Zeiten zu leben. Bielefeld 1994.

Lothar Müller, geboren 1954 in Dortmund, lebt in Berlin. Literaturwissenschaftler und Publizist. 1985 Promotion über «Anton Reiser» von Karl Philipp Moritz. 1984–1989 ständiger Gastmoderator des Kulturmagazins «Texte und Zeichen» beim NDR. 1989–1994 Mitarbeiter am Institut für Allgemeine und Vergleichende Literaturwissenschaft der FU Berlin. Seit 1995 Mitarbeiter eines Forschungsprojektes der DFG zu Geschichte und aktueller Entwicklung der Kulturwissenschaft in Deutschland an der Humboldt-Universität Berlin. Rezensionen, Ausstellungs- und Theaterkritiken für NDR und «Frankfurter Allgemeine Zeitung». Aufsätze zur Literatur- und Kulturgeschichte des 18. Jahrhunderts, zur Ästhetik der Moderne im 20. Jahrhundert und zur Großstadt.

LITERATURHINWEISE

Die Literatur über Goethe als Vater wie über seinen Sohn August ist im Vergleich zu anderen biographischen Themen eher spärlich. Zuverlässig und nach wie vor nützlich ist Wilhelm Bode: Goethes Sohn, Berlin 1918. Werner Völker: Der Sohn. August von Goethe. Frankfurt/Main 1992, die einzige derzeit greifbare Biographie August von Goethes, bietet einen detailreichen Überblick, ist aber stilistisch mißglückt. In Kurt R. Eisslers großer psychoanalytischer Goethe-Studie, die sich auf den Zeitraum bis zur Rückkehr von der Italienreise konzentriert, spielt der Sohn nur eine geringfügige Rolle. Die wichtigsten Passagen befinden sich im «Anhang Q», der Goethes Beziehung zu Christiane Vulpius behandelt. Vgl. Bd. 2, Frankfurt 1985, S. 1416 ff.

In Thomas Manns «Lotte in Weimar» ist August dagegen eine Hauptfigur. In dem Buch ist eine kleine Bibliothek über Weimar im frühen 19. Jahrhundert versteckt. Es verarbeitet im Blick auf Vater und Sohn Goethe Einsichten Freuds, ohne der psychoanalytischen Terminologie Tribut zu zollen.

Die umfangreichen Aufzeichnungen August von Goethes während seiner Italienreise befinden sich wie sein gesamter Nachlaß im Goethe-Schiller-Archiv in Weimar. Sie werden unter dem Titel «Auf einer Reise in den Süden» in Herausgeberschaft von Andreas Beyer und Gabriele Radeche-Hettche im Jahr 1997 in München publiziert werden.

Dem Goethe-Schiller-Archiv sei für die Druckerlaubnis der im Text enthaltenen Zitate aus dem Nachlaß August von Goethes, dem Kustos der Weimarer Museen, Herrn Gerhard Schuster, für den Blick auf die getrockneten Blumen von den Borromäischen Inseln gedankt.

Ingeborg Pietzsch, Studium der Theaterwissenschaft und Kunstgeschichte 1962–1966 an der Humboldt-Universität Berlin. Seit 1967 Redakteurin und Theaterkritikerin bei der Fachzeitschrift «Theater der Zeit». Seit 1992 als freischaffende Autorin und Theaterkritikerin tätig.

Publikationen (u. a.): *Werkstatt Theater – Gespräche mit Regisseuren* (1975), *Garderobengespräche* (1982), *In der Garderobe erzählt* (1984), *Einer flog über das Kuckucksnest – Inszenierungen Rolf Winkelgrunds* (1986), *Bild und Szene – Bühnenbilder der DDR* (1988, als Mitautor), *Thomas Langhoff – Schauspieler Regisseur Intendant* (1993).

LITERATURHINWEISE

Christoph Funke / Dieter Kranz: Wolfgang Langhoff, Schauspieler Regisseur Intendant, Berlin 1969; «100 Jahre Deutsches Theater Berlin 1883–1983», Publikation des Deutschen Theaters Berlin, hrsg. von Michael Kuschnia, Berlin 1983; Ingeborg Pietzsch: Thomas Langhoff – Schauspieler Regisseur Intendant, Berlin 1993; «Welttheater – Zeittheater», Gespräch mit Wolfgang Langhoff in «Theater der Zeit» 3/1962; Beiträge zur Inszenierung «Die Sorgen und die Macht» von Peter Hacks am Deutschen Theater Berlin in «Theater der Zeit» 11/1962; «Unsere Sorgen – unser Glück – unsere Dramatiker», Gespräch in «Theater der Zeit», 12/1962; «Gegenwart und Vergangenheit», Zur Aufführung von «Die Sorgen und die Macht» von Peter Hacks am Deutschen Theater Berlin, 12/1962; «Weiße Flecken (I)» – «Die Sorgen und die Macht», «Theater der Zeit» 5/1990; Langhoffarchiv in der Akademie der Künste Berlin; Wolfgang Langhoff: Die Moorsoldaten, Leipzig, 1986; Zum 10. Todestag von Wolfgang Langhoff – Ein Beitrag von Max Burghardt in «Sinn und Form», Berlin 1976; «Wolfgang Langhoff – Schauspieler Regisseur Intendant», Berlin 1991, hrsg. von Christa Neubert-Herwig; «Blätter des DT» – Der Fall «Die Sorgen und die Macht» 1962/63, Dokumente/Vierteljahresschrift der Dramaturgie des Deutschen Theaters Berlin, 1991, Heft 19.

Thomas Stamm-Kuhlmann, geboren 1953 in Solingen, 1980 Promotion in Neuerer Geschichte an der Rheinischen Friedrich-Wilhelms-Universität Bonn mit einer Dissertation zur Wissenschaftspolitik; 1987 Habilitation an der Christian-Albrechts-Universität Kiel. Seit 1992 außerplanmäßiger Professor an der Universität Kiel; 1992–1995 Lehrstuhlvertreter an der Ludwig-Maximilians-Universität München.

1992 erschien *König in Preußens großer Zeit. Friedrich Wilhelm III., der Melancholiker auf dem Thron*; 1995: *Die Hohenzollern*. Weitere Forschungen gelten der politischen Geschichte sowie der Wissenschafts- und Geistesgeschichte um 1800.

LITERATURHINWEISE

Kaiser Friedrich III. Tagebuch 1848–1866. Hg. von Heinrich Otto Meisner, Leipzig 1929; Kaiser Friedrich III. Das Kriegstagebuch von 1870/71. Hg. von Heinrich Otto Meisner, Berlin, Leipzig 1926; Wilhelms I. Briefe an seinen Vater König Friedrich Wilhelm III. Hg. von Paul Alfred Merbach, Berlin 1922; Briefe der Kaiserin Friedrich. Hg. von Sir Frederick Ponsonby, Berlin o. J. Freund, Michael: Das Drama der 99 Tage. Krankheit und Tod Friedrichs III. Köln, Berlin 1966; Freytag, Gustav: Der Kronprinz und die deutsche Kaiserkrone. 7. Aufl. Leipzig 1889; Herre, Franz: Kaiser Friedrich III. Deutschlands liberale Hoffnung. 2. Aufl. München 1992; Le May, Godfrey Hugh Lancelot: The Victorian Constitution. Conventions, Usages and Contingencies. New York 1979; Meisner, Heinrich Otto: Der preußische Kronprinz im Verfassungskampf 1863. Berlin 1931; Netzer, Hans Joachim: Prinz Albert von Sachsen-Coburg und Gotha. Ein deutscher Prinz in England. München 1988; Richter, Werner: Kaiser Friedrich III. Der tragische Lebenslauf des zweiten Hohenzollern-Kaisers. Erlenbach-Zürich, Leipzig 1938; Röhl, John C. G.: Wilhelm II. Die Jugend des Kaisers 1859–1888. München 1993; Sinclair, Andrew: Victoria. Kaiserin für 99 Tage. Bergisch Gladbach 1987.

Klaus Stephan, Jahrgang 1927; Seefahrt; Studium der Literatur, Anglistik, Theaterwissenschaften, Publizistik in München. Auslandsredakteur, Auslandskorrespondent (Afrika, Südosteuropa), Chefredakteur bei der ARD. Verlagsleiter (Hoffmann und Campe). Seit 1987 freier Schriftsteller und Publizist. Buchpublikationen u. a. *Nigeria – Reise gegen die Zeit* (1961); *Südafrika – Weg in die Tragödie* (1977); zwei Romane (1958 und 1976); zuletzt *Gelernte Demokraten – Helmut Schmidt und Franz Josef Strauß* (Reinbek, 1988).

LITERATURHINWEISE

Ernst Reuter, Reden und Schriften, hrsg. von Hans E. Hirschfeld und Hans J. Reichardt, Berlin 1972; Edzard Reuter: Vom Geist der Wirtschaft, Stuttgart 1986, sowie bisher unveröffentlichte Vortragsmanuskripte; Willy Brandt und Richard Löwenthal: Ernst Reuter – ein Leben für die Freiheit, München 1957; Hans Otto Eglau: Edzard Reuter, Düsseldorf 1991. Memoirenliteratur der Zeit (K. Adenauer, H. Apel, W. Brandt, Heinz Kühn, Alex Möller, Carlo Schmid, Helmut Schmidt, F.-J. Strauß, u. a.) sowie die Adenauer-Biographie von Hans-Peter Schwarz, 2 Bände, Stuttgart 1986 und 1991. Die Firmengeschichten der Daimler-Benz AG und der Deutschen Bank.

Helmut Trotnow, 1946 in Bad Segeberg (Schleswig-Holstein) geboren. Studium der Anglistik und Geschichte von 1966 bis 1971 an den Universitäten Kiel, Cambridge und Stuttgart. Danach bis 1978 Dozent für «German Studies» an verschiedenen Universitäten in Großbritannien. Promotion in «International History» an der London School of Economics and Political Sciences. Danach

Tätigkeit für das Wissenschaftszentrum des Stifterverbandes für die Deutsche Wissenschaft in Bonn. Seit 1987 wissenschaftlicher Mitarbeiter des Deutschen Historischen Museums, Berlin. In dieser Eigenschaft seit 1993 für den Aufbau des Alliierten Museums verantwortlich.

Publikationen zur Geschichte der politischen Arbeiterbewegung in Deutschland sowie zur deutschen und internationalen Geschichte des 20. Jahrhunderts.

LITERATURHINWEISE

Die Zitate wurden den nachfolgend genannten Werken entnommen. Diese enthalten darüber hinaus auch weiterführende bibliographische Angaben.

Adamy, Kurt: «Sie hat sich um die große Sache des Proletariats verdient gemacht. Natalie Liebknecht», Beiträge zur Geschichte der Arbeiterbewegung, 16 (Nr. 4, 1974), S. 672ff; Bebel, August: «Erinnerungen an Liebknecht». Beilage zu Der Wahre Jacob, Nr. 368, 1900; Dominick III, Raymon H.: Wilhelm Liebknecht and the Founding of the German Social Democratic Party, Chapel Hill 1982; John, Mathias: Karl Liebknecht als Nicolaitaner und Studiosus. Ein Beitrag zur Kulturgeschichte der Nicolaischule zu Leipzig und der Alma Mater Lipsiensis, Manuskript 1996; Liebknecht, Karl: Lebt wohl, Ihr lieben Kerlchen! Briefe an seine Kinder, hrsg. von Annelies Laschitza und Elke Keller, Berlin 1992; Schröder, Wolfgang: Vom ungewöhnlichen Leben der ersten Frau Wilhelm Liebknechts. Eine dokumentarische Erzählung, Leipzig 1987; Schröder, Wolfgang: «Ich muß mich ganz hingeben können. Anspruch, Ernüchterung und Bekenntnis Natalie Liebknechts» in Ich muß mich ganz hingeben können. Frauen in Leipzig, hrsg. von Friderun Bodeit, Leipzig 1990; Weiß, Edgar: «... von Natur bin ich Schulmeister – Wilhelm Liebknecht, ein fast vergessener Bildungs-Protagonist», in Kieler Berichte aus dem Institut für Pädagogik der Christian-Albrechts-Universität zu Kiel, Kiel 1992.

Ich widme diesen Beitrag all jenen Menschen, die in meinem Leben als «Vaterfiguren» fungiert haben, angefangen vom leiblichen Vater über den Schul- und Hochschullehrer bis hin zum Doktorvater und den älteren Berufskollegen.

Abbildungsnachweis

Archive und private Leihgeber

Archiv für Kunst und Geschichte, Berlin: 12, 25, 31, 49, 60, 127, 135, 147, 158, 175, 200; Günter Bersch, Berlin: 396, 404, 413, 419; Buddenbrookhaus, Heinrich und Thomas Mann-Zentrum, Lübeck: 240; Handschriftenabteilung der Staatsbibliothek München, Klaus Mann-Archiv: 235; Internationaal Instituut voor Sociale Geschiedenis, Amsterdam: 213, 223; Gerlind Klemens, Berlin: 355; Kunstsammlungen der Veste Coburg: 48; Landesarchiv Berlin, Nachlaß Ernst Reuter: 360, 370, 374; Staatsbibliothek zu Berlin, Preußischer Kulturbesitz, Mendelssohn-Archiv: 95, 99, 112; Willy Saeger, Berlin: 335; Stiftung Archiv der Parteien und Massenorganisationen der DDR im Bundesarchiv Berlin: 219; Stiftung Deutsche Kinemathek: 324; Stiftung Weimarer Klassik. Goethe-Nationalmuseum: 78; Ullstein Bilderdienst: 192; Edith von Welser-Ude: 296.

Publikationen

Karl Böhm: Ich erinnere mich ganz genau. Zürich 1968: 313; Siegfried Bresler: Heinrich Vogeler. Reinbek 1996: 276, 281, 292; Heinrich Otto Eglau: Edzard Reuter. Düsseldorf 1991: 379, 387; Erika und Klaus Mann. Bilder und Dokumente. München 1990: 253, 258 f.; Leopold Mozart: Gründliche Violinschule. Faksimile nach der 3. Auflage Augsburg 1789. Leipzig 1968: 16; Ingeborg Pietzsch: Thomas Langhoff – Schauspieler, Regisseur, Intendant. Berlin 1993: 340, 345; Margarete Roemer: Karl Böhm. Berlin 1966: 303; Wilhelm Treue (Hg.): Drei deutsche Kaiser. Wilhelm I. – Friedrich III. – Wilhelm II. / Ihr Leben und ihre Zeit 1858–1918. Freiburg / Würzburg 1987: 153.

Himmlische Liebe, höllischer Hass. Lebensläufe berühmter Paare bei Rowohlt·Berlin:

James Woodall
John Lennon und Yoko Ono
Aus dem Englischen von Charlotte Breuer
160 Seiten mit zahlreichen Abbildungen. Gebunden
«Ich mußte mich entscheiden, mit den Beatles oder mit Yoko Ono verheiratet zu sein.» *John Lennon*

Alan Poesener
John F. und Jacqueline Kennedy
160 Seiten mit zahlreichen Abbildungen. Gebunden
Jack und Jackie – das ungekrönte Königspaar im Weißen Haus, die perfekte Verbindung von Macht und Glamour. Kaum eine Präsidentschaft war so brillant in Szene gesetzt – und kaum eine Präsidentenehe. Für die Öffentlichkeit spielten sie die liebenden Gatten und fürsorglichen Eltern. Privat blieben sie einander fremd. Krisen und Affären hatten die Ehe längst ruiniert.

Walter van Rossum
Simone de Beauvoir und Jean-Paul Sartre
160 Seiten mit zahlreichen Abbildungen. Gebunden
Zwei Köpfe, zwei Temperamente und ihr «Pakt fürs Leben»: Einer der aufregendsten Versuche, als Paar zu bestehen.

Dagmar von Gersdorff
Bettina und Achim von Arnim
160 Seiten mit zahlreichen Abbildungen. Gebunden

Christa Maerker
Marilyn Monroe und Arthur Miller *Eine Nahaufnahme*
192 Seiten mit zahlreichen Abbildungen. Gebunden
Mit der Hochzeit ging für beide ein Traum in Erfüllung. Viereinhalb Jahre später ist er ausgeträumt. Was ist Wahrheit und was Legende in diesem Drama?

Kyra Stromberg
Zelda und F. Scott Fitzgerald
Ein amerikanischer Traum
192 Seiten mit zahlreichen Abbildungen. Gebunden

Carola Stern
Isadora Duncan und Sergej Jessenin *Der Dichter und die Tänzerin*
176 Seiten mit zahlreichen Abbildungen. Gebunden

Ein Gesamtverzeichnis aller lieferbaren Titel der Reihe «Paare» und aller lieferbaren Titel des *Rowohlt·Berlin Verlags* finden Sie in der *Rowohlt Revue*. Vierteljährlich neu. Kostenlos in Ihrer Buchhandlung.